한국의 핵안보 프로젝트 1

한국의 핵안보 프로젝트 1
당위성과 추진 전략

초판 1쇄 발행 2025년 7월 31일
초판 2쇄 발행 2025년 9월 15일

엮은이 | 한국핵안보전략포럼
지은이 | 이성춘·권용수·박범진·송승종·최승환
　　　　 김지용·이대한·전진호·문근식·정경영
발행인 | 김은희
발행처 | BN 블루앤노트
등　록 | 제313-2009-201호(2009. 9. 11)
주　소 | 서울시 양천구 남부순환로 48길 1(신월동 163-1) 2층
전　화 | 02)718 - 6258
팩　스 | 02)718 - 6253
E-mail | blue_note23@naver.com

정　가 | 30,000원
ISBN | 979-11-85485-23-2 94390
　　　　979-11-85485-22-5 (세트)

· 잘못된 책은 바꿔 드립니다.

한국핵안보전략포럼 총서 1

한국의 핵안보 프로젝트 1

당위성과 추진 전략

한국핵안보전략포럼 엮음

이성춘·권용수·박범진·송승종·최승환
김지용·이대한·전진호·문근식·정경영 지음

KOREAN NUCLEAR SECURITY

N블루앤노트

추천사

오랫동안 한국의 자체 핵보유 문제에 대해 이론과 구체적인 방법론을 제시해 온 정성장 박사가 대표를 맡고 있는 한국핵안보전략포럼이 이번에 『한국의 핵안보 프로젝트』 총서를 발간한 것을 진심으로 축하한다.

한국의 핵 안보라는 매우 어려운 주제를 필자들이 비교적 평이한 '문체로 쉽게 읽을 수 있게 써주셔서 감사하게 생각한다.

우리나라의 지정학적 특징은 매우 특이하다. 세계에서 유일하다.

우리를 둘러싸고 있는 세 개 나라가 러시아(구소련), 중국, 일본인데 모두 강대국인 데다가 한결같이 팽창주의적 성향이 있다. 성향이 있는 정도가 아니라 실제로 우리를 침략했었다. 국제적으로 상황이 바뀌면 이들 국가들이 한국을 침략하거나 침략세력을 지원할 가능성을 배제하기 어렵다.

이 세 나라의 또 다른 특징은 핵무기를 갖고 있거나 단기간 내에 제조할 능력을 갖고 있다는 것이다(일본은 잠재적 핵보유국이다).

무엇보다 우리의 가장 치명적인 지정학적 특징은 불법으로 핵무기를 가지고 있고 필요하다고 판단되면 언제든지 선제적으로 이를 사용하겠다고 협박하는 세계 유일의 국가인 북한과 이웃하고 있고 휴전 중이라는 사실이다.

핵무기는 절대무기이다. 이는 필적할 무기가 없다는 뜻이다. 그래서 핵무기는 핵무기로만 막을 수 있다.

이런 최악의 상황에서 우리는 핵무기가 없다. 이것도 배짱인가? 핵무기를 반대하는 인사들의 논리는 한결같다. 미국 등으로부터 경제제재를 받아서 경제가 어려워질 수 있다는 것이다. 불법으로 핵무기를 가지고 있는 이스라엘, 인도, 파키스탄이 제재 때문에 경제가 심각하게 어려워졌는가? 많은 국제정치 전문가는 인도의 부상으로 수십 년 내에 세계가 미국과 중국, 인도 중심의 다극체제가 될 것이라고 예견하기까지 한다.

국제사회는 엄포를 놓지만 기정사실화된 것을 거스르지 못한다. 특히 우리나라는 반도체 등에서 사실상 독점적 생산력을 가지고 있는 나라다.

핵비확산조약 제10조 1항에는 이 조약에서 합법적으로 탈퇴할 수 있는 조건이 명시되어 있는데 이 조건이 우리의 상황과 정확히 맞아떨어진다. "각 당사국은 당사국의 주권을 행사함에 있어서 본 조약상의 문제에 관련되는 비상사태가 자국의 지상이익을 위태롭게 하고 있음을 결정하는 경우에는 본 조약으로부터 탈퇴할 수 있는 권리를 가진다"라고 되어 있다. 따라서 우리가 탈퇴를 해도 국제사회가 한국을 제재할 명분이 없다.

이런 상황에서 우리 생존의 필수적인 수단인 핵무기 보유를 미루는 것은 국가와 민족에게 너무나 큰 죄를 짓는 것이다.

북한과 주변국의 위협에 당당하게 맞설 수 있는 자체 역량을 가진 대한민국을 꿈꾸는 모든 이들에게 이 책을 강력하게 추천한다.

한국핵안보전략포럼 전략고문
한국원자력연구소 한국형원전 개발 및 상업화 책임자
이병령

추천사

『한국의 핵안보 프로젝트』 총서 네 권 중 첫 번째 책이 마침내 산고(産苦) 끝에 발간되어 매우 기쁘고 반가운 마음입니다. 정성장 박사가 주도하여 2022년 말부터 왕성하게 활동하고 있는 한국핵안보전략포럼의 전문가들이 대거 참여하여 이룬 첫 공동연구 성과가 마침내 세상에 나오게 되었습니다. 이 책의 발간은 여러 측면에서 우리 사회 학계 활동 방식에서 새로운 이정표를 세우는 의미가 있어 특기할 만한 일입니다.

우선 핵안보전략포럼은 한국의 자체 핵 보유 문제를 금기시하고 이단시해 온 기존의 주류 담론에 맞서 미국이나 국제사회의 시각이 아니라 한국의 국가생존과 국익 관점에서 이 문제에 대해 전향적으로 접근하고 있다는 점이 특징입니다. 가까운 미래에 한국의 주류 담론이 될 가능성이 크지만, 현재는 비주류 담론이기에 연구 활동에 필요한 재정적 지원이나 후원을 받을 수 없습니다. 그래서 포럼이 이 책의 저자들에게 어떤 사례도 해줄 수 없는 상황인데도 많은 전문가들이 총서 집필에 자발적으로 그리고 경쟁적으로 참여해 훌륭한 결과물을 산출해 냈습니다.

또한 이 총서는 연구자들 개인 원고를 단순히 모은 것이 아니라 총서 집필자들이 여러 차례의 화상과 대면 세미나에서 토론하고 수정한 결과를 반영한 연구 결과물이라는 점이 특징입니다. 내년 초까지 출간될 총서 네 권이 모두 40명이 넘는 국내외 전문가들의 집단지성의 산물이라는 점에서 아주 새로운 시도입니다. 그러면서도 총서 전체가 체계를 잘 잡고 핵안보에 대한 논점을 거의 빠뜨리지 않고 다 짚어내었습니다.

그리고 이번 총서에 참여한 집필자들은 학계뿐 아니라 정부, 군, 심지어 기업에서 풍부한 경륜을 쌓은 분들로서 정말 '학제간 통섭'을 이루며 만들어 낸 결과물이라는 점에서도 그전에 없었던 사례라고 할 수 있습니다.

현재는 많은 변화가 발생하고 있지만, 거의 모든 외교·안보 사안에 대해 대립적인 시각을 가진 우리의 좌우 양 진영이 북핵 문제에 대해서는 '완전한 비핵화'라는 실현 불가능한 목표를 추구해 왔습니다. 그리고 이를 실현하기 위해 한국이 핵을 가지면 안된다고 주장해왔습니다. 이러한 현상은 우리의 생존 문제를 타자적 시각에서 보고 있는데 기인합니다.

우리 생존 문제를 타국에 의존하는 것이 아니라 우리 스스로 책임진다는 주체적 자강론이 이 책이 나오게 된 중요 배경입니다. 타자의 선의에 의존하지 말고 타자를 과소평가해서도 안 된다는 것이 국가생존의 철칙입니다. 그렇다고 이 총서의 필자들이 국제협력이나 한미동맹의 중요성을 무시하고 있는 것은 결코 아닙니다.

이 책이 우리 사회에서 안보담론의 세대교체를 가져오는 촉매제가 될 것이라 확신합니다.

한국핵안보전략포럼 전략고문·전 주호주 대사

이백순

추천사

    북한의 핵 위협이 날로 고도화·다양화되고 있는 심각한 안보 상황에 직면해 한국핵안보전략포럼은 2022년 창립 이후 현재의 국가안보 위기를 극복하고 더 나아가 궁극적으로 외부의 침략으로부터 자유로운 '안보강국' 대한민국을 건설하기 위해 그동안 매우 치열하게 고민하며 토론을 벌여왔습니다.

    한국의 핵안보 문제에 대해 뜨거운 관심을 갖고 있는 68명의 국내 및 해외 외교·안보 분야 전문가들이 참여하고 있는 이 포럼은 이 분야에서 가장 활발하게 활동하고 있는 영향력 있는 학술단체입니다.

    한국핵안보전략포럼이 한반도에서 핵전쟁을 막기 위해 한국의 자체 핵 보유가 왜 필요하고, 그것을 어떻게 실현할 것인지 그동안 뜨겁게 논의한 결과를 이렇게 『한국의 핵안보 프로젝트』 총서 제1권으로 내놓게 된 것을 진심으로 축하합니다.

    총서에 참여한 전문가들이 그동안 여러 차례의 집중세미나를 통해 다른 전문가들의 코멘트를 수용하고 자신의 연구 결과를 발전시켜 이렇게 귀중하고 알찬 저작을 만들어낸 것을 높게 평가합니다.

    북한의 핵 위협을 극복하기 위해 그동안 진지하고 치열하게 고민해 온 정성장 한국핵안보전략포럼 대표와 다른 전문가들의 애국충정과 노력에 대해 존경과 감사의 마음을 드립니다.

    북한은 핵무장을 고도화하면서 대남 핵 위협을 서슴지 않고 있습니다. 불안정한 성정에 극악무도한 일을 태연히 자행해 왔던 독재자 김정은의 손에 현재 핵 버튼이 쥐어져 있습니다. 언제 어떠한 상황이 한반도에서 전개될지 예측이 곤란한 불확실한 안보 상황입니다.

한미동맹을 신뢰하지만, 미국의 확장억제정책에 대해서는 많은 한계들이 지적되고 있습니다. 특히 트럼프 2기 행정부 출범 이후 미국이 중국 견제에 집중하고, 북한 견제는 한국이 담당해야 한다면 동맹의 협조하에 우리 스스로 자구책을 강구해야 합니다.

북한이 핵을 포기하지 않는 한 궁극적으로 핵무장을 해야 합니다. 공포의 균형을 이룸과 동시에 핵은 핵으로 막아야 합니다.

우리의 절박한 안보 상황은, 국민적 각성과 국가 최고지도자의 통찰력 및 결단을 요구하고 있습니다. 세계 곳곳에서 벌어지고 있는 전쟁의 교훈을 타산지석으로 삼아야 합니다. 우리 스스로 적과 상대할 수 있는 핵 억제력을 시급히 확보해야 합니다.

한국핵안보전략포럼이 '안보 담론의 세대교체'를 추구하면서 야심차게 기획한 이 책이 한국의 국가안보에 대해 진지하게 고민하는 모든 전문가, 정치인, 현역과 예비역 장병들, 언론인과 학생들에게 많이 읽히기를 바랍니다. 이책이 국가안보를 담당하는 분들에게는 훌륭한 지침서가 되리라 확신합니다.

한국핵안보전략포럼 전략고문·예비역 육군대장
김근태

머리말

'레거시 핵정치 양대 담론'을 넘어
대안 핵안보 담론을 제시한다

2022년 2월 러시아의 우크라이나 침공 이후 국제사회의 진영화 구도가 심화되면서 오랫동안 소원했던 러시아와 북한 관계가 복원 수준을 넘어 북한이 러시아를 지원하기 위해 우크라이나전쟁에 파병까지 하는 혈맹 관계로 발전했다. 그리고 북한은 러시아·우크라이나 전쟁 참전을 통해 현대전 능력을 배양하고 있고, 러시아의 지원으로 재래식 전력도 증강하고 있다. 더 나아가 북한은 2022년 4월경부터 전술핵무기를 전방에 배치하고, 대남 핵 사용 훈련까지 감행하며 핵탄두를 '기하급수적으로' 늘리고 있다.

한편, 2025년 1월 트럼프 2기 행정부 출범 이후에는 강대국 정치가 부활하면서 과거에 미국이 구축한 '규칙 기반 자유주의 질서'도 심각하게 흔들리고 있다. 설상가상으로, 미국이 중국의 대만 침공 억제를 외교안보정책의 최우선 순위에 두면서 주한미군의 전략적 유연성 논란까지 불거지고 있다. 그동안 주한미군은 한국이 북한의 위협에 대응하는 데 핵심적 역할을 담당했다. 그런데 이제는 미국이 주한미군도 대중 견제에 활용하겠다는 입장이고, 북한의 위협은 한국이 주도적으로 대응해야 한다는 방향으로 나아가고 있다. 따라서 우리는 한미동맹의 성격 변화에 적극적으로 적응하면서 자강력(自强力)을 시급히 강화해야 하는 어려운 과제에 직면하게 되었다.

저명한 현실주의 국제정치학자 케네스 왈츠(Kenneth Waltz)는 국제정치에서 현상 타파 세력의 도전에 맞서 이를 견제(balancing)하는 것은 철칙이라고 강조했다. 그러나 그는 이러한 견제가 적시에 이루어질 수 있을지는, 궁극적으로 오류에 취약한 인간의 판단에 달려 있다고 경고했다. 같은 맥락에서, 현실주의 국제정치학자 랜들 슈웰러(Randall Schweller) 역시, 국가 간 역학관계가 변화하더라도 시계 톱니바퀴처럼 각국이 즉각적으로 견제를 실행하는 것이 아니고, 때때로 그 타이밍이 지체되어 전쟁으로 이어진다고 지적한다.

이러한 경고에 동의하면서 한국핵안보전략포럼은 남북한 핵 균형 실현을 통해 한반도에서 북한의 오판에 의한 핵전쟁을 예방하고, 미래 세대에게 전쟁의 위협으로부터 자유로운 '강국' 대한민국을 물려주기 위한 실천적 대안을 제시하기 위한 『한국의 핵안보 프로젝트』 총서를 기획하게 되었다. 포럼은 내년 상반기까지 총 네 권의 총서 발간을 통해 한국이 핵잠재력 확보를 거쳐 궁극적으로 자체 핵 보유까지 나아가기 위한 길을 이끌 새로운 핵안보 담론과 전략을 제시하고자 한다.

여러 기관에서 수행한 여론조사 결과들을 보면 핵자강(자체 핵보유)에 찬성하는 한국인의 비중은 70% 이상을 차지하고, 핵잠재력 보유에 찬성하는 비중도 80%에 육박한다. 이는 국민 대다수가 미국의 확장억제에 대한 보수진영의 과도한 환상과 북한 비핵화에 대한 진보진영의 헛된 기대를 가져온 '레거시 핵정치 양대 담론'의 한계를 잘 인식하고 있음을 보여주는 것이다.

2025년 현재 『한국의 핵안보 프로젝트』 총서 집필에 약 50명 정도의 국내 및 해외 전문가들이 참여하고 있다. 필자들은 전문성, 명망, 경력 등 모든 면에서 탁월한 전·현직 대학교수, 싱크탱크 연구위원, 고위급 외교관, 예비역 고위 군 간부, 정부 관료 등으로 구성되었다. 이들의 전공 분야는 국제정치, 국제법, 지역학(북한, 미국, 중국, 일본, 러시아, 유럽, 중동, 중남미 등), 군사학, 리더십, 핵공학, 방호학 등으로 매우 다양하다.

이 프로젝트에 참여하는 국내 전문가들은 보수든 진보든 자신의 정치적 성향을 넘어서서 외교·안보 분야에서 초당적 협력의 필요성에 모두 공감하고 있다. 이 프로젝트에는 미국, 일본, 영국, 프랑스, 러시아, 호주 국적자도 참여하고 있다. 이처럼 하나의 대주제를 가지고 50명 내외의 국내외 전문가들이 집필에 참여하는 초대형 프로젝트는 전무후무할 것으로 생각된다.

한국핵안보전략포럼 편집기획위원회는 『한국의 핵안보 프로젝트』 총서에 들어갈 원고의 완성도를 높이고, 필자들 간의 시각 차이를 좁히기 위해 너무나도 뜨겁고 길었던 2024년 여름 내내 수십 회의 화상 및 대면 세미나를 개최했다. 한국핵안보전략포럼이 회원들의 회비에 의존해 운영되는 민간학술단체이기 때문에 필자들에게 일절 원고료를 지급하지 못함에도 불구하고 대한민국의 안보를 염려하는 애국심 하나로 총서 집필과 세미나에 적극적으로 참여해 주신 모든 필자들께 이 자리를 빌어 진심으로 깊은 감사를 드린다.

　이번에 출간된 1권에서는 한국의 자체 핵보유 필요성과 추진전략, 핵잠재력 확보 문제 등이 논의된다. 1장에서 이성춘은 북한의 핵무기 개발 역사 및 위협에 대하여 김일성, 김정일, 김정은으로 이어지는 과정을 북한 관련 1, 2차 문헌자료를 통해 입증하고 있다. 2장에서 권용수는 북한의 미사일 위협을 실증적 데이터와 수치해석으로 분석하고 있으며, 3장에서 박범진은 북한 미사일에 대응하는 한국형 3축 체계의 허와 실을 논의하고 있다. 4장, 5장, 6장에서 송승종, 최승환, 김지용은 미국의 확장억제를 의지와 능력의 측면에서 비판적으로 재검토하고 있다. 7장에서 이대한은 인구절벽 문제가 국가안보 위기라는 점을 환기하면서 극복방안으로 핵자강을 제시하고 있다. 8장에서 전진호는 일본 수준의 핵잠재력 확보를 위해 한국이 한미원자력협정을 개정해야 한다고 주장한다. 9장에서 문근식은 핵추진잠수함 확보가 미국의 승인 없이도 가능한 현실적인 대북 억제 수단임을 강조하고 있다. 10장에서 정경영은 핵자강이 전작권 전환과 병행될 때 가장 선순환 효과를 볼 수 있다고 주장한다. 마지막으로, 11장에서 이대한은 한국의 단계적 핵무장 추진 전략을 매우 구체적으로 제시하고 있다.

　곧이어 출간될 총서 2권에서는 한국의 자체 핵보유에 대한 국제사회 설득 방안과 초당적 협력 과제 등이 다루어질 것이다. 그리고 내년에 발간될 총서 3권에서는 핵전략과 핵지휘통제체계가, 4권에서는 핵잠재력과 핵잠수함 주제가 깊이 있게 검토될 예정이다.

　이 총서 집필에 참여한 전문가들 간의 시각 차이를 최대한 좁히기 위해 노력했지만, 독자들에게 어떤 글은 매우 보수적으로 또는 매우 진보적으로 느껴질 것이다. 이는 필자들의 이념적·정책적 지향성의 차이를 보여주는 것이기 때문에 특정 필자의 주장이 포럼 전체의 입장과 일치하지 않을 수 있다. 그리고 이 총서 필자 중에는 '한국의 자체 핵보유'라는 목표까지는 공감하지 않지만, 핵잠재력 확보 필요성에는 동의하는 전문가들도 있다는 점을 밝혀둔다.

프랑스의 정치철학자이자 역사학자인 토크빌(Alexis de Tocqueville)은 다음과 같이 말했다: "나는 공직 경험 없이 역사를 기록하는 학자들을 보았다. 깊이 있는 성찰 없이 중대한 결정에 참여하는 공직자들도 보았다. 전자는 복잡다단한 세상을 너무 단순화시켜 일반적 원인만을 찾으려 하고, 후자는 모든 일이 특수한 원인 때문이라고 생각하고, 그들이 잡고 있는 밧줄이 세상을 움직인다고 믿는 경향이 있다. 둘 다 세상을 제대로 알지 못한다."

그래서 『한국의 핵안보 프로젝트』 총서에 참여한 약 50명의 필자가 학자뿐만 아니라 외교와 안보 분야의 전직 공직자로 구성되어 있다는 것은 매우 큰 장점이다. 네 권의 총서 발간으로 한국의 핵자강 담론이 기존의 '레거시 핵정치 양대 담론'을 넘어 한국사회의 새로운 주류 안보 담론으로 자리 잡게 되기를 희망한다. 그리고 이 책이 한국의 안보와 미래를 걱정하는 학자, 전문가, 정부 관계자, 언론인, 학생 모두에게 유익한 한반도 안보 지침서가 될 것으로 확신한다.

이 총서 1권이 발간되기까지 포럼의 집중세미나를 기획해준 편집기획위원회의 정한용 부위원장과 편집과 교정을 위해 많은 노력과 시간을 할애해 준 이성춘 부위원장 그리고 이수원 박사에게 깊은 감사를 드린다. 또한 바쁘신 와중에도 추천사를 써주신 한국핵안보전략포럼의 이병령, 이백순, 김근태 전략고문님들께도 감사의 마음을 전한다. 마지막으로 총서 원고를 매우 꼼꼼하게 검토해 주고 책이 신속하게 발간될 수 있도록 적극적으로 협조해 주신 블루앤노트의 편집팀에게도 감사드린다.

2025년 6월

한국핵안보전략포럼
대표 **정성장**
편집기획위원장 **김지용**

목차

추천사 이병령 | 4
　　　　이백순 | 6
　　　　김근태 | 8
머리말 '레거시 핵정치 양대 담론'을 넘어 대안 핵안보 담론을 제시한다 | 10

1장　북한은 핵무기를 보유해도 사용할 수 없을까? / 이성춘　　21

　1. 문제 제기　　23
　2. 북한의 핵무장과 핵능력 고도화 및 확전 가능성　　26
　3. 북한의 핵무기 사용 가능성에 대한 단계적 접근　　39
　4. 결론　　54

2장　북한의 미사일 위협 평가 / 권용수　　61

　1. 문제 제기　　63
　2. 미사일 개발 과정(김정은 시대)　　64
　3. 미사일 개발 및 핵심기술 능력　　67
　4. 북한의 미사일 위협 평가 및 전망　　94
　5. 결론　　99

3장　한국의 재래식 무기와 3축체계로
　　　　북한 핵미사일 대응이 가능할까? / 박범진　　105

　1. 문제 제기　　107
　2. 한국의 재래식무기로 북한 핵미사일 대응이 가능한가?　　110
　3. 한국형 3축체계의 실제와 한계　　125
　4. 한국형 3축체계 운용의 한계 극복 방안　　137
　5. 결론　　142

4장 '확장억제' 전략의 불편한 진실 / 송승종   **147**

    1. 문제 제기: 트럼프 재선과 한반도   149
    2. 미국 확장억제의 문제점   150
    3. 우크라이나 전쟁의 교훈   158
    4. 아킬레스의 건(The Achilles' Heel): 대통령의 의지   167
    5. 결론: 한국의 핵자강을 가로막는 장애물   171

5장 미국의 '확장억제 정책'에 계속 의존해도 될까? / 최승환   **181**

    1. 미국 확장억제 정책에 의존   184
    2. 미국 확장억제 정책에서 탈피   186
    3. 결론   196

6장 대만 해협 전쟁 및 한반도 전쟁의 동시 또는 연쇄 발발 시 한미일 공조와 미국의 확장억제는 작동할 것인가? / 김지용   **201**

    1. 문제 제기   203
    2. 중국의 해군력 증강과 대만 침공 가능성   204
    3. 대만 해협 전쟁 시뮬레이션 결과
       : 한미일 공조와 미국 확장억제의 한계   221
    4. 결론   232

7장   인구절벽과 군 병력 부족 및 자체 핵무장 / 이대한   **239**

    1. 문제 제기   241
    2. 선행 연구   246
    3. 한국의 인구절벽으로 인한 안보적 위기   249
    4. 자체 핵무장의 효율 및 인구절벽 문제의 활용   261
    5. 결론   270

8장   한국의 핵잠재력 확보 필요성과 전략 / 전진호   **279**

    1. 서론   281
    2. 핵잠재력과 한일, 한미 원자력 협력   283
    3. 핵잠재력과 한미 원자력협정   285
    4. 일본의 핵잠재력과 미일 원자력협정   287
    5. 한미협정과 미일협정의 핵잠재력 비교   289
    6. 한일 원자력협정 분석   290
    7. 한국과 일본의 핵잠재력 비교   294
    8. 한일 원자력 협력을 통한 핵잠재력 확보   296
    9. 한미 원자력협정의 조기 개정   299
    10. 결론   301

9장   한국의 핵추진잠수함의 필요성과 확보 방안 / 문근식   **305**

    1. 핵추진잠수함의 탄생 배경   307
    2. 핵추진잠수함의 추진 원리   309
    3. 핵추진잠수함의 작전 운용 개념   312
    4. 디젤잠수함과 핵추진잠수함의 능력 차이   313
    5. 세계 각국의 핵추진잠수함 개발 경쟁   316
    6. 핵추진잠수함 확보 필요성   323
    7. 한국의 핵추진잠수함 독자 건조 가능성과 확보 방안   326

10장 전작권 전환과 북핵 포괄적 응전전략 및 군구조 개편 / 정경영   **343**

    1. 서론   345
    2. 전작권 전환과 북핵 포괄적 응전전략   347
    3. 전작권 전환의 목적과 추진 전략   357
    4. 군구조 개편   364
    5. 결론 및 정책 제안   369

11장 한국의 단계적 핵무장 추진 전략 / 이대한   **377**

    1. 문제 제기   379
    2. 현 안보 정세에 대한 비판적 검토   382
    3. 자체 핵무장 추진 전략   388
    4. 핵보유국 한국의 입장: 시인 또는 거부   407
    5. 결론   428

부록 Ⅰ   **441**

부록 Ⅱ   **451**

1장

북한은 핵무기를 보유해도
사용할 수 없을까?

이성춘

1. 문제 제기

북한은 2005년 2월 10일 최초로 핵무기 보유를 선언하였다. 핵무기 보유 선언 이후 6차 핵실험까지 실시하였으며, 이미 수십 기의 핵탄두를 보유한 사실상의 핵보유국으로 이를 뒷받침할 투발수단 개발에 모든 노력을 기울이고 있는 것이 작금의 현실이다. 지금도 북한은 핵무기 개발에 전속력으로 질주하고 있다.

살아생전 김일성은 공식적으로 비핵화 노선을 견지하였으나 실제로는 핵개발에 주력하였다. 김일성의 유훈으로 시작한 핵에 대한 집착은 식량문제나 경제문제로 어려움을 겪을 때는 물론 비핵화 대화를 하는 중에도 멈추지 않았고, 북한이 평화공세를 펼치던 시기에도 중단 없이 진행되었다.[1] 이와 같이 북한은 대내외 환경 변화를 무시하면서 핵능력 고도화를 통해 핵운용과 핵무력 태세를 지속적으로 증대시켜 왔으며, 오히려 대내외 환경을 핵운용과 핵무력 태세를 강화하기 위해 역으로 이용해왔다고 볼 수 있다. 그러는 동안 북한은 핵무력 증강을 지속해왔고, 이제는 적극적이고 공세적인 강대국형 핵전략을 대내외에 선포하면서 대남 선제 핵사용 불사까지 천명하고 있는 실정이다.

1989년 9월 프랑스 상업위성이 북한의 영변 핵시설 사진을 공개한 이후 한국은 북한에게 핵포기를 지속적으로 설득해 왔다. 하지만 결과적으로 핵무장을 하게 된 북한과 비핵국가인 한국 간의 안보 분야 비대칭 위협은 급격하게 가중되었다. 급기야 2024년 한미안보협의회의 직후 발표된 한미공동성명에서 북한의 완전한 비핵화 문구는 슬며시 빠지고 대신에 핵억제 및 핵개발에 대하여 단념시키고 지연시킨다는 표현이 들어가는 현실과 마주하게 되었다. 그래서 향후 국제사회의 대북제재에 대한 명분은 약해지고, 한국의 안보 전략은 재검토가 불가피하게 되고 있다. 한반도의 완전한 비핵화를 원한다면 주변국과 협력은 물론 지속적인 남북대화가 유지되어야 할 것이다. 외교도 강력한 힘과 함께할 때 비로소 그 가치를 발휘한다는 사실을 직시하여야 한다.

김정은은 핵무력 강화노선을 절대로 변경하지 않겠다고 공개적으로 밝히고 있다.[2] 우리 정부는 북한의 완전한 비핵화에 노력을 집중할 것이 아니라 북한 핵무기 보유에 대한 억지력 확보에 집중하는 것이 현명한 대응책으로 여겨진다. 이러한 입장에서 이 글에서는 북한의 핵무장과 핵능력 및 고도화에 대해서 고찰한 후 NPT 미가입국의 핵보유 과정과 운용 전략을 북한과 비교하여 보유하고 있는 핵무기를 사용할 수 있는지 살펴보고자 한다.

핵무기의 사용 여부를 예측하는 것은 정말 어려운 일이다. 그러나 북한의 핵사용 여부를 판단하는 것은 북한의 핵 능력과 핵무기 사용 가능성이 증대되고 있는 작금의 현실에서 매우 의미있는 사항으로 판단된다. 지금까지 우리는 주로 북한의 핵에 대하여 비핵화 협상 및 핵억제에 초점을 맞추어 왔다. 현재도 마찬가지이다. 핵능력은 고도화되고 핵사용에 대한 위협은 증대되고 있는 현실과 이는 괴리가 있는 지점이다.

아직도 우리 사회의 일부에서는 북한은 핵을 직접적으로 한국에 대해서는 사용하지 못할 것이며, 방어용, 협상용일 것이라고 생각하는 경향이 있다. 북한의 핵무기가 순수하게 방어용이나 협상용이라고 누가 자신있게 장담할 수 있는가? 정말로 그렇다면 우리와는 직접적인 상관이 없으며, 북한이 무슨 무기를 개발하고 보유한들 불안해할 필요가 없는 것인지 되묻고 싶다. 북한의 핵무기는 동북아와 국제사회의 안보 상황을 위협하는 사항으로 미세한 틈도 허용해서는 안 된다.

북한의 핵무기 사용 가능성을 논하는 사항은 그들의 핵전략을 살핀다는 것으로 핵전략은 핵능력 외에도 대내외 안보 환경 및 지도자의 인식 등 여러 변수들이 많은 영향을 미친다. 기본적으로 북핵에 대하여 일부 무관심과 무대비로 일관했던 우리 국민 모두가 이제는 현실을 직시해야 할 때이다. 핵무기 사용을 결정할 수 있는 분야별 주요한 요소는 핵무력을 포함한 군사력, 국가이익, 명분 등 여러 조건[3]들이 있을 수 있지만 여기에서는 그동안 북한이 핵능력을 고도화하면서 진행하여 왔던 사항 위주로 접근하고자 한다.

이 글의 전개는 1장의 핵사용에 대한 문제 제기로부터, 2장 북한의 핵무장과 핵능력 고도화 및 확전 가능성, 3장 북한의 핵무기 사용 가능성에 대한 단계적 접근, 4장 결론 순으로 북한의 핵무기 사용 가능성에 대하여 그동안 단계적으로 추진하였던 사항을 살펴보고자 한다.

2. 북한의 핵무장과 핵능력 고도화 및 확전 가능성

가. 연길폭탄 정신으로 한국전쟁 때 싹튼 핵에 대한 집착

2024년 9월 26일 국제원자력기구(IAEA) 사무총장 라파엘 그로시(Rafael Mariano Grossi)는 "북한이 사실상(de facto) 핵무기를 보유한 국가"라는 표현을 사용하였다. 국제기구의 수장이 북한 핵 보유를 현실로 인정하는 듯한 발언이다. 한편 러시아 외무장관 세르게이 라브로프 장관도 외무부 웹사이트를 통한 질의응답에서 러시아는 미국이 한국과 일본에 제공하는 확장억제 즉 핵우산에 맞서 북한과 함께 할 것이라고 말했다.[4] 그는 "이것은 분명히 지역 안보에 대한 실질적이고 매우 심각한 위협"이라며 "이러한 상황에서 북한에 적용되는 '비핵화'라는 용어 자체가 모든 의미를 잃었다. 우리에게 이것은 종결된 문제"라고 덧붙였다.

이와 같은 매우 현실적인 상황에 근거하여 북한의 핵무장과 핵능력에 대해 살펴보아야 할 것이다. 이것을 위해 선행되어야 할 사항은 현재 핵능력에 대한 실체적 진실을 정확하게 인식하는 것이 가장 중요하다. 왜냐하면 정확한 이해가 있어야 현실적인 핵 안보전략과 교육훈련 소요 도출이 가능하기 때문이다. 우선적으로 북한이 왜 국제사회의 반대와 경고는 물론 온갖 제재를 감수하면서까지 지속적으로 핵무기 개발부터 핵능력 고도화를 시도하고 있는지 살펴보고자 한다.

북한 핵개발의 역사는 벌써 70년이 지났다. 한국전쟁 간 미국의 핵무기 사용에 대한 두려움과 위협을 절감하였던[5] 김일성은 전쟁 중임에도 불구하고 1952년 10월 조선과학원 산하에 원자력 연구소를 창설하였다. 그리고 북한은 핵문제 관한 이론적 연구를 1950년대 중반에 시작하였다.[6] 또한 전후 1954년 인민무력부에 핵무기 방위부를 설치하였으며, 1955년 3월 내각 과학원 2차 총회에서 '원자 및 핵물리학연구소' 설립을 결정하였다. 이어 1955년 7월 1일 김일성은 김일성대학을 방문하여 "현시기 과학의 새로운 분야를 개척하는데서 원자물리에 대한 연구를 강화하는 것이 중요합니다. 이제는 우리나라에서도 원자력에 대한 연구를 시작할 때가 되었다고 봅니다. 대학에서는 핵물리연구사업을 진행하는 한편 이 분야의 과학자들을 계획적으로 양성하여야 하겠습니다"[7]라고 하면서 핵물리연구사업의 중요성을 강조하였다.

이후 1956년 3월 소련과 '조·소 원자력의 평화적 이용에 관한 협정'을 체결하여 300명 이상의 과학자를 소련에 유학[8]보냈으며, 1962년 영변에 원자력 연구소를 설립했다.[9] 1963년 6월에는 소련으로부터 소형 실험용 원자로(IRT-2000, 2MWe)를 도입하여 운용하는 등 핵개발에 대한 지식을 서서히 축적해 나갔다. 과학원의 연구자들은 전후 어려운 과정에서도 김일성의 절대적인 지원 하에 핵에너지 분야 연구 사업을 진행하여[10] 서서히 기반 체계를 갖추어 나가기 시작한 것이다.

1961년 쿠바 미사일 사태 당시 소련이 미국의 위협에 굴복하는 것을 목격한 김일성은 미국의 핵공격에 대비한 지하요새를 구축하는 동시에 독자적인 핵무기 보유를 추진했다.[11] 1963년 10월 5일 김일성은 "우리에게는 원자탄이 없습니다. 그러나 우리는 그 어떤 원자탄을 가진놈들과도 싸워서 능히 견디여낼수 있습니다"라고 하면서 "우리가 전체 인민을 무장시키고 전국을 요새해 놓으면 아무리 강대한 적도 함부로 접어들지 못할것입니다. 미국놈도 접어들지 못합니다"[12]라고 말할 정도로 핵무기 위협 대응책에 대하여 지대한 관심을 갖고 있었다는 것을 알 수 있다.

북한이 초기에 원자력 개발에 관심을 가졌던 이유는 전후 경제복구를 위한 것처럼 보일 수 있지만 실제 속셈은 군사적 대응 차원에서의 핵기술 개발에 있었다고 판단된다. 이를 바탕으로 1973년 김일성종합대학에 핵물리학과, 김책공대에 원자로공학과 신설, 1976년 동위원소 생산연구실 설립, 1975년 플루토늄 생산, 1979년 영변 5MW 원자로를 자체 기술로 착공, 1980년대 중후반 영변에 50MWe 원자로, 재처리시설, 핵연료 제조공장 건설 등에 이르기까지 본격적인 핵개발을 추진한 것으로 추정된다.[13]

1964년 중국이 핵실험에 성공하자 김일성은 중국에 지원을 요청했다. 베이징에 대표단을 파견해 핵개발 지원을 요청함과 동시에 마오쩌둥(毛澤東) 중앙위원회 주석 앞으로 서한을 보내 목숨까지 바쳤던 혈맹인 만큼 핵무기 제조 기술 또한 공유해야 한다고 역설했다. 마오쩌둥은 이를 단호하게 거절한다.[14] 중국의 협조를 얻기가 어려워지자 김일성은 1967년 소련을 극비리에 방문하여 핵무기 개발을 위한 기술지원을 요청했지만[15] 역시 거절당했다. 중국과 소련으로부터 모두 거부당한 북한은 독자적인 핵무장의 길을 추구하게 되었는데, 아이러니하게도 그 기술적 토대는 소련이 1960년대에 제공한 핵기술이었다. 독자적인 핵무장만이 유일한 체제 생존전략임을 인식한[16] 김일성과 김정일은 살아생전 지속적으로 핵무기 개발을 추진해 왔으며, 결국 김정은 때에 핵무력을 완성하기에 이른다. 김일성은 외부 위협에 대하여 핵무기보다 확실한 억지력은 없을 것이라고 일찍부터 명확하게 인식했던 것으로 판단되며, "핵을 선진 과학 공업 강국으로서 북한의 지위를 확인시켜주는 행운의 부적"으로 여겼다.[17]

1989년 북한 핵 문제가 국제사회에 처음 등장하게 된 계기는 프랑스 상업위성 스팟 2호가 영변 핵시설을 촬영하고 이를 공개하면서부터이다. 당시 IAEA는 핵 폐기를 요구했으나, 북한은 주한미군의 핵보유를 문제 삼으며 거부했다. 미국이 해외 전술핵무기를 폐기하기로 결정하고 노태우 전 대통령이 한반도 비핵화를 선언한 후에야 북한은 핵폐기에 동의하게 된다. 비교적 순조롭게 보였던 북핵 문제는 1992년 IAEA가 핵사찰 후 북한이 제출한 핵활동 신고 내역의 플루토늄 추출량과 중대한 불일치를 발견함으로 인해 대화가 종료되고 갈등이 시작된다.

북한은 6자회담이 한참 진행되던 2005년 2월 10일 대담하게도 최초로 핵무기 보유를 선언하였다. 당일 외무성 성명을 통해 6자회담의 무기한 중단과 체제 수호를 위한 핵 보유량 증대 의지를 밝히는 과정에서 이미 자신들은 자위를 위해 핵무기를 만들었다고 선언한 것이다.[18] 북한은 지금까지 총 6회의 핵실험을 실시하였는데, 김정일 체제에서는 2006년 10월 9일, 함경북도 길주군 풍계리에 위치한 지하 동굴 동쪽 갱도에서 첫 핵실험을 시작으로 2009년 2차 핵실험까지 실시되었다. 김정은 체제에서는 4회를 실시하였는데, 2013년 2월 12일, 3차 핵실험을 시작으로 2016년 4·5차 핵실험을 거쳐, 지진규모 5.7로 역대 핵실험 중 가장 큰 위력을 보인 것으로 파악되는 2017년 6차 핵실험까지 진행하였다.

2015년 12월, 김정은은 평양에 위치한 평천혁명사적지를 방문하여 북한체제의 명운을 걸고 핵무기를 완성한 것은 전형적인 연길폭탄의 정신과 평천 병기공장 정신으로 자력갱생의 절대적인 산물이며, 이를 통하여 강대한 핵보유국이 될 수 있는 원동력이었다고 주장했다.[19] '연길폭탄'은 항일혁명운동 투쟁시기에 자력갱생의 혁명정신으로 만들어진 작탄이며, 일명 유격대의 폭탄, 수류탄이라고도 부른다.[20] 왕청 일대 마촌의 병기창에서 자체 제작한 폭탄으로 상황발생 시 두수로 투척하여 터트리는 폭탄의 한 종류이다. 김일성은 자신의 회고록 『세기와 더불어』에서 연길폭탄에 대하여 많은 의미를 부여하고 있다. 이 폭탄을 자력갱생의 전형적인 상징물로 선전하면서 무에서 유를 창조하는 자력갱생이야말로 혁명이 흥하느냐 망하느냐의 잣대로 기술하고 있다. 평천 병기공장 역시 북한의 첫 병기공장으로 자위적 국방공업의 대명사이다.

북한 체제에서 신으로 추앙받았던 김일성의 핵무기에 대한 생각과 의지를 김정일에 이어 손자인 김정은 때에 완성하였다는 사실은 북한 주민들을 내부적으로 결속시키고 선전하는 데 있어서 최고의 수단이 되어주었다. 실제로 2023년 11월에 탈북한 전 쿠바 주재 북한대사관 정치참사 리일규도 초기에는 핵 및 미사일 시험 성공 발표가 나면 긍지나 자부심 같은 것을 느꼈다[21]고 말했을 정도이다. 핵무기를 보유했다는 사실은 강대국 지위 획득은 물론 북한 체제에 대한 국가 위신과 민족주의 고양에 절대적인 가치를 부여한 것이다.

김정은의 가장 핵심적인 권력은 통상 조선로동당과 조선인민군이라고 생각할 수 있으나 사실은 핵무기이다. 핵무기와 미사일이 바로 북한 체제의 모든 것이라고 말할 수 있으며, 3대 세습 체제와 인민 경제를 확실하게 보장한다는 의식을 가지고 있음이 분명하다. 핵무력과 우주개발[22]을 국가 방위력의 핵심으로 설정하고 있다는 사실이 이를 잘 보여주고 있다.

나. 핵능력 및 고도화

북한은 미국과 국제사회에 자국이 핵보유국을 넘어 핵 강국임을 스스로 밝히고 있다. 단순히 핵무기를 가지고 있는 국가가 아닌 고도로 발전된 핵무기들을 다량으로 보유하고 운용하는 강력한 나라라고 스스로 주장하고 있는 것이다.[23] 오랫동안 핵보유국이 되고자 3대에 걸쳐 모든 노력을 기울여왔고 마침내 그 꿈을 이룬 셈이다. 북한이 핵비확산조약(NPT) 협정상의 핵보유국은 아니지만 이는 실질적인 핵보유국인 이스라엘, 인도, 파키스탄과 같은 반열이다.

우리는 언제부터인가 핵보유국이 된 북한과 머리를 맞대고 있으며, 때로는 얼굴을 마주하면서 살아가고 있다. 이제는 북한의 핵보유 사실을 직시하면서 그에 대처할 방안을 명확하게 강구할 때이다. 특히, 북한은 2006년 1차 핵실험 이후 핵탄두의 위력을 증대하고 있으며, 미사일 탑재, 대량생산 등에 핵심을 맞추어 핵능력 고도화에 박차를 가하고 있다. 2016년 5차 핵실험 이후 '핵탄두의 표준화·규격화·소형화·경량화·다종화 달성'을 주장하면서 핵탄두와 미사일의 대량생산 및 실전배치에 나서고 있다. 북한의 핵개발 프로그램은 이미 해를 거듭하면서 양적으로나 질적으로 진전을 보여주고 있다. 국내 및 국외의 저명한 학자 및 연구단체에서 제시한 〈표 1〉의 핵능력 평가에서 이 사실을 확인할 수 있다.

〈표 1〉 북한의 핵능력 평가

구분		핵물질	핵탄두
2022년 국방백서		1980년대부터 영변 등 핵시설 가동 등을 통해서 핵물질 생산, 플루토늄 70여kg, HEU 상당량 보유 평가	9~18기 제조능력 보유 - 핵탄두 1기 제조에 플루토늄 대략 4~8kg 사용 예상
지그프리드 해커 박사	2021년	매년 Pu 6kg, HEU 175kg 생산 능력 보유	20~60개 추정 (45개일 가능성 가장 높음)
	2022년 5월 - 핵의 변곡점 (2023)	매년 Pu 6kg, 연간 HEU 생산 80kg(영변시설만 가동시), 150kg(한두개의 비밀생산시설 가동시)	65발 보유(2024년까지)
2023년 1월 한국 국방연구원, 북한의 핵탄두 수량 추계와 전망		-	80~90여발 수준 평가 2030년 최대 166발까지 증가

구분	핵물질	핵탄두
2023년 3월 미국과학자연맹(FAS) 세계 핵군사력 지위 지수	-	30개 이상의 핵탄두
2023년 10월, 아산정책연구원과 미국 랜드(RAND)연구소, 한국에 대한 핵보장 강화방안	-	최종적으로 최소 300기 이상의 다양한 투발수단으로 구성된 핵전력 보유
2024년 3월 미국과학자연맹(FAS) 세계 핵군사력 지위 지수	-	50개 이상의 핵탄두
2024년 6월, 일본 나가사키대 핵무기폐기연구센터(RECNA), 세계의 핵탄두 데이터	-	50기 추정
2024년 6월, 스톡홀름 국제평화연구소(SIPRI), 2024년도 연감	플루토늄뿐만 아니라 고농축우라늄도 생산하는 것으로 보임	50기 추정 (조립가능 90기 추정) - 2023년 보다 20기 증가
2024년 7월, 일본 방위백서	영변 5MWe흑연 감속로에 대해서는, 2018년부터 가동 중단, 2021년 7월 이후 재가동하고 있는 것으로 알려짐. 가동시 연간 약 6kg의 플루토늄(핵탄두 1~1.5개 분량)을 생산할 수 있다고 판단	약 30발(전체적으로는 50~70발분의 핵탄두를 생산할 만큼의 핵분열성 물질을 저장)을 보유
2024년 7월, 핵과학자회(BAS), North Korean Nuclear Weapons, 2024	최대 90기를 만들 수 있는 충분한 핵물질을 생산 - 연간 핵탄두 6기를 생산할 수 있는 핵분열 물질을 확보할 수 있다고 추정 ☞ 2020년대 말에 핵탄두를 최대 130기를 만들 수 있는 핵물질을 보유	주로 중거리 탄도미사일로 운반하는 핵탄두 50기 가량을 조립했을 것으로 추정 - 핵탄두의 위력은 10~20kt (킬로톤, 1kt은 TNT 1천t의 폭발력)
2025년 6월, 스톡홀름 국제평화연구소(SIPRI), 2025년도 연감	70~90개의 핵탄두를 만들 수 있는 충분한 핵분열 물질을 생산했을 것으로 추정	최대 90개의 핵탄두를 만들 수 있는 충분한 핵분열 물질을 생산했을 수 있지만, 그보다 적은 수인 50기 추정

* 출처: 최근에 발간된 각종 국내외 자료를 활용하여 필자가 작성.

위 도표에서 알 수 있듯이 기본적으로 북한은 50기 정도의 핵탄두를 보유하고 있으며, 플루토늄과 고농축우라늄 등 매년 1기 이상의 핵탄두를 생산할 수 있는 핵물질을 생산하고 있는 것으로 추정된다. 또한 핵투발 수단의 다양화와 고도화를 통하여 화성-12형, 화성-14형, 화성-15형, 화성-17형, 화성-18형, 화성-19형 미사일의 시험발사와 실전 배치 및 대량생산을 지속적으로 강조하고 있다. 또한 핵탄두 탑재 운반체는 34종으로 파악되고 있으며, 핵능력의 최종 종착역인 핵무기 종합관리체계(핵방아쇠)와 핵 위기 조기경보체계(화산경보)를 완성하여 2024년 4월에는 600mm 초대형방사포가 참가한 가운데 우리를 겨냥한 핵 반격 가상훈련을 실시하였다.[24] 이제 북한은 실전에 사용하기 위한 마무리 절차에 접어들었다.

다. NLL 무력화를 위한 북한의 도발과 확전 가능성

1) '교전 중인 적대국'과 NLL 무력화 시도

김정은은 2023년 12월 30일 로동당 중앙위원회 제8기 제9차 전원회의 확대회의에서 "북남관계는 더 이상 동족관계, 동질관계가 아닌 적대적인 두 국가관계, 전쟁 중에 있는 두 교전국관계로 완전히 고착되였습니다. 이것이 오늘 북과 남의 관계를 보여주는 현주소라고 할수 있습니다"[25]라고 선언하였다. 이것은 1991년 12월 "나라와 나라 사이의 관계가 아닌 통일 지향 특수관계"라고 규정한 남북기본합의서를 전면 부인하는 근본적인 방향 전환이다. 남북관계를 적대적인 두 국가 관계, 교전국 관계로 규정하고 한국 정부와 관계없이 논의가 더 이상 불필요하다는 입장을 표명한 것이다.

심성은은 "방대한 쌍방부력이 대치되여 있는 군사분계선 지역에서 그 어떤 사소한 우발적 요인에 의해서도 물리적 격돌이 발생하고 그것이 확전될 수 있다는 것은 주지의 사실이며 현재 조선반도에 가장 적대적인 두 국가가 병존하고 있는데 대하여서는 그 누구도 부정할 수 없다. 이제는 현실을 인정하고 남조선 것들과의 관계를 보다 명백히 할 필요가 있습니다"라며 "우리를 주적으로 선포하고 외세와 야합하여 정권붕괴와 흡수통일의 기회만을 노리는 족속들을 화해와 통일의 상대로 여기는 것은 더 이상 우리가 범하지 말아야 할 착오"라고 강조했다. 우리는 김정은의 이 발언에서 숨겨진 의도를 파악할 필요가 있다. 김정은이 이제까지 진행된 남북 간 통일문제에 대한 논의를 포기하고 외교관계가 없는 적대적 교전국가로 정의할 경우, 한국을 표적으로 한 핵무기 사용에 대한 걸림돌이 해결될 수 있다고 판단했을 것으로 추측할 수 있다. 그리고 본격적인 핵무기 및 미사일의 지속적인 고도화는 물론 실전 사용에 대한 정당성과 합리성을 확보하기 위해 '적대적인 두 국가관계, 전쟁 중에 있는 두 교전국관계'의 논리가 필요하게 되었을 것이다.

2024년 1월 15일 김정은은 한 걸음 더 나아가 최고인민회의 제14기 제10차 회의 시정연설을 통해 북한 헌법에 없는 영토, 영해, 영공지역에 대한 법률적 대책을 강구하고, 남북교류와 관련된 상징물에 대한 철거를 통해 통일, 화해, 동족 개념 자체를 완전히 제거할 것을 강조했다. 이는 한반도의 두 개 국가 선언을 넘어 민족적 동질성마저 부정한 것으로 분단 이후 남북관계의 역사를 완전히 단절하는 행위이다. 또한 시정연설 내용 중 가장 관심을 끄는 대목은 한반도의 전쟁 위험성을 강조한 내용이다.[26] "우리는 적들이 건드리지 않는 이상 결코 일방적으로 전쟁을 결행하지는 않을 것"이라면서도, "물리적 충돌에 의한 확전으로 전쟁이 발발할 위험은 현저히 높아지고 위험단계에 이르렀습니다. 우리는 전쟁을 바라지 않지만 결코 피할 생각 또한 없습니다"라고 밝혔다.

또한 "조선반도에서 전쟁이 일어나는 경우에는, 대한민국을 완전히 점령, 평정, 수복하고 공화국 령역에 편입시키는 문제를 반영하는 것도 중요"하다고 말했다. 북한은 전쟁의 목표를 명확하게 제시하고 있는 것이다. "우리 국가의 남쪽국경선이 명백히 그어진 이상 불법무법의《북방한계선》을 비롯한 그 어떤 경계선도 허용될수 없으며 대한민국이 우리의 령토, 령공, 령해를 0.001mm라도 침범한다면 그것은 곧 전쟁도발로 간주될 것"이라고 밝혔다. 그리고 "만약 적들이 전쟁의 불꽃이라도 튕긴다면 공화국은 핵무기가 포함되는 자기 수중의 모든 군사력을 총동원하여 우리의 원쑤들을 단호히 징벌할 것"이라고 말했는데, 이는 핵무기로 전쟁 위협을 하면서 핵을 포함한 무력사용의 원칙을 분명하게 밝히고 있는 것이다. 김정은은 이와 같은 사항을 '영토평정'으로 표현하면서 필요하다면 전쟁으로 달성할 것이며 이 과정에서 핵무기 사용을 주저하지 않겠다는 점을 분명히 하고 있다. 이는 사실상 핵무기의 선제적이고 공세적 사용에 대한 북한측의 의도를 명확하게 밝히고 있는 것으로 봐야 한다.

지금까지 북한의 실질적 위협은 북방한계선(NLL) 및 인근에서 많이 자행되어 왔다. 1, 2차 연평해전, 연평도 포격에 이르기까지 실제 교전이 발생한 곳은 모두 NLL이었다. 이후에도 지속적으로 2014년 연천지역 고사총 도발, 2015년 목함지뢰 사건, 2022년 무인기 도발 등이 단적인 예이다. 정전협정상 지상의 군사분계선이 설정된 것과는 달리 해상의 군사분계선은 따로 설정되지 않았다. 이는 정전협상 과정에서 영해에 대한 쌍방의 입장차이에서 비롯된 것이다. 당시 유엔군 측은 3해리(NM) 영해를, 공산군 측은 12해리(NM) 영해를 주장하여 해상 군사분계선에 대해 합의 도출에 실패하였기 때문이다.

NLL 문제는 남북관계에서 오랫동안 진행되어 온 주요한 쟁점사항

중에 하나로 북한은 기회가 있을 때마다 기존 NLL이 무효라고 하면서 억지를 부려왔다. 1953년 8월 30일 당시 유엔군사령관 마크 웨인 클라크(Mark Wayne Clark)는 남북 쌍방 충돌을 막기 위해 정전협정과 국제법에 기초하여 NLL을 설정하고 북측에 통고하였다. 이에 대해 북한은 이의를 제기하지 않았으며, 1959년 북한에서 발간된 조선중앙년감에도 서해 NLL을 군사분계선으로 표기하였다.[27] 1963년 5월 17일 군사정전위원회에서 유엔군사령부가 북한측에 간첩선의 남하에 대하여 항의하자 북한 측은 "북한 함정이 NLL을 넘은 적이 없다"라고 반박하면서 NLL을 언급한 바 있다. 1984년 우리측의 홍수 피해에 대해 북한 적십자사가 수해복구물자를 지원할 당시에도 남북 군함은 NLL 선상에서 북한 수송선을 인수인계했다. 북한군이 NLL을 준수하고 있다는 것을 스스로 인정한 셈이다.

1991년 체결된 남북기본합의서에 남북은 "남과 북의 불가침 경계선과 구역은 1953년 7월 27일자 군사정전에 관한 협정에 규정된 군사분계선과 지금까지 쌍방이 관할하여 온 구역으로 한다"라고 상호 합의하였으며, 1992년 남북불가침부속합의서 제3장 제10조에 "해상불가침경계선이 확정될 때까지 쌍방이 지금까지 관할하여 온 구역으로 한다"[28]라고 합의하였다. 1998년 1월 군사분계선과 NLL을 적용해 설정, 발효된 비행정보구역(FIR)에 대해서도 북한은 이의를 제기하지 않았다. 2000년대 이후 서해에서 조난당한 북한 선박의 인수인계도 NLL에서 이루어졌다. 이와 같이 자신들이 필요시에는 NLL을 준수하는 모습을 보이면서도 실제적으로는 무력화를 주장하면서 도발을 지속하여 왔다.

현재까지 북한측의 NLL 무효 및 억지 주장사례를 살펴보면 1973년 10~12월 본격적으로 NLL 무력화를 시도하였다. 북한 어뢰정들이 아군 군함을 향해 모의어뢰발사 훈련을 실시하였으며, 백령도로 가는 상류함의 포위는 물론 서북도서를 오가는 여객선에 위협을 가하기도 하였다. 이후 1999년 1차 연평해전과 2002년 2차 연평해전이 벌어진 뒤 2006년 5월에 열린 제4차 장성급회담에서 북한의 억지 주장이 최고조에 달했다. 이어 2007년 남북정상회담 등을 계기로는 일방적으로 설정한 '경비계선'이라는 것을 들고 나와 해상경계 재설정을 주장하였다. 2009년 대청해전, 2010년 천안함 폭침 등 대규모 도발을 자행하는 등 40여 년 동안 NLL 무력화를 집요하게 시도해 온 것이다.

명확한 근거도 제시하지 않은 채 북한측은 일방적으로 서해 경비계선을 설정했고, 각종 남북 회담에서 NLL에 대한 언급이 나오는 것조차 거부한 것이다. 이렇듯 북한은 NLL을 준수하는 척하면서도 남북관계 및 유엔사와의 회담과 내부 선전 등 정치적 측면에서는 지속적으로 NLL을 부정하는 행태를 보여 왔다. 이것은 바로 NLL 무력화를 통해 한반도 정세 주도권을 장악하려는 정치적 의도와 서해 일대에서 한미연합군의 활동을 견제하려는 군사적 의도가 충분히 내포된 것이다. 남북 함정 등 군사적 충돌을 방지하기 위한 목적으로 설정된 실질적인 해상경계선을 북한은 군사 충돌의 빌미로 사용하고 있는 것이다.

2) 확전 가능성 증대

NLL도발 가능성에 특히 주목하는 이유는 NLL무력화를 위한 북한의 도발과 확전 가능성이 항시 상존하기 있기 때문이며, 북한은 이미 NLL 지역을 전쟁 발발 가능성이 가장 높은 지역으로 판단하고 있다는 사실이다.[29] 대표적인 사례로 김정은은 2024년 시정연설에서 NLL 문제에 대하여 직접 언급한 바 있다. 북한의 최고 지도자가 직접적으로 현재 해상분계선인 NLL무력화를 언급하였다는 사실은 매우 중대한 사안으로 절대적인 의미를 가지고 있다. 북한에서 최고지도자의 교시는 헌법이나 로동당 규약 등 그 어떤 제도적 장치보다 절대 우위에 있으며, 교시의 근거는 1974년 공표한 '당의 유일사상체계 확립의 10대 원칙'에 기반을 두고 있다.[30] 그렇기 때문에 어느 누구도 거역해서도 안 되는 신성불가침의 진리이며 최고 통치규범이다.

이에 따라 향후 NLL의 무력화 시도가 심히 우려되며, 북한측이 영토 침범 시 전쟁 도발로 간주하겠다는 것은 NLL에서의 무력충돌이 확전으로 이어질 수 있다는 것을 의미한다. NLL을 분쟁 수역화하여 도발의 빌미로 유도하면서 국지전 또는 확전을 유도하고 있는 셈이다. 이렇게 서북 도서에 대한 도발 가능성은 계속되고 있으며, 연평도 및 백령도를 상대로 도발을 감행할 생각이라면 기습 타격을 시도할 수 있을 것으로 판단된다.

또한 서해 NLL인근에서 해상 포격 훈련에 대응하는 과정에서 언제든 사소한 물리적 충돌이 확전될 수 있다는 것이다. 나아가 2024년 2월 15일 북한 관영매체 조선중앙통신은 신형 지대함미사일 '바다수리'검수사격 사실을 공개하면서 김정은이 "해상국경선을 믿음직하게 방어할 방도를 제시했다"라고 밝혔다. 이어 "김정은 동지께서 한국괴뢰들이 국제법적 근거나 합법적 명분도 없는 유령선인 '북방한계선'을 고수하려 각종 전투함선을 우리 수역에 침범시키며 주권을 침해하고 있는 사실을 상기시키며 우리의 해상주권을 수사적 표현이나 성명이 아니라 실제적 무력행사로 지켜야 한다고 말했다"라고 전했다. 북한측이 남북 해상경계를 "해상국경"으로 언급한 건 처음이다. 남북을 민족관계가 아닌 교전국으로 규정한 데 따른 것으로 보인다. 김정은이 최고인민회의 시정연설에서 북한 헌법에 영토·영해·영공 조항 추가 지시를 한 데 이어, NLL을 무력화하는 해상국경선을 법적으로 못 박을 것을 시사한 셈이다.

이와 함께 김정은은 새해 주력해야 할 군사 과업으로 핵 무력 증강, 해군 전력향상, 정찰위성 추가 발사 등을 꼽았다. 김정은은 현재 정세와 관련해 "압도적인 전쟁 대응 능력과 철저하고도 완전한 군사적 준비태세를 완벽하게 갖추기 위한 사업에 계속 박차를 가할 것을 요구하고 있다"라고 강조한 바 있다. 한편 NLL과 인접한 서해상에서 한미 연합훈련 각종 군사훈련 등에 반발하여 북한의 예기치 않은 상황이 전개될 수 있다. 서해 5도는 북한에 있어서 가시 같은 존재이며, 자신들이 주장하는 혁명의 성지 평양을 공격하기 용이한 장소이다. NLL과 서해 5개 도서에 대한 군사도발 위협은 대남협박의 단골 메뉴로 선정 된지 오래이다. 자체 핵전력이 없는 우리의 전략적 열세를 바탕으로 기습적인 점령 후에 핵무기 사용 위협은 충분히 예견할 수 있는 상황이다. 최근, 미국의 싱크탱크, 스팀슨센터의 매닝(Robert A. Manning) 연구원은 '만약 북한이 전술핵 카드를 쓰게 된다면 한국의 국민은 '핵 인질'이 될 것이다'라는 주장을 한 바 있다. 북한의 NLL 무력화 시도를 통한 도발과 확전 가능성이 증대되고 있는 현실에서 더 현명한 국토방위 전략을 고민해봐야 할 때이다.

3. 북한의 핵무기 사용 가능성에 대한 단계적 접근

가. NPT 미가입국의 핵 보유 과정 및 운용 전략

현재 핵무기와 관련한 가장 포괄적인 국제협약은 1968년 유엔에서 채택 후 발효된 NPT이다. 현재 조약에서 인정한 핵보유국은 미국과 영국, 프랑스 러시아, 중국 등 5개국으로 제한하고 있다. 이밖에 NPT

미가입국인 인도, 파키스탄, 이스라엘은 실질적인 핵보유국으로 인정받고 있다. 이러한 국가들은 핵무기를 보유하고 있지만 2차 대전 당시 미국 외에는 아직까지 핵을 사용한 사례는 없다. 이렇게 핵을 보유하고 있지만 사용하지 않는 국가들과 북한을 비교하여 왜 핵을 보유한 국가들이 핵을 사용하지 않고 있는지 이유를 분석해 보는 것은 의미 있는 작업이다. 왜냐하면 북한 핵에 대한 우리의 효율적인 대응 방안을 도출해 볼 수 있는 방법으로 제시될 수 있기 때문이다.

〈표 2〉 NPT 미가입국 핵보유 과정 및 운용 전략

구분	인도	파키스탄	이스라엘	북한
핵개발 시작 시기	·1962년 중-인도 전쟁 패배 이후 ·파키스탄 핵개발 노력	1971년 3차 인도-파키스탄 전쟁 패배 이후	1950년대부터 절대적인 중동 지역 열세를 극복	1950년대부터
핵실험 횟수	6회	6회	비공개	6회
핵보유 선언	1974년 핵실험 성공	1998년 핵실험 성공	NCND	2005년 2월
유엔안보리 제재 / 미국 개별 제재	무 / 유	무 / 유	무 / 무	유 / 유
미국 인정 여부	9·11테러 직후, 2006년 미, 인도 핵협정 체결	9·11테러 직후	묵인	부인
미국과의 관계	우호	우호	우호	적대적
핵무기 선재 사용 금지 (NFU)	준수	거부	준수	공식적으로는 준수 실제는 거부 - 미국과 한국 선제사용 언급
핵운용 전략	확증보복	선제위협	확증보복	선제위협, 확증보복
통제	중앙	중앙	군에 위임	중앙

* 출처: 최근에 발간된 각종 국내외 자료를 활용하여 필자가 재작성.

〈표 2〉에서 알 수 있듯이 인도, 파키스탄, 이스라엘 등 3개국은 핵

을 보유하고 있는 국가이다. 인도와 파키스탄은 각각 전쟁 패배 이후, 이스라엘은 자국의 생존을 목적으로 핵개발을 시작하였다. 인도와 파키스탄 간에 "핵전력 경쟁 영역에서 서로의 억지력을 확실히 담보하기 위한 노력이 오히려 위기시 양국간의 불안정성을 증대시키고 더욱 쉽게 확전으로 비화"[31]되지 않을지 의심스러운 부분이 일부 있지만 양국이 보유한 핵무기가 전략적 안정을 가져다주었다는 것은 부인할 수 없는 현실이다. 심지어는 위기 시에 전쟁 발발의 위험성을 낮출 수 있게 되었다.

인도보다 핵무기가 열세인 점을 고려한 파키스탄이 공세적인 선제 위협의 핵태세를 취하고 있는 것은 인도의 핵위협에 대응할 수 있는 최선의 핵억제 태세로 여겨진다. 이스라엘은 핵보유에 대하여 시인도 부인도 하지 않고 있으며, 공식적으로 핵사용에 대한 언급을 하지 않고 있다. 이러한 모호성 전략은 아랍 국가들이 이스라엘을 지도상에서 지워버리려고 하는 것을 방지하고 있으며, 나아가 아랍 국가들이 핵개발 명분을 얻지 못하게 하는 성과를 거두었다. 애매한 입장전략으로 미국이나 서방 국가들과 긴밀한 관계를 유지하고 있으며, 이러한 전략은 국제사회에서 직접적인 비난을 피하면서 주변 아랍 국가들을 억제할 수 있는 방법이라고 볼 수 있다. 이스라엘은 국가의 생존에 심각한 위기가 발생했을 때만 사용할 것이라는 입장을 견지하고 있다.

반면에 북한은 내부적으로 핵개발을 철저히 비밀리에 진행하면서도 외부적으로는 1994년 제네바 합의 이후 주기적으로 핵보유 의사가 없다고 우리와 국제사회를 속여 왔다. 현실적인 결과는 6차례의 핵실험과 핵능력 고도화를 통한 사실상의 핵보유국이 되었다. 이러한 핵무기 개발은 국제적인 규정에 정면으로 배치되고 있지만, 북한은 NPT 가입국이 아니다. 인도, 파키스탄, 이스라엘은 처음부터 NPT 비가입국으로 핵무기를 보유하고 있지만 북한은 NPT 가입국(1985. 12.) 기간 핵무기를 개발하고 탈퇴(2003. 1. 10.)한 국가로서 이력이 남다르다. 북한을 협상장에 끌어들이기 위한 외교적 노력은 물론 협상 결과 경제적 지원까지 시행하였지만 매번 빈손이었다. 현재는 추가적인 어떤 외교적 움직임도 별로 알려진 게 없다. 강력한 대북제재로 인하여 북한이 두 손 들고 나올 것이라는 가정도 점점 설득력을 잃어가고 있다. 오히려 미국과 러시아, 중국 간의 대립 격화로 인하여 한반도 비핵화는 더 멀어지고 있다. 지난 1990년대 초 북핵 문제가 불거진 이래 30년이 훨씬 지났지만, 해결된 게 없다.

미국과 적대적인 북한은 핵사용에 대한 법적 뒷받침을 진행하면서 미사일 발사 등 군사도발과 핵사용에 대한 위협 수위를 한층 배가하고 있다. 기존의 NPT 미가입 핵보유 국가들과는 완전히 다른 행보를 보여주고 있다. 대부분의 핵보유 국가들이 특정 상황에서 선택의 제약을 피하기 위해 핵무기 사용과 관련해 최대한 모호성을 유지하고 있는 반면에 북한은 오히려 핵 교리를 선명하고 구체적으로 공개해 억지 효과를 키워가는 모양새를 유지하고 있다. 위험을 감수하고 있는 방향으로 진행하고 있는 사항이라서 더욱 우려된다. 이미 완벽하게 기울어진 경제력은 물론 재래식 전력에서 절대적으로 열세인 북한은 핵무기를 전쟁수행 전략에 중추적으로 활용하여 열세를 만회하겠다는 의도를 가지고 있다. 현재의 강력한 한미동맹의 군사작전을 봉쇄하고 억제하며, 무력화하기 위해서 전장에서 선제적이고 공세적인 핵전략을 운용해야 하는 상황에 이른 것이다. 핵무기를 국내·외교 정책과 군사 목표를 동시에 이루기 위한 수단으로 활용하고 있다.[32] 핵무기를 보유하는 것 자체만으로도 김정은 정권의 통치를 정당하게 만들고 정권을 유지할 수 있다고 판단한 것이다.

나. 핵무기 사용 법제화 과정

북한은 핵무력 정책을 자신들의 의도에 적합하게 서서히 한 단계씩 법제화하면서 대외적으로 발표하는 단계를 밟아 왔다. 헌법에 핵보유국을 명기한 지 10년 만에 핵무기의 사용 원칙과 운용방안 등을 체계화하였다. 지속적으로 핵능력을 고도화하면서 정책적으로는 핵사용에 대한 법적인 뒷받침을 준비한 것이다. 핵무력정책을 법제화 하는 과정은 먼저 헌법 서문 개정(2012년), 핵보유국 지위 영구화 선언(2013년), 경제건설 및 핵무력 건설 병진노선 채택(2013년), 자위적 핵보유국의 지위 채택(2013년), 핵무력 완성 선언(2017년), 당규약 개정(2021년), 핵무력 정책에 관하여 법령 채택(2022년), 헌법에 핵무력 정책 명문화(2023년) 과정을 거쳐 진행되어왔다.

2012년 헌법 서문을 개정하여 김정은 체제의 등장을 공식화하면서 핵보유국임을 대내외에 천명하였다.[33] 서문의 법제 전략을 분석하면 이를 기점으로 북한은 체계적으로 핵보유국으로 인정받기 위한 준비를 한 단계씩 진전시켰던 것이다. 그리고 2013년 3월 9일 3차 핵실험 실시 후 이에 대한 유엔 안전보장이사회의 대북제재 결의를 전면 배격한다고 밝히면서 핵보유국 지위를 영구화할 것을 선언하였다. 국제사회를 대상으로 핵무장을 지속하겠다는 의지를 다시 한번 드러낸 셈이다.

북한은 2013년 3월 31일 로동당 중앙위원회 전원회의를 개최해 '경제건설과 핵무력건설을 병진시켜 강성국가 건설을 앞당겨 나갈 데 대하여'라는 결정서를 채택하였다. 김정은 체제가 출범한 지 1년 만에 새로운 국가전략노선으로 경제와 핵무력의 병진노선을 제시한 것이다. 이것은 핵보유를 정당화하기 위한 논리이며 핵무력 강화 및 핵보유국 지위 영구화를 위한 국가전략이다.

2013년 4월 1일 '자위적핵보유국의 지위를 공고히 할데 대하여'를 채택하여 자신들을 당당한 핵보유국가로 명시하고 핵보유국의 지위를 더욱 공고히 하기 위해 10가지 사항을 결정하였다.[34] 주요 내용을 살펴보면, 핵무기의 사명, 핵무력의 강화의 실제적인 대책, 핵무기 지휘통제와 사용 원칙, 핵무기의 보관관리 체계와 질서, 핵 전파방지와 핵물질 관리, 법령을 집행하기 위한 기관 대책 등에 대한 내용이 포함되었다. 특히 다섯 가지 핵무력 사용 조건을 제시함으로서 선제적 핵사용 가능성의 시사는 물론 실질적인 핵사용의 문턱을 낮추고 있다는 사실이다. 이것은 핵보유에 대한 사항을 국내법적으로 영구화하는 조치를 취한 것이다. 북한은 이를 두고서 "력사적인 시기" 및 "거대한 사변"으로 평가하고 있다.[35] 2017년 11월 29일에는 중대보도 형식을 통하여 대륙간탄도미사일 화성-15형의 시험발사가 성공하자 핵무기 개발의 결실을 의미하는 의미에서 국가 핵무력 완성을 선포하였다.

2021년 제8차 당 대회에서 당 규약의 일부 개정을 하였다. "강력한 국방력으로 근원적인 군사적 위협들을 제압하여 조선반도의 안전과 평화적 환경을 수호하며 조국의 평화통일을 앞당기기 위하여 투쟁한다"라고 명시했다. 여기서 강력한 국방력이란 표현은 핵보유를 의미하는 표현이다. 북한은 오래전부터 통일에 대하여 평화통일과 무력통일 2개의 전략목표를 추구해 왔는데, 그동안 무력통일 정책을 공개적으로 언급하지 않았기 때문에 우리가 잘 인식하지 못하고 있었다. 당의 전략적 목표와 그 목표 달성을 위한 기본원칙 및 행동 방향을 제시하는 로동당 규약에서 무력통일 정책으로 전환했다는 것에 우리는 주목해야 한다. 북한의 조국통일 3대 원칙이었던 자주, 평화통일, 민족대단결에서 자주, 민족대단결로 변경하면서 평화통일 원칙을 삭제한 것이다. 이는 핵무력 완성에 따른 대남관계 설정으로 핵무력과 국방력에 의거한 대남 전략을 강조하고 있는 사항이다.

　2022년 9월 8일에는 '조선민주주의인민공화국 핵무력정책에 관하여'법령을 채택하였다. 법령에서는 핵무력의 사명, 구성, 지휘통제, 사용원칙 등과 더불어 5가지 핵무기 사용조건을 제시하였다.[36] 또한 법령에서 핵 선제공격의 조건을 매우 광범위하게 규정함으로써 자의적 판단에 따라 얼마든지 남한에 대한 핵 선제공격이 가능하다는 점을 시사하고 있다. 2006년 7차 당대회 결정서에서 "책임 있는 핵보유국으로서 침략적인 적대세력이 핵으로 우리의 자주권을 침해하지 않는 한 이미 천명한 대로 먼저 핵무기를 사용하지 않을 것"이라고 선언한 것과는 완전히 반대되는 것이며, 이는 핵무기 사용 정책 선회를 알리는 신호이다.

　2022년 9월 법령은 북한이 핵교리를 2013년 4월에 이어 두 번째 법제화한 것으로 북한이 핵 공격을 받지 않은 상황에서도 핵을 선제 사용할 수 있다는 점을 법에 명시했다는 점에서 우리에게는 매우 도발적이다. 또한 제시하고 있는 5가지 핵무기 사용조건이 포괄적이며, 핵공격에 대한 대응뿐만 아니라 사실상 선제적 핵무기 사용에 대한 조건까지 제시하고 있다. 이렇게 만들어진 핵무기 사용조건 등은 유사시 북한의 실제 핵사용을 더욱 용이하게 만들고 있다. 핵무기 사용 대상을 한국을 포함한 불특정 다수의 국가로 확장했으며, 핵무기를 전쟁 억제 수단에서 선제공격수단으로 변화시켰다. 이와 같은 핵무력법의 가장 주요한 핵심은 북한은 향후 핵무기를 포기하는 일은 없다는 것을 국제사회에 최종 선언하고 쐐기를 박은 것이다.

　2022년 12월 김정은은 로동당 중앙위원회 8기 6차 전원회의 확대회의에서 핵무력 강화의 중요성을 강조하면서 "핵무력은 전쟁억제와 평화안정수호를 제1의 임무로 간주하지만 억제실패시 제2의 사명도 결행하게 될 것이라고 하였으며 제2의 사명은 분명 방어가 아닌 다른 것이다"라고 밝혔다. 필요시 핵사용에 대한 의지를 강력하게 표명한 것이다. 2023년 9월에는 국가최고법인 헌법 제4장 58조에 핵무력 정책을 명문화하였다.[37] 핵무력 강화 정책을 헌법에 명기하여 "핵보유국 지위가 불가역적인 것이 됐다"라며 "핵무기 발전 고도화를 위한 사업이 강력히 실행될 것"이라고 주장했다. 김정은은 최고인민회의 연설에서 "국가최고법에 핵무력강화 정책 기조를 명명백백히 규제한 것은 현시대의 당면한 요구는 물론 사회주의국가건설의 합법칙성과 전망적 요구에 철저히 부합되는 가장 정당하고 적절한 중대조치"라고 주장했다. 특히 중대과제로 "핵무력을 질량적으로 급속히 강화하는 것"을 꼽고 "핵무기생산을 기하급수적으로 늘이고 핵타격수단들의 다종화를 실현하며 여러 군종에 실전배비하는 사업을 강력히 실행"할 것을 강조했다. 이와 같은 핵무기 법제화를 위한 북한의 행정적인 뒷받침은 김정은 체제의 정당성과 권력의 공고화를 다시 한번 보여주고 있음은 물론 핵무기 사용에 한걸음 더 가까이 다가서 있다는 것을 보여주고 있다.

2023년 12월 로동당 중앙위원회 제8기 제9차 전원회의 확대회의에서 "미국과 남조선 것들이 만약 끝끝내 우리와의 군사적 대결을 기도하려 든다면 우리의 핵전쟁 억제력은 주저 없이 중대한 행동으로 넘어갈 것"이라며 핵 전면전 불사로 위협하였다. 이것은 우발적 무력충돌이 발생하면 계획된 핵전쟁으로 넘어가겠다는 의미이며, 핵전쟁도 불사하겠다는 결단으로 보인다. 또한 김정은은 "핵무기 생산을 지속적으로 늘릴 수 있는 믿음직한 토대를 구축해나가며, 2024년도 핵무기 생산계획 수행을 위한 힘 있는 투쟁을 전개해나갈 데 대해 강조"하였다. 이와 같은 김정은의 언급들은 향후에도 북한이 준중거리탄도미사일(MRBM), 중거리탄도미사일(IRBM), 대륙간탄도미사일(ICBM), 전술핵, 잠수함발사탄도미사일(SLBM)을 탑재한 핵추진잠수함 등의 핵전력을 수적인 측면과 질적인 측면 모두에서 지속적으로 증강해 나가겠다는 의미다.

더욱이 김정은은 "우리의 핵이 전쟁 방지라는 하나의 사명에만 속박되어 있을 수는 없습니다. 어떤 세력이든 우리 국가의 근본리익을 침탈하려 든다면 우리 핵무력은 의외의 자기의 둘째가는 사명을 결단코 결행하지 않을수 없을것"[38]이라고 말하며 한국은 물론 국제사회를 위협하고 있다. 2024년 10월 신형 ICBM인 화성-19형 시험발사를 감행하는 현장에서도 그는 "핵무력 강화 노선을 그 어떤 경우에도 절대로 바꾸지 않을 것임을 재삼 명백히 확언한다"라고 강조하였다.

상기 발언들은 그동안 북한 핵은 방어적인 전쟁 방지용으로 생각한 대다수 국민 모두에게 큰 경각심을 주고 있는 내용이다. 북한은 한국을 주적으로 표현하고 핵공격 대상에서 배제하지 않겠다는 뜻을 거듭 밝히며, 대미 억지력으로서의 핵무기와 함께 한반도에서 발생할 수 있는 무력분쟁에 대한 대처를 염두에 둔 전술 핵무기 개발도 추구해 나갈 것임을 분명히 하고 있다.[39] 북한이 핵능력의 증강을 지속적으로 추구하고 있다[40]는 사실은 분명하며, 핵능력 강화에 따라 방어 전략에서 공격적인 전략으로 전환하고 있다는 것은 우리의 안보 현실에 시사하는 바가 매우 크다.

특히나 김일성이 1948년 정권 수립 다음날 9월 10일 '조선민주주의인민공화국 정부 정강'을 발표하면서 제시한 용어가 '국토완정'이다. 1949년 신년사에서 김일성은 국토완정을 무려 13회나 강조했다. 1950년 신년사에서도 역시 국토완정을 강조하더니 끝내 6월 불법남침을 개시하여 동족끼리 총부리를 겨누는 한국전쟁을 일으켰다. 조국해방전쟁이라는 명분으로 시작된 민족 최대의 비극인 한국전쟁의 실체가 사실은 김일성의 국토완정으로 부터 출발한 것이다.

그로부터 70여 년이 지난 2023년 김정은은 로동당 중앙위원회 전원회의 5일차 회의에서 "남북관계를 통일을 지향하는 동족이 아니라 적대적인 교전국관계로 재규정하고, 유사시 핵 무력을 포함한 모든 물리적 수단과 역량을 동원해 남조선 전 영토를 평정하기 위한 대사변 준비에 박차를 가해 나가겠다"[41]라고 했다. 김일성이 해결하지 못한 국토완정을 등에 업고 영토평정의 깃발을 들고 나온 셈이다.

김일성은 한국전쟁을 일으켜 국토완정을 실행하려고 하였으나 실패하였다. 이후 경제적 기반과 정치적 안정 쪽으로 기울면서 그동안 국토완정이라는 용어도 슬며시 수면 아래에 머물렀다. 이러한 상황 가운데 나온 김정은의 영토평정 발언은 많은 의도를 내포하고 있으며, 직접적으로 남조선 전 영토를 평정하기 위한 대사변 준비를 언급한 만큼, 향후 어떤 형식으로든 긴장 조성에 나설 가능성이 크다고 판단할 수 있다. 김일성의 국토완정이 6·25전쟁의 출발점이 되었다면, 김정은의 영토평정은 핵무기를 바탕으로 작동할 가능성이 매우 크기 때문이다.

이와 관련하여 간과하지 말아야 할 사항이 있다. 김일성은 전쟁을 준비하면서 소련과 중공을 방문하여 남침을 준비했다면, 김정은은 핵 보유는 물론 핵투발 수단인 각종 미사일을 개발한 상태에서 영토평정을 선언하고 있다. 김일성 시대에는 재래식 무기를 바탕으로 전쟁 준비를 하였다면 김정은 시대에는 핵무기를 바탕으로 전쟁준비를 지속하고 있다는 사실이다. 기존 상황과는 완전히 다르다는 사실을 인식하여야 한다.

특히나 김일성, 김정일 선대의 업적으로 여기는 통일, 화해, 동족, 민족 같은 표현 등을 부정하면서 2024년 10월 13일부터는 로동신문 등 주요 매체에서 그들이 가장 중시하는 주체 연호 표기마저 삭제하였다. 주체 연호는 김일성이 태어난 1912년을 원년으로 해 제정한 것으로 북한은 1997년부터 사용해 왔다. 김정은의 이런 조치들은 아버지, 할아

버지하고는 완전히 다른 차원에서 접근하고 있다는 의지이며, 더 이상 선대 후광에 기대지 않고, 김정은주의 통치를 해나가겠다는 의지로 해석된다. 나아가 한민족, 통일을 강조하기보다 적대적 교전국 관계로 규정하는 것이 핵보유국으로서 전략적 지위 확보에 더 효과적이라 판단하는 것으로 분석된다.

다시 말해, 김정은 시대에는 북한이 김일성 및 김정일 시대와 달리 강화된 핵무기와 미사일을 확보하고 있다는 점에서 우리의 안보 위기는 과거와 비교할 수 없을 정도로 높아졌으며, 이는 한국에 실질적인 위협이 되고 있다. 향후 남북 간 군사적 불균형 확대는 물론 우리 안보의 취약성 증대로 인하여 동맹의존도는 더욱 심화될 것이며, 동북아 질서의 부정적 파급효과로 연결될 것이다. 2024년 9월 17일 상원 군사위원회 인준 청문회에서 제이비어 T. 브런슨(Xavier T. Brunson) 한미연합사령관 지명자는 "북한의 핵과 미사일 역량의 급속한 발전과 핵무기를 기하급수적으로 확장하려는 야망은 한미연합사령부, 주한미군사령부, 유엔군사령부 등 3개 사령부가 직면한 가장 큰 도전"이라고 밝혔다. 이는 향후 북한의 핵무기에 보유량 증가 및 사용 가능성에 대한 우려를 언급한 사항이다.

지난 1990년대 초 북핵 문제가 수면 위에서 논의 된 지 벌써 30년이 지났지만, 손에 잡히는 것은 없다. 핵무기는 전략무기이자 절대적인 무기이다. 대량살상무기이면서 고도의 정치적 무기이기에 재래식 무기와 비교 자체가 될 수 없다. 핵무기 이외의 모든 무기는 현대식 첨단무기조차도 재래식 무기로 분류되는 실정이다. 한국의 군사력은 역대 최강으로 강해지고 있는데[42] 역설적이게도 정작 안보 불안은 더욱 커지고 있는 것이 현실이다. 핵을 보유한 북한을 상대로 '핵사용 가능성이 낮다' 또는 '가능성을 예측하기에는 정보가 부족하다'라고 허송세월만

한다면 이것이야말로 직무유기가 아닐 수 없을 것이다. 이에 대한 준비를 하지 않는다면 이는 국가안보의 허점으로 남을 것이다. 북한의 핵문제는 가치와 이념을 떠나 국익에 가장 부합되는 현실적인 대안과 구체적인 방법을 실행해야 할 때이다.

다. 핵무기 사용 가능성 접근

현재 북한은 핵무기를 다양한 단거리 미사일에 탑재하여 언제 어디서든 남한을 공격할 수 있으며, 대륙간탄도미사일 발사 성공은 물론 북극성-3·4·5를 비롯한 잠수함발사탄도미사일을 잠수함에 탑재하여 미국까지도 공격할 수 있게 되었다. 2021년 RAND연구소와 아산정책연구원의 보고서는 북한이 40~60개의 핵무기를 전쟁 초기부터 대규모로 사용할 수 있다고 분석하였다. 특히 북한은 SLBM을 탑재할 3,000톤급의 잠수함은 이미 완성했고, 핵잠수함도 건조하는 과정[43]에 있다. SLBM을 탑재하여 태평양 바다속으로 나아갈 경우 상황은 심각하게 달라진다. 미국이 한국에 약속한 핵우산 또는 확장억제를 사실상 제공하기가 어려워진다. 실제로 2022년 들어서부터 김정은과 김여정은 핵무기의 사용 가능성을 시사하는 발언의 수위를 더욱 높이고 있다. 이를 언어적인 유희로 치부하는 것이 타당한가에 대한 의문이 생긴다. 북한의 핵무력이 이제 핵억제가 아니라 핵전쟁 수행으로 태세를 전환한 것으로 판단되기 때문이다.

우선 북한은 2005년 2월 핵무기 보유 선언 후 현재까지 6차 핵실험을 통하여 핵능력을 고도화하고 있다. 특히 핵탄두의 소형화 및 경량화와 다탄두화가 핵심이다. 또한 핵사용에 대한 법제화 및 제도적인 뒷받침도 완료하였다. 아울러서 남북한 관계를 두 국가 및 교전국 관계를 유지하여 가장 힘들었던 한민족, 한국가의 문제도 국제법적으로 해결하였다고 판단하고 있다. 아울러서 대한민국을 "제1의 적대국, 불변의 주적"으로 규정했다는 것은 적대국과 주적에 대하여 실전에서는 어떠한 무기도 사용할 수 있다는 것을 논리적으로 뒷받침하고 있다.

그러나 핵사용 위협에 대한 발언 수위가 점점 높아지고 있지만 국민들은 이제 이러한 북한의 핵위협 발언에 무덤덤하게 되어버렸다. 2006년 10월 1차 핵실험 전 발표를 통해 북한은 핵억제력 확보를 위해 보유한다고 기만 했지만 2013년 자위적 핵보유법을 통해서는 미국과 남한을 향해 핵사용 의지를 밝혔다. 2022년 4월 김여정은 담화를 통해 "전쟁 초기에 주도권을 장악하고 타방의 전쟁 의지를 소각하며 장기전을 막고 자기의 군사력을 보존하기 위해서 핵전투 무력이 동원되게 된다"라고 밝혔다. 전쟁 초기에 핵무기를 사용해 승리 하겠다는 것이며, 이는 대미용, 협상용 핵논리에서 훨씬 벗어난 사항이다. 김정은은 북한군 창건 90주년 행사에서 핵의 기본 사명은 억제이지만 필요하면 '억제 이외의 사명'을 수행할 것이라면서 핵사용 전략을 재차 강조하였다. 동년 6월에는 로동당 중앙군사위원회 8기 3차 확대회의 2일째 회의에서 전선부대들의 작전 임무를 추가 확정하고 작전계획 수정 등의 중요 문건을 작성하였다. 실제 사용이 용이한 전술핵을 실전 배치하여 핵사용 전략의 신뢰성을 담보하겠다는 것으로 판단된다.

또한 2024년 11월 14~15일 평양에서 열린 '조선인민군 제4차 대대장, 대대정치지도원대회' 회의 마지막 날 김정은은 "핵무력 강화 노선은 이미 우리에게 있어서 불가역적인 정책으로 된 지 오래며 이제 남은 것은 지금 당장이라두 핵무력이 전쟁억제이 사명과 제2의 사명을 수행할 수 있게 더욱 완벽한 가동태세를 갖추는 것뿐"이라며 "핵무력을 중추로 하는 국가의 자위력을 한계 없이, 만족 없이, 부단히 강화해 나갈 것"⁴⁴이라고 밝혔다. 핵무기의 기본적 사항인 전쟁억제력을 벗어나 제2의 사명 즉 유사시 선제공격을 강조하고 있다. 북한은 핵무기 기본임무와 선제공격을 동일시하고 있다는 점에서 핵전략이 변화되었다는 사실을 알 수 있다.

나아가 NLL무력화 및 확전 가능성은 상시 상존하고 있는 것이 오늘날의 안보 현실이다. 북한은 이와 같이 핵사용에 반드시 필요한 핵능력의 지속적인 고도화를 통하여 핵탄두의 소형화 및 경량화와 다탄두화에 성공하였다고 주장하고 있다. 이러한 사항들은 이미 핵심적인 사용조건은 충족하고 있다는 사실을 보여주고 있는 것으로 판단된다. "북한의 전술핵 실전 전력화 경향이 조직정치적 이해관계에 영향을 받았든 핵사용 문턱이 낮다고 과시함으로써 억제 효과를 도모하려는 시도이든, 결과적으로 나타난 그러한 경향성 자체가 핵사용 결정의 개연성을 키우게 된다는 점에는 이견의 여지가 없다."⁴⁵

북한이 핵무기를 사용할 수 있다는 명제를 충족하기 위해서는 이와 같은 조건 외에도 다른 어떤 조건이 추가적으로 필요하다. 핵무기가 사용될 수 있는 조건은 우선적으로 북한이 핵을 사용할 수밖에 없는 요건, 즉 생존이나 체제의 위협 또는 김정은의 의도가 이에 해당될 수 있을 것이다. 북한체제의 권위주의적 성격과 1인 지배체제라는 특수성 및 김정은의 예측불허의 사고방식은 핵무기 사용 조건에 대단히 위험한 요소이다. 또한 핵무기를 사용하여 얻을 수 있는 이익이 있다고 잘못된 판단을 하게 된다면 사용할 수 있을 것이다. 특정국가의 전략문화가 핵사용 결정에 영향을 끼칠 수 있다는 연구 또한 이와 유사한 관점에 서 있다고 할 수 있다.

이와 관련하여 존슨(Johnson) 등의 연구가 제시하고 있듯이 해당 핵무장 국가가 운명론이나 최종대결론, 피포위의식 등에 있어 독특한 사고방식을 내재화하고 있다면, 혹은 이러한 사고방식이 전략문화의 형태로 고착화되어 있다면, 위기 상황에서 실제로 핵상용을 결정할 수 있다. 물론 핵사용 결정 또한 이익 계산의 범위 안에서 이뤄질 것이라는 것은 당연하지만, 특정한 국가에는 특정한 분야의 이익을 다른 국가들보다 더욱 중시하는 전략문화가 기호화되어 있을 수 있으며, 이때 해당 국가의 합리성은 문화적으로 제약된 합리성일 수 있다.[46]

북한과 실제로 군사적 충돌이 벌어질 경우 대규모 핵전쟁으로의 확전이 불가피하다고 판단한다면, 전력구축의 방향성이나 작전계획 등도 이에 맞춰 이뤄질 것이다.[47] 전략문화의 대표적인 국가가 북한이라는 사실은 널리 알려진 사실이다. 특히 북한의 오물·쓰레기 풍선살포 등 남북 간 우발적 군사적 대치상황이 빚어질 경우 확전으로 연결될 수 있다.

실제 북한은 10년 전인 2014년 10월 한 민간단체가 경기도 연천에서 대북전단이 담긴 풍선을 날리자, 풍선을 향해 고사총 사격을 가한 적이 있다. 당시 우리 군은 즉각적으로 대응 사격에 나섰고, 북한의 고사총탄이 면사무소 마당 등에 떨어지면서 주민들이 대피소로 대피하는 상황이 발생하여 남북 간 일촉즉발의 군사적 대치상황이 벌어진 적이 있다. 지난 2023년 7월 미 해군의 핵전략잠수함 켄터키함이 부산항에 입항하였을 때 북한은 핵무기 사용 조건에 해당될 수 있다고 협박하였다. 기존의 핵잠수함 입항 시 반발과 비교하면 엄청난 차이를 알 수 있으며, 대응 방법이나 수위가 달라지고 있다. 나아가 핵무기를 관리하고 있는 실무자들의 실수도 빼놓을 수 없다.

이러한 사항들은 억제의 의미를 벗어나 억제를 파괴하는 방향으로 진행될 수 있다는 것이며, 핵무기 사용에 대한 추가 조건들이나. 북한의 핵무기 전략은 과거 핵억제에서 핵전투 전략을 거쳐 선제 핵사용까지 진화한 것이다. 특히나 북한 체제의 특수성을 고려 시 지구상에서

NPT 미가입 핵보유국 중 핵사용 가능성이 가장 높은 국가로 판단된다. 더욱 심각한 문제는 북한의 핵공격의 기습 역량이 급격히 진보하고 있다는 사실이다. 이동식발사차량과 잠수함, 열차에 이어 저수지와 지하 발사장 등 북한 어디에서든지 핵을 사용할 수 있는 수단을 확보했다는 점이다.

또한 2024년 11월 19일에는 블라디미르 푸틴(Vladimir Vladimirovich Putin) 러시아 대통령이 개정된 핵 교리를 승인하였다. 이번 개정에서 가장 주목받는 부분은 핵보유국의 지원을 받은 비핵보유국에 의한 어떠한 공격도 공동 공격으로 간주한다는 사항과 러시아와 동맹국의 주권과 영토 보전에 중대한 위협을 주는 재래식 무기 공격에도 핵무기를 사용할 수 있다는 점이다. 북한은 이를 명분 삼아 주민들에게 이를 홍보[48]하면서 국가의 자위권 행사를 위한 핵무장에 정당성을 부여할 것이며, 전술핵 사용의 가능성을 강조하거나 자체 핵전략을 강화하는 방향으로 나아가게 될 것이다. 이와 같은 러시아 핵교리 승인 사항이 김정은 체제에서 핵무기 사용 가능성을 점점 현실로 만들어 줄 수 있다는 점에서 우려가 크다.

4. 결론

"북한 핵을 알고 있지만 공식적으로 인정하지 않아야 한다." "핵무기를 보유하고 있지만 사용 여부를 확신하기는 어려운 사항이다." 정부나 북한 핵전문가들이 매번 주장하고 있는 내용이다. 최근 고농축 우라늄 시설이 공개되면서 전문가들은 나름대로 북한의 의도에 대해서 이야기를 하고 있다. 김정은의 핵무기 사용에 대한 생각은 알 수 없지만 그렇다고 현실에서 핵무기를 사용하지 않을 것이라고 자신 있게 장담할 수도 없는 실정이다.

국가의 안보는 항상 불리하게 판단하면서 최악의 상황에서 매사를 준비하여야 한다. 앞에서 북한의 핵보유 후 핵능력 및 고도화, 법제화, NPT 미가입국의 핵전략, NLL 무력화를 위한 도발과 확전 가능성, 핵사용 가능성 등 제반 과정을 고찰하였다. 이를 통하여 확인할 수 있었던 사항으로 북한 핵은 더 이상 방어용이나 협상용이 아니라는 사실이다. 핵무기를 자신들의 생존을 위해 언제든 사용 가능한 수단으로 간주하고 있다는 것이다.

핵보유 선언 후 핵능력 고도화, 핵사용에 대한 법제화, 남북관계를 두 국가 및 교전국 관계로 전환, 대한민국을 제1의 적대국 및 불변의 주적으로 규정, NLL무력화 및 확전 위험성 증대, 핵사용 위협 발언 수위 증가, 김정은의 의지 등은 핵사용의 주요 조건이다. 북한은 핵보유를 떠나서 임의의 시간과 장소에서 핵을 사용할 수 있는 준비를 갖추고 있다. 김정은은 미사일 발사 현장 등을 수시로 참관하면서 우리를 향해 핵사용에 대한 위협을 가일층 증대시키고 있으며, 핵사용에 대한 논리를 정당화하고 있다. 아울러서 북한 체제 특성상 언제든지 우발적 핵무기 사용의 개연성은 충분히 내포하고 있다.

핵을 보유한 북한은 핵에 대한 자신감을 기반으로 다양한 형태의 도발을 진행하고 있으며, 향후에도 지속될 것이다. 국가안보 위협은 단 0.1%의 가능성만으로도 의심하고 확인하고 철저히 대비되어야 할 것이다. 만약에 제대로 대비되어 있지 않으면 돌이킬 수 없는 상황에 빠질 수 있다. 북한의 비핵화 전망이 불투명한 현실에서 국제질서의 불안정성은 그 어느 때 보다 높아지고 있다. 평화적인 핵 주권 능력이 필요한 때이다. 이미 러시아가 우크라이나 전쟁에서 핵 위협을 통해 서방

국가들의 군사 개입 수준을 일부 차단하였으며, 이것은 사실상 사전 억지가 불가능함을 잘 보여주는 사례이다.

북한의 핵위협에 한미군사동맹의 핵공유와 킬체인으로 대비하려는 우리 군이 관심 있게 지켜보아야 할 부분이다. 핵을 자발적으로 포기한 우크라이나가 침공받는 상황이 김정은 정권에 많은 점을 시사하고 있을 것이다. 특히 북한은 예측불허의 상대로 이미 선대의 유훈을 정리하고 통일정책의 근본적인 전환을 실시하여 적대적인 두 국가로 선언하였다. 김정은이 늘 그래왔듯이, 앞으로 무슨 일을 할지 매우 예측 불가능하다. 이제는 걸림돌이 없다. 거침없이 탈선 열차를 질주하고 있다. 한반도의 항구적인 평화를 위한 진정한 준비 과정이 절대적으로 필요한 시기다.

주

1. 한용섭, 『북한 핵의 운명』(파주: 박영사, 2018), pp. 11-16.
2. 2024년 10월 31일 북한은 신형 ICBM '화성-19형'을 발사하였으며, 2021년 8차 로동당 대회에서 제시된 '국가핵무력 건설 계획'에 따라 기존의 '화성-18형'과 함께 운용할 '최종완결판 ICBM'이라고 강조하였다. "조선민주주의인민공화국의 최신형대륙간탄도미싸일《화성포-19형시험발사 성공적으로 단행," 《로동신문》, 2024년 11월 1일.
3. 위기와 흥정 전략에서는 군사력, 이익, 명분 등 3가지를 제시하고 있는데 이를 개전 사유를 위한 쟁투로 개념화한다. 김태현, "국제위기 흥정 이론과 북미관계," 『한국과 국제정치』 제40권 제1호 (2024년 봄), p. 37.
4. 신창용, "러 외무 北 비핵화, 종결된 문제…IAEA 북핵 결의안 거부," 《연합뉴스》, 2024년 9월 27일.
5. 김일성은 미국이 어리석게도 원자탄 등을 가지고 위협하면 북한 주민들이 항복할 줄 알았다고 말하였고 미국이 패망할 것은 자명하기에 원자탄에 겁을 먹던 사람들도 이제는 두려워하지 않는다고 말하였다. 그리고 북한에서 발간된 소설에서는 원자탄 등의 무기 없이 잘 싸우고 있다고 하였다. 김일성, "현 정세와 당면 과업," 『김일성저작집 6』(평양: 조선로동당출판사, 1980), p. 183; 김일성, "현 군사정세와 당, 정권기관 및 인민군대를 강화하기 위한 몇가지 문제," 『김일성저작집 7』(평양: 조선로동당출판사, 1980), p. 438; 박윤, 『전선의 아침』(평양: 문학예술출판사, 2006), p. 80; 최정준, "6·25전쟁 시기 미국의 원자탄 사용 논의와 그 함의," 『21세기 정치학회보』 제28집 4호 (2018년 12월), pp. 191-216; 돈 오버도퍼, 이종길 역, 『두 개의 한국』(고양: 길산, 2002), p. 378.
6. 제임스 클레이 몰츠·알렉산드르 만소로프 편, 박명서·정지웅 역, 『북한 핵 프로그램』(서울: 사군자, 2000), p. 45.
7. 김일성, "대학의 교양사업과 과학연구사업을 강화할데 대하여," 『김일성저작집 9』 (평양: 조선로동당출판사, 1980), p. 376.
8. 김일성은 "북한의 학자들이 오래 전부터 소련측에 제기한 질문 중 하나는 핵연구 분야에서 일 할 수 있는 기회를 얻는 것"이라고 말하였다. "1956년 1월 20~30일까지의 기간 동안 주 조선민주주의인민공화국 소비에트사회주의공화국연방 대사 바실리 이바노프의 일기, 1월 20일"(Дневник Посла СССР в КНДР Иванова В.И. за период с 20 по 30 января 1956 года, запись за 20 января).
9. 이용준, 『북핵 30년의 허상과 진실-한반도 핵게임의 종말』(파주: 한울아카데미, 2018), p. 42.

10　부록에 제시된 과학원 규정에 의하면 국내의 가장 우수한 학자들을 망라한 최고의 과학기관으로 6. 과학원의 특권 부분에서는 "과학원에서 발행되는 모든 출판물과 저서는 검열을 받지 않는다", 과학연구용품에 대한 면세특권 등 5개 항을 나열하고 있다. 과학원, 『조선민주주의인민공화국 과학원의 연혁』 (평양: 과학원출판사, 1957), pp. 115-116.

11　Joel Wit, Daniel Poneman & Robert Gallucci, *Going Critical- The First North Korean Nuclear Crisis* (Washington, D.C.: Brookings Institution Press, 2004), p. 3.

12　김일성, "우리 인민군대를 혁명군대로 만들며 국방에서 자위의 방침을 관철하자(발췌)," 『김일성저작집 7』 (평양: 조선로동당출판사), p. 446.

13　대한민국 국방부, 『2022 국방백서』 (서울: 대한민국 국방부, 2022), p. 338.

14　돈 오버도퍼 저, 이종길 역, 『두 개의 한국』 (고양: 길산, 2002), p. 378; Joel Wit, Daniel Poneman & Robert Gallucci, *Going Critical-The First North Korean Nuclear Crisis*, p. 3.

15　후나바시 요이치 저, 오영환 외 역, 『김정일 최후의 도박』 (서울: 중앙일보사 미디어, 2007), p. 613.

16　제임스 클레이 몰츠·알렉산드르 만소로프 편, 박명서·정지웅 역, 『북한 핵 프로그램』, p. 151.

17　박정현, 『BECOMING KIM JONG UN』 (파주: 다산북스, 2021), p. 78.

18　"조선민주주의인민공화국 외무성 성명," 《로동신문》, 2005년 2월 11일.

19　김혜련·유승일·김성호, 『절세위인과 핵강국』 (평양: 평양출판사, 2016), p. 107.

20　『백과전서 6』 (평양: 과학, 백과사전출판사, 1984), pp. 318-319.

21　리일규, "통일은 된다… 탈북자 리포트 [1] 망명 외교관 리일규 (중)," 《조선일보》, 2024년 7월 29일.

22　북한은 우주개발법 제19조에 "국가방위력 강화를 위한 우주개발"을 명시하여 국방전략의 핵심으로 여기고 있다. 조선민주주의인민공화국 우주개발법, 주체102(2013)년 4월 1일 최고인민회의 법령 제13호로 채택, 주체111(2022)년 8월 7일 최고인민회의 상임위원회 정령 제1016호로 수정 보충.

23　『조선말대사전 대사전(증보판) 4』 (평양: 사회과학출판사, 2017), p. 314(핵강국), p. 316(핵보유국).

24　북한 주장에 의하면 전술핵운용 및 핵반격가상종합전술훈련 등은 2022년부터 실시하였으며, 정확성과 안전성 견지한 상태에서 핵대응 태세 및 핵반격가상종합훈련을 반복적으로 진행하였다. 2024년에 핵반격가상훈련을 처음 실시하는 것처럼 인지하고 있지만 실제는 2022년부터 실시하였다. "경애하는김정은동지께서조선인민군전술핵운용부대들의군사훈련을지도하시였다," 《로동신문》, 2022년 10월 10일; "핵반격가상종합전술훈련 진행," 《로동신문》, 2023년 3월 20일; "600mm 초대형방사포병구분대들이 첫 핵반격가상종합전술훈련에 참가한데 대한 보도

경애하는 김정은동지께서 핵반격가상종합전술훈련을 지도하시였다,"《로동신문》, 2024년 4월 23일.

25 "조선로동당 중앙위원회 제8기 제9차전원회의 확대회의에 관한 보도,"《로동신문》, 2023년 12월 31일.

26 "조선민주주의인민공화국 최고인민회의 제14기 제10차회의에서 강령적인 시정연설을 하시였다,"《로동신문》, 2024년 1월 16일.

27 황해남도, 황해북도의 지도상에 범례상 군사분계선으로 서해 해상경계선을 표시하고 있다. 조선중앙통신사,『조선중앙년감 (국내편) 1959』(평양: 조선중앙통신사, 1959), p. 254, 260.

28 통일부,『남북합의서 총람』(서울: 웃고문화사, 2020), p. 79.

29 북한은 "극동지역에서 전쟁유발가능성이 최대로 높은 지역을 들자면 조선이 군사분계선지역이며 그중에서도 발화점으로 될 가능성 가장 높은 지역이 조선서해의《북방한계선》수역이라고 할수 있다"라고 주장하였다. 예정웅,『불가피한 선택』(평양: 평양출판사, 2016), p. 205.

30 김정일이 후계자로 내정된 1974년 공표 이후 2013년 '당의 유일사상체계 확립을 위한 10대 원칙'에서 '당의 유일적 영도체계 확립의 10대 원칙'으로 39년 만에 개정하였다.

31 김태형,『인도-파키스탄 분쟁의 이해』(서울: 서강대학교출판부, 2019), p. 258.

32 Vipin Narang, *Nuclear Strategy in the Modern Era: Regional Powers and International Conflict* (Princeton: Princeton University Press, 2014), p. 22.

33 북한 헌법 서문의 법제전략 차원의 의미를 통하여 북한이 달성하려고 한 국가적 목표가 무엇인가를 규명할 수 있다. 서문에 제시된 핵보유국의 의미는 향후 북한이 목표 종합적이고 체계적으로 수행하는 국가의 목적지향적 활동을 의미한다. 권영태, "1998년 북한 헌법 '서문'에 대한 새로운 분석-법제전략 차원의 의미를 중심으로,"『현대북한연구』제15권 제2호 (2012), pp. 127-178.

34 "자위적 핵보유국의 지위를 더욱 공고히 할데 대하여,"《로동신문》, 2013년 4월 2일.

35 김혜련·오보람,『민족운명의 수호자 김정은장군』(평양: 평양출판사, 2022), pp. 83-84.

36 "조선민주주의인민공화국 핵무력정책에 대하여,"《로동신문》, 2022년 9월 9일.

37 2023년 10월 5일 조총련 기관지 조선신보는 "(헌법) 제4장 58조에 핵무기발전을 고도화해 나라의 생존권과 발전권을 담보하고 전쟁을 억제하며 지역과 세계의 평화와 안정을 수호한다는 내용이 명기됐다"라고 전했다. "조선의 사회주의헌법에 명기된 핵무력강화정책,"《조선신보》, 2023년 10월 5일.

38 "조선인민혁명군 창건 90수년 열병식에서 김정은 국무위원장 연설,"《로동신문》, 2022년 4월 26일.

39 防衛省,『令和6年版 日本の防衛 -防衛白書-』(東京: 日経印刷株式会社, 2024), p. 109.

40　2024년 8월 24일 북한 외무성 대변인은 조선중앙통신에 공개한 담화에서 "미국이 아무리 타국의 핵위협에 대해 과장한다고 해도 우리는 정해진 시간표에 따라 충분하고 신뢰성있는 핵무력건설을 추진시킬 것"이라고 전했다. "우리는 미국이 가해오는 그 어떤 형태의 핵위협에도 단호히 대처해나갈 것이다,"《로동신문》, 2024년 8월 24일.

41　"조선로동당 중앙위원회 제8기 제9차 전원회의 확대회의에 관한 보도,"《로동신문》, 2023년 12월 31일.

42　2024년 기준 미국 군사력 평가기관 글로벌파이어파워(GFP)에 의하면 따르면 조사대상국 145개국 중 군사력 평가지수 0.1416점을 받아 세계 5위의 군사력 순위를 유지하고 있다. Global Firepower. "2024 World Military Strength Rankings," https://www.globalfirepower.com/countries-listing.php (검색일: 2024. 12. 28.).

43　"경애하는 김정은동지께서 중요조선소들의 함선건조사업을 현지에서 료해하시고 선박공업의 획기적발전을 위한 전략적방침을 제시하시였다,"《로동신문》, 2025년 3월 8일.

44　"조선인민군 제4차 대대장, 대대정치지도원대회,"《로동신문》, 2024년 11월 18일.

45　황일도, 『북한의 실제 핵사용 결정: 쟁점과 가설』(서울: 국립외교원 외교안보연구소, 2023), p. 34.

46　Jeannie L Johnson, Kerry M Kartchner, and Marilyn J Maines, *Crossing Nuclear Thresholds: Leveraging Sociocultural Insights into Nuclear Decisionmaking* (New York: Palgrave Macmillan, 2018), pp. 1-28.

47　북한은 전통적으로 운명론적 대결론이나 선악관, 피포위 의식 등이 강하게 내재돼 있는 전략문화 인식틀을 오랜 기간 유지해왔으며, 김일성 시기부터 이어져 내려온 유격대 전술의 비정규전 전통을 갖고 있는 만큼 서방의 시각과는 다른 방식에서 핵사용 결정을 사고할 가능성이 충분하다는 것이다. 황일도, 『북한의 실제 핵사용 결정: 쟁점과 가설』, pp. 32-33.

48　"로씨야대통령 갱신된 핵교리 비준,"《로동신문》, 2024년 11월 23일.

2장

북한의
미사일 위협 평가

권용수

1. 문제 제기

　북한의 미사일 개발은 1980년대 스커드-B의 역설계로부터 시작되었지만, 실질적인 기술 진전과 고도화는 김정은이 집권한 2010년대부터이다. 북한은 핵무기로 한국 전역을 타격할 수 있는 신형 전술유도무기를 포함한 다양한 전략 무기체계를 개발하여 운용 중이며, 장거리 미사일 개발 능력 역시 미 본토를 위협할 정도로 상당한 수준에 와있다. 2017년 이후 11차례(2024년 12월 말 기준)의 다양한 대륙간탄도미사일(ICBM: Intercontinental ballistic missile) 비행시험 성공과 핵무기 탑재가 가능한 다양한 신형 무기체계의 실전 배치는 이러한 우려를 뒷받침하고 있다.

　더욱이 최근 우크라이나전쟁에서 나타나고 있는 러시아와의 군사적 밀착으로 인해 북한 미사일 기술 고도화와 위협은 더욱 커질 가능성이 높다. 북한 핵미사일의 급격한 기술 고도화 및 능력 증대는 한반도뿐만 아니라 미국을 포함하는 전 세계 안보와 평화에 심각한 도전 요인이 되고 있다. 이러한 면에서 본 연구는 김정은 시대를 중심으로 북한

미사일 개발 과정을 기술하고 주요 미사일 개발 및 핵심기술 능력에 대해 분석하고 평가한다. 또한, 이를 기반으로 북한 미사일 위협을 평가하고 전망한다.

2. 미사일 개발 과정(김정은 시대)

가. 미사일 개발 전략

김정은 집권 후 이뤄진 북한 미사일의 기술 진전에 대한 뿌리는 2015년 신년사에서 밝힌 인민군대 강군화를 위한 4대 전략적 노선(2016년 '4대 강군화 노선'으로 호칭이 바뀜)에서 찾아볼 수 있다. 김정은은 군사력 강화를 위한 전략으로 ① 정치사상강군화, ② 도덕강군화, ③ 전법강군화, ④ 다병종강군화의 4대 강군화 노선을 제시했으며,[1] 이러한 전략을 기반으로 한 속도전식 개발로 핵·미사일 능력이 급격히 높아지고 있다. "…작전임무의 목적과 타격대상에 따라 각이한 수단으로 적용할 수 있는…" 등과 같은 북한식 표현도 이러한 전략적 노선에 따른 결과로 볼 수 있다.

특히, 2021년 1월 노동당 제8차 대회에서 제시된 중핵적인 구상과 중대한 전략적 과업은 김정은 시대의 핵·미사일 개발 방향과 목표를 구체적으로 나타낸다. 중핵적 구상은 핵기술 고도화(핵무기 소형경량화, 전술무기화와 초대형핵탄두 생산), 핵선제 및 보복타격능력 고도화(1만 5천km 타격명중률 제고)로 구성된다. 중대한 전략적 과업에는 극초음속 미사일, 수중 및 지상 고체연료 ICBM, 핵잠수함 및 수중발사 핵전략무기, 군사정찰위성 및 무인정찰기 등이 포함된다. 이들 가운데 '핵무기 소형경량화'와 '군사정찰위성 및 무인정찰기'를 제외한 5개 과제는 국방과학 발전과 무기체계 개발 5개년 계획의 전략무기 부문 최우선 5대 과업에 속한다.

나. 미사일 기술 고도화

김정은 정권의 속도전식 미사일 기술 고도화에 대해 주목할 필요가 있다. 이러한 속도전식 개발 과정은 크게 핵·장거리 미사일 개발 시연(2016~2017), 신형 전술유도무기 시험발사(2019~2020), 핵·미사일 고도화 및 다변화(2021년 이후)의 3단계로 정의할 수 있다.[2]

2016년과 2017년은 북한의 핵과 장거리 미사일 개발에 있어 결정적인 해로 볼 수 있다. 북한은 이 기간에 3차례 핵실험을 수행했으며 핵탄두 기폭장치를 공개했다. 2016년은 핵 탑재 ICBM 개발에 필수적인 대부분의 요소기술을 마무리하고 시연했다. 2017년에는 이러한 기술 개발을 바탕으로 미국령 괌부터 미국 본토를 타격할 수 있는 다양한 장거리 미사일(화성-12형 IRBM 포함)을 개발하여 6차례 시험 발사했다.

2019년부터는 잠수함발사 탄도미사일(SLBM: Submarine-Launched Ballistic Missile) 북극성-3형 시험발사뿐만 아니라 다양한 형태의 신형 전술유도무기에 대한 연속적 발사가 진행되었다. 특히 북한은 핵탄두 탑재가 가능한 신형 전술유도무기의 개발과 기술 고도화를 통해 한국에 대한 군사적 우위를 갖고자 하는 것으로 평가할 수 있다. 북한판 이스칸데르(KN-23), 북한판 에이태큼스(KN-24), 초대형 방사포(KN-25)는 북한이 개발한 대표적 신형 전술유도무기에 해당한다.

2020년 10월 당 창건 75주년 열병식에서는 초대형 액체연료 ICBM 화성-17형과 SLBM 북극성-4ㅅ형 등과 같은 신형 무기가 등장했다. 3개월 후인 2021년 1월에도 또 다른 SLBM 북극성-5ㅅ형을 공개했다. 2021년 이후는 핵·미사일 자체 고도화뿐만 아니라 임무 목적과 타격 대상에 따라 발사 플랫폼까지 다양화하는 등 핵의 사용을 전제로 한 전략 무기체계 다변화를 통해 군사적 효용성과 실용성을 높이고 있다.

〈그림 1〉 북한 핵미사일 고도화 단계(김정은 시대)

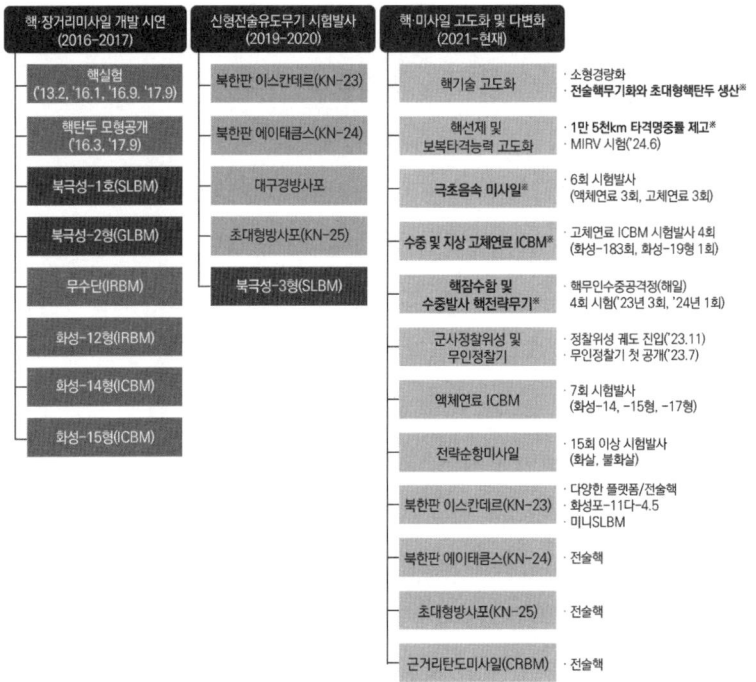

* 출처: 권용수, "북한 핵미사일 능력 어디까지 왔나?", 세종연구소 제9차 세종국방포럼 발표자료 (2023. 4. 26.) 그림을 보완 재작성.

3. 미사일 개발 및 핵심기술 능력

가. 미사일 개발 분석

1) 장거리 탄도미사일

북한이 김정은 시대에 개발하여 운용 또는 시험 중인 장거리 미사일은 준장거리 탄도미사일(IRBM: Intermediate Range Ballistic Missile)을 포함하여 6종류이다. 미국령 괌을 대상으로 하는 IRBM은 화성-12형이 있으며, 미국 본토를 타격할 수 있는 ICBM은 5종류로 11차례 비행시험 발사에 성공하였다. 기존의 액체연료 ICBM 화성-14형, -15형과 -17형뿐만 아니라 고체연료 ICBM인 화성-18형과 19형을 개발하였으며, 초대형 고체연료 ICBM인 화성-19형을 제외한 대부분이 전력화 단계로[3] 추정된다.

(1) 화성-12형(IRBM)

2017년 4월 군사 열병식에서 처음 공개된 화성-12형 미사일은 괌을 타격할 수 있는 액체연료 1단 IRBM이다. 새로운 고출력 엔진을 사용하여 괌을 타격할 수 있는 이 미사일은 구형 무수단 미사일의 낮은 신뢰성에 대한 대안과 미 본토를 타격할 수 있는 ICBM으로 가는 중간 단계로서의 성격이 강하다.

화성-12형 미사일은 2017년 5월부터 2022년 10월까지 5차례 비행시험에 성공했다. 2차 및 3차 시험인 2017년 8월과 9월에는 발사 지점으로부터 일본 열도 상공을 가로질러 각각 2,700km와 3,700km 떨어진 태평양상에 낙하했다. 정상 발사각으로 발사하면 4,500km 이상 도달할 수 있다.⁴ 2022년 1월 4차 비행시험에서는 고각발사로 정점고도 2,000km까지 상승했으며 발사 지점으로부터 800km 떨어진 동해상까지 30분간 비행했다. 5차 비행시험(2022년 10월)에서는 970km 정점고도에 도달했으며 4,500km 떨어진 일본 동쪽 태평양상에 낙하했다.

북한의 발표와 사진 분석에 의하면 이 미사일은 이전과 다른 새로운 형상의 개량형으로 보인다. 초기 화성-12형(2017년 시험발사 모델)과 비교할 때 이 미사일의 전체 길이는 큰 차이가 없지만 전두부(탄두+유도장치)가 짧아지고 연료탱크가 길어졌으며, 엔진 형상도 다르다. 이것은 같은 사거리에 대해 페이로드 무게를 20% 이상 증가시킬 수 있거나 비례해 사거리를 늘릴 수 있는 잠재적 능력을 의미한다.⁵

초기 화성-12형의 엔진은 소련제 RD-250을 기반으로 독자 개발한 신형 고출력 백두산 엔진이며, 동일한 엔진을 사용하는 화성-14형 시험발사를 포함 5차례 연속 비행시험 성공으로 엔진 성능과 신뢰성이 입증되었다고 할 수 있다. 엔진의 총 추력은 45~47tf이며 주 엔진과 조종용 버니어 추력은 각각 39~41tf와 6tf(4x1.5tf)이다.⁶ 반면에 2022년에 두 차례 비행 시험한 신형 엔진은 버니어가 없는 새로운 짐벌형 엔진(gimbaled engine)을 사용했다. 형상 면에서 본다면 화성-12형은 길이 16.4m, 직경 1.5m로 650kg 이상의 페이로드를 운반할 수 있다. 신형 화성-12형의 전체 길이는 초기 모델과 차이가 없지만 부스터(booster) 길이는 13.7m로 초기보다 0.5m가량 길어졌다. 전두부는 3.2m에서 2.7m로 짧아졌고 탄두부 형상은 길쭉한 삼중 원뿔형 노즈(triconic nose)에서 무수단 미사일과 비슷한 짧은 형태로 변경되었다.

(2) 화성-14형(ICBM)

화성-14형은 미 본토 타격을 목적으로 개발한 2단형 액체연료 ICBM이다. 최대사거리는 1만km 정도로 과거 열병식에만 등장했던 화성-13(KN-08/KN-14) ICBM을 대체한 북한 최초의 실질적인 ICBM이다. 화성-14형 1단은 2017년 시험 발사한 화성-12엔진과 동일하며[7] 2단은 소련의 R-27 SLBM 엔진 4D10V와 유사해 보이지만, 일부 전문가는 고체연료 로켓 가능성을 제시했다. 화성-14형은 직경 1.8m, 길이 20m 정도로 500~650kg의 페이로드를 운반할 수 있고 사거리를 늘리기 위해 경량화 동체를 사용했을 가능성도 있다. 탄두부는 초기 화성-12형과 같은 삼중 원뿔형 노즈 형상이다.

화성-14형 미사일은 2017년 7월 한 달 동안 고각 발사로 2차례 비행시험에 성공했다. 1차 시험발사에서 고도 2,802km까지 상승했으며 39분간 비행하여 발사장으로부터 933km 떨어진 동해상에 낙하하였다. 또한 2차 발사에서는 최고고도 3,724.9km로 47분 12초 동안 비행하여 998km 떨어진 지점에 낙하했다. 탄두 무게를 500kg이라고 가정했을 때 화성-14형의 최대사거리는 7,000~8,000km로 평가되지만, 북한이 200~300kg 정도의 핵탄두 경량화에 성공했다면 최대 도달거리는 1만km 정도로 시카고나 뉴욕까지 타격할 수 있다.[8] 특히 2017년 8월 김정은이 화학재료연구소를 방문했을 때 공개한 고강력 섬유와 탄소-탄소 복합재료에 주목할 필요가 있다. 동체에 탄소필라멘트를 감는 방식을 적용했다면 무게를 25~30% 줄일 수 있고,[9] 그만큼 미사일의 사거리나 탄두 무게를 늘릴 수 있다.

(3) 화성-15형(ICBM)

화성-15형은 대형 중량급 핵탄두를 탑재하여 미 본토 전역을 타격할 수 있는 사거리 1만 3,000km급 액체연료 ICBM으로 2차례 비행시험에 성공했다. 이 미사일은 2017년 11월 첫 시험발사에서 고도 4,475.5km까지 상승했으며 53분 동안 비행하여 발사 지점으로부터 950km 떨어진 동해상에 낙하했다. 그리고 2023년 2월 ICBM 화성-15형의 2번째 비행시험에 성공했다. 최대 사거리체제로 초고각 발사된 이 미사일은 정점고도 5,768.5km까지 상승했고 6분 55초 동안 비행하여 989km 떨어진 동해상에 낙하했다.

화성-15형은 화성-14형과 같은 2단형 미사일이지만, 1단 엔진은 4개의 버니어 조종엔진을 사용하여 추력 제어하는 화성-12형(초기 모델)이나 화성-14형(1단 엔진)과 달리 짐벌형 주 엔진으로 추력을 제어된다. 또한 화성-14형 주 엔진(40tf 추력) 2개를 클러스터링한 80tf 백두산 엔진을 사용했다. 1단 엔진의 추진제는 화성-12형과 같은 연료와 산화제로 UDMH와 N_2O_4를 각각 사용한다. 이 미사일의 직경과 길이는 각각 2.4m와 22.5m 정도로 1,500kg의 페이로드를 운반할 수 있으며, 대형 탄두 형상은 다탄두 탑재를 고려한 것으로 볼 수 있다.

(4) 화성-17형(ICBM)

화성-17형은 북한이 2020년 10월 노동당 창건 75주년 열병식 때 처음 선보였던 초대형 액체연료 ICBM이다. 이 미사일은 미국 전역을 타격할 수 있는 1만 3,000km급 화성-15형보다 길이와 직경이 모두 커진 2단형 액체연료 초대형 ICBM이다. 화성-17형 개발은 2021년 1월 노동당 제8차 대회에서 제시된 중핵적인 구상의 최우선 과제 중의 하나였다. 북한은 같은 기간에 열린 당중앙위원회 제7기 사업총화 보고에서 화성-17형을 '더 위력한 핵탄두와 탄두조종능력이 향상된 전지구권타격로케트'로 표현했다. 또한 "1만 5,000km 사정권 안의 임의의 전략적 대상들을 정확히 타격 소멸하는 명중률을 더욱 제고해 핵선제 및 보복타격능력을 고도화하겠다"라고 했다.

2020년 10월 열병식과 2021년 10월 국방발전전람회에 등장했던 화성-17형 사진 속 1단 엔진과 연결되는 로켓 끝단 부분의 붉은 색 포트(red ports)는 전체 엔진 홀(engine holes)이 6개라는 추정을 가능하게 한다. 만약 화성-17형 1단 엔진이 화성-15형 엔진(백두산-B) 3개를 클러스터링했다면 추력은 240tf일 수 있다.

그러나 화성-17형 시험발사 후 북한이 공개한 이 미사일의 1단은 80tf 백두산 엔진 3개가 아니라 2개를 클러스터링했으며, 외형은 이전 열병식에 등장했던 모델과 상당히 다른 개량형 ICBM이었다. 이러한 개량은 미사일 동체의 두 단 모두에서 찾아볼 수 있다.[10] 미사일 전체 길이는 28.2m 정도로 비슷하지만, 1단 로켓 길이가 1.5m 짧아지고 2단은 반대로 1.5m 길어졌다.[11] 이것은 미사일보다 우주발사체 은하-X 1단 로켓에 적합했던 초기 화성-17형 형상을 실제 ICBM에 맞게 최적화한 것이다.

화성-17형 비행시험 성공은 2022년 3월 1차 발사를 포함하여 3차례이다.[12] 근소한 차이가 있지만 초고각 방식으로 발사된 3차례 모두 정점고도 6,040.9~6,248.5km로 1,000km 내외를 비행했다. 이러한 차이는 발사를 통해 나타난 안정성 문제를 보완하는 과정에서 나타날 수 있는 일반적인 현상이다. 2023년 3월 3차 발사에서 화성-17형은 고도 6,045km까지 상승했으며 69분 11초를 비행하여 발사 지점으로부터 1,000.2km 떨어진 동해상에 낙하했다.

페이로드 무게는 2,500~3,000kg으로 추정하고 있다. 이것은 1,500kg 인 화성-15형의 두 배 정도로 대형 단일 핵탄두 또는 3~5개의 소형 핵탄두를 탑재할 수 있다. 탄두 외형은 미사일 방어망을 회피할 수 있도록 설계된 단순 다탄두 재진입체(MRV: Multiple Reentry Vehicle)와 디코이부터 다탄두 개별목표설정 재진입체(MIRV: Multiple Independently-targetable Reentry Vehicle) 까지 다양한 잠재적 능력을 유추할 수 있다. MIRV 기술 개발은 상당히 어렵다. 핵탄두 소형화·경량화와 유도 기술이 성숙했다 할지라도 부스트 단계 이후 재진입체를 운반하고 분리하는 고난도 후추진체(PBV: Post Boost Vehicle)를 개발해야 한다. 그럼에도 북한은 2024년 6월 MIRV 시험을 제한된 거리 내에서 성공적으로 진행했다고 발표했다.

(5) 화성-18형(ICBM)

화성-18형(화성포-18형)은 북한 최초의 3단 고체연료 ICBM으로 최대 사거리는 화성-17형과 같은 1만 5,000km이다. 고체연료 ICBM 개발은 북한이 2021년 1월 노동당 제8차 대회에서 제시한 전략무기 부문 최우선 5대 과업 중의 하나다.

2023년 2월 열병식에서 처음 공개된 화성-18형은 4월 첫 비행시험을 시작으로 짧은 기간 동안 3차례 비행시험에 성공했다. 또한 북한이 보도문에서 3차례 모두 발사 시험보다는 발사훈련을 강조함으로써 훈련 단계로 전환되었음을 알 수 있다.[13] 한편 같은 해 12월에 발사된 3차 시험발사는 정점고도 6,518.2km로 73분 35초를 비행하여 발사 지점으로부터 1,002.3km 떨어진 동해상에 낙하했으며, 7월 2번째 시험발사 때와 유사한 비행궤적 특성을 나타냈다.

화성-18형 미사일은 미국의 미사일 방어망을 우회해 본토를 타격할 수 있는 전 지구권 핵 탑재 고체연료 ICBM이다. 최대사거리는 1차 시험발사 후 1만km급 ICBM으로 추정했으나, 추가 비행시험 과정을 거치면서 1만 5,000km까지 늘어났다. 고체 ICBM은 액체보다 신속한 기동이 가능하고 현장에 배치할 때 은폐하기가 더 쉬워져 적이 탐지하고 공격하기 어렵다.

2023년 4월 첫 비행시험은 2022년 12월 서해 위성발사장에서 추력벡터제어(TVC: Thrust Vector Control) 기술을 적용한 140tf 대출력 고체연료 발동기(로켓 모터) 지상 분출시험을 수행 후 4개월 만이다. 북한이 공식적으로 처음 고체연료 로켓 모터를 공개한 것은 2016년 3월 직경 1.1m급 고체 로켓 모터 지상 연소시험이며, 같은 해 8월 이를 기반으로 SLBM 북극성-1호를 발사했다. 이후 직경 1.4m의 북극성-2형(2017년 2월)과 북극성-3형(2019년 10월)을 순차적으로 시험 발사했다. 결국, 북한은 직경 1.4m급 고체 미사일의 첫 비행시험 후 6년 만에 고체연료 ICBM 발사를 성공시켰으며, 미국과 러시아를 제외하고는 가장 빠른 개발 진전이다.

화성-18형의 전반적 형상은 러시아 RT-2PM2 토폴-M이나 RS-24 야르스와 비슷할 수 있으나 다양한 평가가 존재한다. 이것은 화성-18형의 1단 로켓 직경에 대한 해석 차이에 기인하며, 전문가에 따라 1.8m에서 2.2m까지 상당한 차이를 나타내고 있다. 네이선 헌트(Nathan J. Hunt)와 같은 전문가는 화성-18형의 전체 길이를 26.95m, 1단과 3단의 직경을 각각 2.21m와 1.9m로 평가했다.[14] 이 크기는 동종의 러시아 토폴-M이나 미국 미니트맨-Ⅲ보다 큰 것이다. 1,250~1,500kg으로 추정되는 페이로드는 화성-17형보다 적지만 여전히 대형 단일 핵탄두 또는 소량의 소형 핵탄두를 탑재할 수 있다.

(6) 화성-19형(ICBM)

북한은 2024년 10월 신형 초대형 고체연료 ICBM을 시험 발사했으며, 화성포-18형(화성-18형)과 함께 운용하게 될 최종 완결판 ICBM 화성포-19형(화성-19형) 무기체계라고 했다. 화성-18형보다 2축이 늘어난 새로운 11축 이동형 발사대에서 발사된 이 미사일은 최대 정점고도 7,687.5km까지 상승하며 거리 1,001.2km를 85분 56초간 비행하여 동해상에 탄착했다.[15] 최대 정정 고도가 화성-18형 3차 시험 때보다 1100km 이상 높아졌고 비행시간도 12분 이상 늘었기 때문에 화성-18형보다 추력이 상당히 커진 것으로 추정된다. 새로운 화성-19형 개발은 화성-17형의 1/2 수준이었던 화성-18형 페이로드 용량을 늘려 다탄두 재진입체의 수량을 늘리려는 의도로 볼 수 있다. 북한은 다수의 MIRV 탑재할 수 있는 신형 초대형 고체연료 ICBM을 운용하여 실질적인 군사적 효용성을 갖고 미국에 대한 핵억지력을 갖고자 할 것이다.

2) 신형 전술유도무기

북한은 2019년부터 다양한 형태로 개발된 단거리 신형 전술유도무기의 지속적 시험발사를 통해 기술 고도화 및 운용 능력을 높이고 있다. 북한판 이스칸데르(KN-23), 북한판 에이태큼스(KN-24), 초대형 방사포(KN-25)는 대표적인 신형 전술유도무기로 핵탄두를 탑재할 수 있어 매우 심각한 위협이다. KN-23, KN-24 등은 2024년 2월 우크라이나전쟁에서 러시아군에 의해 사용되고 있는 것으로 언론에[16] 발표된 것에 주목할 필요가 있다. 우려되는 것은 전쟁 상황의 가혹한 실전 사용 경험의 환류를 통한 이들 무기체계의 기술 고도화이다.

〈그림 2〉 북한의 신형 전술유도무기

KN-25   KN-23   KN-24

* 출처: Military Watch Magazine (2020. 7. 18.).

(1) 북한판 이스칸데르(KN-23)[17]

　KN-23은 2019년 5월 첫 비행시험을 포함 15차례 이상 시험발사를 진행했으며, 특히 우크라이나전쟁의 실전 사용 경험을 통해 기술 고도화가 이뤄지고 있는 무기이다. 일반적인 KN-23의 최고고도는 50km를 넘지 않고 가변베인(moving vane)에 의한 부스트 단계 TVC뿐만 아니라 중간비행 단계에서 미사일 후미 조종날개를 사용하여 비행공력제어를 하며 30km 이하의 낮은 고도로 수평 활공비행을 한다. 또한 마지막 표적 부근에서는 도약하여 수직에 가까운 각도로 급강하하기 때문에 탐지·추적과 요격 능력이 크게 제한될 수 있다. 더욱이 종말단계에서 디지털영상대조(DSMAC: Digital Scene Matching Area Correlation) 방식을 사용하는 이스칸데르[18] 기술을 획득한다면 초정밀 유도가 가능하다.

　또한 KN-23은 고체연료 추진방식을 사용하기 때문에 5~15분 이내 발사할 수 있고, 발사차량에 탑재된 2발의 미사일을 1분 내 연속 발사할 수 있다. KN-23은 임무 목적과 타격 대상에 따라 다양한 형태(탄두 대형화, 발사 플랫폼)로 발전했으며, 발사 플랫폼은 기존 지상 차륜형이나 궤도형에서 철도 기동, 잠수함 발사, 저수지 수중 바지, 고정식 반지하 사일로 등과 같은 다양한 형태로 진화했다. 더욱이 전술핵 탑재가 가능하고 실제 시험발사에서 모의 핵탄두 공중폭발 시험을 여러 차례 진행했다.

KN-23 기본형(화성-11가)의 직경과 길이에 대한 평가는 각각 0.92~1.10m[19] 및 7.4~7.7m로 다양하지만, 이스칸데르보다 큰 것은 확실하다. 고중량 탄두를 탑재할 수 있는 KN-23 개량형(화성-11다)의 직경과 길이는 각각 1.1m 및 9.8m까지 추정하고 있다. 2021년 3월 시험 발사한 개량형은 기본형보다 5배 이상 무거운 2500kg 초대형 탄두까지 탑재할 수 있다. 사거리는 700~900km로 평가하지만, 섞어쏘기 조합 가능성이 높은 스커드-ER의 최대사거리를 고려하면 오히려 700~1,000km가 타당할 수 있다. 이것은 유사시 한반도에 투입되는 연합군의 증원 전력 전개에 상당한 제약이 될 수 있으며 주일 미군의 일부 기지까지 직접 타격할 수 있는 거리이다.

또한 북한은 2024년 7월 이전보다 2배 이상 늘어난 4.5t급 초대형 탄두를 장착한 KN-23 계열 신형 전술탄도미사일 '화성포-11다-4.5' 시험발사에 성공했다고 보도했으며, 2개월이 지난 9월 2차 시험발사를 진행했다. 북한은 2차 시험발사에 대해 중간 사거리인 320km의 목표 명중정확도와 초대형탄두폭발위력을 확증하는데 목적을 두고 진행하였다고 밝혔으며 정확성과 폭발력을 나타내는 목표타격 사진을 공개했다.[20] 화성포-11다-4.5의 임무는 한국 내 주요 지하지휘소와 국가전략자산에 대한 완전 파괴 및 무력화로 보이며 구체적인 코드명은 전력화 초기 또는 임박 단계를 의미한다.

(2) 북한판 에이태큼스(KN-24, 화성-11나)

북한판 에이태큼스로 불리기도 하는 KN-24는 2019년 8월 이후 12차례 이상 시험 발사했으며 북한에서는 지상대지상 탄도미사일 '화성포-11나'로 표현한다. 정밀타격을 위한 유도 체계와 비행 중 조종 능력을 지니고 저고도로 비행하며, 최대사거리는 410km로 KN-23보다 훨씬 짧다. 2019년 8월 첫 시험에서 발사체가 정점고도 48km로 400km를 비행했으며 최고속도는 2.1km/s(마하 6)였다. 또한 410km를 비행한 3차 비행시험에 대해 유엔 전문가 패널 보고서는[21] 풀업(pull-up) 기동의 가능성을 제기했다. KN-24는 풀업 기동 가능성이 제기되고 50km 이하의 낮은 고도로 비행하기 때문에, KN-23을 400km 이하로 사용하는 경우 이들 무기체계를 명확히 식별하기 어렵다.

KN-24의 전두부 형상은 전형적인 오자이브(ogive) 형태이며, 400~500kg의 탄두를 탑재할 수 있다. 직경은 0.97m로[22] 0.61m인 ATACMS보다 상당히 크다. 한편, KN-24를 북한판 ATACMS라고 표현하고 있는 것은 전문가들 사이에 논란이 있다. Norbert Brügge는 KN-24를 북한판 ATACMS보다는 오히려 지상 발사형 북극성-1호일 가능성을 주장하며, 직경을 북극성-1호와 같은 1.1m로 평가했다.[23]

(3) 초대형 방사포(KN-25)

KN-25는 전술핵을 탑재할 수 있는 직경 600mm의 초대형 유도조종 방사포로 2019년 10월 처음 발사한 이래 현재까지 17차례 이상 시험 사격을 진행한 무기체계이다. KN-23이나 KN-24와 달리 전형적인 탄도형 비행궤적 특성을 갖는 KN-25 최대사거리는 400km로 추정되며 로켓 앞부분의 4개 소형 조종날개로 조종된다. 초기 KN-25 발사대는 4연장이었지만, 5연장, 6연장까지 확대했으며, 발사대 차량은 차륜형과 야지 기동에 적합한 궤도형으로 구분하여 개발했다.

이 무기체계는 한 발사대에서 수분 이내 4~6발의 발사체를 연속으로 발사할 수 있어 효과적으로 방어하는데 한계가 있다. 특히 전술핵을 탑재해 다른 유도무기와 조합하는 섞어쏘기 방식의 동시 공격을 한다면 더욱 심각한 위협이 될 수 있다. 전술핵 사용 가능성을 예측할 수 있는 최근 KN-25 발사 시험에 주목할 필요가 있다. 2024년 3월 북한은 초대형 방사포로 "목표상공 설정고도에서 공중폭발 모의시험을 진행했다"라고 처음 공개했다. 또한 4월에는 600mm 초대형 방사포병 부대가 처음 참가한 '핵반격가상종합전술훈련'을 보도했다.[24]

3) 극초음속 미사일

극초음속 무기는 대기권 내의 낮은 고도에서 마하 5 이상 속도로 활공하면서 회피 기동하기 때문에 기존 미사일방어체계로 요격하기 어렵다. 이러한 극초음속 무기는 비행궤적 특성에 따라 극초음속 활공체(HGV: Hypersonic Glide Vehicle)와 극초음속 순항미사일(HCM: Hypersonic Cruise Missile)의 두 가지 형태로 구분된다.

HGV는 로켓 부스터에 의해 가속 상승한 후 정점으로부터 하강하는 과정에서 부스터와 분리되고 풀업 기동하여 목표물까지 극초음속으로 활공한다. HGV의 종말단계 비행속도가 탄도미사일 재진입체에 비해 느리지만 여전히 마하 5 이상 극초음속이고, 대기권 밖 높은 고도로부터 포물선 궤적으로 급격히 하강하는 탄도미사일과 달리 30~70km의 낮은 고도로 회피 기동한다.[25] 러시아의 아방가르드, 중국 DF-7, 미국 LRHW(Long-Range Hypersonic Weapon), 그리고 북한이 시험 발사한 극초음속 미사일들도 이 방식에 해당한다. 반면에 HCM은 고속의 공기흡입식 스크램제트 엔진 추력으로 HGV보다 훨씬 낮은 20~30km 고도에서 공력 비행하며, 러시아의 지르콘, 중국 DF-100, 미국 HAWC(Hypersonic Air-breathing Weapon Concept) 등이 이에 속한다.

극초음속 무기는 러시아, 중국, 미국 등을 포함한 많은 국가에서 적극적으로 개발하고 있지만, 이 무기를 완전히 전력화한 국가는 러시아와 중국뿐이다. 북한 역시 2021년 9월부터 4개월이라는 짧은 기간 동안 1단 액체연료 극초음속 미사일을 3차례 시험 발사했고, 2024년 이후에도 IRBM급 고체연료 2단 미사일을 3차례 시험 발사했을 정도로 개발에 매우 공격적이다.

(1) 북한 극초음속 미사일

북한은 2021년 9월 첫 시험발사를 시작으로 총 6차례 비행시험에 성공했다. 3차 시험까지는 1단 액체연료 극초음속 미사일로 IRBM 화성-12형과 유사한 1단 엔진을 부스터로 사용했다. 그러나 2024년 1월 이후 시험 발사한 4차, 5차 및 6차는 괌을 타격할 수 있는 IRBM급 고체연료 2단 극초음속 미사일로 이전과 다른 신형 미사일이다. 1차 시험발사의 HGV는 DF-17과 유사한 델타윙(delta wing) 형상이었지만, 2022년 1월의 2차 및 3차 발사는 미국 LRHW 활공체인 C-HGB와 비슷한 원뿔형 HGV였다. 2024년의 4차 및 5차 시험발사는 고체연료 2단 부스터로부터 각각 분리된 원뿔형과 델타윙형 HGV에 대해 활공 및 기동 비행 특성을 시험했다. 또한 5차 발사 시험 후 9개월 만인 2025년 1월 유사한 형태의 개량형 극초음속 미사일을 추가 시험 발사했다.

완전한 극초음속 무기의 능력을 갖추었다고 할 수 없지만 6차례 시험발사를 했으며, 미국령 괌까지 타격할 수 있는 IRBM급 고체연료

2단 미사일을 3차례 시험했을 정도로 빠르고 정교하게 고도화되고 있는 것은 분명하다. 또한 HGV에 대한 용어 사용도 명확해졌다. 예를 들어 액체연료 부스터를 사용했던 3차 시험발사(2022년 1월)까지 HGV를 델타윙과 원뿔형 구분없이 극초음속 활공전투부로 표현했으나, 4차(2024년 1월)부터는 델타윙형과 원뿔형 HGV를 각각 '극초음속 활공비행전투부'와 '극초음속 기동형조종전투부'로 명확히 구분해 사용하고 있다. 그러나, 형상만으로 볼 때 북한의 극초음속 기동형조종전투부는 1977년 1월 첫 시험 발사했던 기동형 탄도미사일 퍼싱Ⅱ의 탄두와 비슷하다.

〈그림 3〉 북한의 극초음속 미사일

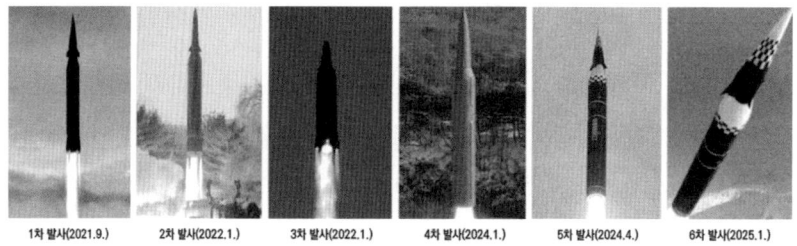

* 출처: Breaking Defense (2022. 2. 16.)를 인용하여 추가 편집.

(2) 북한 극초음속 미사일 시험발사 분석

1차 시험발사(액체연료, 델타윙형 HGV, 2021년 9월)

1차 시험에 사용된 부스터는 액체연료 1단으로 사거리 4,500km 이상인 액체연료 화성-12형의 1단 로켓과 유사하나 짧으며, HGV는 활공에 유리한 델타윙형이다. 북한은 "시험을 통해 능동유도 구간에서 미사일의 비행 조종성과 안정성을 확증하고, 분리된 극초음속 활공전투부의 유도 기동성과 활공 비행특성 기술적 지표에 대해 확증했다"라고 했다. 또한, 처음 적용된 앰풀 미사일 연료 계통은 러시아 기술로 공장에서 액체연료를 주입하고 밀봉한 후 미사일 기지로 이동하여 보관 중 연료 주입 없이 곧바로 발사할 수 있어 군사적 효용성 면에서 큰 진전으로 볼 수 있다. 그러나 새로 개발한 극초음속미사일 화성-8형을 시험 발사했다는 북한과 달리 비행거리와 고도가 한국군 발표대로 각각 200km 및 30km라면 완전한 비행 성공으로 평가하기 어렵다.[26]

2차 시험발사(액체연료, 원뿔형 HGV, 2022년 1월)

2차 시험발사에 사용된 부스터는 1차 발사와 동일하다. 직경은 화성-12형과 같아 보이지만 길이가 짧아져, 연료가 1/3가량 줄어들고 사거리도 줄었다. 탄두부 형상은 델타윙에서 원뿔형으로 바뀌었다. 북한은 "발사 후 분리되어 극초음속활공비행전투부 비행구간에서 초기발사 방위각으로부터 목표 방위각으로 120km를 측면기동하여 700km에 설정된 표적을 오차없이 명중시켰다"라고 보도했다. 또한 "다계단 활공도약비행과 강한 측면기동을 결합한 극초음속활공비행전투부의 조종성과 안정성이 뚜렷이 과시되었다"라고 했다. 특히 1차 발사에서 볼 수 없었던 다계단 활공도약비행이나 강한 측면기동 등과 같은 용어 사용에 주목할 필요가 있다. 이것은 수직·수평 회피기동의 상당한 기술 진전을 나타낸다.[27]

3차 시험발사(액체연료, 원뿔형 HGV, 2022년 1월)

3차 비행시험의 특징은 극초음속 미사일 형상(부스터, HGV)이 2차 시험과 유사함에도 활공 및 측면 기동 능력이 상당히 강화되었다는 점이다. 북한은 "김정은이 참관하에서 시험 발사된 이 미사일의 극초음속 활공비행전투부가 거리 600km 계선에서부터 활공 재도약하며 초기 발사방위각으로부터 목표점방위각에로 240km 강한 선회비행을 수행하여 1,000km 수역의 설정 표적을 명중했다"라며 구체적인 수치를 공개했다.[28] 240km 거리를 벗어난 강한 선회비행은 2차 시험보다 2배 이상 늘어난 것으로, 방어 측면에서 보면 미사일이 400km 이상 벗어난 다른 표적을 향해 비행하는 것으로 오판을 할 수 있게 하는 수평 회피 기동 기술 획득을 의미한다.

한국 합참은 "최대속도 마하 10 내외로 700km 이상을 비행했으며, 최대고도는 약 60km이다"라고 발표했다.[29] 한편, 사벨스버그와 가와구치는 Breaking Defense에 기고한 글에서 북한의 극초음속 미사일 주장이 믿을 만하고 주일 미군 기지를 위험에 빠뜨릴 수 있다고 분석했다.[30] 시뮬레이션 결과에 따르면 북한 극초음속 미사일은 활공 회피 기동 전 구간에서 마하 5 이상(초기 마하 7.9, 최종 마하 5.2)의 극초음속을 유지했다.

4차 시험발사(고체연료, 원뿔형 HGV, 2024년 1월)

북한은 2024년 1월 원뿔형 HGV(극초음속 기동형조종전투부)를 장착한 IRBM급 신형 2단형 고체연료 극초음속 미사일을 시험 발사했다. 시험발사는 미국령 괌을 타격할 수 있는 "극초음속 기동형 조종전투부의 활공 및 기동 비행 특성과 신형 다단 대출력 고체연료 추진체의 신뢰성을 확증하는 목적으로 진행되었다"라고 했다.

5차 시험발사(고체연료, 델타윙형 HGV, 2024년 4월)

북한은 4차 시험발사 후 불과 3개월 후인 4월 새로 개발한 델타윙형 HGV(극초음속 활공비행전투부)를 장착한 신형 IRBM '화성포-16나'를 첫 시험 발사했다. 북한은 "시험발사는 안전을 고려해 사거리를 1,000km 한도 내로 국한하고 2단 엔진 시동 지연과 능동 구간에서의 급격한 궤도 변경 비행방식으로 속도와 고도를 강제로 제한하면서 극초음속 활공비행전투부의 활공도약형 비행궤도 특성과 측면기동 능력을 확증했다"라고 강조했다.[31] 또한, 미사일에서 분리된 극초음속 활공비행전투부가 예정된 비행궤도를 따라 1차 정점고도 101.1km, 2차 정점고도 72.3km를 그리면서 비행하여 발사 지점으로부터 1,000km 떨어진 동해상 수역에 정확히 탄착한 것으로 발표했다. 북한 발표가 사실이라면 극초음속 미사일의 활공 및 측면기동 능력뿐만 아니라 사거리 측면에서 획기적인 기술 진전으로 평가할 수 있다.

6차 시험발사(고체연료, 델타윙형 HGV, 2025년 1월)

북한이 신형으로 발표했으나 2024년 4월 시험 발사한 화성포-16나(화성-16나)와 외형이 유사해 보여 새로운 소재와 기술을 적용한 개량형으로 추정된다. 북한은 신형 극초음속 미사일 발동기 동체 제작에 새로운 탄소섬유복합재료가 사용되었고 비행 및 유도조종체계에서 이미 축적된 기술 토대로 "새로운 종합적이며 효과적인 방식이 도입"했으며, 1차 정점고도 99.8km, 2차 정점고도 42.5km로 1,500km 계선의 공해상 목표가상수역 탄착했다고 발표했다. 북한 주장이 사실이라면 9개월 전 5차 시험발사 궤적 특성과 비교해 2차 정점고도가 72.3km에서 42.5km로 대폭 낮아져 저고도 활공 능력의 상당한 기술적 진전일 수 있다.

4) 잠수함발사 탄도미사일(SLBM)

북한의 SLBM 개발은 1980년대 말 퇴역한 소련의 SLBM R-27 역설계로부터 시작되었다. 북한은 1992년부터 1998년까지 러시아로부터 퇴역한 R-27 하부시스템과 부품들을 확보할 수 있었고 러시아 과학자들의 기술지원을 받아 관련 기술을 상당 부분 획득한 것으로 추정된다. 2016년 8월 북한 최초의 SLBM인 북극성-1호 비행시험에 성공한 이래 북극성-2형과 북극성-3형의 후속 모델 시험발사에 성공했으며, 2020년과 2021년 열병식에서 설계와 성능이 더욱 진화된 신형 SLBM 북극성-4ㅅ형과 북극성-5ㅅ형을 각각 공개했다.

북한은 또한 KN-23 기반의 미니 SLBM을 개발하여 3차례 시험발사를 진행했다. 북극성 계열 SLBM 간의 근본적인 차이는 크기와 탄두부 형상에 있다. 1.1m였던 SLBM 북극성-1호의 직경은 1.8m까지(북극성-4ㅅ형 및 -5ㅅ형) 커졌고, 탄두부 형상은 단일 탄두의 삼중 원뿔형 노즈에서 다탄두 탑재를 고려한 형태로 진화했다. 2019년 10월 시험발사에 성공한 북극성-3형을 포함한 북극성-4ㅅ형과 북극성-5ㅅ형은 잠재적 다탄두 탑재를 고려한 형상이다.

(1) 북극성-1호

북극성-1호 개발은 지상 사출 시험을 포함 10회 이상 다양한 시험이 있었으며, 2016년 8월 고래급(신포급-B) 잠수함으로부터 북한 최초의 SLBM인 북극성-1호 시험발사에 성공했다. 북극성-1호는 500km를 비행하여 동해상에 떨어졌으며 정상 발사각으로 발사했다면 최대사거리는 1,200km 이상으로 늘어난다. 이 SLBM은 고체연료로 추진되는 2단 로켓으로 직경과 길이는 각각 1.1m와 7.3m 수준이다. 1단 로켓은 2016년

3월 지상 분출시험을 했던 직경 1.1m의 고체연료 모터와 동일한 것으로 추정된다.

　북한은 5차례의 북극성-1호 비행시험 가운데 3차례만 성공했다. 2015년 1월 해상플랫폼에서 SLBM을 시험 발사했으며, 5월에는 수중바지선으로부터 발사에 성공했다. 실질적인 잠수함 발사 비행시험은 1년 뒤인 2016년부터 시도된다. 구체적으로 보면 2016년 4월 잠수함으로부터 발사된 신형 고체연료 북극성-1호가 30여 km를 비행했으며 7월 시험에서는 수십 km 상승 후 곧바로 폭발했다. 그리고 8월 시험발사에서 이 SLBM은 500km 비행에 성공했다.

　잠수함 발사 비행시험에 성공한 북극성-1호는 무수단 미사일(후기 모델)처럼 미사일 하단부에 부착된 그리드핀(grid fin)을 사용하여 안정화 자세 제어를 했다. 또한 동체 표면에서 탄소섬유복합재(carbon fiber composite)를 감은 흔적을 발견할 수 있다. 이러한 방식의 미사일 동체는 기존에 비해 무게를 최대 30%까지 줄일 수 있어[32] 탄두 무게 또는 사거리를 늘릴 수 있는 대체효과를 얻을 수 있다. 노즈콘은 후기 노동미사일과 같은 삼중 원뿔형이다.

(2) 북극성-2형

　2차례 비행시험에 성공한 북극성-2형은 지상 발사용으로 개조한 중거리 SLBM이다. 2017년 2월 첫 비행시험의 정점고도와 비행거리는 각각 550km와 500km였으며, 5월 2차 시험에서도 정점고도 560km로 500km를 비행했다. 이 미사일의 직경은 북극성-1호보다 큰 1.4m이다. 최대사거리는 1,200~2,000km로 평가하고 있으나, 북한은 IRBM을 의미하는 '지상대지상 중장거리 전략 탄도탄'으로[33] 표현했다.

북극성-2형은 기존 액체연료 탄도미사일과 달리 신속하게 발사할 수 있는 북한 최초의 고체연료 중거리 미사일이다. 이 미사일은 한국형 3축체계의 선제공격(Kill Chain)을 회피해 신속하게 한국뿐만 아니라 일본 내 핵심 자산과 미 군사 기지까지 공격할 수 있다.

(3) 북극성-3형

북극성-3형은 2023년 9월 진수된 전술핵 공격잠수함에 탑재할 수 있는 최대사거리 1,900km의 고체연료 2단 SLBM이다. 2019년 10월 수중 플랫폼에서 발사된 이 미사일은 고각 발사로 910km까지 상승했으며 450km 떨어진 해상에 낙하했다. 시험에 사용된 북극성-3형의 직경과 길이는 각각 1.4m 및 8.2m 정도로[34] 북극성-2형과 비슷하지만, 탄두부 형상은 상당한 차이가 있다. 북극성-3형의 크기와 형상은 선진국의 초기 SLBM와 비슷하다. 미국의 초기 SLBM인 폴라리스(Polaris)의 직경과 길이는 1.4m와 8.7m였다.

그러나 비행시험에 사용된 북극성-3형의 반구형 탄두 보호막 덮개(shroud)는 이전의 북극성-1호나 북극성-2형의 노즈콘과는 전혀 다른 반구형 형상이다. 반구형은 잠재적 다탄두 탑재를 고려한 것으로 미국의 트라이던트(Trident)나 중국 JL-2 SLBM과 비슷하다. 북극성-3형이 중형 잠수함에 탑재되어 괌을 직접 타격하는 것은 제한적이지만 어디서든지 한국과 일본의 핵심 자산과 군사 목표를 효과적으로 공격할 수 있다. 1,900km의 사거리는 일본 내 대부분 미군 기지를 타격할 수 있는 거리이다.

(4) 북극성-4ㅅ형

북한은 2020년 10월 열병식에서 북극성-3형의 진화 모델로 보이는 새로운 북극성-4ㅅ형 SLBM을 공개했다. 이 미사일은 북극성-3형의 후속 모델임에도 불구하고 크기와 탄두 형상에 있어 상당한 차이가 있다. 북극성-4ㅅ형 직경은 약 1.8m로 1.4m였던 북극성-3형보다 28% 이상 커졌으며, 길이는 9.8m로 추정하고 있다. 이 SLBM의 군사적 의미는 사거리 연장으로 최대사거리는 괌을 직접 타격할 수 있는 3,000km 이상이다. 사거리가 늘어날수록 북한 잠수함은 생존성이 높은 북한 연근해에서 안전하게 SLBM을 발사할 수 있다.

2021년 공개된 유엔안보리 대북제재위 전문가 패널 보고서는[35] 1,300kg과 650kg의 페이로드에 대해 북극성-4ㅅ의 최대사거리를 각각 3,500km와 5,400km로 평가했다. 탄두 보호막 덮개는 북극성-3형의 반구형과 달리 다탄두 재진입체를 탑재할 수 있을 정도로 길어진 전형적인 포물선(parabolic) 형상으로 진화되었다. 이러한 형상은 다탄두 또는 대형 탄두에 적합한 공간 확보뿐만 아니라 항력을 줄일 수 있다.

(5) 북극성-5ㅅ형

2021년 1월 열병식에서 미국의 1970~1980년대 다탄두 SLBM 포세이돈 C3와 비슷한 형상의 새로운 북극성-5ㅅ형이 공개되었다. 이 신형 SLBM은 사거리와 탄두 운반 능력이 늘어난 것으로 보인다. 북극성-4ㅅ형과 뚜렷한 차이는 탄두부 길이가 상당히 길어져 다탄두를 충분히 탑재할 수 있는 오자이브 형태로 진화된 점이다. 직경은 북극성-4ㅅ과 같은 1.8m로 보이지만 길이는 10.5m 수준까지 평가한다. 이 SLBM은 2020년 11월 언론에 건조설이 공개되었던 4,000~5,000톤급 새로운 중대형 잠수함[36]을 위해 개발 중인 것으로 추정된다.

형상 면에서 북극성-5ㅅ은 중국 다탄두 SLBM JL-2보다 미국의 포세이돈(Poseidon) C3에 가깝다. 다탄두 폴라리스 A3로부터 진화한 MIRV 포세이돈 C3는 1971년 전력화되어 냉전 종식 후인 1992년에 폐기된 SLBM이다. C3의 직경과 길이도 신형 북극성-5ㅅ과 비슷한 1.87m와 10.36m 정도이다. 이 SLBM은 '무장장비전시회-2023'에서도 전시되었으며 북극성-5ㅅ 개량형으로 추정된다.

(6) 미니 SLBM

북한은 KN-23의 개량형인 수중발사 미니 SLBM을 개발하여 잠수함을 비롯한 다양한 플랫폼에서 3차례 시험 발사했다. 특히 저수지 수중발사장에서 이 미사일을 발사한 3차 시험에 주목할 필요가 있다. 북한은 2021년 10월 열린 무기전시회 '자위-2021'에서 미니 SLBM을 처음 공개하고 같은 달 신포 해상에서 첫 시험발사를 진행했다. 1차 발사에서 최고고도 60km로 590km를 비행했으며, 2차 및 3차 시험에서도 60km 이하로 600km를 비행함으로써 안정된 비행궤적 특성을 나타냈다. 전술핵 탑재가 가능한 이 SLBM은 매우 낮은 고도로 측면기동을 포함하여 회피 기동하기 때문에 탐지·추적 및 요격이 어렵고, 공격목표물에 대한 조기 판단이 제한된다.

나. 미사일 핵심기술 능력 평가

북한 미사일 기술 능력은 ICBM의 일부를 제외하고 대부분 성숙단계로 평가할 수 있다. 그러나 완전한 ICBM을 개발하기 위해서는 핵탄두 소형화·경량화, 재진입체, 다탄두 개별목표설정재진입체(MIRV) 등과 같은 핵심기술을 해결해야 한다. 특히, MIRV는 ICBM 재진입체의 생존성과 정확성 향상에 직접 연관된 다탄두 기술로 반드시 극복해야 할 과제이다.

1) 핵탄두 소형화·경량화

핵기술 커넥션, 전문가 평가, 그리고 기존 핵개발 국가의 전례 등을 고려할 때 북한의 핵탄두 소형화·경량화 기술은 신뢰성과 고도화만 남아 있고, ICBMs를 포함한 거의 모든 미사일에 핵탄두를 탑재할 수 있는 수준으로 평가된다. 북한이 2016년 3월 처음 핵탄두 기폭장치 모형을 공개하기 전까지 핵탄두 기술 능력에 대한 일반적 전문가 평가는 노동미사일에 탑재할 수 있는 직경 90cm 및 무게 500kg 수준이었지만, 이후에는 직경 60cm, 무게 200~300kg까지 전향적으로 추정하고 있었다. 실제로 북한은 2023년 3월 표준화된 전술핵 탄두라고 주장하는 '화산-31'공개를 공개했다. 화산-31은 신형 전술유도무기뿐만 아니라 전략순항미사일(화살 계열)과 핵무인수중공격정(해일 계열)에 탑재할 수 있는 무게 200~300kg과 직경 40~50cm[37] 수준의 소형화·경량화를 달성한 것으로 판단된다.

북한은 이미 2000년대에 제한된 수준의 핵 소형화·경량화 능력과 핵무기 제조 기술을 보유한 것으로 보인다. 1980년대 말에서 2000년대 초까지 파키스탄과 북한 사이에 긴밀한 핵·미사일 커넥션이 있었으며, 미국 CIA 또한, 1990년대 초 노동미사일에 탑재할 핵무기를 제작하고 있다고 평가했다.[38] 더욱이 파키스탄 핵물리학자 칸(A.Q. Khan)은 1999년 북한을 방문하였을 때 노동미사일에 탑재하기 위한 직경 24인치(61cm)의 핵탄두를 목격했다고 증언한 바 있다.

미국, 러시아, 영국의 경우 첫 핵실험 성공 후 7년 이내 핵 소형화에 성공했고, 1960년대 중반 핵실험에 성공한 중국은 2년 만인[39] 1966년 탄두 무게 600kg의 핵 경량화에 도달했다. 반면 북한은 첫 핵실험 이후 10년 만에 핵 소형화를 이룩한 것으로 보이는 핵탄두 기폭장치 모형을 처음 공개했다. 북한은 2006년을 시작으로 6차례의 핵실험을 수행했고, 서로 다른 형태의 핵탄두 기폭장치 모형을 2차례 공개했다.

2016년 3월 공개한 핵분열 방식의 핵탄두 기폭장치 모형에 대해 제프리 루이스 미국 CNS 동아시아 비확산센터 소장은 당시 "북한이 무게 200~300kg, 직경 60cm 정도로 핵탄두를 소형화했을 가능성이 있다"라고 평가했다.[40] 또한, 북한은 2017년 9월 6차 핵실험 후 화성-14형 ICBM용으로 보이는 수소탄 기폭장치를 공개했다. 미 국방정보국(DIA)은 ICBM급 화성-14형 2차 시험발사 직후인 2017년 8월 "북한이 장·단거리 미사일 모두에서 핵 장치를 탑재할 수 있는 소형화 수준에 도달했다"라고 평가했다. 반면 한국 국방부의 '2022 국방백서'는 구체적 표현 없이 "수차례 핵실험 직후 북한은 핵보유국임을 강조하면서 '핵탄두의 표준화·규격화·소형화·경량화·다종화 달성'을 주장하였고 핵탄두와 미사일의 대량생산 및 실전배치 의사 등을 표명하였다"라고 기술했다.

2) 재진입체

북한의 재진입체 기술은 미국 싱크탱크 헤리티지재단의 2021 미군사력 지표 보고서(2021 Index of U.S. military Strength)에서 "CIA는 북한의 ICBM이 정상궤도로 비행한다고 가정할 때 대기권 재진입체가 충분히 정상 작동해 미 본토를 타격할 수 있다고 평가하고 있다"라고 언급할 정도로 상당한 진전이 있었던 것으로 판단된다. 북한이 실제 ICBM 운용환경 조건에서 재진입체 시험을 진행하지 못했으나 재진입체 기술 획득을 위한 노력은 오래전부터 시작되었다. 북한은 1990년대 초 러시아와 동구권 전문가 유치 시도와 같은 다양한 활동으로 재진입시 연소 방지를 위한 복합재와 미사일 동체에 사용되는 고급 알루미늄 합금 시험을 기술을 일부 확보했던 것으로 보인다.[41]

한편, 북한은 2016년 3월 재진입체 노즈콘 시험을 공개했으며, 2017년 7월 화성-14형 ICBM 시험발사 때는 "재돌입 시 전투부에 작용하는 수천 도의 고온과 가혹한 과부하 및 진동 조건에서도 전투첨두 내부 온도는 25~45℃의 범위에서 안정하게 유지되고 핵탄두 폭발 조정장치는 정상 동작하였다"[42]라고 보도했다. 같은 해 8월 김정은은 국방과학원 화학재료연구소를 방문해 3D 탄소복합재를 공개했다. 이것은 ICBM 등과 같은 장거리 미사일의 재진입체에 사용되는 첨단 소재이다.

그런데 북한은 마하 20 이상 속도로 대기권에 재진입할 때 발생하는 6,000~7,000℃ 이상의 고열과 충격으로부터 핵탄두를 보호할 수 있는 완전한 재진입체 기술을 아직 확보하지 못한 것으로 추정된다. 그러나 전통적인 핵 사용이 아닌 고도 40~50km 이상에서 핵탄두를 기폭시켜 핵 EMP를 발생시킨다면 재진입체 기술을 확보하지 못해 발생하는 문제를 상당 부분 해결할 수 있다.[43] 실제 북한은 2016년 9월 6차 핵실험 후 공개한 수소탄 핵탄두에 대해 "핵탄 위력을 타격 대상에 따라 수십킬로톤급으로부터 수백킬로톤급에 이르기까지 임의로 조정할 수 있는 우리의 수소탄은 거대한 살상 파괴력을 발휘할뿐아니라 전략적 목적에 따라 고공에서 폭발시켜 광대한 지역에 대한 초강력 전자기파(EMP) 공격까지 가할 수 있는 다기능화된 열핵 전투부(탄두)"[44]라고 주장했다.

3) 다탄두 개별목표설정재진입체(MIRV)

북한이 화성-15형만으로도 이미 미국 전역을 사정권에 두었는데, 이보다 훨씬 큰 초대형 ICBM 화성-17형과 화성-19형을 개발한 것은 전지구권 타격뿐만 아니라 초대형 단일 핵탄두와 MIRV 탑재를 고려한 것으로 판단된다. 그러나 MIRV 개발은 대형 미사일, 소형 탄두, 재진입체, PBV 정밀유도, 그리고 비행 중 순차적으로 탄두를 방출하는 PBV 메커니즘 등의 조합으로 이루어지는 복잡한 시스템 기술을 요구한다.

미국과 소련이 MIRV 개발까지 첫 핵실험 후 거의 20년이 걸렸지만, 미국이 실제 개발하기 시작한 것은 1960년대 초로 1970년 배치된 미니트맨-III에 처음 탑재했다. 현재까지 MIRV를 공식적으로 전력화한 국가는 미국, 러시아, 중국, 영국, 프랑스의 5개 국가이다. 파키스탄과 인도는 MIRV를 탑재한 미사일을 시험 발사하는 등 개발 단계에 있으며, 북한 역시 MIRV 개발에 강한 의지를 표명하고 있다.

김정은은 2021년 1월 8차 당 대회에서 '국방과학발전 및 무기체계 개발 5개년계획'의 최우선 5대 과업 중 하나로 '1만 5,000km 사정권 안의 타격명중률 제고'를 강조했고, 구체적으로 "다탄두 개별유도 기술을 더욱 완성하기 위한 연구 사업을 마감 단계에서 진행하고 있다"라고 했다. 그리고 북한은 2024년 6월 "미싸일기술력고도화목표달성에서 중대한 의미를 가지는 개별기동전투부분리 및 유도조종시험을 성공적으로 진행하였다"라고 주장했으며,[45] MIRV 시험을 공개한 것은 이때가 처음이다. 또한 "시험은 중장거리고체탄도미싸일 1계단 발동기를 리용하여 최대의 안전성을 보장하며 개별기동전투부의 비행특성측정에 유리한 170~200km 반경 범위 내에서 진행되었으며, 분리된 기동전투부들은 설정된 3개의 목표좌표점들로 정확히 유도되었다"라고 했다. 북한의 MIRV 개발 능력은 요소기술 개발을 넘어 미사일에 탑재하여 시스템 성능과 기능을 시험하는 단계에 진입한 것으로 추정된다.

대형 미사일(직경/엔진)

파키스탄과 인도가 개발하고 있는 MIRV 탑재 미사일은 북한의 능력 평가에 도움이 될 수 있다. 2017년 1월 파키스탄이 시험 발사한 MIRV 미사일 아바빌(Ababeel) 직경은 화성-14형과 같은 1.8m이며, 인도가 개발 중인 아그니(Agni)-Ⅵ는 2m 수준이다. 반면 사거리 13,000km급인 화성-15형 직경은 이보다 큰 2.0~2.4m이며, 북한이 전지구타격로켓이라고 표현한 화성-17형의 직경은 2.4~2.9m로 평가하고 있다. 이는 직경 75cm의 탄두 3개를 배열한 아바빌보다 크며, 북한의 핵탄두 경량화 수준을 300kg 가정할 때 적어도 3~5개의 다탄두를 탑재할 수 있다.

소형화·경량화 핵탄두: 북한의 핵탄두 소형화·경량화 능력은 신뢰성과 고도화가 남아 있지만, ICBM을 포함한 거의 모든 미사일에 핵탄두를 탑재할 수 있는 수준이다. 소형화 능력은 직경 40~50cm까지, 경량화는 200~300kg까지 가능하다.

후추진체(PBV: Post Boost Vehicle)

2017년 화성-12형 개발 과정에서 나타난 북한의 다양한 PBV 개발 의혹이 처음 제기된 지 7년, MIRV 개발에 대한 김정은의 강한 의지와 노력, 전문가 분석 등 종합적 분석할 때 PBV 기술도 마무리 단계에 와 있는 것으로 평가할 수 있다. 2017년 6월 북한이 수행한 시험이 PBV에 사용되는 ICBM용 초소형 엔진 시험일 수 있다는 가설이 제기되기도

했다. 실제로 2017년 8월 시험 발사한 화성-12형은 부스터 비행 단계에서 세 개의 서로 다른 조각으로 분리되는 것처럼 레이더에 포착되었지만,[46] 최대사거리에 훨씬 못 미치는 2,700km밖에 비행하지 못해 실패한 PBV로 추정했다. 더욱이 지난 2024년 6월 진행된 북한의 MIRV 시험은 성공 여부를 떠나 능력과 기술 진전 평가에 중요한 단서가 된다.

4. 북한의 미사일 위협 평가 및 전망

북한 핵·미사일은 대부분이 전력화 운용 단계로 직면한 현실적인 위협이다. 특히 김정은 시대의 속도전식 개발은 미사일의 기술 고도화뿐만 아니라 임무 목적과 타격 대상에 따라 다양한 수단의 무기체계를 개발하고 있다. 2024년 4월 신형 IRBM급 고체연료 2단 극초음속 미사일 시험발사 후 김정은이 언급한 "우리는 각이한 사거리의 모든 전술, 작전, 전략급미싸일들의 고체연료화, 탄두조종화, 핵무기화를 완전무결하게 실현함으로써 전지구권내의 임의의 적대상물에 대해서도 《신속히, 정확히, 강력히》라는 당중앙의 미싸일무력건설의 3대원칙을 빛나게 관철하게 되었다"[47]라는 보도 내용에 주목할 필요가 있다. 가장 우려되는 시나리오는 신형 전술유도무기, 재래식 탄도미사일, 극초음속 미사일 등을 조합한 섞어 쏘기 방식의 동시 집중 공격 가능성이다. 이러한 방식에 의해 사거리와 고도가 다른 비행궤적으로 단일 또는 다수 목표에 대해 동시에 수직·수평의 다차원적 공격을 한다면 첨단 미사일방어체계로도 감당하기 힘든 상황이 될 수 있다.

향후 북한은 MIRV 완성을 통한 화성-17형, -18형 및 -19형 ICBM의 실질적 전력화에 주력하고 이를 위한 다양한 시험발사를 시도할 것으로 전망된다. 또한, 2021년 이후 개발된 다양한 전략무기(극초음속 미사일, 전략순항미사일, 핵무인수중공격정 등)의 고도화를 위한 추가 시험이 예상되며, 안보 상황에 따라 ICBM 정상 발사, 핵실험 등과 같은 전략적 도발이 가능하다.

<그림 4> 섞어쏘기 방식의 다차원적 동시 집중 공격

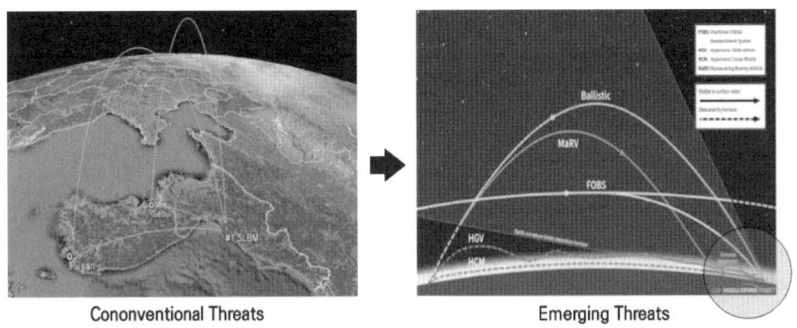

Source : CSIS Missile Defense Project(2022)

가. 장거리 미사일

북한은 2016년 핵 탑재 ICBM 개발에 필요한 대부분 요소기술을 마무리해 시연했으며, 2017년는 미국령 괌부터 본토를 타격할 수 있는 다양한 장거리 미사일들을 시험 발사했다. 2021년부터는 이미 개발된 ICBM 화성-15형 고도화와 함께 잠재적 MIRV 탑재를 목적으로 개발된 화성-17형, -18형 및 -19형의 발사훈련을 진행하고 있다. 특히 2023년 2월 군사 열병식에 등장한 21대의 ICBM 발사대 차량(화성-18형 5대, 화성-17형 12대(예비 1대 포함), 화성-15형 4대)은 규모 면에서 미국 MD 개념의 군사적 효과성에 심각한 도전이 되고 있다. 그러나 북한은 ICBM의 군사적 효용성을 충족시키기 위해 신뢰성과 및 정확성 향상, 그리고 미사일방어체계를 회피할 수 있는 펜에이드(Penaids: Penetration aids)[48] 등과 같은 문제를 해결해야 한다.

향후 가능성이 높은 북한의 ICBM 발사는 신뢰성 향상과 MIRV 개발 완성을 위한 추가 시험이다. 궁극적으로는 MIRV를 탑재한 ICBM 전력화로 미국에 대해 완전한 핵 억지력을 갖고자 할 것이다. 김정은이 2021년 노동당 8차 대회에서 "다탄두 개별유도 기술을 더욱 완성하기 위한 연구 사업을 마감 단계에서 진행하고 있다"라고 했을 정도로 개발에 관심이 많고, 2024년 6월에는 MIRV 시험 진행을 처음 보도했다.

파키스탄 MIRV 개발은 북한의 MIRV 개발 능력 평가에 중요한 단서가 될 수 있다. 파키스탄은 개발 정황이 공식적으로 식별된 지 6년 후인 2017년 1월 MIRV 탑재 미사일 아바빌의 첫 시험발사에 성공했다. 북한의 MIRV 기술 수준은 요소기술을 넘어 시스템 성능과 기능을 시험하는 단계에 진입한 것으로 평가된다. ICBM의 정상각 발사는 어렵지만 비행거리를 1,000km 정도로 늘리고 고도를 높이는 방법으로 MIRV 개발 완성을 위한 다양한 시험발사가 예상된다. MIRV 완성은 화성-17형, -18형 및 -19형 탄두의 생존성과 정확성을 높여 핵 선제·보복 타격 능력 고도화를 달성하는 결정적인 핵심 수단이 될 수 있다. 특히, 신형 초대형 고체연료 ICBM인 화성-19형 개발은 화성-17형의 1/2 수준이었던 화성-18형 페이로드 용량을 늘려 다탄두 재진입체의 수량을 늘리려는 의도로 볼 수 있다.

나. 신형 전술유도무기

전형적인 탄도미사일은 대부분 시간을 대기권 밖에서 높은 고도로 비행하기 때문에[49] 미사일방어체계에 의해 쉽게 탐지·추적된다. 북한은 이에 대한 대안으로 다양한 형태의 신형 미사일을 개발하여 고도화를 진행하고 있다.

2017년 비행시험에 성공한 대함용(또는 지대지) 초정밀 유도 탄도미사일(KN-18)과 종말 회피기동 스커드 파생형(KN-21)의 경우 정밀유도와 종말단계 회피기동 목표는 어느 정도 달성했지만 중간비행단계 노출과 액체연료 로켓의 근본적인 문제를 해결하지 못했다. 신형 전술유도무기는 이러한 문제를 해결함으로써 한국의 국가 전략자산과 군사목표를 정밀타격하고 무력화하려는 성격이 강하다.

고체연료로 추진하는 이들 무기체계는 연료 주입이 필요 없어 단시간 내 발사할 수 있고 야지 기동이 용이하다. 더욱이 KN-23과 KN-24의 저각발사에 의한 저고도 기동은 비행시간을 단축시키고 적 미사일을 효율적으로 탐지·추적할 수 있는 기회를 현저히 감소시키기 때문에 감시정찰 및 조기경보 자산이 부족한 한국의 미사일방어에 걸림돌이 될 수 있다. 또한 초대형 방사포 KN-25는 한 발사대에서 수분 이내 4~6발의 발사체를 연속 발사할 수 있다. 더욱 우려되는 상황은 이들 전술 유도무기를 전술핵 운반 수단으로 활용하는 것이다. 북한은 이미 이들 전술 유도무기를 사용하여 공중 모의 핵탄두 폭발 시험을 여러 차례 수행했다. 지난 2023년 3월 KN-23의 핵반격가상종합훈련에 이어, 1년이 지난 2024년 4월에는 초대형 방사포(KN-25)를 활용하여 국가 핵무기종합관리체계인 핵방아쇠 안에서 운용하는 훈련이 처음 진행됐다고 보도했다.[50]

다 극초음속 미사일

극초음속 미사일의 활공체(HGV)는 부스터에 의해 가속 상승한 후 정점으로부터 하강하는 과정에서 부스터와 분리되고 풀업 기동하여 목표물까지 극초음속으로 활공한다. HGV는 활공비행 비행 속도가 마하 5 이상의 극초음속이고, 대기권 밖 높은 고도로부터 포물선 궤적으로 하강하는 일반 탄도미사일과 달리 30~70km의 낮은 고도로 회피 기동한다. 우주 센서에 의한 감시정찰과 표적에 대한 트랙 정보 획득이 제한적인 한국의 미사일방어체계로는 이러한 HGV를 효율적으로 탐지·추적하여 요격하기 어렵다.

북한은 2019년 9월부터 짧은 기간 동안 5차례 HGV 비행시험을 했을 정도로 개발에 매우 공격적이다. 완전한 극초음속 무기의 능력을 갖추었다고 평가할 수 없지만 괌까지 타격할 수 있는 고체연료 2단 미사일을 두 차례 시험했을 정도로 빠르고 정교하게 고도화되고 있는 것은 분명하다. 우려되는 시나리오는 극초음속 무기가 전력화되어 신형 전술 유도무기를 포함한 재래식 탄도미사일과 섞어 쏘기 방식으로 서로 다른 지역에서 다차원적으로 동시 공격하는 경우이다. 이것은 첨단 미사일방어체계일지라도 막기 어려운 상황이다.

라. 잠수함발사 탄도미사일(SLBM)

2023년 9월 진수된 북한 전술핵 공격잠수함이 성공적으로 전력화되고, 그동안 시험발사를 진행했던 SLBMs(미니 SLBM, 북극성-1호, 북극성-3형 등)을 탑재한다면, 북한은 핵 선제공격에 대해 제한적 수준이지만 2차 보복 공격을 갖게 된다. 이것은 한국과 주변국인 일본에 대해 직접적인 게임체인저(game changer)가 될 수 있다. 더욱이 잠재적 다탄두 능력을 지닌 북극성-4ㅅ형과 북극성-5ㅅ형 SLBM의 개발이 완료되고, 북한이 지난 2025년 3월 처음 공개한 원자력잠수함이 제대로 건조되어 전력화된다면 미국에 대한 북한의 핵 억지력이 현실화될 수 있다. 비록 미국이나 러시아 등과 같은 선진국 잠수함에 비해 열악할지라도 MIRVs 핵탄두를 탑재한 SLBM을 발사할 수 있는 원자력잠수함을 운용한다면, 북한은 원거리 작전 전개가 가능하고 미국에 대한 어느 정도의 2차 핵 타격 능력을 확보하게 된다.

5. 결론

김정은 시대부터 이뤄지고 북한 미사일의 급격한 기술 고도화와 능력 증대는 한반도뿐만 아니라 미국을 포함하는 전 세계 안보와 평화에 심각한 도전 요인이 되고 있다. 특히, 북한이 핵 탑재가 가능한 신형 전술 유도무기를 사용하여 재래식 탄도미사일, 극초음속 미사일 등과 섞어 쏘기 방식으로 한국의 국가 핵심 자산과 전략목표에 대해 동시 수직·수평의 다차원적으로 공격한다면 첨단 미사일방어체계로도 막기 어려운 상황이 될 수 있다.

북한 미사일 위협이 기술 고도화와 다양한 전략 및 전술에 따라 복잡한(complex) 양상으로 급격하게 변화하고 있다는 사실에 주목해야 한다. 그만큼 효과적으로 대응하기가 쉽지 않다. 더욱이 최근 우크라이나 전쟁에서 나타나고 있는 러시아와의 군사적 밀착으로 인해 북한 미사일 기술 고도화와 위협요인이 빠르고 심각하게 발전한 가능성이 높다. 북한의 핵·미사일을 포함한 포괄적 안보 위협을 체계적으로 분석하고 대응 개념을 구상하는 초기 단계부터 전문가 집단의 지식(knowledge)을 기반으로 하는 시스템적 사고와 단계별 적응형 접근(PAA: Phased Adaptive Approach) 전략이 무엇보다 필요한 상황이다.

주

1. 국립통일교육원, "4대 전략적 노선," 『북한 지식사전』 (서울: 국립통일교육원, 2021), pp. 395-396.
2. 권용수, "북한 핵미사일 능력 어디까지 왔나?," 세종연구소 제9차 세종국방포럼 발표자료 (2023. 4. 26.).
3. Vann H. Van Diepen, "Third Successful Launch of North Korea's Hwasong-18 Solid ICBM Probably Marks Operational Deployment," *38 North* (2023. 12. 21.), https://www.38north.org/2023/12/third-successful-launch-of-north-koreas-hwasong-18-solid-icbm-probably-marks-operational-deployment/ (검색일: 2024. 5. 15.).
4. David Wright, "North Korea's Missile in New Test Would Have 4,500km Range," Union of Concerned Scientists (2017. 5. 13.), https://blog.ucs.org/david-wright/north-koreas-missile-in-new-test-would-have-4500-km-range/ (검색일: 2024. 5. 15.).
5. Ralph Savelsberg, "North Korea's October launch over Japan showed increased payload, distance," Breaking Defense (2023. 2. 15.), https://breakingdefense.com/2023/02/north-koreas-missile-launch-over-japan-shows-increased-payload-distance-exclusive-analysis/ (검색일: 2024. 5. 18.).
6. Michael Elleman, "The secret to North Korea's ICBM success," *Survival Volume* 59, 2017-Issue 5 (2017), p. 27.
7. Norbert Brügge, "North Korea's newest nuclear Hwasong-14 ICBM(HS-14)," https://www.b14643.de/Spacerockets/Specials/Hwasong-14/index.htm (검색일: 2024. 5. 25.).
8. John Schilling, "What Next for North Korea's ICBM?," *38 North* (2027. 8. 1.), https://www.38north.org/2017/08/jschilling080117/ (검색일: 2024. 6. 8.).
9. John Mecklin, "North Korea's Hwasong-14, at a glance," *Bulletin of the Atomic Scientists* (2017. 8. 10.), https://thebulletin.org/multimedia/north-koreas-hwasong-14-at-a-glance/ (검색일: 2024. 6. 8.).
10. Nathan J Hunt, *Twitter Post* (2022. 11. 20.), https://x.com/ISNJH/status/1594032003196022784 (검색일: 2024. 6. 8.).
11. Norbert Brügge, "Hwasong-17A-Why the HS-17 was changed?," https://www.b14643.de/Spacerockets/Specials/Hwasong-17A/index.htm (검색일: 2024. 6. 8.).
12. 한국 합참은 화성-17형 2차 발사(2022. 11. 18.)를 화성-15형으로 발표했으나, 대

부분 전문가는 비행궤적 특성 분석을 근거로 화성-17형 가능성을 주장하고 있다.

13　홍민, "북한의 고체연료 ICBM〈화성-18〉형 발사훈련 분석," 『Online Series』, CO 23-40 (2023).

14　Nathan J Hunt, *Twitter Post* (2023. 4. 15.), https://x.com/ISNJH/status/164690 4831171502080 (검색일: 2024. 6. 9.).

15　"북한 '신형 ICBM '화성포 19형' 발사⋯최종 완결판'," 《연합뉴스》, 2024년 11월 1일.

16　Tom Balmforth, David Gauthier-Villars, "Ukrainian data casts doubt on precision of N. Korea missiles fired by Russia," *Reuters* (February 17, 2024).

17　북한에서 표현하는 것을 보면 KN-23과 KN-24는 같은 화성-11 범주에 속한다. KN-23 기본형과 개량형을 각각 '화성-11가'와 '화성-11다'로, KN-24는 '화성(포)-11나'형으로 종종 표기한다.

18　Sam Cranny-Evans, Dr Sidharth Kaushal, "The Iskander-M and Iskander-K: A Technical Profile," *RUSI* (2022. 8. 8.), https://rusi.org/explore-our-research/publications/commentary/iskander-m-and-iskander-k-technical-profile (검색일: 2024. 6. 14.).

19　S. Delory, A. Brondaz and C. Maire, "North Korean Short Range Systems," *In-Depth Report* (Wien: HCoC, 2022), p. 57.

20　김성윤, "조선 신형전술탄도미사일 화성포-11다-4.5 시험발사 성공," 《조선(북)뉴스》, 2024년 9월 19일, https://www.tongiltimes.com/news/articleView.html?idxno=2519 (검색일: 2024. 10. 1.).

21　UN Security Council, "S/2020/840," *Report of the Panel of Experts* (2020. 8. 28.), p. 9.

22　North Korean Short Range Systems, op. cit.

23　Norbert Brügge, "What are North Korea's "Iskander" like missiles really," https://www.b14643.de/Spacerockets/Specials/Pukguksong_GLBM-1/index.htm (검색일: 2024. 7. 7.).

24　김지현, "김정은, 첫 핵반격가상전술훈련 지도⋯ '전술핵 운용 다중화'," 《연합뉴스》, 2024년 4월 23일.

25　권용수, "괌·알래스카 타격 가능" 날로 정교해지는 北극초음속 무기(Foucs 인사이드)," 《중앙일보》, 2022년 3월 6일.

26　홍민, "북한의 신형중장거리 극초음속미사일 시험발사 분석," 『Online Series』, CO 24-29 (2024).

27　권용수, "러시아·중국·북한 극초음속 무기 개발현황과 전망," 『월간 KIMA』 제52권 (2022).

28　배영경, "북 '극초음속 미사일 발사 성공·1천km 비행'⋯ 김정은 참관(종합)," 《연합뉴스》, 2022년 1월 12일.

29 정빛나, "탄도미사일 '속도 마하10' 극초음속 가능성⋯엿새전보다 진전," 《연합뉴스》, 2022년 1월 11일.

30 Ralph Savelsberg and Tomohiko Kawaguchi, "North Korea's hypersonic missile claims are credible, exclusive analysis shows," *Breaking Defense* (2022. 2. 16.), https://breakingdefense.com/2022/02/north-koreas-hypersonic-missile-claims-are-credible-exclusive-analysis-shows/ (검색일: 2024. 6. 12.).

31 "北 신형 중장거리 극초음속 미사일 시험발사 성공⋯김정은 참관,"《연합뉴스》, 2024년 4월 3일.

32 Brian Wang, "Carbon nanotube reinforce Composites can reduce space vehicle mass by 30%," *nextBigfuture*, (2017. 7. 5.), https://www.nextbigfuture.com/2017/07/carbon-nanotube-reinforce-composites-can-reduce-space-vehicle-mass-by-30.html (검색일: 2024. 6. 12.).

33 "북한 '단번 도약' 성공, 신무기 공개해 '북극성-2호' 무엇이 달라졌나,"《중앙일보》, 2017년 2월 13일.

34 Norbert Brügge, "North Korea's Pukguksong-3A two stage solid-fuel SLBM(?)," https://www.b14643.de/ Spacerockets/Specials/Pukguksong-3_SLBM/index.htm (검색일: 2024. 7. 6.).

35 UN Security Council, "S/2021/211," Report of the Panel of Experts (2021. 3. 4.), p. 96.

36 "국정원 북, SLBM 탑재 잠수함 2척 추가 건조 중,"《동아일보》, 2020년 11월 4일.

37 이춘근, "북한의 핵, 미사일 능력과 대응방안," 『JPI 정책포럼』 2023-05 (2023).

38 David Albright, "North Korean Miniaturization," *38 North*, (2013. 2. 13.), https://www.38north.org/2013/02/ albright021313/ (검색일: 2024. 7. 6.).

39 장철운 외, 『북한 비핵화를 위한 전략과 추진과제』(서울: 통일연구원, 2023), p. 59.

40 Jeffrey Lewis, "Five Things You Need to Know about Kim Jong Un's Photo Op with the Bomb," *38 North* (2016. 3. 11.), https://www.38north.org/2016/03/jlewis031116/ (검색일: 2024. 7. 12.).

41 권용수, "북한의 미사일 기술 진전: 전략적 의미," 서울대학교 통일평화연구원 제72차 통일정책포럼 발표 논문집 (2017). p. 11.

42 박병수, "ICBM 핵심 대기권 재진입 기술⋯북 '성공'- 군 '확인안돼',"《한겨레》, 2017년 7월 5일.

43 Reinald G. Finke, "Calculation of Reentry Vehicle Temperature History," IDA Paper P-2395 (1990).

44 "北 공개한 '화성14형'수소탄 모형⋯김정은 '6차 핵실험'강력 예고,"《KBS》, 2017년 9월 3일.

45 김효정, "북, 어제 다탄두미사일 시험⋯ '개별기동 탄두분리·유도조종 성공',"《연

합뉴스》, 2024년 6월 27일.

46 Michael Elleman, "North Korea's Hwasong-12 Launch: A Disturbing Development," *38 North* (2017. 8. 30.), https://www.38north.org/2017/08/melleman083017/ (검색일: 2024. 7. 12.).

47 "北, 신형 중장거리 극초음속 미사일 시험발사 성공…김정은 참관,"《연합뉴스》, 2022년 4월 3일.

48 Penaids는 ICBM 재진입체가 미사일방어체계를 회피하여 방어망을 뚫고 목표물에 도달할 수 있는 확률을 높이기 위해 사용되는 수단 또는 전술을 나타내며, 대표적인 수단으로는 다탄두(MRV, MIRV), 채프, 디코이, 레이더 재머, MaRV 등이 있다.

49 최소에너지 발사각으로 비행하는 스커드-C와 노동미사일의 경우 각각 전체 비행 시간의 50% 및 70% 정도를 100km 이상 대기권 밖에서 비행한다. 권용수, "북한 탄도미사일의 기술 분석 및 평가,"『국방연구』제56권 제1호 (2013), p. 202.

50 "北, 초대형방사포 동원 첫 핵반격 훈련… 도발 수위 극대화,"《국민일보》, 2024년 4월 24일.

3장

한국의 재래식 무기와 3축체계로
북한 핵미사일 대응이 가능할까?

박범진

1. 문제 제기

한국의 가장 극명하고 치명적인 현존 안보위협은 역사이래 최고도의 위험한 도전세력인 북한의 고도화된 핵미사일 위협이다. 핵비확산조약(NPT: Non-Proliferation Treaty) 체제하에서 국제규범의 모범적인 비핵국가로 남아있는 한국은 핵무기 보유가 불가능한 현실에서 국가안보 유지와 국민의 생명과 재산을 보호하기 위해 북한의 핵공격을 상정한 군사력 건설과 운영방향을 설정하고 최첨단 재래식무기 기반의 '한국형 3축체계' 역량 구축을 추진하고 있다.

하지만 '한국형 3축체계'는 북한의 핵미사일 공격위협 대응을 위한 최소한의 안전장치로 인식하고 있지만 내재적 한계로 인해 완벽한 방어책으로 볼 수 없다. 한국형 3축체계의 운용개념을 살펴보면 1축은 북한 핵미사일을 발사 이전에 차단하는 킬체인(Kill Chain), 2축은 발사된 핵미사일이 낙탄되기 이전 공중에서 요격하여 위협을 제거하는 한국형 미사일방어(KAMD: Korea Air Missile Defense), 3축은 핵미사일을 발사한 북한 지도부에 상응하는 대규모 첨단 재래식 전력으로 치명적인 보복을 가하는 전력을 투사하여 북핵 공격을 억제하는 한국형 대량응징보복(KMPR: Korea Massive Punishment Retaliation) 등 3가지 축으로 통합운용하여 작전이 개시된다. 하지만 재래식 무기 중심의 3축체계로 북한의 핵미사일에 대응한다는 것 자체가 현실적으로 불가능하다는 명확성과 기본 상식 수준에서 3축체계 운용의 효과에 대해 많은 의문이 제기되고 있는 것이 현실이다.

특히 북한의 핵미사일 대비 3축체계의 작전적 효율성과 가성비는 비교 대상이 될 수 없다. 핵무기의 전략적 가치를 인식한다면 3축체계의 지속 유지 가능성은 불필요하기 때문이다.

최근 미국의 트럼프 2기 행정부 출범으로 인해 대(對)중국 견제전략 강화, 미국 우선주의 대외정책 추진, 거래적 접근법에 의한 동맹국의 방위비 분담금 증액분담 요구와 자국 안보에 대한 책임과 역할 요구 등 지금까지와는 차원이 확연히 다른 각자도생과 약육강식이 지배하는 글로벌 안보위기가 다가오고 있다. 특히 북한의 대륙간탄도미사일(ICBM: Intercontinental Ballistic Missile) 위협을 통제하기 위해 북미 직접협상을 통한 핵보유국 지위 인정 대가로 주한미군 감축 또는 철수, 한미 연합연습·훈련 축소 내지 중단, 한미 핵협의그룹(NCG)[1]에 기반하는 미국의 확장억제 제공 중단이나 축소 등 그동안 예상치 못했던 한반도 안보위기의 그림자가 다가오는 형국에 직면하고 있다.

북한의 핵무기 보유량은 60기(2020년 미 국방부 북한 전술보고서), 40~50기(2021년 스웨덴 스톡홀름국제평화연구소), 30기(2023년 미국과학자연맹), 80~90기(2023년 한국국방연구원) 등 각 기관 별로 다양한 발표 추정치가 있지만 2025년 현재 대략 90~100기를 보유한 것으로 추정 된다[2]

김정은 시대 핵전략이 공세적으로 변화하고 있는 가운데 핵개발에 대한 확고한 방침은 2021년 1월 제8차 당대회에서 핵미사일 고도화를 위한 국방분야 전략적 과업 제시와 이를 달성하기 위한 '국방과학발전 및 무기체계개발 5개년 계획' 발표를 통해 급상승되었다. 또한 2022년 9월 핵무력정책법 제정을 통해 '핵무기 사용 5대 조건'과 핵지휘 통제 방침을 제시하고 '공세적인 핵사용'을 제도화하였다. 이어서 2023년 3월에는 전술핵 탄두인 '화산-31'을 공개하고 전술핵무기 폭발조종장치와 기폭장치 운용시험과 임무 수행절차를 과시하는 핵반격 가상 종합훈련을 실시하였다. 2024년 4월에는 국가 핵무기 종합 관리체계인 '핵방아쇠' 운용을 위한 핵반격 가상 종합훈련을 실시하는 등 사실상의 핵무장 국가로써 핵전쟁 수행체계 구축에 진력하고 있다.

최근 북한은 핵무기의 질적 고도화를 추구하기 위한 목적으로 중거리 탄도미사일과 초대형 방사포 등 지금까지 전술핵탄두(화산-31형) 장착이 가능한 다종의 다양한 핵 투발수단을 공개하였다.

이와 같이 공세적인 핵무기 고도화 완성 의지 표출과 핵 위협활동 양상은 한반도 적화통일 의지의 불변성과 더불어 미국에 의한 핵보유국 지위 인정으로 핵 군축 협상의 지렛대로 활용하고 향후 미·북 간 정상적인 외교관계 수립을 통해 김정은체제의 생존을 보장받기 위한 전략적인 목적 추구에 있다고 보여진다.

하지만 북한의 전술핵탄두에 기반한 다종·다량의 미사일·장사정포·핵어뢰 공격 위험에 처해있는 국민들의 핵공격 위협인식 수준은 "설마 같은 한민족인 북한이 핵공격을 할까?"라는 감성주의에 매몰된 채 묵인과 이상주의적 지향성을 가지고 있다. 또한 비현실적인 대북 포용정책과 핵무기에 대한 명확한 이해 부족으로 인해 재래식전력 대응 위주의 '한국형 3축체계' 구축과 미국이 제공하는 확장억제에만 집중하고 있다.

국제평화를 지향하는 모범적인 비핵국가인 한국은 자체 생존을 위한 기본적 권리인 NPT 탈퇴를 통한 핵무장을 포기하고 최소억지와 보복전략 차원의 인식하에 북한 핵미사일 고도화 위협 대응 역량 강화에 몰두하고 있다. 이에 따라 군사적 대응 옵션인 '한국형 3축체계' 구축 완성의 최종적인 목표 기한 없이 매년 국내총생산(GDP: Gross Domestic Product) 대비 2.54% 수준의 막대한 국방예산으로 첨단 재래식 무기체계를 보강 중에 있다.

한국은 각자도생과 국익 우선 중심의 글로벌 안보질서 체제로 급변하고 있는 현 정세를 명확히 인식하지 못한 채 국제 비확산체제 준수만을 정답으로 생각하며 미국의 핵우산에만 전적으로 의존하던 중 '주한미군 철수'라는 갑작스런 안보 유탄을 맞게 된다면 이 어려운 난국을 어떻게 극복할 것인가? 심각히 우려되는 대목이다. 과거 구한말시대 국가안보를 주변 열강에 의탁하였으나 결국 일본 제국주의 식민지로 전락했던 뼈아픈 사례를 타산지석으로 삼아야 할 것이다.

본 장에서는 북한 핵공격 위협의 실체인 전술핵무기 운용실태와 핵공격 전략 그리고 핵공격 예상 시나리오를 살펴보고 북한 핵미사일 위협 대응을 위한 한국군 단독 대응전력인 '한국형 3축체계'의 기반이 되는 재래식 무기체계와 북한 핵무기체계 위력과 능력의 상호 비교 분석과정을 통해 현실적이고 합리적인 정책적 대안을 제시하고자 한다.

2. 한국의 재래식무기로 북한 핵미사일 대응이 가능한가?

북한은 2016년부터 2017년 6차 핵실험 기간까지 핵무기의 소형화·경량화·규격화·전술무기화를 추진하는 과정에 초대형 수소탄 개발이 완료되었음을 2021년 1월 제8차 노동당대회에서 김정은에게 성과보고를 진행하여 공식적인 전술핵무기의 보유 사실을 과시하였다.[3]

최소 4종의 전술핵무기체계(초대형 방사포, 탄도미사일, 순항미사일, 극초음속 순항미사일로 투발되는 전술핵무기체계 등) 개발을 완료함으로써 대남 핵공격과 한미연합사 후방기지인 주일미군 기지와 미 증원전력에 대한 실전능력을 완비한 것으로 판단된다.

북한의 전술핵탄두 생산이 가능한 플루토늄·고농축우라늄 등 핵물질과 잠재적 전술핵탄두 보유량을 추정해보면 다음과 같다.

가. 핵물질 보유량

북한이 보유하고 있는 핵물질 수량은 2023년 말 기준으로 영변 핵시설 단지에서 생산된 플루토늄(Pu: Plutonium)은 약 98kg, 고농축우라늄(HEU: Highly Enriched Uranium)은 736kg에 이르는 것으로 추정된다.

<표 1> 영변 핵시설 생산 핵물질 추정량[4]

구분	2023년 말	2030년 말	2040년 말	비고
플루토늄 생산량	98kg	140kg	200kg	5MWe 원자로
고농축우라늄 생산량	736kg	1,184kg	1,823kg	영변 1·2호기

나. 잠재적 전술핵탄두 보유량

북한이 현재 확보 중인 플루토늄과 고농축우라늄 핵물질을 이용하여 "화산-31형"과 같은 전술핵탄두를 제조할 경우 2023년 말 기준으로 약 60여 기의 핵탄두를 제조 가능할 것으로 판단된다

<표 2> 영변 핵시설 핵물질로 제조 가능한 전술핵탄두 추정 수량

구분	2023년 말	2030년 말	2040년 말	탄두 당 핵물질량
총계	60기	94기	141기	-
플루토늄 핵탄두	24기	35기	50기	Pu 4kg 사용 가정
고농축우라늄 생산량	36기	59기	91기	HEU 20kg 사용 가정

다. 전술핵탄두 투발 수단

북한은 김정은의 '핵무기 병기화사업' 현장지도(2023년 3월 27일)를 통해 전술핵탄두인 "화산-31"을 비롯한 투발수단(미사일, 초대형 방사포, 핵어뢰 등) 8종을 공개하였다.

"화산-31"의 기술제원은 위력 10~20kt 내외, 중량 200kg 내외로 미사일·어뢰 탄두부 내에 장착되는 일체형 방식으로 판단되며 투발수단 8종은 북한판 이스칸데르(KN-23), 북한판 에이태큼스(KN-24), 600mm 초대형 다연장 방사포(KN-25)[5], 순항미사일(화살-1·2형), 무인 수중 핵어뢰(해일), 미니 잠수함발사탄도미사일(SLBM: Submarime-Launched Ballistic Missile), 근거리 전술탄도미사일 등이며 대륙간 탄도미사일(ICBM)에는 전술핵 탄두 3~4기 장착이 가능하다.

필요시 "화산-31"보다 작은 규모와 위력을 가진 전술핵탄두 제조도 가능한 것으로 보이며 무인기(드론), 어뢰, 기뢰, 야포, 방사포, 핵배낭[6] 등 다양한 형태의 투발수단으로 확장하여 핵위협을 가중시킬 것으로 보인다.

〈그림 1〉 전술핵탄두 '화산-31' 장착 가능 투발수단 8종

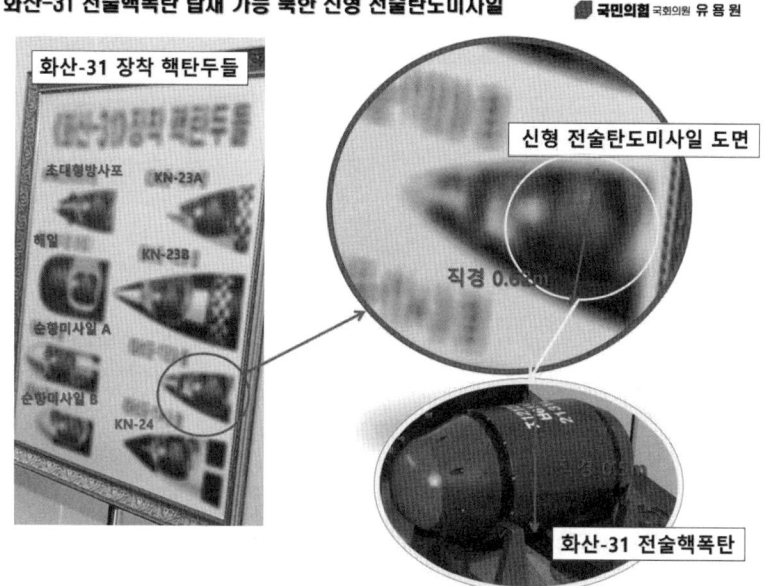

* 출처: 조선중앙통신, 국회 유용원의원실.

라. 핵무기 사용 가능성 판단

북한은 유사시 핵무기 운용과 관련하여 2022년 9월 8일 핵무력정책을 법제화하고 2023년 3월에는 전술핵탄두인 "화산-31"을 공개하였으며 같은 시기 한국의 한미 연합연습 기간 중 '핵반격 가상종합전술훈련'을 실시하였다. 당시 단거리탄도미사일(SRBM: Short-range Ballistic Missile)을 이용한 모의 폭발훈련을 가상 타격 목표 지점인 800m 상공에서 실시하는 등 김정은 자신의 전쟁 결심 여하에 따라 임의의 시간과 장소 제약없이 전술핵무기를 운용할 수 있는 상시 핵무기 운용태세를 구비하고 있는 것으로 판단된다.

또한 2022년 9월 7일 개최한 최고인민회의 제14기 제7차 회의에서

채택한 '핵무력 정책법' 제6조 핵무기 사용 원칙·조건을 아래 5가지 조건으로 명시하고 있으며 핵 사용 문턱을 낮춤으로써 현 대치국면에서 임의적이고 선제적인 대남 핵무기 공격 가능성이 점증하고 있다.[7]

① 북한(공화국)에 대한 핵무기, 기타 대량살상무기 공격이 감행되었거나 "임박"했다고 판단되는 경우
② 국가지도부와 국가핵무력지휘기구에 대한 적대세력의 핵, 비핵 공격이 감행되었거나 "임박"했다고 판단되는 경우
③ 중요 전략적 대상에 대한 치명적인 군사적 공격이 감행되었거나 "임박"했다고 판단되는 경우
④ 전쟁 확대와 장기화를 막고 전쟁의 주도권을 장악하기 위해 작전상 필요가 불가피한 경우
⑤ 국가 존립과 인민의 생명안전에 파국적인 위기를 초래하는 사태로 핵무기로 대응할 수밖에 없는 불가피한 상황인 경우

마. 핵무기 사용 목적 및 예상 시나리오

북한은 재래식무기를 이용하여 군사도발을 감행한 후 위기 고조가 상승되는 상황에서 확전 우세를 달성하기 위해 반대급부로 김정은 정권 위기로 확대되는 것을 차단하고 전면전 시 유리한 여건 조성을 위해 전술핵무기의 직·간접 사용 가능성이 높다고 보여진다.

전술핵무기 공격 예상 시나리오는 위기 고조단계에 따라 ① 수사적 위협 단계 → ② 투발수단 전개 단계 → ③ 위력시위(간접 사용) 단계 → ④ 피해 발생(직접 사용) 단계 순으로 강도를 상승시키는 방향으로 진행해 나갈 것으로 판단된다. 각 단계별 세부 예상 활동을 살펴보면 1단

계 수사적 위협 단계에서는 확전사다리가 낮은 단계로 최초 핵무기 관련 전략·전술운용부대를 통제하는 노동당 중앙군사위원회-김여정 노동당 부부장-김정은 최고사령관 순으로 공격 의지를 과시하는 형태의 대남 위협성명 발표가 예상된다.

    2단계 투발수단 전개 단계에서는 확전사다리가 상승하는 단계로 한국군의 Kill Chain이 작동하는 강력한 대응과 미국의 개입이 예상되는 경우 전술핵탄두 호송과 동시에 투발 수단을 전개하는 등 핵무기 사용 의지를 과시하는 단계이다. 3단계 위력시위(간접 사용) 단계는 확전사다리 중간이상 단계로 무력시위 및 공격 의지 과시에도 불구하고 확전우세가 어렵다고 판단하는 경우 NLL(북방한계선, Northern Limit Line) 이남 공해상이나 서해·남해 해역 무인 도서지역을 표적으로 저위력 핵탄두를 사용하는 위력 시위 후 추가적인 고위력 핵무기 사용 의지를 표출할 가능성이 높다.

    4단계는 피해발생 수준에 따라 소규모 피해발생(직접 사용) 단계와 대규모 피해발생(직접 사용) 단계로 나눌 수 있는데 우선 소규모 피해발생 단계에서는 확전사다리가 높은 단계로 전술핵무기의 간접사용에도 불구하고 확전 우세가 어렵다고 판단되는 경우 NLL 인근 서북 도서지역이나 접적해역 해군 경비함정을 대상으로 저위력 핵무기를 사용하여 확전우세 달성을 시도할 가능성이 높다. 대규모 피해발생 단계에서는 확전사다리 최상위 단계로 전면전으로의 확대 전환이 불가피하다고 판단할 경우 전술핵무기를 투발하여 한국군의 핵심 전략시설이나 지역 중소도시를 타격 목표로 공격한 후 초전에 대규모 피해를 야기시키는 전략을 구사함으로써 개전 초 전쟁 주도권을 장악할 것으로 보인다.

    다음은 북한의 핵무기 투발수단인 지상 및 해상 기반의 탄도·순항미사일, 극초음속미사일, 수중 핵어뢰(해일)의 타격능력 및 제원과 이를 방어하는 한국의 3축체계(Kill Chain, KAM D, KMPR) 하에 운용되는 지상·해상 및 공중 기반의 탄도·순항미사일, 요격미사일과 정밀유도폭탄 등 첨단 재래식 무기체계의 제원과 능력을 비교 분석하여 이해하고자 한다.

바. 북한의 핵무기와 한국의 재래식무기 위력 비교

1) 북한의 핵 미사일전력 및 수중 핵 어뢰전력 보유 현황

북한이 보유하고 있는 핵 장착 탄두·순항미사일과 수중 핵어뢰전력 제원은 아래 〈표 3〉과 같다.

〈표 3〉 북한의 핵탄두 장착 탄도·순항·극초음속미사일 및 수중 핵어뢰 제원

구분	미사일명		사거리	발사 플랫폼	핵탄두 장착 여부
SCUD-B/C (SRBM)	KN-03	화성5/6형	300~500km	TEL (이동식 발사대/액체)	○
SCUD-ER (MRBM)	KN-04	화성9형	1,000km		○
노동 (준MRBM)	KN-05	화성7형	1,300km		○
무수단 (IRBM)	KN-07	화성10형	3,000km		○
대포동 2호 (위성발사체)	KN-06	은하3호	10,000km	고정 발사대	정찰위성
중거리미사일 (IRBM)	KN-17	화성12형	5,000km	TEL(액체)	○
극초음속 미사일	극초음속 활공체(HGV)	화성8형	10,000km 고도 30~70km 회피	TEL	○ 요격 불가
	극초음속 순항체(HCM)	화성8형	10,000km 고도 20~30km비행		○ 요격 불가

구분	미사일명		사거리	발사 플랫폼	핵탄두 장착 여부
대륙간 탄도미사일 (ICBM)	KN-20	화성14형	10,000km	TEL(액체)	○
	KN-22	화성15형	13,000km		○
		화성16형	10,000km		○
		화성16나형	10,000km		○
		화성17형	15,000km		○
		화성18형	15,000km	TEL(고체)	○
		화성19형	15,000km		○(다탄두)
잠수함발사 탄도미사일 (SLBM)	KN-11	북극성-1형	1,300km	핵공격잠수함 (SSB)/고체	○
	KN-15	북극성-2형	1,200~2,000km		○
	KN-26	북극성-3형	1,900km		○
		북극성-4ㅅ형	3,000km		○
		북극성-5ㅅ형	3,000km		○
	미니SLBM		600km		○(전술핵)
신형 단거리 탄도미사일 (SRBM)	KN-23 (북한판 이스칸데르)	4ㅅ형 (화성-11가형)	300Km	TEL(고체) / 신포급 SSB / 최현급 구축함 (DDG-51)	○(전술핵)
		5ㅅ형 (화성-11다형)	300km		○(전술핵)
	KN-24 (북한판 ATACMS)	화성11나형	410km	TEL(고체)	○(전술핵)
	KN-25 (600mm 다연장방사포)	화성14형	400km		○(전술핵)
장거리 전략순항 미사일 (LRCM)	북한판 토마호크	화살-1형	15,000~2,000km	TEL	○(전술핵)
		화살-2형	18,000~2,000km	압록급 호위함 최현급 구축함 (DDG-51)	○(전술핵)
		바다수리-6형	200~400km	TEL	○
		불화살3-31형	2,000km	TEL/SSB/ 최현급 구축함	미공개
	북한판 Harpoon	금성-3형	300km	농어급스텔스 고속유도탄정	×

구분	미사일명		사거리	발사 플랫폼	핵탄두 장착 여부
근거리 전술탄도미사일 (CRBM)	화성-11D		110km	TEL(4기)	○(전술핵)
	화성-11라		-		○(전술핵)
수중 핵어뢰	핵 무인 수중공격정	해일5-23형	1,000km이상 수중항해	해군기지	○(전술핵)
		해일-1형	1,000km		○(전술핵)
		해일-2형	1,500~2,000km		○(전술핵)

* 출처: 2022 국방백서(2023) 및 관련 도서와 언론자료를 종합하여 필자가 재작성.

　북한의 핵미사일 위협 수준은 한반도와 일본, 괌 및 미국 본토까지 공격목표 달성이 가능하도록 핵탄두 소형화를 완성하였다. 소형화된 전술핵탄두를 투발할 수 있는 사거리 확장형 및 임무 적용형 등 총 8종의 다양한 탄도·순항미사일, 극초음속미사일, 초대형 방사포, 수중 핵어뢰 등을 개발 및 배치하여 사실상의 핵보유국으로써 유리한 전략적 이익을 얻고자 대미 협상을 추구함과 동시에 대남 핵 공격 위협을 지속하고 있는 것이다.

　유사시 예상되는 핵무기 투발 방법은 육상에서 갱도 기반의 이동식 발사대(TEL: Transporter Erector Launcher), 사일로(Silo) 방식, 철도기동형 이동발사대, 저수지 미니SLBM 발사대와 해상에서는 전술핵공격잠수함(SSB: Submarine Ballistic Missile), 최현급 다목적 구축함(DDG-51)[8]과 상선 개조 선박 그리고 핵탄두 장착 무인잠수정인 "해일" 등을 이용해 불특정 시간에 동시다발적인 다종의 핵미사일 섞어쏘기 전술을 구사할 것으로 예상된다. 〈그림 2〉는 북한이 보유 중이거나 개발 중인 탄도미사일 및 극초음속미사일 전력현황이다.

<그림 2> 북한이 보유중인 탄도미사일 및 극초음속 미사일 전력 현황

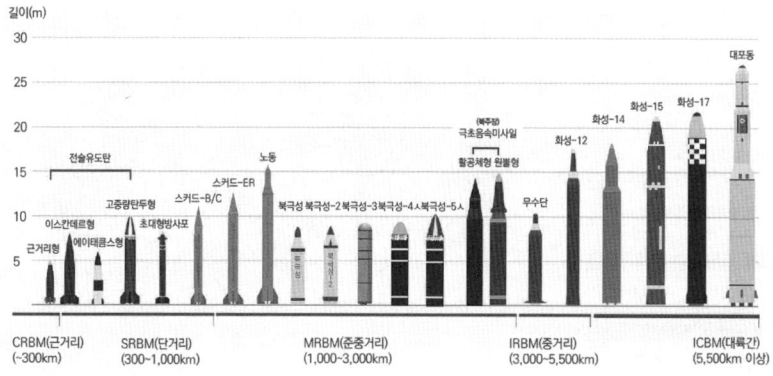

* 출처: 2022 국방백서.

2) 북한의 탄도미사일 전력 사거리

　전술미사일로 분류되는 북한판 이스칸데르(KN-23, 사거리 300km), 북한판 에이태큼스(KN-24, 사거리 410km), 600mm 다연장 방사포(KN-25, 사거리 400km)를 포함한 단거리탄도미사일(SRBM)은 남한 전역에 대한 전술핵 공격이 가능하다. 한편 북한의 한반도 전면 남침 공격 시 미국의 신속한 개입 저지와 보복능력 극대화 등 전략적 억제력 확보 차원에서 미국 본토, 하와이·괌·오키나와 등 분산기지와 한미연합사 후방기지 및 미 증원전력에 대한 타격을 위해서 <그림 3>에서 보는 바와 같이 단거리탄도미사일(SRBM)인 스커드-C(사거리 500km), 고각발사 공격이 가능한 노동(1,300km) 등 준중거리미사일(MRBM: Medium-Range Ballistic Missile), 무수단(사거리 3,000km)이 포함된 중거리미사일(IRBM: Intermediate Range Ballistic Missile) 및 화성-12형(KN-17, 사거리 5,000km), 화성-15형(KN-22, 사거리 13,000km), 화성-17형(KN-22, 사거리 15,000km) 등 대륙간탄도미사일(ICBM)까지 다양한 종류와 수량의 탄도미사일 공격이 가능한 위협의 중심에 위치해 있다.

<그림 3> 북한의 단·중·장거리 탄도미사일 사정권

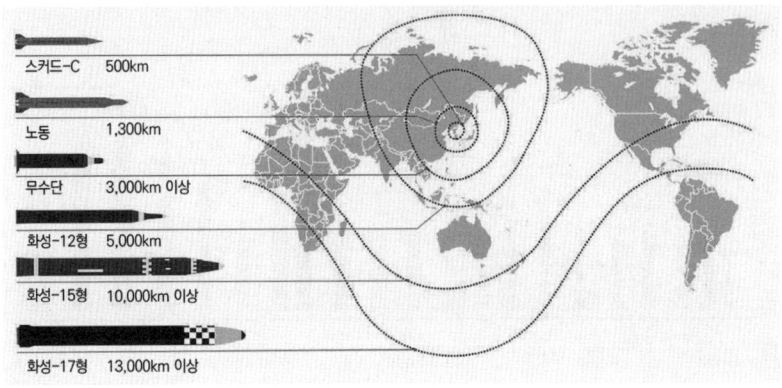

* 출처: 2022 국방백서.

3) 북한 핵미사일 능력 평가

(1) 강점

북한 핵미사일의 강점은 첫째, 지상 기반의 전술핵 '화산-31'이 장착된 단거리탄도미사일(SRBM)인 KN-23/24 및 600mm 다연장 방사포(KN-25)와 해상 기반의 잠수함발사탄도미사일(SLBM)·잠수함발사순항미사일(SLCM: Submarime-Launched Cruise Missile), 구축함 발사 전술탄도미사일과 초음속순항미사일, 전략순항미사일[9] 등을 통해 동시 섞어쏘기 기습공격 방식으로 한국의 3축체계에 대한 무력화가 가능하다. 둘째, 핵미사일의 은닉성과 신속 발사능력을 강화하기 위해 고체연료 기반으로 성능을 대폭 개선하여 생존성을 향상시켰다. 셋째, 단거리탄도미사일(SRBM)의 경우 대공레이더 피탐 최소화를 위해 저고도 비행으로 정점고도에 도달한 후 하강 시 활강하며 회피하는 불규칙적인 비행을 하여 표적에 근접하는 Pop-up 기동 형태를 유지함으로써 피격을 최소화하여 한국의 KAMD 무력화를 시도하고 있다. 넷째, 이미 보유중인 로미오(R)

급 잠수함의 전술핵공격잠수함(SSB)으로의 개조와 동시에 다양한 종류의 북극성 계열 SLBM 및 불화살 3-31형 SLCM의 대량 배치를 완성하여 동·서·남해 전·후방 원하는 시각, 원하는 해역의 수중에서 핵미사일 공격 감행이 가능하므로 한국 국민들에게 핵 피폭에 대한 공포감을 극대화시켜 3축체계 무력화가 가능하다는 점이다.

(2) 약점

전반적인 핵미사일은 GPS(Global Positioning System: 전지구 위치 결정시스템) 유도방식인 점 고려시 한국의 전자공격(EA: Electronic Attack) 및 재밍에 취약한 것으로 판단된다.

4) 한국의 미사일전력 보유 현황

한국의 육·해·공군이 보유하고 있는 핵심 미사일전력과 공군이 보유하고 있는 공대지 정밀유도폭탄 현황을 살펴보면 아래 〈표 4〉와 같다.

〈표 4〉 한국의 탄도·순항미사일 및 정밀유도폭탄 제원

구분	미사일명	제원	발사 플랫폼	비고
지대공미사일 (SAM)	PAC-2	요격고도: 15~20km 사거리: 160km	TEL (이동발사대)	KAMD
	PAC-3 MSE (韓, 美 육군 8군)	요격고도: 15~45km 사거리: 180km		
	M-SAM-Ⅰ (천궁-Ⅰ)	요격고도: 15~20km 사거리: 40km		
	M-SAM-Ⅱ (천궁-Ⅱ)	요격고도: 15·40km 사거리: 40km		
	L-SAM	요격고도: 40~100km 사거리: 200km		

구분	미사일명	제원	발사 플랫폼	비고
지대공미사일 (SAM)	THAAD (美육군 8군)	요격고도: 40~150km 사거리: 200km	TEL (이동발사대)	KAMD
함대공 탄도탄요격 미사일 (ABM)	SM-2 MR (Block-3A/B)	요격고도: 24km 사거리: 167km	세종대왕급 구축함(DDG)	KAMD
	SM-3	요격고도: 70~1,200km 사거리: 2,500km	정조대왕급 구축함(DDG)	
	SM-6	요격고도: 34km 사거리: 240~400km		
단거리 탄도미사일 (SRBM)	ATACMS	사거리: 180~300km	TEL	Kill Chain
	KTSSM (전술지대지)	사거리: 180km 탄두중량: 0.56t		
	현무-2A BM	사거리: 300km 탄두중량: 1t		
	현무-2B BM	사거리: 500km 탄두중량: 1t		
중거리 탄도미사일 (MRBM)	현무-2C BM	사거리: 800~1,000km 탄두중량: 0.5t		
수상함발사 순항미사일 (SRCM)	현무-3A CM (천룡)	사거리: 500km 고도: 50~100m 탄두중량: 0.5t	구축함 (DDH/DDG)	
잠수함발사 순항미사일 (SLCM)	현무-3B CM	사거리: 1,000km 고도: 50~100m 탄두중량: 0.5t	잠수함 (KSS-Ⅱ/Ⅲ)	
지상발사 순항미사일 (GRCM)	현무-3C CM	사거리: 1,500km 고도: 50~100m 탄두중량: 0.5t	TEL	
중거리 순항미사일 (MRCM)	현무-3D CM	사거리: 3,000km 탄두중량: 0.5t	TEL, DDG/ DDH, KSS-Ⅱ	
단거리지대지 탄도미사일 (SRBM)	현무-4-1 BM	사거리: 800km 탄두중량: 2.5t	TEL	
함대지 탄도미사일 (SRBM)	현무-4-2 BM (해성-2/SSM-960K)	사거리: 500km 탄두중량: 1t	세종대왕/ 정조대왕급 구축함(DDG)	KMPR
잠대지 탄도미사일 (SLBM)	현무-4-4 BM (해성-3/SSM-970K)	사거리: 800~1,000km 탄두중량: 1t	도산안창호급 잠수함(KSS-Ⅲ)	

구분	미사일명	제원	발사 플랫폼	비고
중거리 탄도미사일 (MRBM)	현무-5	사거리: 600~5,500km 탄두중량: 8~9t	TEL	KMPR
공대지 순항미사일	장거리 공대지 순항미사일(천룡)	사거리: 800km	KF-21	Kill Chain
	KEPD-350 (TAURUS)	사거리: 500km	F-16/15/FA-50	
	AGM-84N SLAM-ER	사거리: 270km	F-15K	
정밀유도 폭탄	활공 정밀유도폭탄 (GBU-39 SDB)	사거리: 110km	F-35A	KMPR
	GPS유도폭탄 (KGGB)	사거리: 103km	F-16/15/FA-50	
	합동직격탄 (JDAM)	사거리: 24km	F-15K	

* 출처: 2022 국방백서 및 관련 도서, 언론매체 자료를 참고하여 필자가 재작성.

한국군이 보유하고 있는 재래식 무기는 최첨단 탄도·순항미사일과 정밀유도 고폭탄 등 북한의 공격 도발 시 방어 및 응징보복 전력 위주로 편성되어 있음을 알 수 있다.

특히 순항미사일과 탄도미사일의 경우 각기 Kill Chain 전력과 KMPR 전력으로 상호 중복 운용되고 있어 임무수행에 비효율적이라는 점이다. 북한의 핵미사일 공격 대비 한국의 대응 타격전력은 군사기지 방호 기반의 한미 연합 미사일전력과 지상·수상·수중·공중 등 다양한 플랫폼에서 요격·방어가 가능하여 생존성이 있으나 핵·비핵 전자기펄스탄(EMP: ElectroMagnetic Pulse) 공격을 수반한 핵미사일 공격 시 심각한 피해가 예상된다. 김정은 정권 지도부에 대한 대량응징보복 전력인 현무-5 중거리 탄도미사일은 고위력의 탄두로 인해 상당한 억지력을 보유하고 있지만 재발사 시 다양한 대북 위협으로부터 생존성을 유지하기 위한 이동식 발사대의 방호 대비책이 강구되어 있는지 의문이 간다.

5) 한국의 미사일전력 사정권

북한 핵미사일 공격 격퇴를 위한 3축체계 구현을 위해 한국군이 보유하고 있는 한국형 미사일방어(KAMD)와 대량응징보복(KMPR) 시 운용되는 탄도·순항미사일 사거리는 〈그림 4〉에서 보는 바와 같이 북한 전역을 사정권으로 두고 있어 타격이 가능하다.

〈그림 4〉 한국의 탄도 및 순항미사일 사정권

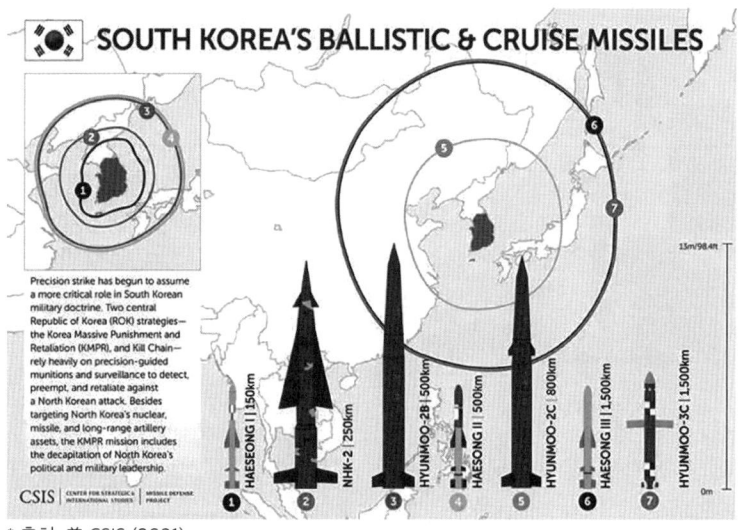

* 출처: 美 CSIS (2021).

6) 한국의 미사일 능력 평가

현 수준에서 북한의 핵무기를 제외한 남북한 간 재래식 무기체계를 기반으로 한 군사력 평가는 한국이 북한에 비해 질적 우위에 있다. 이는 미국의 민간 군사력 평가기관인 글로벌파이어파워(GFP: Global Firepower)에서 발표한 2024년 기준 재래식 전력 보유 국가 순위에서 한국은 5위, 북한은 34위를 제시하고 있다. 또한 국방부『2022 국방백서』에서는 남북한 무기체계 비교결과 북한이 양적 수준에서는 우세하지만 질적 수준에서 한국이 북한을 압도한다는 평가가 지배적이다.[10]

하지만 북한의 핵무기 보유 사실만으로도 한반도의 안보지형을 근본적으로 변화시키는 결정적 변환점이 된다는 사실이다.

분단 이후 진행되어온 남북한 체제경쟁에서 경제력과 군사력 우위를 바탕으로 유지해온 한국의 체제 우위가 한 순간에 붕괴되는 형국이다. 이는 결국 자신만만했던 한국의 첨단 군사력을 포함한 총체적인 우위가 북한의 핵미사일 고도화로 인해 바뀌고 있다는 사실에 주목해야 한다.

앞에서 살펴본 바와 같이 한국의 다양한 지상·수상·수중·공중전력 플랫폼에 의한 최첨단 탄도·순항미사일 및 정밀유도폭탄의 질적 성능은 우수하나 공격자 입장인 북한의 전술핵탄두 장착 탄도·순항전술미사일 및 극초음속 순항미사일의 동시다발적인 대규모 섞어쏘기 등 기습공격에는 취약할 수 밖에 없다. 이는 3축체계가 방어전략 차원에서 운용하는 무기체계인 만큼 일시적인 방어기능은 유지할 수 있으나 전면전 발생 시 생존성 유지와 전쟁 지속성 측면에서의 전승을 보장해주지 못한다는 사실에서 북한의 핵공격 공갈 협박에 대한 유일한 해결책은 결국 자체 핵무장을 위한 핵잠재력 확보만이 필수적인 생존전략일 수 밖에 없다는 현실을 직시해야만 한다.

3. 한국형 3축체계의 실제와 한계

북한의 고도화되고 있는 핵미사일 위협에 대해 효율적이며 공세적인 대응 개념이 필요함을 인식하여 2009년 북한의 2차 핵실험을 계기로 한국형 미사일방어체계(KAMD) 개념이 최초로 제시되었다.

본격적인 한국형 3축체계 구축은 북한의 도발에 의한 2010년 서해 천안함 폭침과 연평도 포격도발을 계기로 응징적 억제가 구현되는 선제타격 개념인 Kill Chain을 2012년에 적용하였다. 이후 2016년 북한이 5차 핵실험을 실시함에 따라 대량응징보복(KMPR) 개념을 한국군의 공격·방어, 응징 보복능력과 함께 작전 대응태세를 획기적으로 강화하기 위한 목적으로 구축하면서 정상적으로 출범하였다.

가. Kill Chain(선제타격)[11]

Kill Chain은 북한의 핵미사일과 관련된 지휘통제·발사·지원체계 및 이동식 발사대 등 핵심표적에 대해 정보·감시·정찰(ISR: Intelligence Surveillance Reconnaissance)자산을 이용하여 공격징후를 수집·분석·판단한 후 공격전 사전 차단·제거하기 위해 30분 이내 선제타격하는 거부적 억제 개념[12]의 방어체계이다.

실시간대 핵미사일 관련 전략표적에 대한 탐지식별을 위해 정보감시정찰(ISR) 자산인 4·25 정찰위성(EO·IR위성 4기, SAR위성 1기 운용체계), 고고도 무인정찰기(HUAV: High-altitude Unmanned Aerial Vehicle)인 글로벌호크, 백두·금강정찰기 등 공중·지상 기반의 영상·신호정보 자산을 운용하고 있다. 선제타격체계는 현무-2A, 현무-2B, 현무-2C 등 지대지 탄도미사일, 현무-3A 함대지·현무-3B 잠대지 순항미사일, 현무-3C·D 지대지 순항미사일, 해성-2, 해성-3, 해성-4 등 함·잠대지 탄도·순항미사일, 슬램-ER(SLAM-ER: Standoff Land Attack Missile-Expanded Response), 타우러스(TAURUS) 공대지 순항미사일 및 지하시설 파괴용 벙커 버스트인 GBU(Guided Bomb Unit)-39 SDB(Small Diameter Bomb), GBU-28 등을 운용한다.

〈그림 5〉 Kill Chain 운용개념

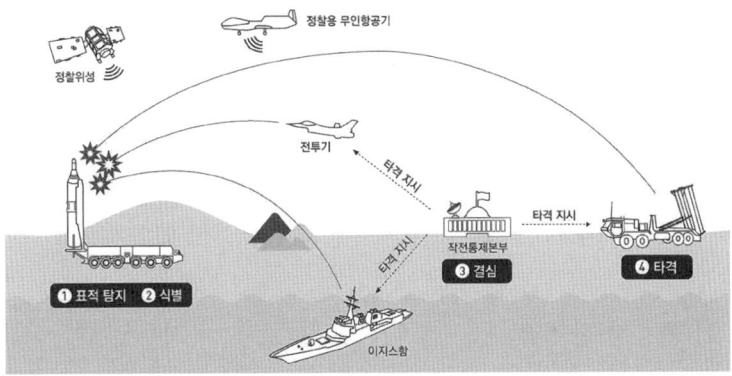

* 출처: 2016 국방백서.

1) 체계 구축 진행실태

Kill Chain은 북한의 핵미사일 공격이 임박한 상황에서 선제타격을 가함으로써 한국에 대한 공격을 못하도록 억제하는 기능으로 운용의 핵심은 조기경보능력과 타격능력, 신속한 결심이 요구되는 지휘통제능력이다. 조기경보능력 구축 수준은 북한군 전략·작전기지에 대한 24시간 감시·탐지가 가능한 정보·감시·정찰 자산이 필요하나 현 수준에서 24시간 감시가 불가능하다. 이에따라 2025년까지 4·25 사업[13] 이 전력화되면 2시간 간격으로 감시가 가능하나 향후 최소 30분 주기 감시가 가능한 초소형 저궤도 정찰위성체계를 구축할 예정이다. 이외에 중고도 무인정찰기(MUAV, Medium-altitude Unmanned Aerial Vehicle), 백두체계 능력보강, AI 기반의 다출처 영상융합체계 사업을 진행 중이다.[14]

북한군 전쟁지휘부와 지휘통제체계 및 고정식 미사일 발사기지 등 육상 전략표적에 대한 타격능력은 어느 정도 구비되어 있으나 차량형·열차형 이동발사대, 사일로, 저수지 발사대 등에 대한 신속한 타격능력이 필요한 실정이다. 한국군의 Kill Chain 타격전력은 고정표적 타격용 전술 지대지미사일, 고위력 지대지미사일과 장거리 공대지미사일 공격이 가능한 F-35A 5세대 전투기, 그리고 전술핵 장착 SLBM 및 SLCM 공격능력을 보유하고 있는 북한의 핵공격잠수함(SSB) 등 수중 위협세력 탐지와 타격이 가능한 해상초계기(P-8A, P-3C/CK 등 21대)와 도산안창호급 잠수함(장보고Ⅲ급 Batch-Ⅰ/3,000톤급 3척 : SLBM 발사관 6기, 그리고 Batch-Ⅱ/3,600톤급 3척 : SLBM 발사관 10기, 2031년 전력화 예정) 등을 보유하고 있다.

2) 운용상 한계점

북한 핵미사일 위협을 대응하기 위해 구축중인 한국형 3축체계의 제1축인 Kill Chain 운용의 한계점은 상당히 많은 문제점을 안고 있어 이에 대한 분야별 세부 한계점을 제시해 본다.

전술 운용적 측면에서는 첫째, 현 단계의 북한 핵미사일 공격 움직임을 손바닥 보듯이 100% 완벽히 감시·탐지하는 것 자체가 불가능한 게 현실이다. 북한의 핵미사일 기지와 지휘통제시설 등 핵심 전략표적 감시·추적를 위해서는 북한지역 총면적 12만km^{2}에 대한 30분 주기 이상의 세밀한 감시가 요구되어 SAR위성 약 216기와 EO·IR위성 24기 등 최소 240기 이상의 촘촘한 정찰위성체계를 구축해야[15] 하며 갱도, 사일로(Silo), 저수지 수직발사대, 위장막, 차량형 이동식 발사대, 철도형 이동발사대 그리고 전술핵공격잠수함(SSB), 다목적 유도미사일구축함(DDG) 등을 이용하여 동·서·남해 수중 및 해상에서 순식간에 발사 후 엄폐하는 핵 장착 탄도·순항·극초음속 미사일 및 다연장 방사포 등을 실시간대에 정확히 타격하기 어렵다는 점은 북한이 공격자의 선제적 공격 이점을 적극적으로 활용하고 있다는 점을 입증한다.

둘째, 북한의 고체연료 엔진 탄도미사일의 증산에 따른 대량 보유,

한국의 주타격 전력인 탄도·순항미사일의 정확도 수준과 순항미사일 및 전투기의 공대지 타격 시 긴 시간이 소요됨에 따라 시한성 긴급표적(TST: Time Sensitive Target) 타격이 제한된다는 점이다.

셋째, 북한의 핵공격에 대한 Kill Chain 대응이 실패하여 전술핵미사일 공격에 의한 강력한 핵 전자기펄스(EMP) 발생과 초강력 비핵전자기펄스(EMP) 무기 공격으로 인한 아군의 레이더, 정밀유도무기, 지휘통신체계로 구성된 3축체계가 초전에 무력화될 가능성이 매우 높아 선제공격이 제한되며 대응시간이 지체됨에 따라 핵전쟁 주도권을 상실할 여지가 크다는 점이다.

예산 운용 측면에서 첫째, Kill Chain은 북한의 핵·미사일/장사정포가 발사되기 전 공격징후를 사전 포착하여 판단결심 후 선제타격하기 위한 개념으로 초소형 위성군(群), 조기경보위성(DSP)군(群), 신호정보위성 및 등 최첨단 정보감시정찰(ISR)자산, 지휘통신컴퓨터통제체계(C4: Command, Control, Communications, Computers), 정밀유도무기체계(PGM: Precision-guide Munition)와 플랫폼이 반드시 필요하다. 하지만 완벽한 체계 구축에 드는 소요 비용이 무제한이라는 점이다.[16]

이같은 사실은 국방부의 "2024~2028 국방중기계획"에 제시된 전체 국방예산 341조 원 중 3축체계 사업 예산이 41조 5천억 원이 필요하며 현재 집행되고 있는 2025년 3축체계 구축사업 총예산 6조 1,615억 원 중 Kill Chain사업 부문에서 예산의 절반을 차지하는 3조 2,076억 원이라는 사실을 통해 잘 알 수 있다.

정무적 측면에서는 국제법적 정당성 여부와 관련하여 군 통수권자인 대통령이 북한 핵공격 가능성을 100% 확신한 상태에서 전면전으로의 확전 위험성을 무릅쓰고 선제타격 명령을 내리기는 매우 어렵다. 이때 북한의 김정은이 대남공격 징후를 부인한다면 한국은 전쟁 도발국가로 내몰릴 가능성이 크며 북한의 정당한 반격 명분을 제공해 줄 수 있는 위험성을 내포하고 있다는 사실이다.

나. KAMD(한국형 미사일방어)[17]

KAMD체계는 북한의 핵미사일 공격 징후를 조기에 탐지·식별하고 공중에서 요격하여 아군의 피해를 최소화하기 위해 미사일 경보를 전파하는 복합다층 방어체계로써 Kill Chain과 함께 수행하는 '거부적 억제' 개념을 구현하는 체계이다.

〈그림 6〉 KAMD 운용개념

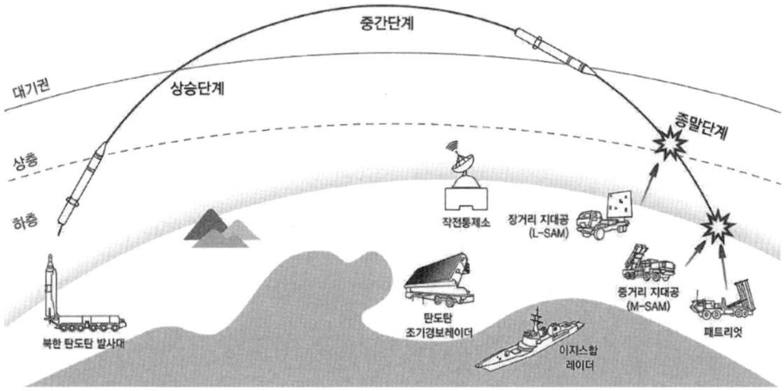

* 출처: 2016 국방백서.

핵미사일로 공격해오는 경우 우주공간의 군사정찰위성, 공중의 고고도정찰무인기(HUAV), 글로벌호크(RQ-4), 백두·금강정찰기와 공중조기경보통제기(AWACS), 지상의 그린파인(Greenpine) 대(對)탄도탄 조기경보레이더, 해상의 이지스구축함(DDG) 탑재 AN/SPY-1D(V) 레이더 등의 정보감시정찰(ISR) 자산이 탐지한 정보를 탄도탄 작전통제소(AMD-Cell)로 전송하여 이 정보를 신속히 분석하여 결심한 후 천궁, PAC-2와 PAC-

3, M-SAM, L-SAM, THAAD, SM-3와 SM-6 등 미사일 요격용 탄도미사일로 공중에서 직격하는 개념으로 운영하고 있다.

1) 체계 구축 진행실태

전술핵(화산-31형) 탑재가 가능하고 변칙기동이 가능한 북한판 이스칸데르인 신형 단거리전술탄도미사일(KN-23)과 다종 미사일의 동시 혼합공격에 대한 효율적 방어를 위한 복합다층방어를 위해 그린파인(Greenpine) 대(對)탄도탄 조기경보레이더와 이지스구축함의 추가 전력화, 저고도 비행 미사일 신속탐지와 발사원점 식별을 위한 공격작전 즉응성을 위해 우주기반 조기경보위성과 탄도탄방어 지휘통제능력 강화를 위한 탄도탄 작전지휘소 성능개량을 추진하고 있다.

또한 PAC-3 성능 개량과 요격체계인 천궁-Ⅱ 전력화로 수도권 핵심시설을 대상으로 하는 하층방어체계가 구축되었으나 종말단계 상층 요격능력 보강을 위해 L-SAM 전력화와 L-SAM-Ⅱ 성능개량 그리고 미사일·다연장 방사포 혼합공격에 대한 동시 대응능력 보강 차원에서 장사정포요격체계(LAMD)[18]와 고출력 레이저요격체계를 도입할 예정이다.

2) 운용상 한계점

전술 운용적 측면에서 첫째, 북한 전술핵 탑재 탄도·순항미사일과 대구경 방사포로 해·육상·공중, 수중 등 다양한 방향과 속도로 고각발사, 섞어쏘기, 종말 비행단계 변칙기동 및 Pull-up 비행 등 벌떼식 공격방식으로 핵미사일을 동시에 발사하는 경우 현재 우용중인 지상의 Greenpine 조기경보·대공 레이더 및 해상의 이지스구축함 탑재 AN/SPY-1D(V) 레이더로는 100% 탐지추적이 불가능하다.

현재 우리 한국군이 운용하고 있는 PAC-3(요격고도 10~45Km), 천궁-Ⅱ체계(요격고도 30~40Km), M-SAM(요격고도 20~40Km 이상), L-SAM(요격고도 40~200Km), SM-6(요격 고도 34Km), SM-3(요격고도 70~500Km)와 미 8군에서 운용 중인 PAC-3, THAAD(요격고도 40~150Km) 등 북한의 미사일과 방사포 수량을 능가하는 요격 미사일을 무한정 수량으로 보유할 수 없다는 제한사항과 현운용 성능과 미사일방어체계를 고려할 때 완벽한 방어가 불가능하다는 점이다.

둘째, 극초음속미사일과 변칙기동 및 Pull-up(상승 후 하강) 비행 탄도미사일인 북한판 이스칸데르(KN-23) 그리고 한반도 전·후방 해역 수중에서 동시다발적으로 SLBM과 SLCM을 발사하는 경우 현재 Greenpine 조기경보·대공 레이더(4대) 및 해상의 이지스구축함 탑재 AN/SPY-1D(V) 레이더(4대)가 MDL 및 NLL 이북 방향과 한반도 후방 동·서·남해안 지역으로 지향·기동 배치 운용하고 있으나 일부 레이더의 사각 지역이 발생하고 있어 완벽한 방어가 불가능하다.

셋째, 종심이 짧은 한반도 전장환경의 지리적 특성과 북한군 다수의 미사일부대가 위치한 휴전선 지역이 인접하고 있는 관계로 북한의 핵미사일 발사 후 5분 이내 한국군의 핵심 군사시설이나 대규모 인구밀집지역이 피폭되는 경우 신속히 대응하여 한 발이라도 요격되어야 하나 실제 30분 이내 요격개념 적용 시 완벽한 대응이 불가능한 헛점이 노출되고 있다.

다. KMPR(대량응징보복)[19]

KMPR은 북한이 핵·WMD를 사용하여 한국에 대한 직접적인 피해를 야기했을 경우, 보복차원에서 한국군의 고위력·초정밀 재래식 전력 등 압도적인 전략적 타격능력으로 북한 김정은을 비롯한 전쟁지도부를 제거하고 핵심시설 등을 파괴하는 응징보복 체계를 말하며 이를 통해 '응징적 억제' 개념을 구현한다.[20]

한국형 2차 타격전략인 KMPR은 핵 보유국가와는 다르게 재래식 무기 타격 방식으로 고위력 탄두의 지대지 탄도미사일(현무-4, 현무-5)과 잠수함발사탄도·순항미사일(SLBM·SLCM), 공대지 순항미사일, 정밀유도 폭탄을 도산안창호급 잠수함(장보고Ⅲ급 배치 I, 3천 톤급), F-35A 스텔스전투기 등과 같은 타격수단과 육군특전사 특수임무부대를 통해 김정은과 북한군 전쟁지도부에 대한 참수작전을 수행한다.

〈그림 7〉 KMPR 임무수행 개념

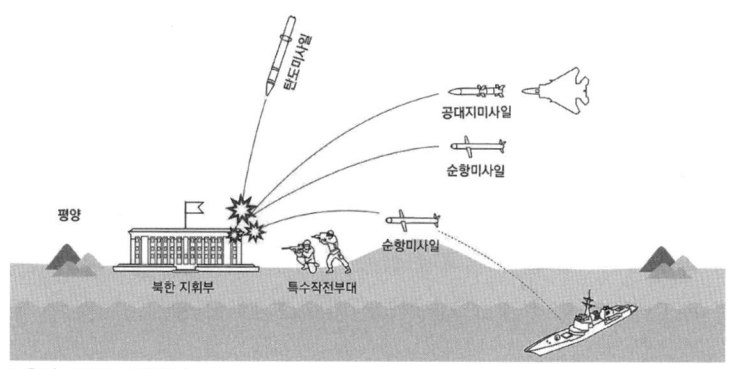

* 출처: 2016 국방백서.

1) 체계 구축 진행 실태

응징적 억제를 위해 미사일 사거리 확장과 위력 증대, 대량공격 등 압도적 타격능력 강화 차원에서 고위력 탄도·순항미사일, F-35A 스텔스기, 도산안창호급 잠수함(장보고Ⅲ급 배치 I, 3천 톤급) 등 은밀 침투·타격전력을 유지하고 있는 가운데 더욱더 증대된 압도적인 타격능력 보강을 위해 지·해·공군 고위력·초정밀 탄도·순항미사일과 정밀유도 고폭탄 확보를 진행 중이다. 더불어 육군특전사 특임부대 임무수행 보장을 위한 특수작전용 공중침투 수송기(C-130H) 성능 보강, 대형 기동헬기 전력화와 특임부대 능력 보강을 동시에 추진 중이다.

2) 운용상 한계점

전술 운용적 측면에서 첫째, 전시 작전통제권이 한미연합사령관 지휘체제 하에 있는 상황에서 북한에 대한 핵공격 억제 실패로 인해 KMPR 임무를 수행할 경우 한국군 전략사령부 주도로 수행하게 되어있어 이원화된 지휘체계의 혼선이 예상됨에 따라 명확한 임무 수행에 차질이 우려된다.

둘째, 김정은 전쟁지도부를 대상으로 하는 핀포인트 타격 지원을 위한 24시간 상시 감시·추적체계가 구축되어 있지 않아 초정밀·고위력 미사일 및 고폭탄 타격을 포함한 참수작전이 불가능함에 따라 심리적 압박감을 줄 수 없다. 결국 피해에 상응하는 수준의 보복 가능성을 인지시킴으로써 핵공격을 억제하는 KMPR 임무 달성은 실행이 어렵다고 본다.

특히 한국이 생각하는 핵전쟁은 시차별 정해진 순서대로 진행되지 않으며 KMPR 무기체계의 생존성을 담보할 수 없다는 점도 간과해서는 안된다.

북한은 핵무기 보유국으로서 한국의 3축체계를 위협 수준으로 인식하지 않고 KMPR을 철저히 무시하는 행태가 여러 선전매체를 통해 발신되고 있어 김정은에게 치명적인 위협 수단으로써 제대로 먹혀들지 않고 있다는 사실을 직시해야 한다.

라. 3축체계의 통합지휘 및 운용을 위한 전략사령부 창설

전략사령부는 고도화된 북한의 핵·WMD 위협에 억제 및 대응하기 위해 기존 운영중이던 합동참모본부 WMD대응본부를 모체로 하여 초정밀·고위력 타격전력과 드론, 우주, 사이버, 전자기스펙트럼 등 한국군의 전략적 역량을 통합운용하여 다영역통합작전을 수행하는 합참의장의 지휘감독을 받는 합동부대로 2024년 10월 1일부로 창설되어 운용 중이다.

전략사령부는 현행 한미연합사 지휘체계와는 별개로 미 전략사령부의 카운트파트 부대로써 미국의 핵전력 자산과 한국의 재래식 전력 자산을 통합운영하는 CNI²¹ 기반의 한미 일체형 확장억제 임무를 수행하고 있다. 예하 부대는 지대지미사일 '현무'를 운용하는 육군미사일전략사, 공군미사일방어사, 사이버작전사, 드론작전사, 육군특전사 특임작전부대를 전·평시 작전 통제하여 운용하며 해군의 도산안창호급 잠수함(장보고Ⅲ급 배치Ⅰ, 3천 톤급)과 공군의 F-35A 전투기 등 해·공군의 지정된 전력을 필요 시 작전배속하여 운용한다.

향후 구축될 예정인 군 정찰위성(4·25 정찰위성 포함), 킬러위성과 위성요격 탄도미사일 운용 등 우주기반 전력도 전략사령부가 담당하여 운영할 예정이다.

마. 한국형 3축체계 구축 완성을 위한 중장기 발전 로드맵

2022년 윤석열 정부가 출범한 이후 북한의 핵미사일 위협 대응 필요성에 강력한 의지를 표출하여 전체 110개 국정과제 중 104번째로 "북한 핵미사일 위협 대응능력의 획기적 보강"편에 "한국형 3축체계

능력 확보"를 명시한 가운데 『2022 국방백서』에는 "한국형 3축체계"가 북한 핵미사일 위협의 명확한 군사적 대응 수단임을 강조하고 3축체계를 지속적으로 보강하고 있다. 또한 한국의 독자적인 북 핵미사일 대응체계인 "한국형 3축체계"의 완전성을 실현하기 위해 4차 산업혁명 기반의 첨단 과학기술을 접목하여 대응 무기체계를 개발하고 신장비를 도입하고 배치하는 등 대응역량을 확충해 나가고 있다.

한편 국방부에서는 중장기적 대응 차원에서 아래 <표 6>과 같이 '한국형 3축 체계 발전 추진 로드맵'을 단계별 발전 추진계획으로 제시하고 있지만 북한의 핵미사일 고도화 발전 추구에 따라 한국형 3축체계의 완전한 구축까지는 최종 완료 시점 없이 무한정 지속될 가능성이 크다는 점이며 최첨단 탐지·요격·방어 무기체계 확보 비용을 산정할 수 없는 무한대라는 사실에 완전한 체계 구축은 요원한 실정이다.

<표 6> 한국형 3축체계 발전 추진 로드맵

구분	1단계 (2022~2027년)	2단계 (2028~2032년)	3단계 (2032년 이후)
기반체계 목표·중점	- 대북(對北) 감시·정찰 필수능력 확보 - 다출처 정보융합·결심지원 능력	- 대북(對北) 실시간대 전천후 감시·정찰능력 확충 및 AI기술 적용 통합 - C4I체계 구축	- 억제권역 감시·정찰 능력 확장 및 AI 기반 지능형 통합 C4I체계 발전
Kill Chain 목표·중점	- 감시·정찰능력 및 물리/비물리적 타격능력 확보 - 단독·연합 작전수행 체계 완비	- 북 미사일 발사 전 파괴 교란능력 강화 - 연합작전 주도 및 AI 기술 적용, 결심체계 능력강화	- 전방위 전략적 위협세력 감시·정찰·타격능력 확충 - Kill Web[22] 개념 적용 및 억제권 작전능력 확보
KAMD 목표·중점	- 군·국가 주요자산 방어 및 수도권 다층방어능력 확보 - 연합 미사일방어작전 및 훈련 체계 발전	- 한반도 주변지역 탐지 및 수도권·핵심시설 복합 다층 방어능력 보강 - 연합 미사일방어 지휘통제 능력 강화	- 수평·수직적 복합 다층 방어능력 확보 - 전방위 미사일위협 대비, 미사일방어 작전체계 발전

구분	1단계 (2022~2027년)	2단계 (2028~2032년)	3단계 (2032년 이후)
KMPR 목표·중점	- 지하·갱도 전쟁지도부/핵심시설 파괴능력 확보 - KMPR 시행체계 발전	- 북 추가 핵심시설 파괴능력 보강 - 한국군 주도 한미연합 압도적 대응 및 단독 KMPR체계 강화	- 북 전쟁지도부 제거·핵심시설 파괴능력 유지 및 강화 - 전방위 위협 대비 전략적 타격능력 확충

* 출처: 국방부, 『힘에 의한 평화구현: 2023년 주요업무 추진계획』, 2023. 1. 11. 필자가 정리.

4. 한국형 3축체계 운용의 한계 극복 방안

한국형 3축체계 완성의 한계성 극복을 위한 근본적인 해결책은 한국의 '자체 핵무기 보유'임을 3척 동자도 알수 있는 기본상식이다. 하지만 현재의 P5국가(미국·러시아·중국·영국·프랑스) 중심의 국제 핵안보 질서 속에서 한국의 핵무기 보유는 절대 불가능한 것은 아니다. 미국 우선주의와 거래적 접근 방식의 동맹관계, 대(對)중국 견제정책 강화의 외교안보 정책을 지향하고 있는 미국 트럼프 2기 행정부 출범을 계기로 국운을 걸고 선제적, 능동적으로 활용하는 영민한 전략 추진이 필요하다.

가. 자체 북핵 억제역량 확보 추진

최근 전국민적인 최대 관심사가 되고있는 자체 핵무장 여론 확산과 미국의 전술핵 배치 및 NATO식 핵공유 방안 등이 현실적인 어려움으로 인해 실현 불가능하다고 인식됨에 따라 자체 북핵 억제능력 확보 추진을 위한 대안을 제시해 보고자 한다.

첫째, 각자도생과 자국 우선주의가 팽배하고 있는 국제정세이 급변, 우러전쟁을 통한 북·러관계의 동맹수준 강화 및 북한 핵무장 수준 고도화 달성에 따른 유사시 북한의 핵공격에 의한 한반도 전쟁 발발 가능성 고조 등 유사시를 대비하기 위해 한국의 신속한 핵무장을 위한 핵무장 잠재력 확보가 최우선적으로 추진되어야 한다. 실현가능한 실용적 차원에서 한·미 원자력협정 조기 개정 협상을 통해 사용 후 핵연료의 재처리시설 설치와 우라늄 농축과 관련된 자주적 권한 확보 노력이 시급하다.

둘째, 트럼프 2기 행정부가 표방하고 있는 미국 우선주의 정책과 동맹국의 안보비용 분담 요구에 의한 미국의 일체형 확장억제 등 핵우산정책 약화와 더불어 북한의 통미봉남(通美封南) 정책에 따른 북·미 간 핵감축 협상 가능성 그리고 북한의 한국에 대한 핵공격 굴복 강요 상황 등 최악의 안보상황을 고려하여 핵비확산조약(NPT) 등 국제레짐을 위반하지 않는 범위 내에서 핵 재처리시설, 우라늄 농축시설 지정 등 국내 핵 인프라 점검과 핵 연구 인력 양성 및 핵에너지 연구활동 지속 등을 통한 핵무장 잠재능력(nuclear latency) 유지가 반드시 필요하다.

셋째, 북한의 핵공격 위협에 놓여있는 핵심 동맹국인 한국의 안보를 보장하기 위한 한·미 동맹기반의 일체형 CNI 확장억제 정책의 신뢰성을 제고하기 위해서라도 유사시 한반도에 전개하는 미국 전략자산(전술핵무기 탑재 전략폭격기·핵추진 탄도미사일·순항미사일잠수함·핵추진 항모타격단)에 대한 운용 권한의 한국군 이양 검토가 필요하다.

나. 치밀한 전략을 통한 핵추진공격잠수함(SSN) 확보 추진

한반도 핵전쟁의 판을 바꾸는 게임체인저는 바로 '핵추진공격잠수함(SSN: Nuclear Attack Submarine)' 확보라는 사실이다. 만약 북한이 핵추진 탄도미사일잠수함(SSBN: Nuclear-Powered Ballistic Missile Submarine)을 먼저 확보하여 운용한다면 한국의 안보태세는 풍전등화와 같은 상황에 직면할 수 밖에 없다. 그러면 한국의 생존전략은 어떻게 강구해야 할 것인가?

현재의 핵비확산조약(NPT) 체제 내에서 한국의 SSN 확보는 사활적 안전장치이자 향후 예상되는 주변국과의 잠재적 분쟁에도 대비해야 하는 안보전략 자산이기에 반드시 보유해야만 한다. 작전환경이 불투명한 수중작전 간 북한해역에서의 은밀성 유지가 가능하고 무한정한 작전 지속능력(수중 최대속력 시속 46km)으로 북한 핵추진탄도미사일잠수함(SSBN)과 재래식 전술핵공격잠수함(SSB)에 대한 감시·추적 및 공격능력이 탁월한 전략자산 확보야 말로 3면의 해양을 통한 핵공격을 억제·차단할 수 있는 한국형 3축체계의 최우선적 핵심전력임을 인식해야 한다.

특히, 2021년 통일연구원의 '핵추진공격잠수함 독자 건조 필요성'에 대한 대(對)국민 여론조사 결과 75.2%의 찬성율이 나온바 있어 총체적인 국가안보 측면에서 건조·확보 사업을 비닉사업이 아닌 국책사업으로 지정하여 적극 추진되어야 한다.[23]

북핵 위기의 어두운 그림자가 다가오는 시간을 위기이자 기회로 적극 활용해야 할 시점이다. 이에 SSN 확보를 위한 방안을 제시해 보면 국익 우선주의와 비용에 기반한 동맹국들의 안보역할 확대를 주창하고 있는 트럼프 2기 행정부가 추진할 것으로 예상되는 한미 일체형 확장억제 체제인 한·미 핵협의그룹(NCG: Nuclear Consultative Group) 약화 가능성과 증액 요구가 확실시되는 방위비 분담문제에 대해 거래적 관점에서 미국의 요구수준에 부응하는 방위비를 증액하되 반대급부로 한국의 핵심 요구사항 리스트를 준비하는 등 선제적으로 대응하는 전략적 접근이 필요하다.

우선 미국의 조선산업 경쟁력 추락으로 인한 해군력 유지의 어려움을 해결하기 위해 절실하게 요구하고 있는 한·미 조선산업 협력동맹 차원에서 미 해군 함정의 MRO(정비·수리·보수: Maintenance·Repair·Overhaul)

지원 및 공동 건조에 적극 호응하는 한편 한국의 SSN 보유 논리(핵탄두 미장착 SLBM 탑재 핵추진잠수함은 NPT체제 위반이 아님)를 개발하고 미국의 주위협인 대(對)중국견제 역할을 포함하는 "한·미·일 핵추진 SSN 공동개발 및 운용 컨소시움" 구성을 제안하여 안정적으로 확보하는 방안을 적극 추진해야 하겠다. 미 해군의 경우 약 72척의 SSN, 핵전략탄도미사일잠수함(SSBN), 핵전략순항미사일잠수함(SSGN) 등으로 중국 해군의 SSN, SSBN, 디젤순항미사일잠수함(SSG) 26척과 러시아 해군 SSN, SSBN, SSGN 39척에 대한 상시 감시·추적 임무에 투입하여 운영하고 있으나 정비·훈련·휴식 등으로 실제 17~20여 척만 작전에 투입 하고 있어 여러 제한사항이 발생하고 있다.

둘째, 일본 수준의 핵무장 잠재력(1988년 미·일 원자력협정 내용 상 20% 이상의 우라늄 농축 허용, 플로토늄·고농축우라늄 저장 및 재처리 허용 등)을 보유하기 위해 한·미 원자력협정 개정을 통한 미국의 동의하에 안정적인 고농축우라늄 연료를 확보하는 방식의 단계적인 확보 방안도 충분히 고려할 수 있다.

셋째, 향후 트럼프 2기 행정부와의 방위비 분담 협상 시 한미 SSN 공동 개발·운용 제안에 대한 거부 시 가능한 대안으로는 저농축우라늄 원료 기반의 루비급 SSBN을 운용하고 있는 프랑스와의 협력방안을 모색해 볼 수 있다.

넷째, 제3국으로부터 저농축우라늄을 확보하여 국제원자력에너지기구(IAEA)에 공개적으로 신고한 후 축적된 잠수함 건조기술을 이용하여 독자적인 건조 방안도 강구해 볼 수 있다.

우리가 인정하고 싶지 않지만 북한의 핵무기 보유 사실은 엄연한 현실이다. 북한 김정은 통치체제의 핵보유국을 마주하고 있는 현실의 핵공격 위험성이 상존하고 있는 절체절명의 안보위기 상황하에서 정파를 초월한 정치권과 5천만 국민들의 일치된 안보보험인 "핵추진공격잠

수함(SSN)" 확보 의지는 매우 중요한 대목이다.[24]

다. 잠재적 핵보유국 지위 획득을 통한 한미일 핵안보동맹 추진

냉혹한 약육강식의 국제질서 특히, P5국가(미국·러시아·중국·영국·프랑스)를 중심으로 한 핵안보 질서하에서 상대 적국의 핵공격 시 핵무기로 대응한다는 '공포의 균형'과 '상호확증파괴(MAD: Mutual Assured Destruction) 보복'의 논리가 자리잡고 있는 가운데 현재의 '북한 핵·미사일 위협 고도화'라는 엄중한 안보 환경 속에서 미·북 간 직접적인 핵군축 협상 가능성 등 북한의 핵보유국 지위 획득이 예상되는 예측불가능한 국제안보 상황 속에서 한국의 생존 보장을 위한 잠재적인 핵보유국 지위 획득은 필수불가결한 생존전략이다.

이를 실행하기 위한 세부 이행 조치로 거론되고 있는 미·일 원자력협정 수준의 한·미 원자력협정 개정 추진은 당연한 이치이다.

최근 중국의 핵역량 현대화 강화 움직임과 더불어 장기간 이어지고 있는 우크라이나-러시아 전쟁 기간 동안 러시아 푸틴 대통령의 우크라이나와 NATO 국가들에 대한 전술핵 공격 위협 수위가 급상승하고 있는 가운데 핵공격 방아쇠를 당길 유혹이 언제 넘어갈지 모르는 매우 위급한 상황으로까지 급변할 수 있음을 주시해야 한다. 이와같이 우크라이나-러시아 전쟁을 통해 확인된 유럽과 인도태평양지역 안보가 상호 연동되고 있는 현실과 한·미·일 안보협력 강화 움직임에 대항하는 북·러·중 전체주의 핵보유 국가들간의 핵안보 연대 강화 등 신냉전형 대칭적 안보 진영화가 예상됨에 따라 동북아 역내 안보균형 유지를 위한 공동대응 차원에서 한·미·일 핵안보 동맹 추진을 위한 핵잠재력 추진은 반드시 필요하다.[25]

5. 결론

당면하고 있는 북한의 핵미사일 위협으로부터 한국의 생존과 평화 및 번영을 유지하기 위해 지금까지도 진행되고 있는 한국형 3축체계 구축 완성은 완벽한 보호막이 될 수 없다는 사실은 누구나 다 아는 사실이다.

3축체계의 완전한 구축을 위해서는 김정은 지도부와 북한 핵미사일 표적에 대한 실시간대 감시·추적이 가능한 정찰위성 등 정보·감시·정찰자산(ISR)과 최첨단 군사과학기술을 적용하여 개발한 초정밀·대량파괴용 타격 및 요격 미사일을 지속적으로 도입해야만 하는 국방예산 투입의 상한선이 없다는 점과 창과 방패의 원리와 같이 북한의 선제 핵공격용 무기체계에 대한 방어용 무기체계의 성능 보강에 대해 완벽한 보장이 무의미하다는 점을 인식해야만 한다.

이같은 사실은 다양하고 효율적인 방어 무기체계를 배치하고 있는 한국에게 있어 북한에 대한 핵공격 억제 효과를 가질 수 있을지언정 공격자 입장인 북한에게는 직접적이고 상응하는 피해를 주지 못하게 되므로 억제 효과 달성이 극히 제한된다는 점이다.

지금까지 북한의 핵미사일 능력과 위협 수준을 평가하고 한국의 대응 무기체계인 '3축체계' 구축을 통한 현실적 대응 방안을 살펴본 바와 같이 첨단 재래식 무기를 기반으로 하는 대응전략과 대응능력의 한계를 실감하고 있다. 김정은이 추구하고 있는 핵무기 보유 야망은 그동안 김일성-김정일 등 선대가 추구하고자 했던 1인 독재 지배체제 하의 '핵무기를 보유한 정상국가 완성'이라는 목표를 공고히 하는데 있으며 한국을 대상으로 하는 적화통일의 최종적인 전략목표는 변화하지 않고 있음을 알 수 있다.

급변하고 있는 글로벌 안보상황 속에서 북한의 적화통일 의지 불변과 핵미사일 공격 가능성에 따른 국가 존망 위기상황에 직면해 있는 이때 3축체계의 능력보강 지속 여부에 대한 효율성과 합리성에 기반한 운용능력 검증 중간평가가 반드시 필요하며 동시에 이를 뛰어넘는 대한민국의 완벽한 안보책략을 검토해야 될 시기가 도래하였다고 본다.

자국우선주의와 각자도생을 지향하고 있는 현 글로벌 안보정세의 흐름을 한국에게 유리하게 만들 필요가 있다. 이때 미국 트럼프 2기 행정부를 유용하게 활용할 수 있는 빅카드인 '자체 핵 무장 용인 및 지원'과 '핵추진공격잠수함(SSN) 확보', '한·미·일 핵안보 동맹 구축' 등과 같은 역내 핵억제 능력 확보 유지라는 사활적 이익에 정파와 진영를 초월하는 현명한 국민들의 결기와 국가 지도자의 통 큰 결단이 필요한 시점이다.

주

1   핵협의그룹(NCG: Nuclear Consultative Group): 2023년 4월 26일 한미 정상회담 후 채택한 워싱턴 선언에 따라 창설되어 북한 핵미사일 위협 대응을 위한 정보공유, 공동 기획·실행·협의체계를 강화하여 미국의 확장억제 실행력을 보장하기 위한 한미 고위급 상설 협의체.

2   김태우, "북핵 위협 폭증에 대한 한미동맹의 단계별 대응전략: 확장억제 강화, 핵 균형 그리고 핵 동맹," 임종득의원실-서울안보포럼(SDF) 공동세미나 자료집 (2024. 8. 7.), p. 9.

3   최승우, "군사적 차원의 북한 핵 대응 전략 - 대한민국 최후의 선택: 핵무장-," 2024년 서울안보포럼 북핵 위협 현실화에 따른 우리의 핵 대응 전략, 임종득의원실-서울안보포럼(SDF) 공동 세미나 자료집 (2024. 8. 7.), p. 27.

4   천명국, "북한 복합도발 시 한국의 대응전략: 전술핵무기 대응을 중심으로," 2023년 국방대·한국국제정치학회·서울대 통일평화연구원 공동 안보학술회의 자료집 (2023. 11. 8.), pp. 43-44.

5   김학일, "김정은, 일주일새 세차례나 軍 행보… '방사포'가 공통점,"《CBS노컷뉴스》, 2025년 5월 9일. https://www.nocutnews.co.kr/news/6336849 (검색일: 2025. 5. 9.).

6   핵배낭: 약 30~50kg 정도의 배낭형 소형 핵탄두로 북한군 특수부대원이 등에 지고 한국 전략시설에 침투하여 폭파하는 초소형 핵무기로 과거 건군절 북한군의 평양 시가행진 행사에 공개 영상으로 식별된 점 고려 시 북한의 전술핵무기 개발 노력과 핵 능력 고도화 추진 등 향후 소형 핵무기의 개발 가능성도 배제할 수 없음.

7   박휘락, "북한 핵정책 법제화의 의미와 대응방향," 2022년 북핵대응연구회 북한 핵정책 법제화: 핵무장과 핵공유를 제외한 대응방안 세미나 발제문 자료집 (2022. 9. 3.), p. 11.

8   정충신, "북한판 이지스 '최현함'추적레이더·기관포, 러시아 방공무기 '판치르'복제판,"《문화일보》, 2025년 4월 30일, https://www.munhwa.com/article/11502525 (검색일: 2025. 5. 7.).

9   양지호, "북한판 이지스함, 진수 사흘 만에 미사일 시험 발사,"《조선일보》, 2025년 5월 1일, https://www.chosun.com/politics/diplomacy-defense/2025/05/01/AEZ4FWUOKRFFXITVVIOZB4WNCQ/ (검색일: 2025. 5. 7.).

10   국방부,『2022 국방백서』(서울: 대한민국 국방부, 2023), p. 23.

11   국방부,『2022 국방백서』(서울: 대한민국 국방부, 2023). p. 57.

12   적의 특정 전략목표 달성을 거부하는 능력을 보유하여 적이 침략으로 얻을 수 있는 이익보다 희생과 위험부담이 더 크다는 것을 인식시켜 침략행위를 포기시

키는 개념.

13 4.25사업: 북 핵·미사일 도발 징후 탐지 및 종심지역 전략표적 감시 목적으로 전자광학·적외선(EO·IR, Electro-Optical·Infra-Red) 위성 1기와 합성개구 영상레이더(SAR, Synthetic Aperture Rader)위성 4기 등 정찰위성 5기 운영체제로 Kill Chain을 지원하기 위해 2026년 전력화 운영 예정.
14 국방부, 『2022 국방백서』(서울: 대한민국 국방부, 2023), p. 57.
15 군사정보발전연구소, "상용위성을 활용한 북 핵미사일 위협 감시정찰 능력 향상 방안," 2023 후반기 군사정보 발전포럼 기조강연 발표자료 (2023. 10. 13.). p. 13.
16 박범진, "한국군 조기경보역량 강화 방안과 향후 발전과제,"『군사정보발전』창간호 (2024. 8. 30.), pp. 108-109.
17 KAMD: Korea Air and Missile Defense.
18 LAMD: Low Altitude Missile Defense.
19 KMPR: Korea Massive Punishment and Retaliation.
20 보복 위협을 통해 예상되는 이익보다 비용이 더욱 클 것이라는 점을 인식시켜 적이 공격행위를 못하도록 하는 개념.
21 CNI: 핵-재래식무기 통합운용(Conventional and Nuclear Integration).
22 미사일 발사 前 사이버공격, EMP탄 등을 통해 교란을 발생시키는 발사의 왼편(left of launch)에서 발전된 형태로 "북한의 핵·미사일 발사 수단 및 지휘통제체계를 공격하여 무력화" 시키는 개념.
23 문근식, "한국의 핵 추진 잠수함 개발 필요성과 가능성," 트럼프 2.0! 한국형 핵추진잠수함 도입 전략과 비전 국회무궁화포럼 제5회 토론회 발제문 자료집 (2025. 2. 12.), p. 38.
24 박범진, "북한 핵·미사일 대응의 게임체인저, 핵추진잠수함(SSN) 확보는 사활적 안보보험,"『월간 군사저널』208호 (2025년 1월), pp. 22-25.
25 정성장, "한국의 핵잠재력-핵잠수함 확보 필요성과 한·미·일 협력방안," 국회 무궁화포럼 발대식 기념 대한민국 핵잠재력 확보전략 정책토론회 발제문 자료집 (2024. 7. 19.), pp. 47-48.

4장

'확장억제' 전략의
불편한 진실

송승종

1. 문제 제기: 트럼프 재선과 한반도

　21세기의 국제 안보 환경은 과거 어느 때보다 복합적이고 다차원적이며 역동적이다. 냉전 시대에는 '상호확증파괴(MAD)'에 기반한 억제 모델 덕분에 '차가운 평화'가 유지될 수 있었다. 그러나 오늘날 국제질서는 빠르게 다극화되고 있으며, 2차·3차 핵시대의 개막과 함께 인류는 현대사에서 경험한 적이 없는 새로운 위협에 직면하고 있다. 2차 핵시대의 특징은 수평적 핵확산으로, 인도, 파키스탄, 북한 등의 핵개발과 비국가 행위자들의 핵테러 위협 등이 그 예이다. 3차 핵시대는 급속한 수직적 핵확산을 특징으로 한다. 중국과 러시아뿐만 아니라 미국 또한 핵 3원 전력(nuclear triad) 현대화, 전술핵무기 확장, 핵 탑재가 가능한 극초음속 미사일 시스템 등의 개발에 몰두하고 있다. 특히 동아시아는 북한의 핵·미사일 능력 고도화, 중국의 급격한 해군비 증강, 러시아와 북한 간의 신(新)군사동맹 등으로 인해 새로운 안보적 도전에 직면해 있다. 이러한 변화가 지역적 차원을 넘어 글로벌 차원의 전략적 균형과 핵 비확산 체제를 위협함에 따라, 새로운 억제 및 보장 메커니즘에 대한 요구가 높아지고 있다.

지난 3월 1일 백악관에서 벌어진 트럼프와 젤렌스키 간의 설전은 전 세계에 충격을 주었다. 무엇보다 독재자 푸틴의 불법적인 무력 침략에 맞서 싸우는 젤렌스키를 트럼프와 부통령 밴스가 '독재자'로 비난하고, 전쟁의 피해자를 '가해자'로 몰아세운 장면은 21세기 최대의 비극적 사건 중 하나로 기록될 만하다. 이는 우리를 포함한 미국의 아시아·태평양 지역 동맹국들에게 경종을 울렸다. 공격적인 동맹 재편, 특히 민주적 동맹국에 대한 오랜 공약을 갑자기 포기할 가능성은 '트럼프 리스크'가 동맹국의 국가 안보와 생존을 위협할 수 있음을 시사한다.[1]

미국이 러시아 같은 권위주의 강대국과 점점 더 밀착하는 행보는 미국의 방위 공약에 근본적인 의문을 제기한다. 트럼프 행정부의 대외정책 및 대한반도 정책이 구체적으로 발표된 바는 없지만, 지금까지의 행보는 한반도에서 미국의 전략적 공약이 근본적으로 약화될 가능성을 시사하며, 전례 없는 안보 위기에 대비해야 할 필요성을 절박하게 깨닫게 한다. 한국은 이제 과거의 안일한 관성을 버리고 국가안보 전략의 근본적인 전환을 고민해야 할 시점이다.

2. 미국 확장억제의 문제점

무력 사용의 위협 또는 실제 무력 사용은 외교정책과 관련하여 일국의 지도부가 내리는 의사결정의 정점에 해당한다. 정책 결정자들은 때때로 자국의 방위를 넘어서는 영역으로 국가이익을 확장시켜 타국의 안보 또한 자국의 국가이익으로 간주한다. 그러나 문제는 확장억제 위협의 효과가 쉽사리 달성되지 못한다는 데 있다. 여기서 쟁점은 억제력 제공자(deterrer)가 타국의 방어를 위해 전쟁을 감수하려는 의지를 상대방이 의심하거나, 불확실하다고 판단하거나, 또는 과소평가하는 경우에는 억제의 신뢰성이 약화된다는 점이다. 셸링(Thomas Schelling)은 이러한 확장억제의 딜레마를 다음과 같이 표현했다.[2]

> "자국의 본토와 '해외의(abroad)' 다른 모든 것들 간의 차이는 … 신뢰성 있는(inherently credible) 위협과 신빙성 있는 것으로 '보여야 하는' 위협 간의 차이다. 다른 국가들에 자국 군사력의 그림자를 투영(project)시키는 것이 외교적 행위다."

국제관계의 일반이론에 의하면, 무정부적 국제체계에서 동맹국의 구두 약속은 무용지물(useless)이다. 해당 국가로 하여금 약속을 이행하도록 강제할 상위의 권위체가 존재하지 않는 까닭이다.[3] 확장억제에서의 초점은 잠재적 도발자이지, 확장억제의 보호를 받는 동맹국이나 우방국이 아니다. 그 결과, 잠재적 도발자에 대한 확장억제는 지역의 질서나 국제 평화 및 안정의 '필요조건'이지 '충분조건'은 아니다. 이런 이유로 지역 동맹국·우방국들이 미국의 거듭되는 확장억제 공약에도 불구하고 그러한 '구두약속'의 신뢰성에 반복적으로 의구심을 제기한다.[4] 그래서 반복적으로 '보장' 약속이 제공됨에도 불구하고, 동맹국·우방국들은 여전히 (억제)방어자의 확장억제 공약에 대한 의심을 거두지 못한다. 오히려 지금의 북핵위기 상황에서 그러한 의심이 갈수록 심화되고 있다. 상기의 '보장'과 관련하여 확장억제 실제(practice)의 현장에서 제기되는 의문의 실체는 다음과 같이 정리될 수 있을 것이다.

가. 확장억제는 흘러간 과거의 '신화(myth)'

확장억제의 요체는 핵보유국이 비핵 동맹국을 지키기 위해 자신이 핵공격을 당할 위험을 무릅쓰고 동맹국을 위해 핵보복을 감행하겠다는 약속이다. 이러한 안보 공약은 냉전 이후 미국 외교정책의 초석이 되어 왔다. 그러나 최근의 전략적 현실은 확장억제의 신뢰성과 실행 가능성에 근본적인 의구심을 제기한다. 예를 들어 트럼프 대통령은 공개적으로 "핵무기를 많이 가진 사람과 잘 지내는 것이 좋다"라고 말하며 속내를 드러냈다. 용어의 정의를 놓고 다소 논란의 여지가 있기는 하지만, 트럼프 대통령과 그 측근들의 기본 입장은 미국이 오랫동안 고수했던 정책에서 벗어나 북한의 핵능력이 '지정학적 현실'이며, 이로써 전략적 지형이 근본적으로 변화되었음을 인정하는 현실적인 판단에 기초한 것으로 보인다.

이러한 냉철한 현실 인식을 보여주는 가장 최근의 뚜렷한 증거는 트럼프 대통령이 '1조 달러짜리 미국식 아이언돔'을 구축하려는 결정이다. 그러자 즉시 러시아가 이를 강력하게 비난했다. 미국은 이를 자국 안보를 증진시키기 위한 방어적·수세적 조치라고 주장한다. 하지만 러시아 입장에서는 이는 자국의 핵능력을 대폭 훼손하는 공격적·호전적인 조치로 여겨질 수 있다. 그래서 러시아는 자국의 핵미사일 능력, 특히 제2격 능력을 무력화시킬 수 있는 아이언돔이 "전 세계 전략적 균형을 불안정하게 만들 수 있다"라며 맹렬히 비난한다.[5]

요컨대, 「월스트리트저널(WSJ)」이 지적했듯이, 이는 미 본토가 현재 중국, 러시아, 북한 같은 적대국들의 실질적인 핵위협에 직면해 있다는 위기 인식을 분명히 반영한 것으로, 미국의 전략적 우선순위가 근본적으로 재편되고 있음을 보여준다.[6] 따라서 미국이 동맹국 보호를 위해 자국의 핵재앙을 감수할 것이라고 약속한 확장억제의 고전적 논리는 오늘날의 안보 환경에서 본질적인 결함을 드러내고 있다. 확장억제는 자국에 핵재앙이 닥칠 가능성이 거의 없거나, 있더라도 압도적인 핵무력을 앞세워 충분히 적대국의 핵위협을 억제할 수 있다는 자신감을 가지고 있던 '과거의 유물'이다.

셸링이 정확하게 지적한 대로, 원래부터 확장억제는 외교적 수사(rhetoric)로 시작된 것이지, 실행 가능한 정책으로 시작된 것이 아니다.[7] 그러므로 확장억제를 동맹국들에 약속한 당사자가 직접적인 핵위협에 노출되는 실존적 위험이 발생하면, 이타적인 핵 확장억제 보장이 신뢰 가능한 정책이 아니라 원래의 외교적 수사로 되돌아가는 것은 당연한 귀결이다. 한마디로, 핵 확장억제는 더 이상 실행이 불가능한 전략적 신화가 되고 있다는 의미다. 더구나 트럼프 대통령의 최근 행보와 발언을 볼 때, 그가 자국민의 안전보다 동맹국의 안보를 우선시하여 핵위험을 감수할 것이라는 확장억제 약속을 맹목적으로 신뢰하는 것은 전략적 허상에 빠지는 위험한 도박이 아닐지 냉철히 따져봐야 할 것이다.

나. 중국 핵전력의 대대적 증강과 '3체 문제'의 등장

이 절에서는 중국의 핵전력 증강이 국제 핵질서에 미치는 영향, 특히 기존의 핵 양극 체제를 핵 3극 체제로 전환시키고 억제 논리를 약화시켜 핵전쟁 발발 위험성을 증가시키는 측면에 대해 논한다. 첫째, 중국이 최근 대대적인 핵전력 증강에 돌입하면서 기존 미국·러시아 중심의 양극 핵질서가 급격히 흔들리고 있다. 중국은 2021년부터 고비사막 인근에 230여 개의 대륙간탄도미사일(ICBM) 사일로를 건설하고 있으며, 2030년까지 핵무기 숫자를 약 1,000발 이상으로 확장할 계획이다. 이는 시진핑 주석이 내세운 '강군몽(强軍夢)'의 일환으로, 중국이 군소 핵보유국 지위에서 벗어나 미국·러시아와 대등한 수준의 핵전력을 갖추겠다는 전략적 의도를 분명히 드러낸다. 이로 인해 냉전 시기 이래 미국과 소련(러시아)이 유지해 온 '핵 양극체제'는 '핵 3극체제'로 바뀜에 따라 기존의 억제 논리가 근본적으로 약화되고, 나아가 핵전쟁 발발 위험성이 커졌다.[8]

둘째, 핵 3극 체제의 등장은 전형적인 '3체 문제(three-body problem)'를 제기한다. 천체물리학에서 말하는 '3체 문제'는 세 개의 천체가 서로의 중력에 영향을 미쳐 그 궤도를 예측하기 어렵게 되는 현상을 의미하는데, 이는 핵 3극 체제로 인해 전략적 안정성이 예측 불가능한 카오스 상태로 빠져들 위험을 경고한다. 한마디로 양극체제에서 안정성을 제공했던 상호확증파괴(MAD)와 동등성(parity)의 개념은 3극 체제에서 의미를 상실했다. 특히 중국의 억제 개념인 '웨이셰(威懾, wēishè)'는 군사적 위협을 통해 상대방의 행동을 억제하거나 강요하는 것을 의미하며, 서구식의 핵억제 개념을 넘어 상대방이 원하지 않는 행동을 하도록 강제하는 핵 강압(nuclear coercion)의 의미까지 포함하고 있어 전략적 상황이 더욱 복잡하고 위험해질 가능성이 크다.

셋째, 중국의 핵전력 증강은 미국이 러시아·중국이라는 2개 핵 강대국의 위협을 동시에 관리해야 하는 난제를 초래한다. 이러한 환경에서는 미국이 기존의 핵우산과 확장억제를 통해 동맹국들에 제공했던 '동등성'을 확보하는 것이 사실상 불가능하다. 또한 미국·러시아·중국 간에는 끝없이 서로를 추격하는 '붉은 여왕의 군비경쟁(Red Queen's arms race)'이 일어나는 항구적 핵 군비경쟁이 불가피하다. 핵 3극체제 하에서는 과거 양극체제 시절에 유지되었던 전략적 안정성의 원칙들이 점점 더 무의미해지거나 신뢰를 잃게 될 것이다.

반세기가 훨씬 넘는 시간 동안 우리는 2개 강대국이 존재하는 세계에서 살아왔다. 양극적 핵체제는 그다지 안정적이지 않았지만, 핵무기 사용을 막는 데는 성공했다. 그러나 이 체제는 이제 역사 속으로 사라지고 있다. 앞으로 등장할 핵 3극체제는 양극체제보다 훨씬 더 취약하고 예측하기 어려울 것이다. 무엇보다 '동등성'과 MAD 같은 양극적 핵체제 시대의 안정적 특징이 약화되고, 핵 3극체제로 핵질서가 더욱 혼란스러운 양상으로 악화될 것이라는 점에 주목해야 한다. 더욱이 새로 핵 3극체제의 일원으로 등극하게 된 중국의 '웨이셰'가 초래하게 될 핵강압의 도전과 위험성에 대비할 필요가 있다. 무엇보다 2개의 적대적 핵강국이 미국에 가하는 위협은 많은 동맹국들이 의존해 왔던 미국의 핵우산, 즉 확장억제에 '치명적 누수(fatal leaks)'가 발생했음을 확인시켜 주고 있다.

다. 시나트라 테스트(Sinatra test)

확장억제·핵우산의 그늘에는 골치 아픈 패러독스가 숨겨져 있다. 미국이 제공한 공약은 세계 최고지만, 동맹국들이 일상적으로 직면하는 사소한 도발에는 별다른 도움이 되지 못한다는 역설이다. 일례로, 북한은 2010년 천안함을 격침시켜 46명의 해군 장병들을 살해하고, 11월에 연평도를 포격하여 무고한 19명의 민간인들에게 부상을 입혔다. 이때 미국 정부는 자제를 촉구하고, 남한의 보복을 방지하는데 전력투구했다. 사실 그 시점에 미국의 확장억제 공약은 공약(空約)임이 드러났다. 요컨대, 핵우산이란 것이 설령 존재하더라도, 그것이 제한적 도발에는 아무 쓸모도 없다는 점이 입증된 것이다.

"시나트라 테스트(Sinatra test)"라는 것이 있다.[9] 이는 어려운 테스트를 통과하여 살아남은 사람은 그보다 쉬운 테스트에서도 살아남을 수 있다는 '시나트라 테스트'의 논리와는 달리, 미국의 확장억제에 있어서는 정반대의 현상이 나타날 수 있다는 점을 시사하는 것이다. 즉, 미국이 동맹국이 직면한 사소한 위협에조차 효과적으로 대응하지 못한다면, 과연 핵 공격과 같은 심각한 위협에 어떻게 대처할 수 있을지 의문이 제기될 수밖에 없는 것이다. 시간이 지날수록 미국의 확장억제 공약은 '수확체감의 법칙'에 직면하게 될 것이다. 수확체감의 법칙이란, 초기에는 투입량 증가에 따라 산출량이 크게 증가하지만, 특정 시점 이후에는 투입량을 늘려도 산출량 증가폭이 둔화되거나 심지어 감소하는 현상을 의미하는 것이다. 확장억제의 맥락에서는, 미국이 아무리 강력한 확장억제 공약을 제시하더라도, 동맹국들이 일상적으로 겪는 안보 위협에 실질적인 도움을 주지 못한다면, 그 공약에 대한 신뢰도는 점차 하락할 수밖에 없는 것이다. 따라서, 현재의 위협에 대한 미국의 소극적인 대응은 미래의 핵 공격 상황에서 미국이 과연 자국을 희생하며 동맹국을 지켜줄 것인지에 대한 심각한 의문을 불러일으키고, 결국 확장억제 자체의 효력을 떨어뜨리는 결과를 초래할 수 있는 것이다.

라. 제3차 핵시대의 함의: "전통적 확장억제의 황혼(twilight)"

수십 년 동안, 미국의 확장억제는 동맹국에 대한 전략적 보증의 초석으로서, 냉전 시대의 예측가능한 양극 질서 속에서 효과를 발휘했다. 냉전 시대, 즉 '제1차 핵시대'의 특징은 명확한 억제력, 양극적 세력 경쟁, 비교적 명확한 교전규칙, 강력한 군비통제 체제로 등이다. 1989년부터 2021년까지의 제2차 핵시대의 특징은 대폭적인 핵무기 감축과 협력적 위험감소 프레임워크 등이었다. 그러나 비핀 나랑(Vipin Narang)

이 잘라 말했듯이, "휴식기는 끝났고, 우리는 분명히 다음 단계에 접어들었다." 즉, 지정학적 경쟁의 부활과 군비통제 체제의 약화로 특징되는, 더욱 경쟁적이고 복잡하며 위험한 핵시대가 열린 것이다.

제1, 2차 핵시대에서 전략적 핵경쟁은 '안정적'으로 이뤄졌다. 그러나 토니 라다킨 제독이 '제3차 핵시대'라고 부르는 세계가 도래하면서 이러한 확실성과 안정성이 사라졌다. 이 시대는 다극적 핵경쟁, 군비통제 레짐의 약화, 핵위협에 대한 의존도 증가 등으로 정의되는 근본적으로 더욱 위험하고 복잡한 환경이다.[10]

다극적 핵경쟁으로의 전환은 전통적인 미국 핵억제 프레임워크의 명확성과 신뢰성을 약화시킨다. 역사적으로 전략적 안정성은 양자간 군축 협정을 통해 유지되어 왔다. 그중에서 주목할 만한 것은 미국·러시아가 실전배치 된 전략 핵탄두를 관리 가능 수준으로 줄이는 신전략무기감축협정(New START)이다.[11] 그러나 러시아는 2023년 뉴스타트 협정 준수를 중단하는 등, 이러한 군비통제 레짐을 공개적으로 해체했다.

또한 앞서 언급한 대로, 중국의 급속한 핵전력 확장은 역사상 유례없는 '3체 문제'를 야기하여 문제를 더욱 복잡하게 만들고 있다. 가장 큰 문제는 적대국들이 지역 분쟁에서 핵위협을 점점 더 많이 활용하여 위기·확전의 다이내미즘을 조작하여 서방의 선택지를 제한한다는 점이다. "비확전을 위한 확전(escalate to deescalate: E2D)" 전략을 앞세운 러시아의 우크라이나에 대한 핵강압은 이러한 변화를 분명히 보여준다. CSIS의 핵전문가 헤더 윌리엄스(Heather Williams)가 지적한 것처럼, 우크라이나 전쟁 중에 발신된 러시아의 핵신호는 NATO의 직접적 군사 개입을 성공적으로 억제했다. 이를 계기로 러시아에 의한 핵위협·핵공갈·핵협박이 '일상화'되었다.[12]

결과적으로, 동맹국들은 미국의 핵 확장억제 약속에 대한 의존도를 재고해야 하는 상황으로 내몰리고 있다. 이런 면에서 동아시아에서 한국과 일본이 지역 위협과 미국 보장에 대한 신뢰 감소에 대응하여 독자적인 핵 억제력 구축을 적극적으로 논의하는 것은 자연스런 귀결이다. 유럽에서도 미국의 확장억제 공약에 대한 불확실성, NATO에 대한 적대적 태도, 트럼프 대통령의 노골적인 親러시아 행보, 2026년 만료될 예정인 뉴스타트 협정 같은 기본적 군비통제 레짐의 종말로 인해 유사한 불안감이 고조되고 있다. 이러한 전례 없는 도전에 대응하기 위해서는 미국 확장억제 공약에 대한 근본적인 재검토가 필요하다.

냉전 시대의 양극적 위협에 기초한 확장억제의 전통적 개념은 현대의 다극적 위협을 반영하는 전략으로 발전되어야 한다. 제3차 핵시대의 냉혹한 현실은 전통적 억제 태세가 더 이상 현재의 안보 환경과 일치하지 않는다는 사실이다. 라다킨 제독이 언급했듯이, 확장억제를 뒷받침하던 '편안한 가정'은 사라졌다.[13] 다시 말해, 우리의 안전 보장과 생존의 유지에 결정적으로 기여해 왔던 '안락한 확장억제 공약'의 시대는 끝났음을 인식해야 할 것이다.

3. 우크라이나 전쟁의 교훈

가. 우크라이나를 배제한 트럼프-푸틴 직거래

트럼프 대통령은 2025년 1월 취임 직후부터 전통적인 미국의 대외정책 노선에서 급격히 이탈하는 행보를 보이고 있다. 특히 주목할 만한 점은 유럽 동맹국들과의 관계에서 의도적으로 거리를 두는 정책을 펼치고 있다는 것이다. 트럼프 행정부는 NATO 동맹국들에게 방위비 분담금 증액을 지속적으로 요구하면서 동시에 러시아와의 관계 개선을 추진하고 있다. 이러한 정책 기조는 전임 정부들이 유지해온 對러시아 견제정책과 크게 대비된다. 더욱 충격적인 것은 트럼프 대통령이 공개적으로 우크라이나에게 전쟁의 책임을 전가하고, 볼로디미르 젤렌스키 우크라이나 대통령을 "독재자"라고 비난하는 발언을 서슴지 않았다는 점이다. 이는 러시아의 우크라이나 침공이라는 명백한 국제법 위반 행위에 대한 인식을 왜곡시키는 것으로, 서방 세계에 큰 충격을 주었다.

트럼프 행정부는 러시아와의 관계에서 이전 정부들이 구축한 제재 체제를 완화하고 에너지 분야에서의 협력을 확대하는 방향으로 나아가고 있다. 이는 사실상 우크라이나를 배제한 채 러시아와 직거래를 시도하는 것으로 해석된다. 대부분 막후에서 진행되는 것으로 알려진 미국·러시아 협상에서는 크림반도 병합 인정, 돈바스 지역에 대한 러시아의 영향력 확대 허용, 그리고 우크라이나의 NATO 가입 영구 불허 등이 논의되고 있다는 관측이 제기되고 있다. 이러한 접근 방식은 국제질서의 근간인 '침략 불인정' 원칙을 훼손하는 것이며, 러시아의 무력사용을 정당화할 우려가 있다. 특히 트럼프 대통령과 푸틴 대통령 간의 개인적 친분이 국가 간 관계에 과도한 영향을 미치는 상황은 제도화된 외교 관계보다 개인적 관계에 기반한 외교 행태라는 비판을 받고 있다.

미국·러시아 간의 이러한 위태로운 직거래 시도는 유럽 국가들과 우크라이나에게 깊은 불안감을 주고 있다. 유럽 국가들은 자신들의 안보 이익이 미·러 간 거래의 희생양이 될 수 있다는 우려를 표명하고 있으며, 우크라이나는 자국의 주권과 영토 보전이 위협받는 상황에 직면해 있다. 특히 유럽 국가들은 러시아산 에너지 의존도가 과도히 높은 상황에서, 미국이 에너지 협력을 매개로 러시아와 관계를 개선할 경우, 자신들의 협상력이 약화될 것을 우려하고 있다.

우크라이나는 이미 수년간의 전쟁으로 막대한 피해를 입은 상황에서, 주요 지원국이던 미국이 러시아와 화해 무드를 조성하는 행보에 극도의 불안을 느끼고 있다. 젤렌스키 대통령은 "우리의 미래가 우리 없이 결정되는 것을 용납할 수 없다"라고 강조하며, 국제사회의 지속적인 지원을 호소하고 있다.[14] 이는 냉전 이후 미국이 주도해 온 리버럴 국제질서가 근본적으로 변화하고 있음을 시사한다.

미·러의 '부적절한 밀착'은 NATO 동맹에 대한 근본적인 도전이다. "폴리티코"의 "트럼프의 미국은 이제 푸틴의 동맹국"이라는 기사 제목이 암시하듯, 미국-러시아가 동맹처럼 행동한다는 인식이 확산된다면 NATO의 존재 이유에 의문이 제기될 수밖에 없다.[15] NATO는 본질적으로 소련(현 러시아)의 위협에 대응하기 위해 창설된 집단 방위 체제로, '공동의 적'이 모호해지는 상황은 동맹의 응집력을 약화시킬 수 있다. 이미 프랑스와 독일은 유럽 자체 방위력 강화의 필요성을 강조하며, '전략적 자율성'을 추구하는 움직임을 보이고 있다. 폴란드와 발트 3국과 같은 러시아 인접 국가들은 미국의 안보 공약에 대한 의구심을 품고, 자체 방위력 증강에 나서고 있다. 이는 2차 세계대전 이후 구축된 서방 동맹 체제에 심각한 균열이 발생하고 있음을 의미한다.

뉴욕타임스의 칼럼니스트 토머스 프리드먼은 이러한 상황에 대해 "미국인들과 해외의 친구분들, 적어도 앞으로 4년 동안은 여러분이 알고 있던 미국은 사라질 것"이라고 경고했다.[16] 그는 미국이 오랫동안 수호해 온 민주주의, 인권, 법치와 같은 근본적 가치들이 현 행정부 하에서 의심받거나 '팔려나갈(for sale)' 위기에 처해 있다고 지적했다. 이는 단순한 외교정책의 변화를 넘어, 미국이 2차 세계대전 이후 구축해 온 국제질서의 근간을 흔드는 패러다임의 전환을 의미한다. 미국의 이러한 변화는 중국, 이란, 북한 등 다른 국제 질서 도전국들의 행동에도 영향을 미치고 있으며, 글로벌 거버넌스의 불확실성을 증가시키고 있다. 특히 러시아와의 관계 개선이 민주주의 가치의 희생을 대가로 이루어진다면, 이는 전 세계 민주주의 국가들에게 부정적 신호를 줄 우려가 있다. 궁극적으로 미국의 이러한 정책 변화는 국제질서의 재편을 가속화하고, 다극화된 세계 질서로의 전환을 앞당길 가능성이 높다.

나. '역(逆) 닉슨·키신저' 전략

트럼프는 2024년 10월 터커 칼슨과의 폭스뉴스 인터뷰에서 다음과 같은 놀라운 발언을 쏟아냈다. "나는 중국과 러시아의 전략적 파트너십을 깨뜨릴(un-united) 것이다. 나는 그들을 다시 분열시킬 것이고, 그렇게 할 수 있다고 생각한다."[17] 트럼프는 아직 이 전략을 명확하게 밝히지 않았지만, 이는 그가 대중국 고립·봉쇄를 위해 러시아와의 관계를 개선함으로써 중·러 파트너십을 약화시키려 생각하고 있음을 시사한다. 말하자면, 사실상 미국이 중국·소련의 분열을 자국에 유리하게 이용하기 위해 중국에 손을 내밀었던 반세기 전 헨리 키신저의 역사적 접근 방식을 정반대로 뒤집는 접근 방식이다.

이러한 소위 '역(逆) 키신저 전략'은 트럼프의 안보·국방·군사 분야의 측근들 사이에서 인기 있는 것으로 보인다. 일례로, 마이클 월츠 안보보좌관은 이코노미스트에 게재된 기고문(2024. 11. 2.)에서 미국이 중동·우크라이나 전쟁을 빨리 끝내고 중국에 맞서야 함을 강조했다. 그에 의하면 바이든의 외교정책은 중동·우크라이나에서 벌어진 값비싼 분쟁에 개입하여 미국의 주의를 분산시킴으로써, 미국의 억제력을 약화시키고, 중국에 유리한 결과를 초래했다. 그러므로, 단호한 행동, 경제적 압박, 동맹국에 대한 군사 지원 증가 등을 통해 이러한 전쟁을 신속히 종결짓고, 군사적 역량을 중국에 명시적으로 집중시켜야 한다는 것이다.

JD 밴스 부통령도 우크라이나에 대한 미국의 개입을 줄이는 것이 대중국 견제의 필요조건이라고 본다. 그의 외교정책 접근방식, 특히 중국과 러시아에 대한 접근 방식 또한 '역(逆) 키신저' 전략을 연상시킨다. 무엇보다 밴스는 미국의 국가 이익을 증진하기 위해 러시아와의 '실용적' 관계를 유지해야 한다며, 미국의 국가 이익을 증진하기 위해 러시아의 푸틴과 협력해야 할 필요성을 강조한다. 서방세계에 대한 푸틴의 적대적 태도에도 불구하고 외교적 협력이 반드시 필요하다는 것이다.

2025년 2월 9일 트럼프 대통령은 느닷없이 우크라이나의 젤렌스키 대통령을 '독재자(dictator)'라고 불러 한바탕 소동을 빚었다. 이는 젤렌스키가 그에 앞서 트럼프를 가리켜 러시아가 퍼뜨린 "위정보 공간(disinformation space)"에 살고 있다고 지적한데 대한 보복인 셈이다.[18] 그러면서 트럼프는 엉뚱하게도 2022년에 러시아가 아니라 우크라이나가 먼저 전쟁을 시작했다고 비난했다. 이러한 돌발 상황과 관련하여 2월 21일 월스트리트저널은 "트럼프가 푸틴을 포용하는 까닭은 중국·러시아 간에 쐐기를 박으려는(drive wedge) 전략적 노림수"라는 분석을 내놓았다. 워싱턴의 싱크탱크인 카네기 국제평화재단의 전 국무부 고위 관리인 에반 페이겐바움은 "지금 일어나고 있는 일은 '역(reverse) 닉슨·키신저' 상황"이라고 말했다.[19]

2025년 2월 28일 트럼프-젤렌스키 회담은 파국으로 끝났다. 처음에는 서로 예의를 갖추며 평화 회담·광물 거래 등을 위한 대화가 시작되었다. 그런데 돌연 밴스 부통령이 젤렌스키에게 "무례하다", "병력(우크라이나)이 부족하다", "우크라이나를 찾아오는 방문객들에게 선전 투어(propaganda tour)를 제공한다"와 같은 날 선 표현을 퍼부었다. 그때까지 침묵을 지키던 트럼프도 끼어들어 젤렌스키에게 "당신 나라는 심각한 문제에 봉착해 있다. 당신은 (전쟁에서) 이기지 못하고 있다.... 당신에게는

(러시아를 상대할) 카드가 없다…. 당신은 3차 세계대전을 놓고 도박을 벌인다"라며 몰아세웠다. 그런 다음 젤렌스키에게 백악관을 떠나라고 요구했다. 월스트리트저널은 "백악관에서 벌어진 드라마틱한 트럼프-젤렌스키 충돌의 승자는 푸틴"이라는 제목으로 사설을 게재했다.[20] 이로써 미국은 직접적 군사 개입 없이 푸틴의 제국주의적 망상을 저지하려던 핵심적 국가 이익을 스스로 포기한 것이다. 나아가 이 사건은 전쟁의 지속이 갈수록 버거웠던 푸틴을 더욱 대담하게 만들었고, 우크라이나 항복을 더욱 강하게 몰아붙이게 했으며, 우크라이나와 유럽뿐만 아니라 트럼프 대통령과 미국의 이익에도 치명적 결과를 초래할 수 있다.

2025년 2월 초부터 많은 유럽인들은 "도널드 트럼프와 블라디미르 푸틴이 원팀"이라고 생각했다. 이와 관련, 폴리티코는 지난 2월 19일 "트럼프의 미국은 이제 푸틴의 동맹"이란 제목의 기사를 올렸다.[21] 트럼프는 우크라이나가 러시아와의 전쟁을 "시작했다"라며 공개적으로 질책하고, 젤렌스키 대통령을 "독재자"라고 비난했으며, 전쟁의 결과가 어떻게 되건 별로 신경 쓰지 않는다고 솔직하게 밝혀, 미 행정부 내의 가장 충성스러운 측근들조차 놀래켰다. 어느 외교관은 이렇게 말했다. "우리는 이제 유럽을 파괴하려는 러시아 대통령과 유럽을 파괴하려는 미국 대통령 사이에 동맹이 형성되었음을 보고 있다…. 대서양 횡단(미국-유럽 간) 동맹은 끝났다." 트럼프 2.0 시대의 시작과 동시에 유럽인들은 트럼프-푸틴이 손잡고 유럽연합(EU) 해체를 함께 추진할 것이라는 두려움에 몸을 떨었다.

트럼프의 '역(逆) 키신저' 전략과 우크라이나에 대한 돌발적 배신은 한국을 포함한 동맹국들에게 미국이 확장억제 공약에 대한 심각한 신뢰 위기를 초래했다. 트럼프의 예측 불가한 외교정책은 북한 도발이나 제한적 핵사용과 같은 결정적 순간에 미국이 동맹국 방어보다 적대국과의 단기적·거래적·호혜적 협상을 우선시할 수 있음을 강하게 암시한다. 이는 또한 한국이 미국이 약속한 핵우산·확장억제에 대한 기대치를 대폭 낮춰야 할 긴박한 필요성을 시사한다. 트럼프가 보여준 거래주의적 외교 접근법과 위험회피적 성향은 한·미동맹의 신뢰성과 견고성에 의문을 제기하게 만들었다. 한국은 이제 자신이 처한 안보 딜레마를 재평가하고, 과도한 대미 의존도를 "자산인 동시에 부채"의 관점에서 재검토해야 할 것이다.

다. 휴지 조각이 된 부다페스트 협정

3년 이상 지속된 우크라이나 전쟁을 서둘러 끝내려는 트럼프 대통령의 조바심으로 인해, 미국이 수년간의 분쟁 개입 끝에 우크라이나를 '포기'하는 것이 아닌가라는 우려가 제기된다. 만일 그렇다면, 서방국 안전 보장에 대한 미국 공약의 신뢰성을 무너뜨리고, 냉전 이후 글로벌 안정을 유지해 왔던 억제의 원칙을 근본적으로 훼손할 것이다.

토머스 셸링이 저술한 "갈등의 전략"은 각서의 문제점을 분명하게 드러낸다.[22] 셸링에 의하면 전략적 약속은 오직 "신뢰 가능 및 집행 가능(credible and enforcable)"한 경우에만 효과가 있다. 각서의 최대 약점은 침략을 억제할 수 있는 구속력 있는 집행 메커니즘이 없다는 점이다. 그래서 2014년 러시아의 크림반도 강점과 2022년 불법적 무력 침략으로 각서는 휴지 조각이 되었다. 우크라이나는 경제 지원의 대가로 핵무기를 포기했다. 치명적 과오다. 이로써 협상에서의 지렛대와 억제력을 동시에 잃었다.

영국 랭카스터 대학의 레노 푸카르트 교수는 게임이론의 관점에서 1994년 체결된 '부다페스트 양해각서'의 문제를 분석했다.[23] 특히 게임

이론의 평판효과(reputation effect)는 '신뢰가능 약속'의 중요성을 강조한다.[24] 셸링은 시행 가능성이 결여된 양해각서의 결함을 드러냈다. 신뢰가능 약속이란 비용이 많이 들더라도 플레이어(국가)가 약속을 이행해야 함을 의미한다. 일국이 타국에 안전 보장을 제공했지만 그런 약속이 이행되지 않는다면(예: 우크라이나 포기), 이는 미래의 약속이 신뢰할 수 없다는 '신뢰 불가능' 신호를 보낸 것과 마찬가지다. 반복적 게임에서 약속을 어기는 것은 플레이어(국가)의 평판을 손상시킨다. 서방(미국 포함)이 우크라이나를 포기한다면, 미래에 한국·일본·대만의 안전 보장에 대한 약속은 공허한 것으로 간주 될 것이며, 이들 국가는 생존을 위한 독자적 억제 수단으로 핵무기를 추구해야 하는 상황에 내몰릴 것이다.

뒤늦게 젤렌스키 대통령은 1994년의 과오를 반성했다. 우크라이나가 강력한 안전 보장을 확보하지 못한 상태에서 핵무기를 포기한 결정을 가리켜 러시아의 무력 침략을 초래한 "어리석고 비논리적(stupid and illogical)" 결정이었다고 비판했다.[25] 상기 배경에서 최근 영국의 "텔레그래프"는 "어떻게 핵무장 우크라이나가 유럽의 이스라엘이 될 수 있나"라는 기사를 게재하여 눈길을 끌었다. 기사의 핵심은 러시아의 침공 3주년을 맞아 우크라이나가 주권을 지키기 위해 자체 핵개발을 심각하게 고려하고 있는데, 이는 이스라엘 국방 전략과 유사하다는 것이다. 젤렌스키 대통령은 NATO 회원국이 아닌 우크라이나가 러시아의 추가 침략을 억제하기 위해 핵무장을 추진할 수 있다고 밝혔다. 전문가들은 우크라이나가 핵탑재 가능한 구소련 시대의 토치카(Tochka) 시스템과 같은 미사일 기술을 보유하고 있어, 신뢰성 있는 억제력을 구축할 수 있다고 본다. 물론 정치적·외교적 제약으로 인해 현재 시점에서는 불가능에 가깝다. 하지만 1994년 부다페스트 각서의 결함과 실패가 우크라이나의 위기의식을 자극하는 근원이라는 점에 주목해야 할 것이다.[26]

라. 미국의 러시아 무력 침략 불인정

러시아가 우크라이나를 상대로 '도발되지 않은(unprovoked)' 무력 침략을 감행한 지 3주년이 되는 날, 우크라이나 정부는 "포괄적이고 지속적이며 정의로운 평화"의 기초로서 러시아 군대 철수와 전쟁 범죄에 대한 책임을 요구하는 결의안을 UN총회에 제출했다. 93개국이 결의안을 지지했고, 중국을 포함해 65개국이 기권했다. 반대한 18개국 중에는 러시아, 북한, 니카라과, 벨라루스, 적도 기니, 이스라엘, 그리고 놀랍게도 미국이 포함되었다. 나중에 미국은 누가 전쟁을 시작했는지, 누가 침략자인지 언급조차 하지 않고, 단지 전쟁 종식을 촉구하는 안보리 결의안(영국·프랑스 등 5개국 기권)을 10대 0의 찬성으로 통과시켰다. 이는 러시아의 전쟁 도발 책임을 질책하는 것이 외교적 방식을 통한 전쟁 종결에 아무런 도움이 되지 않는다는 '현실주의'의 발로인 셈이다.

보다 넓은 차원에서, 이는 중국을 소련과 분리시키려 노력했던 닉슨 대통령의 행보와 정반대로, 중국의 시진핑과의 파트너십으로부터 푸틴을 다시 떼어내 서방 진영에 끌어들이려는 소위 '역(逆, reverse) 닉슨 전략'의 일환으로 볼 수도 있다. 일각에서는 미국이 러시아가 저지른 범죄와 거짓말에 동조하는 '공범'이 되었다고 개탄한다. 이와 관련, "뉴욕타임스"는 "미국이 유엔에서 가장 수치스러운 투표를 던진 날"이라고 지적했다.[27]

뿐만 아니라, 트럼프 행정부는 러시아와 긴밀히 연계된 유럽의 극우 정당에 대한 공개적 지지함으로써 NATO-EU를 간접적으로 공격했다. 이는 미국이 2차 세계대전 이후 유럽에서 구축한 민주주의 체제와 정치적 안정을 뿌리채 뒤흔들 위험이 있다. 유럽 극우 세력의 움직임을 부추김으로써 서방의 단결을 깨고 지정학적 영향력을 확대하려는 러시아의 목표를 미국이 의도했건 아니건 간에 우연히 돕고 있는 셈이다.[28] 나아가 "파이낸셜타임스(FT)"는 미국이 역사적으로 민주주의와 자유를 위해 헌신해 왔던 전통을 버리고 독재자들과 손을 잡고 우크라이나와 유럽을 배신했다고 비난했다. 미국은 공개적으로 러시아와 동맹을 맺고 유럽의 안보와 민주주의 가치를 배신함으로써 사실상 서방 진영에 등을 돌렸고, 이러한 변화로 인해 "지금의 미국은 자유민주적 서방 진영의 적이 되었다"라는 것이 FT의 통렬한 지적이었다.[29]

4. 아킬레스의 건(The Achilles' Heel): 대통령의 의지

2025년 1월 20일, 트럼프 2.0 행정부의 출범은 미국 동맹국, 특히 한국에 새로운 딜레마를 안겨주고 있다. 딜레마의 핵심은 "과연 트럼프 대통령이 결정적 시기에 미국이 약속한 핵 확장억제 전략을 실행에 옮길 것인가?"이다. 사안의 본질은 여전히 세계 최고 수준인 미국의 군사력이 아니라, 오히려 이를 기꺼이 사용하려는 대통령의 결의와 관련된 신뢰성이다. 미국은 자국의 본토가 직접적인 핵공격을 받지 않는 한, 핵무기로 동맹국을 겨냥한 적국에 대해 핵 보복을 개시하지 않을 가능성이 높다. 확장억제 공약과 관련하여 의구심이 끊임없이 제기되는 것은 바로 그러한 이유 때문이다.

확장억제 전략은 핵보유국이 핵공격으로부터 동맹국을 방어하기 위해 핵무기를 사용할 것이라는 약속이다. 파괴적 핵보복을 위협함으로써 적의 핵공격 시도를 '단념(dissuade)'시키고, 비핵 동맹국의 안전을 지키는 것이 목표다. 보너스 셸링에 의하면, 역사적으로 억제 이론은 양 당사자의 합리적 계산을 전제로 하며, 재앙적 후과(後果, consequence)

의 위협이 핵사용을 억제할 것이라고 가정한다.[30] 그러나 위기 시 의사결정에 대한 경험적 연구는 이러한 이론적 구조에 상당한 한계가 있음을 보여준다. 특히 위험부담이 높은 상황에서는 의사결정의 합리성이 저하되어 최적의 결과를 얻지 못하는 경우가 많다는 것이다.[31]

대표적 사례가 많은 전문가들이 트럼프에게 '광인이론(madman theory)'을 적용한다는 점이다. 그러나 '미치광이'처럼 보이는 외양과는 달리, 트럼프의 속내는 위험부담(risk-taking)보다는 위험회피(risk-averse)를 선호한다고 보는 것이 정확할 것이다. 그가 구사하는 '광인전술'의 특징은 고함, 갑작스러운 태도 돌변, 예측 불가능성 등이다. 하지만 실제로는 사태가 통제 불능 상태로 악화되지 않도록 지연, 회피, 또는 책임전가 같은 수법을 능란하게 구사한다. 일례로 트럼프는 북한의 김정은을 상대로 '화염과 분노' 같은 극단적 위협을 퍼부었지만, 얼마 후에는 '러브레터'를 주고 받는 브로맨스의 관계를 발전시켰다.

그러나 역사적 사례에 기초한 실증 연구에 따르면 미국의 입지를 강화하기 위해, 또는 개인적 이익을 극대화하기 위해 예측 불가성을 유달리 강조하는 트럼프의 '광인전략'은 상당한 한계를 가지고 있다. 트럼프 대통령과 밴스 부통령 같은 사람들은 예측 불가성과 즉흥적 변덕이 미국의 이익에 도움이 된다고 생각하지만, 이러한 전략은 거의 성공하지 못한다. 베트남 전쟁 당시 닉슨 대통령, 그리고 베를린 위기 당시 흐루시초프를 비롯한 지도자들이 이런 전술을 사용했지만, 목표 달성에 실패했다. 근본적 문제는 불안정해 보이는 것이 위협에 대한 신빙성을 높일 수 있지만, 동시에 공약·약속의 신뢰성을 떨어뜨려, 기대치와 반대되는 역설적 상황을 초래한다는 것이다. '광인전략'이 성공하려면 트럼프는 제정신이 아닌 것처럼 보이고, 자신의 행동을 예측 불가능한 것처럼 보이는 동시에, 실제로는 완전히 '미친 사람'으로 보이지 않도

록 해야 한다. 그러나 실제로 이처럼 미묘한 균형을 유지하는 것은 매우 어렵다.[32]

확장억제의 신뢰성은 대통령의 의도에 대한 인식에 따라 달라질 수 있다. 불확실하고 확신하기가 매우 어려운 이러한 무형적 요소를 가리켜, 전문가들은 "확장억제의 아킬레스건"으로 표현한다. 확장억제의 역설적 성격은 근본적인 심리적 비대칭성에 있다. 확장억제를 약속한 국가('보장국')는 자국의 생존에 사활적이지 않은 이익을 보호하기 위해 치명적인 비용을 기꺼이 감수하려는 의지를 설득력 있게 보여야 한다.

셸링은 이러한 딜레마를 "위험 조작(the manipulation of risk)"으로 표현했다.[33] 여기서 보장국(미국)은 자기 이익을 위해 불가능해 보이는 행동에 대하여 신뢰성 있는 약속을 보여야 한다. 이러한 난제는 모든 확장억제의 근본적 취약점을 나타낸다. 1961년 프랑스의 드골 대통령이 미국의 존 F. 케네디 대통령에게 상황에서 진정으로 "파리를 구하기 위해 뉴욕을 위험에 빠뜨릴 수 있는가?"라고 돌직구를 날린 통찰력은 지금도 여전히 유효하다. 1960년대 영국 국방장관 데니스 힐리(Denis Healey)가 냉소적 정확성으로 관찰했듯이, 5%의 신뢰도는 소련을 억제하는 데 충분할 수 있지만, 유럽을 안심시키려면 95%의 신뢰도가 필요했다. 이는 미국 대통령의 결의에 대한 동맹국의 신뢰가 얼마나 불안정한지를 보여준다. 잠재적 적대국을 겨냥한 억제보다 동맹국을 상대로 하는 안심·보장이 훨씬 더 어렵다는 사실은 확장억제의 본질적 한계를 상징적으로 드러낸다.

이론적 관점에서, 확장억제의 딜레마는 아직도 해결되지 못한 상태로 남아 있다. 셸링 같은 학자들은 성공적인 억제를 위해서는 방어지(보장국)의 보복에 대한 '절대적' 확신이 아니라, 침략자로 하여금 주저하게 만들 수 있는 '충분한 확률'만 있으면 된다고 주장했다. 억지력에 대한

4장 | '확장억제' 전략의 불편한 진실　　**169**

확률론적 접근은 모호한 약속조차도 침략을 억제할 수 있는 충분한 불확실성을 만들어 낼 수 있다는 것을 시사한다.

그러나 허먼 칸(Herman Kahn)은 이를 "우연에 맡기는 위협(threat that leaves something to chance)"이라고 말했다.[34] 확장억제의 구조적·본질적 한계보다 중요한 것은 대통령의 의도와 관련된 신뢰성 격차의 문제일 것이다. 설령 미국 대통령이 반복적으로 동맹국에 대한 확장억제의 공약을 확인해 왔더라도 여전히 한국을 비롯한 동맹국들은 이에 대한 의구심을 끊임없이 나타냈다. 하지만 트럼프 대통령은 취임 이래 한국에 대한 확장억제의 신뢰성을 확인해 주기는 고사하고 "핵무기를 많이 가진 북한과 잘 지내야 한다"라는 무책임한 발언으로 불안감을 부채질했다. 사실 핵무기 사용과 관련된 미국 대통령의 정치적·심리적 계산은 여론, 전략 문화, 선거에 영향을 미치는 고려사항, 정치적 여건 등에 따라 달라진다. 그러므로, 위기 상황에서 합리적인 비용-편익 분석의 결과로 동맹의 신뢰성을 희생하더라도 보복보다는 자제를 선호할 가능성은 항상 존재한다. 이러한 국내적 제약이 확장억제 공약의 신뢰성을 더욱 약화시키는 요인이다. 한마디로, 트럼프 2기 행정부에서 미국이 약속한 확장억제 약속의 불편한 진실은 "근본적으로 신뢰할 수 없다"라는 것이다. 특히 미국이 자국 영토에 대한 직접적 위협이 없는 상황에서, 동맹국을 위해 핵보복을 감행할 가능성은 '희망사항'에 그칠 공산이 매우 높다.

5. 결론: 한국의 핵자강을 가로막는 장애물

가. 비핵화 맹신: '핵없는 세상(nuclear-free world)'의 허구

오바마 전 대통령은 임기를 시작한지 불과 3개월만인 2009년 4월 체코 프라하에서 '핵무기 없는 세계'를 선언하고, 같은 해에 노벨평화상을 받았다. 아마도 이는 그가 제시한 '핵없는 세상' 비전 덕분일 것이다.[35] 그러나 이런 류의 유토피아적 이상론은 진정한 평화에 도움이 되지 않는다. 오바마는 노벨상 과실을 얻었지만, 세상은 여전히 전쟁 중이다. 한마디로, '핵없는 세상' 같은 주장은 근본적으로 오해의 산물이고, 위험할 정도로 순진하며, 전략적으로 무모하다. 비록 보편적(universal) 핵폐기가 도덕적으로 매력적이지만, 국제정치의 불변적 현실, 非핵·재래식 전쟁의 역사적 증거, 그리고 엄연한 억제력의 논리를 무시하는 것이 문제다. 더욱 심각한 것은 설령 우리가 선의의 핵포기를 결단하더라도 우리의 적들은 정반대로 움직일 수 있다는 점이다. 일례로, 중국·러시아·북한·이란 같은 새로운 21세기 '악의 축' 국가들에게 핵무기는 정권 생존과 세력·군사력 투영의 핵심이다. 그러므로, 이들은 우리의 보편적 핵포기를 자발적 무장 해제로 간주하여 전략적 이점을 극대화할 수 있는 기회로 간주할 것이다.[36]

그리고 '핵없는 세상'의 실현이 가능하지도 않지만, 설령 가능하더라도 그런 세상이 지금보다 더 안전하고 평화로운 상태가 될 것이라는 보장도 없다. 유토피아적 성향의 비핵화 맹신론자들은 핵무기 보유량이 '제로(0)'에 가까워질수록 검증의 불가능성이 커지는 점,[37] 핵무기 지식의 "발명을 무효화(uninvent)"할 수 없는 점, 그리고 여전히 지속될 안보 딜레마 등으로 인해, 합리적 행위자들은 말로는 '비핵화'를 추구한다고 말하면서도 실제로는 핵역량을 은밀히 유지하기 위한 필사적 노력을 기울이게 될 것이다. 이런 면에서 '핵없는 세상'에 대한 맹목적 믿음은 핵시대 이전의 재래식 전쟁에서 7천만 명 이상이 사망[38]했다는 사실을 무시하고, '비핵화는 곧 구원'이라는 헛된 믿음을 맹신하는 세속적 종말론과 닮은 꼴이라 할 것이다.

나. 한국 핵무장이 '핵도미노와 NPT 붕괴'를 초래한다는 괴담

핵도미노 신화(myth)의 기원은 냉전 시대의 핵확산 우려에서 비롯되었다. 당시 학자들은 일국이 핵무기를 획득하면 주변국들이 자체 핵무기를 개발하도록 자극하여 핵확산의 연쇄반응을 일으킬 것이라는 이론을 제시했다. 일례로, 스콧 세이건은 국가의 핵개발 이유를 안보 모델, 국내 정치 모델, 규범 모델 등으로 제시했다. 핵도미노는 국가가 안보 위협과 생존의 필요성 때문에 핵무기를 개발한다는 '안보 모델(security model)'에 잘 설명되어 있다.[39] 여기에 '한국 핵무장은 NPT 붕괴'라는 주장이 가세되어 문제를 더욱 복잡하게 만든다. 일례로, 마크 피츠패트릭은 동북아 핵확산이 "NPT에 대한 전 세계의 지지를 성공적으로 유지해 온 규범적, 심리적 장벽을 심각하게 훼손할 수 있다"라고 주장했다.[40] 그에 따르면, 만일 한국이 NPT에서 탈퇴하면 불안정한 지역의 다른 비핵 보유국들이 비핵화 약속을 재고하도록 장려할 수 있는 위험한 선례가 될 수 있다.

또한 앤킷 판다 같은 학자도 미국 정책 결정자들이 한국의 핵무장 결정이 국제 비확산 노력에 치명적 영향을 줄 수 있다고 보는 점을 강조한다.[41] 그의 연구에 의하면 한국의 핵무장은 사우디, 터키, 브라질 등 기술적으로 핵개발이 가능했지만 지금까지 핵비확산 규범을 준수해

온 국가들 사이에서 핵보유에 대한 광범위한 재평가를 촉발할 수 있다는 것이다. 압권은 할 브랜즈 같은 학자의 터무니 없이 과장된 주장이다. 그에 의하면, 한국이 핵무기를 보유하게 되면, 미국의 안보공약에 대한 신뢰가 훼손되어, 특히 확장억제에 의존하는 미국 동맹국들 사이에서 "전 세계적 핵확산이 촉발될 수 있다"라는 것이다.[42] 한국 핵무장을 '죄악시'하는 거의 괴담 수준의 과장이다.

하지만 '핵도미노'는 핵확산 담론에서 근본적 결함을 가진 개념이다. 이에 의하면 한국의 핵보유가 마치 중단될 수 없는 확산의 연쇄반응을 촉발할 것이라고 주장한다. 그러나 실증연구 결과에 따르면 이는 사실이 아니다. 무엇보다 핵확산의 역사적 패턴은 도미노 이론의 전제에 결정적으로 상충된다. 1945년 이후 지역 차원에서 연쇄적 확산이 이뤄질 수 있는 수많은 기회가 있었음에도 불구, 그러한 상황이 벌어진 적이 없다.[43] 실제로 핵확산은 70년 이상 동안 9개국으로 느리게 이뤄졌다. 1998년 인도 핵실험에 파키스탄도 같은 방식으로 대응했지만, 방글라데시·스리랑카 같은 국가들은 관심을 보이지 않았다.[44] 실증적 연구도 "핵시대에서 핵도미노 효과는 극히 드물다"라는 결론을 도출했다. 200여개 국가를 대상으로 지역적 적대국의 새로운 핵위협에 직면한 국가들이 핵개발에 착수했는지 여부를 관찰한 결과, 그 중에서 4.1%만이 핵개발을 시작한 것으로 나타났다.[45] 상기 연구 결과는 우리의 핵무장이 지역적 핵확산과 글로벌 핵도미노를 촉발할 것이라는 주장이 과장된 것임을 시사한다.

'한국 핵무장은 NPT 붕괴'라는 주장도 괴담에 가까운 과장이다. 일례로, 레베카 기븐스의 연구에 따르면, NPT는 일관되게 충격을 흡수하면서도, 경보주의자(alarmists, '위기 과장론자')들이 예측하는 탈퇴의 연쇄반응을 제어하는 강력한 제도적 메커니즘과 규범적 토대를 정착시켰다.⁴⁶ 이러한 NPT의 회복탄력성은 규범적 붕괴에 대한 경험적 근거를 제시하지 못한 다른 학자들의 주장과 상충된다. 역사적 기록은 분명하다. 191개 NPT 서명국 중 북한만이 50년 이상의 조약 역사에서 공식적으로 탈퇴한 국가다. 다시 말해서 다른 99.5%의 회원국들은 'NPT 붕괴' 주장의 맹점을 반증한다. 또한 뮐러와 분델리히의 연구에 따르면, NPT의 규범적 힘은 반복되는 논쟁과 재확인 과정을 통해 시간이 지남에 따라 오히려 강화되어 개별국들의 탈퇴에 대한 저항력이 점점 더 커지고 있다.⁴⁷ 'NPT 붕괴' 신화는 비확산 체제의 정치적, 제도적 이익을 위해 종종 사용된다. 그러나 실증적 연구 결과는 그러한 주장은 갈수록 정당성이 의문시되는 과장된 '괴담'에 가깝다는 점을 보여준다.

다. 비핵화 맹신론은 21세기판 '소중화사상(小中華思想)'

중화사상의 변형인 소중화사상(小中華思想)은 중국 이외 국가가 스스로를 중화의 계승자로 자처하는 사상을 말한다. 14세기 말 조선왕조는 명나라에 대한 사대주의와 주자학 채택으로 소중화의식을 형성했다. 특히 임진왜란 당시 지원을 받았다는 '재조지은(再造之恩)'이 숭명의식을 극대화시켰고, 소중화사상은 조선인의 정체성으로 내면화되었다.

17세기 중반 명나라 멸망 후, 조선의 소중화주의는 자국을 중화 문명의 유일한 정통 계승자로 여기는 배타적 형태로 변모했다. 송시열 등 사대부들은 청나라를 오랑캐로 규정하며 중화 질서를 위협하는 사상을 '사문난적(斯文亂賊)'으로 탄압했다. 이처럼 경직된 이념은 18세기 실학자들의 비판에도 불구하고 조선 사대부의 주류 인식으로 자리잡았으며, 세계사적 근대화 흐름을 인지하지 못한 채 쇄국적 태도를 고수했다. 소중화주의의 편협성은 19세기 서양 열강과 일본의 제국주의적 침략 앞에서 더욱 두드러졌다. 위정척사(衛正斥邪) 운동으로 발전한 소중화주의는 서구 문물을 근본적으로 거부하며 근대적 개혁 기회를 상실케 했다. 결국 시대적 흐름을 읽지 못한 조선은 급변하는 국제정세에 적절히 대응하지 못하고 국력 쇠퇴라는 비극적 결과를 맞았다.

    오늘날 한반도를 훨씬 넘어선 글로벌 안보 환경은 2차 세계대전 종전 이후 가장 위태로운 격변기를 겪고 있다. 미국은 역사상 처음으로 중국·러시아라는 양대 핵강국의 동시 위협에 직면하여 수직적 핵확산(1.7조 달러 투입하여 30년간 nuclear-triad 현대화)에 착수하고, 중국은 역대 가장 빠른 속도로 핵전력을 증강(현재 500발에서 2035년까지 1,500발)하며, 러시아는 노골적 핵 위협·협박·공갈을 일상화하고 있다. 이제 '북한 비핵화'는 비현실적인 망상에 가까우며, 김정은은 러시아의 도움으로 핵전력 고도화에 박차를 가하고 있다. 이처럼 엄혹한 현실에도 불구, 이 나라에는 '한국의 독자적 핵무장 불가'와 '비핵화·핵비확산'를 주장하는 목소리가 여전히 '주류'처럼 인식되고 있다. 비핵화를 절대적 가치로 삼고 자위적 핵능력 확보를 금기시하는 사고는 조선 말기에 사대부들이 시대의 흐름을 외면하고 명나라에 대한 맹목적 숭배에 빠져 현실을 외면했던 소중화사상과 다를 바 없다.

    과거 조선의 소중화주의자들이 멸망한 명나라의 망령에 사로잡혀 청나라를 '오랑캐'로 낙인찍고, 시대적 현실을 무시한 채 중화문명의 유일한 후계자라는 망상적 자부심만 키웠고, 결국에는 국가의 운명을 파탄으로 몰고 갔다. 국제정세가 급변하는 상황에서도 '사문난적'을 강조하며 편협한 이념적 순수성에 집착한 것은 우매함의 극치였다. 오늘날도 마찬가지다. 북한의 비핵화 가능성은 이미 오래전 '환상'으로 드러났다. 미국·중국·러시아·북한이 경쟁적으로 핵전력을 확대하는 상황 속에서도 비핵화·핵비확산의 이상적 명분에 집착하는 모습은 조선

후기 소중화주의와 크게 다르지 않다.

　이러한 사고방식은 한때 조선이 숭명(崇明)이라는 우월의식에 빠져 시대 흐름을 망각한 채 자신들의 견해와 다른 주장들을 '사문난적'으로 단죄하며 근대화와 개혁의 기회를 놓쳤던 바로 그 잘못을 반복한다. 시대착오적인 사상적 맹신과 관념적 도그마로는 결코 냉엄한 현실을 이겨낼 수 없다. 과거 소중화주의의 편협한 자기 망상이 국운을 망쳤듯이, 비핵화라는 명분적 집착과 전략적 맹목성 또한 국가 존망을 위태롭게 만들 뿐이다. 이제는 냉엄한 현실을 인식하여, 우리의 '자위적 핵억제력 확보'를 시대적 사명으로 인정해야 한다. '소중화사상'의 오류를 반복한다면 또다시 국가 패망의 비극을 맞게 될 것이다.

주

1   William Galston, "The Zelensky Spat Shows Us How Trump Sees the World," *Wall Street Journal* (March 4, 2025).

2   Thomas Schelling, *Arms and Influence* (New Haven, CT: Yale University Press, 1967), p. 36.

3   John J. Mearsheimer, "Nuclear Weapons and Deterrence in Europe," *International Security* Vol. 9, No. 3 (1984), pp. 19-46.

4   Justin V. Anderson and others, *Extended Deterrence and Allied Assurance: Key Concepts and Current Challenges for U.S. Policy-INSS Occasional Paper* (USAF Academy, CO: INSS, September 2013), p. 6.

5   Jon Jackson, "Russia Rebukes Donald Trump's Plan for American Iron Dome," *Newsweek* (January 31, 2025).

6   Gabriele Steinhauser and others, "Trump's Ukraine Shift Unsettles U.S. Allies in Asia," *Wall Street Journal* (February 23, 2025).

7   Shelling, *Arms and Influence*, p. 36.

8   Joby Warrick, "China is building more than 100 new missile silos in its western desert, analysts say," *Washington Post* (June 30, 2021).

9   "시나트라 테스트"는 프랭크 시나트라의 히트곡(1979년)인 "New York, New York"에서 유래되었다. 노래 가사에 다음과 같은 구절이 있다. "If I can make it there, I'll make it anywhere(내가 뉴욕에서 성공한다면, 다른 어느 곳에서도 성공할 수 있어)." 이는 뉴욕처럼 가장 거칠고 척박한 대도시에서 성공할 수 있다면, 다른 어느 곳에서든지 성공할 수 있음을 말한다. 이에 관한 보다 자세한 사항은 다음을 참고할 것. Chip Heath and Dan Heath, *Made to Stick: Why Some Ideas Survive and Others Die* (New York: Random House, 2008), pp. 130-164.

10 Tony Radakin, "Chief of the Defence Staff Warns of a 'Third Nuclear Age' in RUSI Annual Lecture," *RUSI* (December 4, 2024).

11 Reja Younis, "A New Nuclear Age?," *CSIS* (August 20, 2024).

12 Joshua Keating, "The world has entered the third nuclear age," *Vox*, 15 January 2025; Heather Williams, "Russia's Nuclear Signaling in the Ukraine War," *CSIS* (April 15, 2023).

13 Radikin, *RUSI* (2024).

14 Susie Blann and others, "Zelenskyy says excluding Ukraine from US-Russia talks about war is 'very dangerous'," *AP News* (Febuary 2, 2025).

15 Tim Ross and Jacopo Barigazzi, "Trump's America is Putin's ally now," *Politico* (February 19, 2025).

16 Thomas L. Friedman, "Is Putin Playing Trump or Is Trump Playing Us?," *New York Times* (February 25, 2025).

17 Doyle McManus, "Trump isn't an isolationist. He's a bully - and that's hurting U.S. influence in the world," *LA Times* (February 10, 2025).

18 Ivana Kottasová, "Trump falsely calls Zelensky 'a dictator' after Ukraine's leader accuses him of living in 'disinformation space'," *CNN* (February 19, 2025).

19 Yaroslav Trofimov, "Washington's Embrace of Putin Aims to Drive Wedge Between Moscow and Beijing," *Wall Street Journal* (February 21, 2025).

20 Editorial Board, "Putin Wins the Trump-Zelensky Oval Office Spectacle," *Wall Street Journal* (February 28, 2025).

21 Tim Ross and Jacopo Barigazzi, "Trump's America is Putin's ally now," *Politico* (February 19, 2025).

22 Thomas C. Schelling, *The Strategy of Conflict* (Cambridge, MA: Harvard University Press, 1981).

23 Renaud Foucart, "Ukraine war: game theory reveals the complexities (and fragility) of a nuclear deterrent," *Conversation* (February 25, 2025).

24 George J. Mailath and Larry Samuelson, "Chapter 4 - Reputations in Repeated Games," *Hand- book of Game Theory with Economic Applications*, Vol. 4 (2015), pp. 165-238.

25 Martin Fornusek, "'Stupid, illogical' - Zelensky blasts Ukraine for relinquishing nuclear arms without strong security guarantees," *Kyiv Independent* (January 28, 2025).

26 Colin Freeman, "How a nuclear-armed Ukraine could become 'Europe's Israel'," *The Telegraph* (February 24, 2025).

27 Bret Stephens, "America's Most Shameful Vote Ever at the U.N.," *New York Times* (February 25, 2025).

28 Dana Allin and Jonathan Stevenson, "America and Russia Are on the Same Side Now," *New York Times* (February 25, 2025).

29 Martin Wolf, "The US is now the enemy of the west," *Financial Times* (February 26, 2025).

30 Schelling, *Arms and Influence*, pp. 36-37.

31 Ole R. Holsti, "Crisis Decision Making," in *Behavior, Society, and Nuclear War, Vol. 1*, Philip E. Tetlock et al (eds) (New York: Oxford University Press,

1989), pp. 8-84.

32 Roseanne McManus, "The Limits of the Madman Theory," *Foreign Affairs* (January 24, 2025).

33 Schelling, *Arms and Influence*, pp. 92-100.

34 Herman Kahn, *On Escalation: Metaphors and Scenarios* (New York: Praeger, 1965), pp. 3-15.

35 Makoto Takahashi, "Obama's Nobel-winning vision of 'world without nuclear weapons' is still distant," *Conversation* (October 27, 2016).

36 Lieber, Keir A., and Daryl G. Press. *The Myth of the Nuclear Revolution: Power Politics in the Atomic Age* (Ithaca, NY: Cornell University Press, 2020), pp. 32-33.

37 이는 비핵화의 허구와 역설을 상징적으로 보여주는 지적이다. 핵무기 보유량이 점점 감소함에 따라, 검증(verification)의 어려움은 선형적으로 증가하는 것이 아니라 기하급수적으로(exponentially) 증가한다. 전체 핵무기 숫자가 감소함에 따라 희귀성의 원칙에 따라 핵무기의 가치는 천정부지로 치솟게 된다. 그러면 발견되지 않거나 숨겨 놓은 핵무기의 전략적 가치가 급격하게 증가한다. 수천 발의 핵무기가 있는 세계에서 몇 발의 핵무기는 거의 전략적 이점을 제공하지 못한다. 그러나 보유량이 0에 가까워지는 세계에서는 숨겨진 몇발의 핵무기들이 결정적인 군사적 우위를 차지할 것이다. 따라서 핵무기 보유량이 줄어들수록 속임수·기만·은폐에 대한 압도적인 인센티브가 발생할 것이다.

38 Michael Clodfelter, *Warfare and Armed Conflicts: A Statistical Encyclopedia of Casualty and Other Figures, 1492-2015* (Jefferson, NC: McFarland & Co, 2017), pp. 561-568.

39 Scott D. Sagan, "Why Do States Build Nuclear Weapons? Three Models in Search of a Bomb," *International Security* Vol. 21, No. 3 (Winter 1996-1997), pp. 54-86.

40 Mark Fitzpatrick, *Asia's Latent Nuclear Powers: Japan, South Korea and Taiwan*, IISS Adelphi Series, *Vol. 455* (NY: Routledge Taylor, 2016), p. 107.

41 Ankit Panda and Tristan A. Volpe. "Limited Leverage: Nuclear Latency in South Korea's Alliance Bargaining," *Washington Quarterly* Vol. 47, no. 1 (Spring 2024), pp. 147-166.

42 Hal Brands, "If South Korea Goes Nuclear, So Will the World," *Bloomberg* (August 28, 2024).

43 Jacques Hymans, "Veto Players, Nuclear Energy, and Nonproliferation: Domestic Institutional Barriers to a Japanese Bomb," *International Security* Vol. 36, No. 2 (2011), pp. 154-189.

44 Etel Solingen, *Nuclear Logics: Contrasting Paths in East Asia and the Middle*

East (NY: Princeton University Press, 2007), pp. 223-277.

45   Nicholas L. Miller, "Nuclear Dominoes: A Self-Defeating Prophecy?," *Security Studies* Vol. 23, No, 1 (2014), pp. 33-73.

46   Rebecca Gibbons, *The Hegemon's Tool Kit: US Leadership and the Politics of the Nuclear Non- proliferation Regime* (Ithaca, NY: Cornell University Press, 2022), p. 183.

47   Harald Müller and Carmen Wunderlich, "Not Lost in Contestation: How Norm Entrepreneurs Frame Norm Development in the Nuclear Nonproliferation Regime," *Contemporary Security Policy* Vol. 30, No. 3 (2018), pp. 341-366.

5장

미국의 '확장억제 정책'에
계속 의존해도 될까?

———
최승환

한국과 미국 간의 군사안보동맹을 더욱 굳건히 하기 위하여 윤석열 대통령과 조 바이든 대통령은 2023년 4월 워싱턴 선언을 하였다. 이 선언을 기초로 하여 미국 측은 자신들이 가지고 있는 핵무기를 한반도에서 어떻게 운용할 것인가에 대한 전략을 한국 측과 함께 논의하기 위한 핵협의그룹(Nuclear Consultative Group)을 설립하는 데 동의하였다. 그리고 북한이 한국에 대한 핵 공격을 감행할 경우 미국은 "신속하고 압도적이며 단호한 대응할 것"을 명시함으로써 한국에 대한 핵우산 제공의 신뢰성을 다시 한번 확인 시켜주었다.[1]

윤석열 대통령과 조 바이든 대통령이 공동기자회견 형식을 빌려 발표한 워싱턴 선언문은 지금까지 한국에 제공하고 있던 미국의 일방적인 핵우산정책을 한미 쌍방이함께 모인 핵협의그룹 통하여 점진적으로 발전시킬 것을 합의했다는데 의미가 있다. 이는 미국 측 입장에서 보면 기존보다 더욱 실질적이고 현실적인 핵우산을 한국 측과 협의히에 제공하겠다는 뜻이므로 '확장억제 정책'이라고 명명되었다.

여기에서 확장억제라는 것은 적국의 군사적 위협으로부터 동맹국을 보호하기 위해 핵보유국이 동맹국에 안전보장을 제공하는 것을 의미한다. 따라서 확장억제의 역학관계는 확장억제를 제공하는 핵보유국, 확장억제를 제공받는 핵보유국의 동맹국, 동맹국을 위협할 의지와 능력이 있는 적국 등 세 가지 행위자를 포함한다. 그리고 적국이 동맹국의 국가안보를 위협할 때, 핵보유국은 적국의 군사적 공격이나 강압을 막기 위해 자신이 보유한 억제 수단을 사용할 것임을 사전에 충분히 인식시킴으로써 적국의 도발을 미연에 방지하고자 하는 것이다.[2]

한미 간의 확장억제 정책에서[3] 한 가지 명심해야 할 것은 미국이 가지고 있는 핵무기에 대한 최종 사용 권한은 미국 대통령에게만 있다는 사실이다. 미국 대통령의 절대적인 핵무기 사용 권한은 2023년 4월 워싱턴 선언을 통하여 다시 한번 확인되었다. 그렇다면 여기서 드는 의문은 주권 국가인 한국의 국가안보를 미국의 확장억제 정책에 의존해도 되겠냐는 것이다. 이 질문에 대하여 필자는 긍정과 부정의 두 가지 답변 모두 가능하다고 본다.

1. 미국 확장억제 정책에 의존

미국은 한국과 1953년 10월 1일 상호방위조약을 체결하면서 한국에 핵우산을 제공하기로 약속하였다. 미군은 1958년 1월에 처음으로 남한에 핵무기를 배치/운용하였으니, 한반도에 전개된 핵우산의 역사는 벌써 반세기를 넘기고 있다.[4]

미국이 지난 반세기 동안 보여준 것과 같이 앞으로도 계속하여 세계 패권국가의 지위를 유지하여 간다면 한국이 미국의 확장억제 정책에 의지하여 국가안보를 지켜나가는 것이 최선책은 될 수 없지만 나쁘지만은 않다고 볼 수 있다. 현재 전 세계에서 가장 강력한 군사력을 지닌 미국이 한국을 적국들로부터 책임지고 지켜주겠다는 상황 속에서 그 어떤 나라라도 감히 한국을 넘보기는 쉽지 않을 것이다. 아래의 표에서 볼 수 있듯이 미국은 무려 3,700발이 넘는 핵탄두를 보유하고 있기 때문에 한국의 최대 적국인 북한의 침략 의욕을 좌절시키는 데 충분하고도 남는다고 하겠다.[5] 현재 북한이 얼마나 많은 핵무기를 조립했는지에 대한 불확실성은 여전히 존재하지만 약 50여 발의 핵탄두를 보유한 것으로 추정되고 있다. 따라서 북한이 미국 핵우산 속에 있는 한국을 상대로 먼저 전쟁을 시작할 수 있는 확률은 그리 높지 않다고 본다.

〈표 1〉 2025년 전 세계 핵탄두 추정치

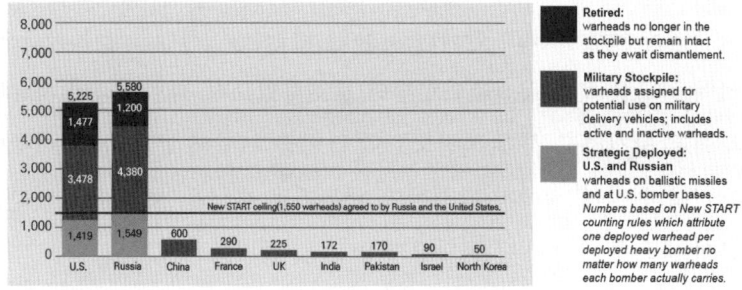

* 출처: 군비통제협회(https://www.armscontrol.org/factsheets/nuclear-weapons-who-has-what-glance) (검색일: 2025. 5. 17.).

혹자는 "북한이 한국을 핵무기로 공격하면 미국이 자국의 대도시 몇 개가 희생되는 것을 감수하면서까지 북한에 핵무기로 보복해서 남한을 보호해 줄 것이라는 기대에 매달리는 것은" 어리석다고도 한다.[6]

하지만 이 비판은 북한이 한국을 핵무기로 먼저 공격한다는 가정을 전제로 하고 있기 때문에 모순적이다. 북한이 정상적인 의사결정이 불가능한 상황을 제외하고는 미국 핵우산 속에 있는 한국에 먼저 핵 공격을 한다는 가능성은 희박하다고 필자는 보고 있다. 왜냐하면 북한의 김정은 정권은 미국과의 핵무기 싸움에서 승리할 확률이 매우 낮다는 것을 누구보다도 잘 알고 있기 때문이다. 즉 자신의 정권 유지를 최우선 목표로 삼고 있는 김정은 위원장이 한국과 미국을 상대로 먼저 핵전쟁을 시작하여 패배를 자초할 이유는 전혀 없다.

바꾸어 말하면 만일 미국이 국제정치 무대에서 패권국가의 지위를 계속하여 유지할 수 있다면 한국은 미국의 확장억제 정책이라는 그늘 아래서 국가안보를 지켜나가는 것도 큰 무리가 없을 것이다. 사실 모두 알다시피 미국은 지난 80여 년간 한국에 많은 도움을 주어 왔으니 그 도움을 좀 더 받는다고 전혀 이상해할 필요가 없다. 일본의 식민지에서 한국민들을 해방시키고, 한국전쟁 동안 미군들은 자신들의 목숨을 희생하며 한국을 북한 공산주의로부터 보호하였으며, 대한민국이 자유민주주의로 발전하고 경제 선진국으로 탈바꿈하는 데 큰 힘이 되어주었다.[7] 이러한 상황 속에서 자신들의 핵무기로 한국을 보호해 주겠다는 미국의 마음을 고맙게 받을 필요가 있는 것 같다.

2. 미국 확장억제 정책에서 탈피

한국의 자체적인 핵무장을 옹호하는 학자들은 그동안 설득력 있는 다양한 의견들을 개진하여 왔다. 예를 들면, 차기 또는 가까운 미래에 도널드 트럼프나 그와 유사한 비개입주의 또는 신고립주의 성향의 정치인이 미국 대통령에 당선될 경우 한미 간의 확장억제 정책의 실효성이 없어지게 되어 한국이 핵무장에 나서야 한다고 생각하고 있다. 또한 동아시아 지역에서 미국은 북한을 견제하기보다는 중국 견제에 우선순위를 두고 있기 때문에 한국이 미국의 확장억제에만 전적으로 의존하는 것은 어리석을 수 있다는 주장도 일리가 있다. 이밖에 북한의 호전성과 전술핵을 이용한 공격 위협, 유사시 남한 전 영토를 평정한다는 위협, 북방한계선 무력화 의지 등등도 확장억제 정책의 유효성을 고민하게 하는 상황이라고 할 수 있다.

이러한 주장들은 세종연구소 정성장 박사의 최근 저서인 『왜 우리는 핵보유국이 되어야 하는가』에 수록된 제1장 한국이 핵자강을 적극적으로 고려해야 하는 이유와 제4장 미국의 확장억제, 전술핵 재배치, 핵 공유 옵션의 한계에 자세히 설명되어 있기에 관심이 있는 독자들에게 일독하기를 권하고 싶다.

이글에서는 현재까지 학자들 간에 논의되지 않았던 미국 패권의 쇠퇴 가능성이 어떻게 한미 간의 확장억제 정책을 위축할 수 있으며 이에 대한 대응방안으로 한국이 핵무장을 은밀하게 진행하여 하루라도 빠르게 자주국방의 초석을 다져야 한다는데 초점을 둔 논의를 전개하고자 한다.

만일 누구든 강력한 군사력에 기반을 둔 미국의 패권이 21세기에 들어서면서 서서히 쇠퇴하고 있는 게 아니냐는 의구심이 든다면 미국의 확장억제 정책이 갖는 의미를 다시 한편 살펴보아야 한다.[8] 북한은 미국의 50개 주중에서 하나인 펜실베이니아만 한 크기의 작은 나라이지만 그들이 핵미사일이 미국의 심장부를 언제든지 타격할 수 있다는 사실은 세계 최강의 군사력을 지닌 미국이 새로운 위협에 직면하게 되었다는 것을 뜻하며, 2022년 2월에 시작된 러시아와 우크라이나의 전쟁은 미국 중심의 세계 패권에 대한 심각한 도전으로 보여지고 있다. 그리고 국제무대에서 미국 패권에 공공연하게 도전장을 내밀고 있는 중국의 등장은 미국의 힘이 예전과 같지 않다고 생각하는 사람들을 늘어나게 하였다.

여기에서 필자는 확장억제 정책에 대한 반증으로 두 개의 역사적 사실을 살펴 보고자 한다. 첫째, 중국은 미국이 핵무기를 사용할 수 있다는 점을 충분히 인식하면서도 중국 인민해방군을 한국전쟁에 참전시켰다는 것이다.[9] 중화인민공화국의 초대 주석인 마오쩌둥은 자신의 영토, 특히 북동부 국경 지역이 미국으로 대표되는 서양 제국주의에 유린당하는 것을 그대로 두고 볼 수 없었다. 따라서 그 당시 핵무기를 가지고 있지도 않았던 중국의 한국전 참전은 미국이 한국에 제공하고 있는 확장억제 정책이 이미 핵무장 국가인 북한의 적화통일 야욕을 과연 얼마만큼 저지할 수 있겠느냐는 의문을 강하게 들게 한다.

둘째, 2024년 8월, 우크라이나군은 러시아의 영토인 쿠르스크 지역을 공격하여 점령하였다. 러시아-우크라이나전쟁이 시작된 이래 핵무장 국가인 러시아에 대한 우크라이나정규군이 수행한 첫 번째 공격이었다. 우크라이나 대통령인 블로디미르 젤렌스키는 수세에 몰린 국가와 영토를 지키기 위하여 러시아 본토에 대한 공격을 감행한 것이다. 러시아 본토에 대한 우크라이나군의 공격은 핵무기가 과연 전쟁을 억제할 수 있는가에 대한 의구심을 낳게 한다.

위의 두 가지 역사적 예는 비핵국가일지라도 전쟁에서 영토가 유린 되고 국가 위기라는 상황에 처하게 된다면 핵보유 국가에 대하여 적극적인 공세작전을 취할 수밖에 없다는 것을 보여주고 있다. 이는 역설적이지만 핵무기가 주는 군사적 효용성에 심각한 의문을 들게 한다. 이러한 역사적 사실은 버지니아 주립대학교에 재직하고 있는 타드 섹서

교수가 계량 분석을 통하여 보여준 미국을 포함한 핵무장 국가들의 군사 위협이 종종 실패한다는 것과도 상응하고 있다.[10] 이를 바꾸어 말하자면 미국이 한국에 제공하고 있는 핵우산은 이미 찢어진 우산에 불과할 수도 있기 때문에 한국 자체의 핵우산 도입이 시급하다는 것이다.

현재 국제 정치무대에서 미국의 군사력과 영향력이 점차 줄어드는 상황 속에서 미국의 찢어진 핵우산은 영영 수선이 불가능하게 될지도 모른다.[11] 혹자는 미국은 여전히 강대국이라고 주장할 수도 있다. 하지만 잎소스(Ipsos)에서 실시한 여론조사에 따르면 미국민들 중 59퍼센트가 미국의 국력이 쇠퇴하고 있다고 답하였다.[12] 만일 미국의 힘이 현격히 줄어드는 상황이 발생하게 되면 미국은 더욱 더 자신들의 국가이익과 안보를 지키기에도 힘이 버거운 상태에 이르게 될 것이다. 이 경우 전 세계에서 운용 중인 미국 핵무기에 대한 최종적인 사용권자인 미국 대통령은 한국이라는 우방국을 침략국으로부터 아무리 지켜주고 싶어도 자신들의 핵무기 사용을 포함한 실질적인 군사 활동에 나설 여유가 없는 상황이 올 수도 있다.

국제정치 이론인 현실주의에 입각하여 볼 때 한국은 최악의 국가안보 상황을 대비하여 철저히 준비를 하여야 한다. 이 이야기는 어느 날 갑자기 한국에 대한 미국의 보호가 사라질 경우를 가정하여 국가 지도자들이 적국들의 침략으로부터 나라, 국민, 그리고 국토를 어떻게 지켜내어야 하는가에 대하여 사전에 준비하여 놓아야 한다는 말이다. 지금까지 한국을 잠재적인 적들로부터 항상 방어하고 보호하여 준 고마운 우방인 미국의 힘이 언젠가는 쇠퇴할 수도 있으므로, 필자는 대안으로 가능한 한 빠르고 은밀하게 핵무장을 하여 진정한 자주국방을 이룩하여야 한다고 주장한다.

여기서 잠시 미국의 패권이 과연 쇠퇴하고 있느냐는 중요한 질문을 하여본다. 예일대학교의 역사학자인 폴 케네디는 강한 경제력이 뒷받침되지 않는 군사대국은 결국에 쇠퇴할 수밖에 없다고 주장하면서 지나간 세계 역사 속에서 강대국들의 흥망성쇠를 살펴보았을 때 미국도 예외가 될 수는 없을 것이라고 보았다.[13] 하지만 하버드대학교의 정치학자인 조셉 나이는 지속적인 경제 번영을 이루고 있는 미국은 21세기에도 세계의 정치/경제/외교/군사 분야에서 가장 큰 영향력을 행사할 수 있다고 예측하였다.[14] 미국이 주도한 걸프전쟁과 테러와의 전쟁에서 승리한 것을 고려하면 폴 케네디 교수의 비관론보다는 조셉 나이 교수의 낙관론이 현재 좀 더 우세하게 보일 수 있다.

하지만 여기에서 조셉 나이 교수가 세계를 이끌어 가고 있는 미국 대통령의 지도력과 관련하여 주장한 한가지 사실을 짚고 넘어갈 필요가 있다. 조셉 나이 교수는 다수의 미국인이 미국은 전 세계를 상대로 가장 강력한 지도력을 행사하여야 한다는 미 대통령의 주장에 동조하는 한 미국의 패권은 절대로 쇠퇴할 수 없다고 보았다. 그런데 이 주장은 미국인들이 경제적으로 풍요하고 여유로운 삶을 즐기면서 국가에 내는 세금을 원활히 낼 수 있을 때 그 덕택으로 미 대통령이 세계 경찰 역할을 수행할 수 있다는 전제를 깔고 있다.

조셉 나이 교수는 미국의 경우 지난 200여 년 동안 이룩한 경제 번영은 다른 어떠한 나라도 감히 따라올 엄두를 낼 수 없는 엄청난 것으로 이는 국제 정치무대에서 미국이 군사 패권국으로 발돋움하는 데 원동력이 되었으며 앞으로도 이 경향은 변화가 없으리라 예측하였다. 한마디로 말하면 미국이 지금까지 이룬 천문학적인 경제적 부는 미국민들을 세계가 당면한 어려운 정치·경제문제들을 함께 고민하는 세계시민의 일원으로 성장시키고 미국을 세계 경찰국가화시키는 데 결정적인 역할을 하여 왔다는 것이다.

하지만 조셉 나이 교수가 35년 전에 분석한 미국 패권의 지속성은 미국경제가 침체기가 없이 계속하여 성장한다는 전제에 근거한 것이었다. 하지만 작금에 미국이 직면해 있는 산적한 국내외 경제문제들을 참작하면 조셉 나이 교수의 예측은 많이 빗나가고 있다는 것을 알 수 있다. 현재 미국의 많은 중산층들은 과거에 자신들이 누렸던 경제적인 풍요와 여유로움이 빠르게 사라지고 있다는 것에 강한 불만을 가지고 있다. 이들은 자신들의 힘들어진 경제 상황을 외부 환경의 탓이라고 비난하면서 자신들의 경제적 이익을 미국민의 처지에서만 보호하여 줄 수 있는 정치인을 지지하고 있다. 이들은 미국 시장은 미국 국민과 미국 기업들의 이익을 위해서만 존재해야 한다고 하면서 보호무역주의를 지지하며, 외국인 투자를 제한 하기를 원하고, 더 이상의 이민자들을 받아서는 안 된다고 주장하고 있다. 그리고 무엇보다도 자신들이 낸 세금이 국내에서 발생하는 문제들보다는 미국 밖에서 벌어지고 있는 전쟁, 인권유린, 기아, 난민, 팬데믹, 기후 온난화 등등의 사태 해결에 쓰이는 것에 적극적인 반대 의사를 표시하고 있다.

사실 풍요하고 여유가 있던 미국의 경제와 막강한 군사력이 점차 쇠퇴하고 있다는 주장은 과거에도 많이 있었다. 다른 강대국들에 비해 미국의 힘이 제2차 세계대전이 끝난 이후로 차츰 감소하고 있다고 주장하는 학자들은 미국이 다시는 세계 경제의 절반을 차지하고 핵무기를 전 세계에서 독점하던 시대로 되돌아 갈 수는 없다는 점을 강조하고 있다. 또한 제2차 세계대전 이후 많은 나라들이 경제 부흥기에 접어들었지만 미국이 1970년이 될 때까지도 전 세계 GDP에서 차지하는 비중이 겨우 3분의 1밖에 되지 않았다는 점도 지적하고 있다. 이 점유율은 미국이 제2차 세계대전에 참여하기 전인 경제력과 비슷하기 때문에 그 당시 미국이 쇠퇴하고 있다는 주장에 상당한 힘을 실어 주었다.[15]

다시 현재로 돌아와 지금 미국이 겪고 있는 어려운 경제 상황에 대한 독자들의 빠른 이해를 돕기 위하여 필자는 맥도날드 주식회사의 변화하는 영업방식을 예로 들고자 한다. 맥도날드 주식회사는미국의 일개 레스토랑 체인점에서 세계적인 다국적기업으로 변신과 성장을 하면서 미국이 괄목할 만한 경제 번영을 이룩하는 데 크게 일조하면서 미국이 세계의 패권국가에 등극하는데 커다란 역할을 하였다. 특히 햄버거는 미국의 음식문화를 대표하면서 전 세계로 전파되어 미국이 패권국가임을 많은 사람들에게 인식시키는 상징으로 자리를 잡았다.

많은 사람들이 알고 있다시피 맥도날드는 세계에서 가장 큰 패스트푸드 레스토랑 체인점을 운영하고 있으며,[16] 2022년 현재 이 회사의 글로벌 브랜드 가치가 제6위를 차지할 정도로 미국을 대표하는 다국적 기업이다.[17] 맥도날드 레스토랑 하면 생각나는 것이 햄버거와 감자튀김 이외에 아이들이 무료로 즐겁게 놀 수 있도록 지어 놓은 놀이터, 제한 없는 음료 리필 스탠드와 무료 케첩 서비스 등등이 있다. 필자는 이러한 맥도날드 주식회사의 레스토랑 체인점들을 운영하는 방식이 미국인 특유의 경제적 풍요와 여유로움을 상징하는 것이라고 늘 생각했다. 햄버거 장사를 통해 많은 이윤을 남기는 만큼 그 이윤을 이웃과 함께 나누기 위하여 어린아이들이 놀 수 있는 놀이 공간을 무료로 제공하는 것이 하나의 예이다.

하지만 요즘 새로 개장하는 체인점이나 리모델링한 레스토랑에 가서 보면 아이들을 위해 제공하여 왔던 무료 놀이터는 찾아볼 수가 없으며, 음료 리필 스탠드를 없앴다. 그리고 레스토랑 직원에게 직접 리필 요청을 하게 만들어 놓았으며, 여분의 케첩은 돈을 더 내고 구입하게 만들어 놓았다. 필자가 보기에 좀 더 많은 이윤추구를 하기 위하여 빠르게 변화하는 맥도날드 레스토랑들이 현재 어려움에 처해가고 있는 미국경제를 대변하고 있다는 생각이 든다. 세계적인 다국적기업인 맥도날드 주식회사조차도 과거 고속 경제성장으로 만끽할 수 있었던 경제적 여유로움, 이웃들과의 나눔 등이 이제는 사치와 낭비로 간주되고 있는 것이 작금의 미국경제 상황이다.

맥도날드가 즐겨 하던 과거의 영업방식을 국제정치의 시각에서 보자면 부자 나라인 미국은 자국 기업이나 국민이 낸 세금으로 지난 세기 동안 자유세계를 위한 경찰 책임자 역할을 마다하지 않았다는 것이다. 조셉 나이 교수의 말처럼 지난 시절 다수의 미국민은 자신들이 쌓은 부가 공산주의자나 독재자의 폭정으로 고생하는 타국의 사람들을 구하는 데 쓰이는 것이 미국민들만이 가지는 특권인 것처럼 자랑스러워하였다는 것이다. 이들에게 미 대통령은 세상의 악과 싸우는 정의의 사도로 자신들의 가치관과 정의로움을 대변한다고 생각했었다.

하지만 작금에 이르러 지난 200여 년간 자랑하여 오던 눈부신 경제성장률은 과거형이 되어가고 있는 상황 속에서 미국이 세계에서 경찰국가로서 활동하는 것에 대해 많은 중산층이 거부감을 표출하고 있다. 이들 중산층은 아직도 피땀 흘려 열심히 일하고 있음에도 불구하고 과거와 같은 경제적 풍요와 여유로움을 더 이상 즐길 수 없다는 것에 큰 불만을 가지고 있다. 이러한 불만은 자신들이 낸 세금이 미국인이 아닌 다른 나라 사람들에게 쓰이는 것에 대한 거센 반대로 이어지고 있다. 이런 상황 속에서 이들 중산층은 미국을 다시 위대한 국가로 만들자는 정치구호를 외치는 도널드 트럼프의 출현에 열광 했다. 이들 중산층 중에서도 과거에 비해 경제적 혜택이 많이 줄어든 백인이나 히스패닉계, 도시보다는 지방에 거주하는, 그리고 매우 보수적인 노인들이 주로 도널드 트럼프의 미국 우선주의에 무조건적 지지를 보내고 있다.[18]

혹자는 도널드 트럼프의 등장은 미국정치에서 예외적인 현상이라고 주장한다. 도널드 트럼프 개인의 인기가 사라지게 되면 그를 대표하는 포퓰리즘과 미국 우선주의도 역사 속에서 쉽게 잊힐 것으로 생각하고 있는 것 같다. 필자는 미국의 경제가 다시 고도성장에 들어서지 않는다면 도널드 트럼프 이후에도 계속하여 제2의, 제3의, 그리고 제4의 도널드 트럼프가 나타날 것이라고 보고 있다. 한 때 경제적으로 풍요로웠던 미국의 유권자들이 추락한 미국경제와 자신들에게 다시 번영을 가져다 줄 것 같은 미국 중심의 정치인들을 계속하여 지지할 것이기 때문이다.

도널드 트럼프가 내세우는 미국 우선주의는 한국의 안보에 가장 큰 치명타가 되는 것은 의심할 여지가 없다. 미국 우선주의는 미국 대통령이 한국에 그동안 제공하여 왔던 미국의 핵우산 보장을 아주 폐기하거나 한국이 미국의 핵우산을 통해 계속해서 혜택을 받고 싶다면 그에 따른 천문학적인 비용을 지불해야 한다는 것을 의미한다.

여기서 한국 입장에서 중요한 것은 미국의 패권이 서서히 침몰하면서 발생하고 있는 미국 우선주의에 따른 위험성을 빠르게 간파하여 이에 대한 대응 방안으로 한국이 자체 핵무장을 즉각적으로 달성하는 것만이 약육강식으로 점철된 국제무대나 호전적인 북한과의 대결에서 살아남을 수 있다는 것을 하루라도 빨리 깨달아야 한다는 것이다.[19]

지난 60년간 한국은 수출주도형 전략으로 2024년 기준 아시아에서 4번째로 크고 세계에서 14번째로 큰 경제 규모를 가지는 경제 대국으로 발전하였고,[20] 경제에서 축적된 부로 자주국방 증진에 힘쓰고 있다. 재래식 무기를 사용하는 각 나라들의 잠재적인 전쟁수행 능력을 육상, 해상, 공중전 측면에서 종합 평가한 2025년 글로벌 화력 지수(Global Firepower Index)에 따르면, 한국은 145개 국가들 중에서 5위를 차지하였다.[21]

하지만 한국은 핵무장을 할 수 없었기 때문에 육해공 어디에서도 운용할 수 있는 핵무기를 개발한 북한의 군사력에는 미치지 못하고 있다. 북한의 세계 화력 지수는 한국에 비해 31단계나 떨어진 36위에 그쳤음에도 불구하고 그들은 50여 개 이상의 핵탄두를 실전 배치한 핵무장국이기 때문에 남한보다도 최소한 1.6배 더 막강한 군사력을 보유하고 있다고 보아야 한다.[22]

미국의 패권이 조금씩 저물어 감에 따라 미국의 핵우산 보장정책의 실효성이 의문시되고 있다. 따라서 북한과 군사력의 균형을 이루면서 전쟁억제력을 높이기 위해서는 한국의 자체 핵무장은 필요 불가결하다고 필자는 보고 있다. 사실 많은 국제관계 학자들은 국가 간의 전쟁 가능성을 줄이기 위해서는 이들 국가 간의 군사력 균형이 이루어져야 한다고 오랫동안 주장해 왔다. 예를 들어, 1945년부터 1991년까지 냉전이 이루어지고 세계 3차 대전의 발발을 방지할 수 있었던 것은 미국과 소련 간의 힘의 균형이 이루어졌기 때문에 가능하였던 것이었다.[23] 따라서 한국의 핵무장은 남북 간의 군사력의 균형을 맞추게 되어 제2의 한국전쟁의 발발 위험성을 감소시키는 역할을 할 수 있다. 남북 간의 군사력이 균등하게 된다면 남북 어느 한쪽도 절대적인 힘의 우세를 바탕으로 한 전쟁에 돌입하기가 힘들게 되기 때문이다.

만일에 있을지도 모를 북한의 핵 공격가 능성에 대비하기 위하여 한국은 어떤 장애물이 있더라도 반드시 핵 개발에 나서야 한다.[24] 한국의 핵무장은 북한이 핵을 사용할 시 핵으로 철저하게 보복할 기회를 얻는 핵 균형을 이룰 수 있게 되어 종국적으로 북한 김 위원장의 핵 위협에 효과적으로 대응할 수 있는 최선의 전략이다. 한국이 핵무장을 하였을 시 또 하나의 장점은 북한이 재래식 무기를 이용한 도발에도 좀 더 신중히 생각하고 행동할 수도 있다는 것이다.[25] 북한이 핵전쟁이라는 최악의 상황을 초래할 단초를 제공을 회피하려고 나름 노력할 수도 있기 때문이다. 결과적으로 한국의 핵무장은 북한 김 위원장의 공갈과 협박으로부터 자유로워질 수 있을 뿐만 아니라, 한반도를 둘러싸고 이해 충돌이 잦은 중국, 러시아, 일본, 미국 등등 강대국들로부터도 한국의 국가안보를 능동적으로 지켜나갈 수가 있게 된다는 의미이다.

3. 결론

한국이 미국의 확장억제에 계속 의존해도 되느냐는 질문에 대한 대답은 향후 최소 50년간 미국이 절대적인 군사 강대국으로 계속해서 군림할 수 있느냐에 달려있다고 필자는 보고 있다. 미국의 군사력이 쇠퇴하지 않는다면 미국의 확장억제 정책에 편승하여 한국의 안보를 지켜나가는 것이 주권 국가로서 최선책은 아니지만 적절한 차선책이라고 생각된다. 하지만 미국이 국제무대에서 패권국가로서의 영향력이 서서히 줄어들고 있는 조짐이 보이는 현 상황 속에서는 미국의 핵우산에서 과감히 벗어나 한국 자체 핵무장의 길로 들어서는 것에 대하여 신중하면서도 가능한 한 빠르고 은밀하게 논의를 하여야 한다.

특히 북한의 호전성이 점점 증가하는 아래의 3가지 상황과 같은 작금의 사태는 한국 자체 핵무장의 필요성을 더욱 증대시키고 있다. 첫째, 북한 김정은 위원장은 남북 간의 화해와 양보를 통한 평화통일을 하려는 기존의 정책을 폐기하고 남한을 무력 통일하겠다는 의지를 헌법에 공식화하였다. 여기에서 중요한 점은 남북 간에 위기 상황이 발생할 시 북한은 주저 없이 한국을 향해 핵무기를 사용하겠다고 천명한 것이다.[26]

둘째, 김 위원장은 그동안 숙청되었던 박정천을 자신의 군 서열 바로 아래인 당 중앙군사위원회 부위원장으로 임명함과 동시에 다수의 대남 강경파를 요직에 등용했다는 것이다. 박정천은 북한에서 가장 호전적인 군인으로 잘 알려져 있기에 김 위원장의 의도를 파악하는 것이 전혀 어렵지 않다. 최근 북한이 보이는 호전성을 분석하여 볼 때 김 위원장은 남한과의 전면전이라는 최악의 시나리오를 차근차근 준비하고 있는 것으로 보인다. 이것은 현재 한반도에서 제2의 한국전쟁이 발발할 가능성이 그 어느 때보다도 커지고 있다는 것으로, 이에 대한 직접적인 대응인 한국의 자체 핵무장은 한국인들의 생존과 직결하므로 선택이 아닌 반드시 이룩하여야 할 과제가 되었다.[27]

셋째, 2024년 6월 19일 북한은 러시아와의 정상회담을 통해 "포괄적인 전략적 동반자 관계에 관한 조약을" 체결하면서, "한쪽이 무력 침공을 받을 시 지체 없이 군사 및 기타 원조를 제공한다는 것에" 서명하였다. 이 서명을 비약적으로 해석하자면 북한은 이제 50발의 핵탄두가 아닌 4,519발을 가진 핵 괴물이 되었다는 것이다(러시아의 4,489발을 포함). 여기서 또 하나 잊지 말아야 할 것은 북한이 러시아의 전신인 소련과의 군사동맹을 강화한 후 한국전쟁을 개시하였다는 것이다. 북한이 러시아와 급속도로 가까워지고 있는 이때 한국이 대응할 수 있는 가장 효과적인 방법은 자체 핵무장에 밖에 없다고 필자는 보고있다.[28]

주

1. https://kr.usembassy.gov/042723-washington-declaration/ (검색일: 2025. 3. 25.) 참조.
2. 함형필·이만석, "한국의 재래식 전력의 한반도 억제태세 기여와 역할: 확장억제 신뢰성 제고를 중심으로," 『국가안보와전략』 제22권 2호 (2022), p. 153.
3. 미국인의 시각에서 핵확장억제 정책의 중요성을 강조한 Jennifer Bradley, "Preventing the Nuclear Jungle: Extended Deterrence, Assurance, and Nonproliferation," *Joint Force Quarterly* 112-1 (2024), pp. 70-75 참조.
4. 하지만 한반도에서의 완전한 비핵화를 위해 미국의 핵무기는 1991년 말에 남한에서 철수했다. Salina, *Decades in the Making: South Korea's Nuclear Option* (Ahrensburg: Tradition Gmbh, 2024) 참고.
5. 군비통제협회(https://www.armscontrol.org/factsheets/nuclear-weapons-who-has-what-glance) (검색일: 2025. 3. 25.) 참조.
6. 정성장, 『왜 우리는 핵보유국이 되어야 하는가』 (서울: 메디치미디어, 2023), p. 93; 최승환, "윤 대통령이 대한민국의 독자적인 핵개발에 나서야 하는 이유," 《최보식의 언론》, 2022년 5월 26일, https://www.bosik.kr/news/articleView.html?idxno=7093 (검색일: 2025. 3. 25.); Seung-Whan Choi, "The Time is Right: Why Japan and South Korea should get the Bomb," *The National Interest* (July 12, 2022).
7. 김승호, "우리에게 미국은 어떤나라인가," 《중앙일보》, 2009년 8월 10일, https://www.koreadaily.com/article/889755 (검색일: 2025. 3. 25.).
8. 혹자는 미국은 아시아 국가와의 전쟁에서 승리한 경험이 일본을 제외하고는 미미하다는 점을 들어 미국의 핵 확장억제 정책의 실효성을 의문시하기도 한다. 하지만, 이 주장은 과거에 아시아는 미국 안보의 요충지가 아니었다는 점과 재래식 무기와 핵무기에 의한 전쟁억제력은 비교불가능 하다는 면에서 설득력이 떨어진다.
9. Donald Stoker, *Why America Loses Wars: Limited War and US Strategy from the Korean War to the Present* (New York: Cambridge University Press, 2022), p. 154.
10. Todd Sechser, "Militarized Compellent Threats, 1918-2001," *Conflict Management and Peace Science* 28-4 (2011), p. 390.
11. Myra Adams, "Five Reasons American Decline appears Irreversible," *The Hill* (January 19, 2024).
12. See David Brooks, "How Trump Wins and Harris and the Democrats Blow It,"

New York Times (September 4, 2024).

13 Paul Kenney, *The Rise and Fall of the Great Powers* (New York: Random House, 1987).

14 Joseph Nye, *Bound to Lead: The Changing Nature of American Power* (New York: Basic Books, 1990).

15 Joseph Nye, "American Greatness and Decline," *Project Syndicate* (January 1, 2024).

16 Gail Toivanen, "The World's Biggest Restaurants In 2017," *Forbes* (May 17, 2017).

17 https://www.kantar.com/campaigns/brandz/global (검색일: 2025. 3. 25.) 참조.

18 Jonathan Schulman and Matthew ABaum, "Who likes Donald Trump? Lots of Republicans, but Especially Hispanic voters, plus Very Rural and Very Conservative People," *Conversation* (August 11, 2023); https://theconversation.com/who-likes-donald-trump-lots-of-republicans-but-especially-hispanic-voters-plus-very-rural-and-very-conservative-people-211166 (검색일: 2025. 3. 25.).

19 한국이 어떻게 하며 핵무장화를 성공적으로 이룩할 수 있는가에 대한 논의는 최승환, "한반도 분쟁과 평화: 과거, 현재, 미래," 곽태환·이승우 편,『한반도 문제 해법: 새로운 모색』(서울:한국학술정보, 2024), pp. 28-68 참조.

20 https://www.imf.org/en/Countries/KOR#countrydata (검색일: 2025. 3. 25.) 참조.

21 https://www.globalfirepower.com/countries-listing.php (검색일: 2025. 3. 25.) 참조.

22 이현호, "지금 전쟁나면 누가 이길까…남북 군사력100대97,"《서울경제》, 2023년 8월 25일, https://www.sedaily.com/NewsView/29TJM2A2QX (검색일: 2025. 3. 25.).

23 Jack Levy, "War and Peace," in Walter Carlsnaes, Thomas Risse, and Beth Simmons (eds.), *Handbook of International Relations* (New York: Sage, 2013), pp. 581-606; John Mearsheimer, "Back to the Future: Instability in Europe after the Cold War," *International Security* 15-1 (1990), pp. 5-56; Hans Morgenthau, *Politics among Nations* (NewYork: McGraw-Hill, 1985); Kenneth Waltz, *Theory of International Politics* (Boston: Addison-Wesley, 1979); 반대 의견은 Jacek Kugler and Douglas Lemke, *Parity and War: Evaluations and Extensionsof The War Ledger* (Ann Arbor: University of Michigan Press, 1996); Alan Sabrosky, Ed., *Polarity and War: The Changing Structure ofInternational Conflict* (Boulder:Westview, 1985).

24 한국은 핵무기 개발보다는 재래식 무기 개발을 통하여 북한의 호전성에 대응하고

있다. Ian Bowers and Henrik Hiim, "Conventional Counterforce Dilemmas: South Korea's Deterrence Strategy and Stability on the Korean Peninsula," *International Security* 45-3 (2021), pp. 7-39.

25 Patrick Morgan, *Deterrence Now* (New York: Cambridge University Press, 2003); Kenneth Waltz, "Nuclear Myths and Political Realities," *AmericanPolitical Science Review* 84-3 (1990), pp. 731-746.

26 Sang-Hun Choe, "North Korea Says It is No Longer interested in reunifying with the South," *New York Times* (January 16, 2024), at https://www.nytimes.com/2024/01/16/world/asia/north-korea-reunification-policy.html (검색일: 2025. 3. 25.); Robert Gallucci, "Is Diplomacy between the U.S. and North Korea Possible in 2024?," *National Interest* (January 11, 2024), at https://nationalinterest.org/blog/korea-watch/diplomacy-between-us-and-north-korea-possible-2024-208528 (검색일: 2025. 3. 25.); Brad Lendon and Ga-Won Bae, "North Korea's Kim vows to dismantle Father's Unification Arch as He declares South Korea 'Principal enemy'," *CNN* (January 16, 2024), at https://www.cnn.com/2024/01/16/asia/north-korea-kim-unification-arch-intl-hnk/index.html (검색일: 2025. 3. 25.).

27 Robert Carlin and Siegfried Hecker, "IsKim Jong Un Preparing for War?," *38 North* (January 11, 2024), athttps://www.38north.org/2024/01/is-kim-jong-un-preparing-for-war/ (검색일: 2025. 3. 25.); 최유찬, "박정천 복귀‥북한 군 인사 대거 약진," 《MBC》, 2024년 1월 6일, at https://imnews.imbc.com/replay/2024/nwdesk/article/6559972_36515.html (검색일: 2025년 3월 25일); 현예슬, "김정은 '대한민국은 우리의 주적…전쟁 피할 생각 전혀 없다'," 《중앙일보》, 2024년 1월 9일, at https://www.joongang.co.kr/article/25220897#home (검색일: 2025. 3. 25.).

28 Kim Tong-Hyung and Jim Heintz, "What's Known, and not Known, about the Partnership Agreement signed byRussia and North Korea," *AP* (June 20, 2024), at https://apnews.com/article/russia-north-korea-putin-kim-agreement-7221909867dbb999de8adb23604e3c79 (검색일: 2025. 3. 25.).

6장

대만 해협 전쟁 및 한반도 전쟁의
동시 또는 연쇄 발발 시 한미일 공조와
미국의 확장억제는 작동할 것인가?

김지용

이 장에는 필자가 지난 1년간 유사 주제로 작성한 연구논문, 학회발표논문, 강연자료, 칼럼 등에서 발췌하거나 보완한 내용, 표, 그림이 다수 있음을 밝힌다. "중국의 해군력 증강과 대만 침공 가능성 분석: 인정투쟁 이론과 네 가지 해전 사례를 중심으로," 『국제지역연구』 제29권 제2호 (2025); "중국의 대만 침공과 미국의 서태평양 철수 가능성 분석: 청중비용과 해군력 회복탄력성을 중심으로," 『국가전략』 제30권 제1호 (2024); "양안전쟁과 피로스의 승리 이후," 서울대학교 통일평화연구원 (2025. 4. 10.); "The Decline of US Naval Power and the Reliability of Extended Deterrence," *British International Studies Association* (2025. 3. 5.); "대만 문제와 미중 전쟁 시뮬레이션," 국립외교원 (2024. 4. 8); "Encounter of the 4th Industrial Revolution and Outdated Nationalism," 건국대학교 (2025. 2. 20.); "The Role of Korea and Japan in East Asian Regional Security: Taiwan Contingency and the Future of Triangular Alliances," Texas A&M University Bush School Washington, D.C. (2024. 11. 20.); "중국인민해방군의 군사적 투사 동인과 현황," KIEF-CSF 전문가 오피니언 (2024. 11. 29.); "미중 해군력 경쟁의 추이와 전망, 2008-2030," KIEF-CSF 전문가 오피니언 (2024. 7. 29.); "중국의 해군력 성장세와 불안정해지는 인도태평양," 《아시아투데이》 (2024. 10. 31.).

1. 문제 제기

2027년은 중국의 대만 침공이 예상되는 가장 유력한 해이다. 2027년 7월 1일은 중국인민해방군(PLA) 창군 100주년이고, 10월엔 시진핑(習近平) 4기 출범을 위한 중국공산당 제21차 당대회가 개최되며, 2028년 1월엔 대만 총통 선거가 있다. 중국공산당은 중국인의 결집을 도모하기 위해 대만 통일이 역사적 완성이자 당위임을 강조해왔다. 동시에 통치의 정당성으로 초고속 경제성장을 내세워왔다. 그러나 2007년 15%에 달했던 GDP 성장률은 2024년 현재 5%로 주저앉고 말았다. 이러한 상황이 2027년까지 지속되거나 더욱 악화된다면 중국공산당은 통치의 정당성을 경제가 아닌 그간 공언해 온 대만 통일에서 찾게 될 것이다. 그런데 대만의 분리독립을 주창해온 민진당이 2028년 1월 대만 총통 선거에서 2016년, 2020년, 2024년에 이어 또다시 정권 재창출에 성공한다면, 대만 통일은 허언으로 간주되어 중국공산당의 통치 정당성은 더더욱 위태롭게 될 것이다.

결국, 뉴노멀이 된 불황의 상황에서 관심전환전쟁(diversionary war)과 안보결집효과(rally around the flag effect)를 노린 대만 침공은 시진핑 4기 출범을 위한 정치경제적 결단이 될 수밖에 없고, 이를 저지하려는 미국과의 대규모 해전은 피할 수 없게 된다. 여기서 짚고 넘어가야 할 문제가 있다. 세간에서 논의되고 있는 두 가지 주장이 그것이다. 첫째는 미국과 중국 간 해군력 전이(naval power transition)가 있기까지 많은 시간이 소요될 것이기 때문에 2027년에 중국이 대만을 침공하지 못할 것이란 주장이다. 둘째는 한미일 공조와 미국의 확장억제가 대북 억제를 더 강하게 만들 것이므로 한국의 핵무장이 필요하지 않다는 주장이다. 이에 대해 본 장은 해군력 전이가 부재하더라도 중국이 2027년경 폭력적인 현상타파를 시도할 수 있다는 논거를 제시한다. 또한, 대만 해협 전쟁과 한반도 전쟁이 동시 또는 연쇄 발발 시 한미일 공조와 미국의 확장억제 모두 작동하지 않을 가능성이 매우 크다는 논거를 제시한다.

2. 중국의 해군력 증강과 대만 침공 가능성

가. 중국의 해군력 증강과 미중 해군력 분포의 변화

피크차이나(peak China)[1]에 대한 우려에도 불구하고 중국은 해군력을 가파르게 증강하고 있으며, 몇몇 지표에선 미국을 추월한 상태에 있다. 미국의 해군력은 눈에 띄게 쇠퇴하고 있으며, 해군력 복원이 상당히 더딘 상황에 놓여 있다. 제2차 세계대전 직후인 1949년, 전투함 세계 총톤수에서 차지하는 미국의 비율은 무려 71.84%에 달했다. 영국의 해군력이 최정점에 있었던 1901년에 영국의 비율이 34.31%였다는 것을 고려하면 이의 두 배가 넘었던 미국은 명실상부한 해양 패권국이 된 채로

냉전에 진입한 셈이다. 60년 만인 2008년, 미국의 비율은 44.61%로 줄어들었지만, 이것은 해군력 2~10위의 전투함 총톤수 총합의 비율인 34.65%보다 9.96%나 높은 수치였다. 미국은 여전히 압도적이었다. 여기서 주목해야 할 점은 한국전쟁 직후인 1954년, 0.077%에 불과했던 중국의 비율이 54년 만인 2008년 6.83%로 88배 이상 성장하면서 3위가 되었다는 점이다. 미국과 비교하면, 1954년 미국의 전투함 총톤수는 중국의 890배에 달했으나 54년 만에 그 우위는 6.7배로 크게 줄어들었다.[2]

2008년 4월 23일 후진타오(胡錦濤) 국가주석은 PLA 해군 창설 60주년 행사에서 '국격에 맞는 원해(遠海)방위가 가능할 정도의 강력한 해군 건설 계획'을 발표했고, 이듬해 중국 외교부는 남·동중국해 도서영유권을 국제사회에서 노골적으로 주장하기 시작했다. 미국의 반응은 즉각적이었다. 미국은 해군력의 60%를 아시아·태평양 지역에 배치한다는 아시아로의 회귀 정책을 2009년 11월에 발표했다. 그러나 미국의 상황은 녹록지 않았다. 당시 미국은 이라크전쟁과 아프간전쟁을 마무리 짓지 못하고 있었고, 글로벌 금융위기로 인해 신용등급이 강등되는 초유의 사태를 경험하고 있었다. 심지어 향후 10년 동안 연방 예산을 삭감하는 시퀘스터(sequester)까지 발동된 상태였다. 가장 커다란 삭감 대상은 국방비로 무려 1,020조에 달했다. 이것이 미 해군에 미친 영향은 파괴적이었다. 2009년에 미국은 호위함 이상의 수상함·잠수함을 모두 합쳐 282척의 전투함을 보유하고 있었는데, 삭감 계획에 따르면 44척이 감축되어 2020년경엔 238척이 될 예정이었다. 실제로 2016년까지 미 해군의 전투함은 271척으로 감축되었다. 그러나 해군의 강력한 저항으로 2022년에 294척으로 다시 증강되었다. 불행 중 다행으로 볼 수도 있지만 70년 전인 1953년에 1,122척을 보유했던 것과 비교하

면 미 해군의 초라해진 현실이 드러난 것이다.³

2009년에 중국은 호위함 이상의 수상함·잠수함을 모두 합쳐 262척의 전투함을 보유하고 있었다. 그런데 해군력 증강에 박차를 가한 결과, 중국은 20척이라는 2009년의 격차를 단숨에 뛰어넘고 불과 6년만인 2015년에는 역사상 최초로 미 해군을 5척 차이로 추월했다. 2022년엔 351척을 보유함으로써 미국과의 격차를 57척으로 벌려놓았다. 이렇게 2009년과 2022년 사이 중국이 전투함의 수에서 미국을 추월할 수 있었던 것은 상술한 미국의 국내외 상황 이외에 중국 지도부의 결단이 작용한 결과였다. 특히, 시진핑 국가주석 시기에 들어와서 해군력 증강이 본격화되었다. 2012년 11월의 제18차 당대회에서 해양강국 건설이 국가발전 전략으로 채택되었고, 해군력 강화, 해외 군사기지 확보, 해상에서의 법 집행 강화 등이 일대일로(Belt and Road Initiative)와 맞물리며 일사천리로 전개되었다. 제18차 당대회 직후에 열린 중앙군사위원회 상무회의에서도 시진핑 국가주석은 "해군이 군사 경쟁에서 주도권을 쟁취할 수 있어야 한다"라고 언급했다. 5년 후인 2017년 10월의 제19차 당대회에서도 그는 "해양강국 건설을 가속화하자"라고 언급하면서 "해양강국 건설이 중국몽을 실현하기 위한 필연적 선택"임을 강조했다.⁴

이로써 해양강국 건설은 그의 신시대 중국 특색의 사회주의 사상에서 중대한 구성요소가 되었고, PLA 해군의 전략도 변화되었다. 본래 PLA 해군의 전략은 12해리 내에서 적의 침략을 방어하는 연안방어전략(1949~1977), 200해리 이내에서 해양주권을 수호하는 근해방어전략(1985~1992), 제1도련선 내에서 해양 이익을 발굴하는 근해적극방어전략(1993~2012) 등으로 주로 방어적 차원이었다. 그런데 시진핑 국가주석 시기에 들어 PLA 해군의 전략은 제1도련선을 넘어 제2·3·4·5도련선까지 해군력을 투사할 수 있는 원해호위전략(2013~현재)으로 탈바꿈했다.⁵

이것은 PLA 해군 전투함의 양적·질적 성장과 원해까지 진출할 수 있는 전투함의 대형화에 기인한 자신감의 발현이었다. 그러한 자신감은 해외에서의 해군력 현시로 이어졌다. 〈그림 1〉에서 알 수 있듯이, 호위전단 기항통지(ETF port calls)는 2008년까지 전무했다. 그러나 전투함 총톤수에서 3위가 되고 후진타오 국가주석이 원해방위를 강조한 직후인 2009년에 최초의 호위전단 기항통지가 시작되었다. 이것은 기념비적인 사건이었다. 30,000여 명이 승선한 62척의 정허(鄭和) 대선단이 첫 원정 항해를 떠난 1405년 이후 604년 만의 일이었기 때문이다. 2018년까지 총 200번 수행되었고, 2019년 1월부터 PLA 해군은 31척의 함정으로 구성된 3개의 호위전단을 해외에 파견하고 있다. 이것은 미국이 융성하는 국력을 과시하기 위해 1907년 위대한 백색함대(Great White Fleet)를 세계 각지에 파견한 것에 비견된다. 당시 미국의 해군 함정 총톤수도 영국에 이어 2위였다.

〈그림 1〉 PLA 해군의 해외 기항 통지 횟수

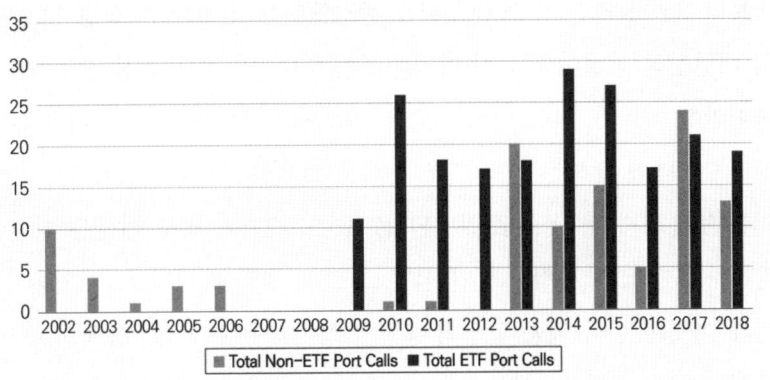

* 출처: Phillip C. Saunders, "China's Global Military-Security Interactions", in David Shambaugh ed., *China and the World* (Oxford: Oxford University Press, 2020), p. 198.

〈그림 2〉 주요 국가 해군력 증강의 누적량

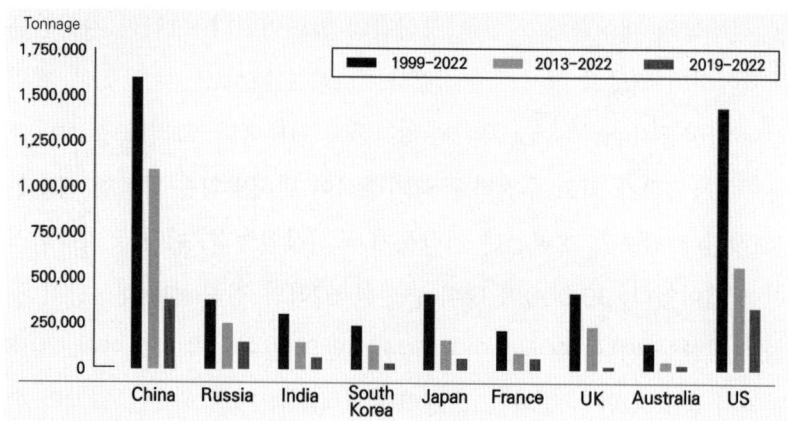

* 출처: https://www.iiss.org/publications/strategic-dossiers/asia-pacific-regional-security-assessment-2023/aprsa-chapter-3/ (검색일: 2024. 9. 18.).

〈그림 2〉는 1999년부터 2022년까지 총 23년간 주요 국가의 해군력 증강의 누적량을 보여주고 있다. 중국의 경우, 시진핑 1·2기에 해당하는 9년간(2013-2022) 증강된 해군력이 23년간 증강된 해군력에서 차지하는 비율은 무려 70%를 상회한다. 중요한 것은 이 9년간 중국이 미국보다 2배나 많은 1,125,000톤을 증강했다는 점이다. 시진핑 지도부의 해양강국 건설이 허언이 아님은 분명하다. 미 해군 함정 건조·퇴역 계획안에 따르면, 2030년에 미국은 290척을 보유하게 된다. 미국보다 무려 232배에 달하는 선박 건조 능력을 보유한 중국은 2030년에 425척을 보유하게 될 것으로 전망된다. 즉, 2022년에 비해 미국은 4척이 감소하고 중국은 74척이 증가한다. 그 결과, 양국의 격차는 135척이 되는데 이것은 한국 해군 함정의 총합을 능가하는 수치다.[6] 중국의 수적 우세는 더욱 커질 것이다. 가령, 중국은 매년 이지스 구축함 5~8척, 호위함 3~4척, 원자력 추진 잠수함 2~3척의 건조를 동시에 착수한다. 이에 반해, 미국은 각각 1척만 건조에 착수한다.[7]

<그림 3> 미국과 중국의 시기별 전투함 건조 척수 비교

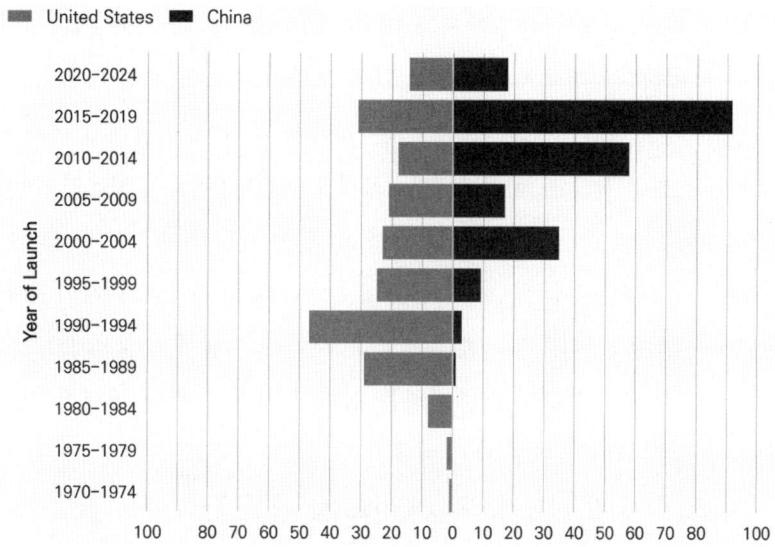

* 출처: https://www.csis.org/analysis/unpacking-chinas-naval-buildup (검색일: 2024. 6. 12.).

양(量)의 누적이 질(質)의 비약으로 이어지듯 중국 해군의 양적 성장은 질적 성장으로 이어질 것이다. 이것은 신형 전투함의 수를 통해 어느 정도 추정할 수 있다. 〈그림 3〉은 1970년부터 2024년까지 5년 단위로 미국과 중국이 건조한 신형 전투함의 수를 비교하고 있다. 시진핑 1·2·3기와 중첩되는 2010년부터 2024년 사이에 가장 많은 중국의 신형 전투함이 건조되었고, 이들이 전체 전투함 수의 70%를 차지한다. 이에 반해 같은 기간에 건조된 미국의 신형 전투함은 전체 전투함 수의 25%에 불과하다. 이 때문에 중국 전투함의 평균 선체 연령은 14.9년인데 반해 미국 전투함은 24.2년으로 10년 정도 낙후되어 있다. 다시 말해, 〈그림 2〉와 〈그림 3〉을 종합하면, 2010년부터 2024년 사이 건조된 중국의 신형 전투함은 중국 해군이 보유한 전투함의 척수와 톤수 모두에서 70%를 상회하고, 그 척수와 톤수 모두 같은 기간 미국의 2배가 넘는다.

하지만, 미국의 해군력이 여전히 압도적인 지표도 많다. 2024년 6월 현재 해군 함정 총톤수에서는 미국(3,601,900톤)이 중국(1,557,178톤)보다 2.3배 우월하다.[8] 미국의 항공모함 11척 모두가 원자력 추진인 것과 달리, 중국이 보유한 3척의 항공모함은 재래식 추진이고, 함재기 규모도 미국보다 훨씬 작으며, 운용 능력도 크게 떨어진다. 미국이 보유한 69척의 잠수함(51척의 SSN, 4척의 SSGN, 14척의 SSBN) 모두 원자력 추진이나 중국이 보유한 71척의 잠수함(55척의 SS, 10척의 SSN, 6척의 SSBN) 가운데 원자력 추진은 16척에 불과하다.[9] 이러한 지표를 중시하는 이들은 중국의 2027년 대만 침공이 불가능하다고 주장하는 경향이 있다. 그러나 이러한 미국의 우위가 상쇄되는 여덟 가지 이유가 있다.

첫째, 국가 간 지상전, 보호책임(R2P)을 위한 공습, 대분란전(COIN), 평화유지작전(PKO), 반테러작전, 합동교전능력(CEC) 등의 경험에선 미국이 중국을 압도한다. 그러나, 2차 세계대전 종식 이후 80년 동안 중국은 물론 미국도 대규모 함대함 결전을 경험한 적이 없다. 이 점에서 중국은 자국 앞마당인 대만 해협에서의 함대함 결전이 군사적 무리수가 아니라고 판단할 수 있다.

둘째, 미국의 6개 함대는 전 세계 각지에 분산 배치되어 있다. 중국 동부 해안에 몰려 있는 중국의 3개 함대를 상대하기 위해 전진 배치된 미 해군의 함대는 일본 요코스카의 7함대가 유일하다. 2024년 6월 현재 미국 함정 총톤수를 이해의 편의상 6으로 나눈다면, 함정 총톤수에서 중국이 미국보다 2.6배 우월하다는 결론이 나온다. 이러한 계산법은 현대 해전에서 화력을 결정짓는 미사일 수직발사관(VLS) 셀의 격차와도 연동된다. 〈그림 4〉와 같이 미국의 6개 함대 수상함 전체가 약 8,200개의 VLS 셀을 보유하고 있는데, 이해의 편의상 6으로 나누면 1,367개가 된다. 중국의 3개 함대 수상함 전체는 약 4,200개의 VLS 셀을 보유하고 있다. 화력에서도 중국이 3배 이상 우월하다는 결론이 도출된다. 대만 해협 전쟁 발발 시 미국의 수상함은 미사일 재보급을 위해 귀항했다가 대만 해협으로 돌아와야 하는데 이것이 수 주 동안 커다란 전력 공백을 만들 수 있다. 현재 미 해군은 미사일을 재보급할 수 있는 이동형 재무장 시스템을 탑재한 군수보급함의 개발과 배치를 서두르고 있다. 미 해군의 목표는 미사일 군수보급함 3척이 구축함 18척을 재장전하도록 하는 것이다.[10] 그러나 비무장 상태로 군수보급함을 기다리는 수상함과 12노트로 느리게 항해하는 군수보급함은 기뢰·미사일·잠수함 같은 중국의 반접근/지역거부(A2/AD: Anti Access/Area Denial) 전력에 너무나 취약하다.

〈그림 4〉 미국과 중국 수상함의 미사일 수직발사관(VLS) 셀의 수 비교

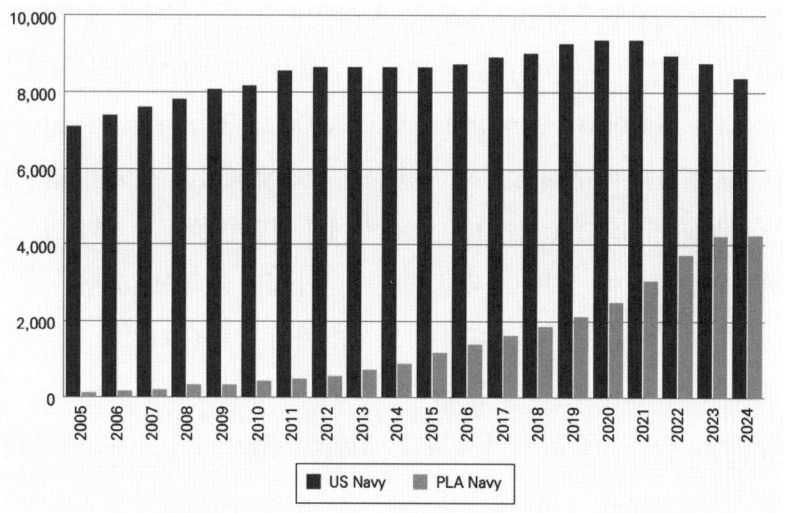

* 출처: https://www.iiss.org/online-analysis/military-balance/2024/12/closing-the-gap-china-homes-in-on-us-navy-vls-advantage/ (검색일: 2024. 12. 31.).

셋째, 미사일 타격전을 뒷받침할 수 있는 미국의 방위산업 기반이 매우 취약한 상태에 있다. 대만 해협 전쟁 발발 시 미 해군은 한 달에

10,800발의 미사일이 필요하지만, 개전 1주 만에 미국의 장거리대함미사일(LRASM)이 완전히 소진될 것으로 추정되고 있다.[11]

넷째, 7함대를 지원하기 위해 미국의 다른 함대가 증파될 가능성을 고려하더라도 미국이 함정 총톤수의 우위를 누리기가 어렵다. 미국의 11개 항모전단은 대서양에 5개, 인도양에 1개, 태평양에 5개가 배치되어 있다. 그런데 태평양에 배치된 5개 항모전단 가운데 4개는 미국 서부해안의 3함대에 배속되어 있고 1개만 일본 요코스카의 7함대에 배속되어 있다. 대만 해협 유사시 항모전단이 증파된다면 3함대가 7함대를 지원하기 위해 급파되어야 한다.[12] 그러나 해당 지역에 3함대가 진입하는 데 10-15일이 소요된다. 중국 해군이 4-5시간이면 대만을 완전히 포위할 수 있다는 점과 비교하면 너무나 불리하다.[13] 더욱이 10~15일조차 중국 A2/AD 전력의 저항과 자연적 A2/AD인 태풍이 없는 경우에만 해당한다. 일례로, 걸프전 당시 미 해군은 이라크가 매설한 1,000여 개의 기뢰를 제거하는 데에만 6개월 이상이 걸렸고 20,000톤급 상륙함과 9,600톤급 미사일함 등이 기뢰로 인해 작전 불능 상태에 빠졌다. 중국은 이라크가 매설한 기뢰의 100배인 100,000여 개의 정박형, 버튼형, 부유형, 로켓추진형, 지능형 기뢰를 보유한 세계 최대의 첨단 기뢰 보유국이다.[14]

다섯째, 항공모함 전력에서 압도적인 차이가 있긴 하지만 미국 항공모함은 출동·훈련·수리 등 3직제 개념으로 통상 3척이 출동 임무를 수행하고 있는 것으로 알려져 있다. 그런데 트럼프(Donald Trump) 1기 행정부에서 국방장관 대행을 역임했던 밀러(Christopher Miller)는 SBS와의 단독 인터뷰에서 "11개 항모전단 가운데 전쟁에 바로 투입할 수 있는 건 단 2개에 불과했다"라는 충격적인 발언을 했다.[15] 이 말인즉슨 대만 해협 유사시 곧바로 전투에 임해야 하는 일본 요코스카의 7함대 배속 1개 항모전단 이외에 급파될 수 있는 항모전단이 1개에 불과하다는 의

미다. 만약 그 1개 항모전단이 대서양 방면의 항모전단이라면 최악의 상황이 발생하는 것이다.

여섯째, 미국의 수상함 총톤수에서 차지하는 항공모함 및 (경항공모함으로 분류되는) 강습상륙함의 비율이 66%가 넘는다.[16] 문제는 이들이 중국의 항모킬러 미사일 때문에 고비용·저효율 전력으로 전락했다는 점이다. 대함탄도미사일(ASBM)인 DF-21D, DF-26, 그리고 극초음속 ASBM인 YJ-21 등으로 인해 미국의 항공모함과 강습상륙함은 손쉬운 고가치 표적이 되고 있다. 이들 미사일의 적중률이 16%에 불과하다고 저평가하는 분석도 있지만 80-90기의 함재기를 탑재한 항공모함 1척과 ASBM 6발의 가치를 고려했을 때 후자의 가성비는 매우 뛰어나다.[17] 이 분석이 10년 전인 2015년에 수행된 것이므로 중국의 기술적 진보를 고려하면 적중률은 훨씬 개선되었을 것이다. 실제로, 중국의 국가항천국은 2023년 9월 18일 제1도련선 외곽에서 ASBM의 표적 정보 획득 능력을 대폭 개선하는 원격 감시위성인 야오간-39를 궤도에 진입시키는 데 성공했다. 또한, 중국 잠수함의 64% 이상이 어뢰보다 사거리가 길고 속도가 훨씬 빠른 SSN-27 Sizzler, YJ-18 등 대함순항미사일(ASCM)을 장착하고 있다. 이에 미 해군의 항공모함·강습상륙함은 물론 순양함·구축함 같은 대형 수상함까지 행동의 자유를 크게 제약받고 있다.[18]

일곱째, 미 해군의 잠수함부대는 태평양함대와 대서양함대로 구성되며, 각 함대는 다시 4개의 전단(전대)으로 구성된다. 미국이 보유한 69척의 잠수함 가운데 34척이 태평양함대에 배속되어 있다. 하와이에 14척, 샌디에이고에 4척, 워싱턴주 뱅거에 13척, 일본 요코스카에 3척이 배속되어 있다. 문제는 요코스키의 7함대에 배속된 딘 3척의 SSN이 71척의 중국 잠수함과 최전선에서 마주하고 있다는 점이다. 설상가상으로, 미 해군 함정의 평균 선체 연령은 24.2년이지만, 잠수함은 수상함

보다 훨씬 더 노후화된 상태에 있다. 가령, 2027년까지 퇴역하게 되는 총 10척의 평균 선체 연령은 38.2년이고, 2028년에 퇴역하는 4척의 평균 선체 연령은 42.5년이며, 2029년에 퇴역하는 1척은 39년이다. 이런 식으로 원자로 수명주기 42년을 이미 초과했거나 42년까지 얼마 남지 않은 상당수의 잠수함이 퇴역을 앞두고 있다. 미 해군은 잠수함 전력에 공백이 없도록 가장 규모가 큰 Ohio급 SSBN/SSGN 14척을 포함해 노후화된 다수의 잠수함을 퇴역시키고 최신형 Columbia급 SSBN/SSGN 12척을 포함해 신형 잠수함 건조를 해군의 최우선 계획으로 설정하고 있다.[19]

하지만, 퇴역과 취역의 균형이 흐트러져 현재 69척에서 향후 42척까지 줄어드는 기간(2027~2028)을 피하기 어렵다. 이러한 일련의 상황이 중국으로서는 대만 침공을 위한 기회의 창이 될 수 있다. 중국의 잠수함은 현재 71척에서 76척으로 5척이 늘어날 것으로 전망된다. 중요한 것은 SS가 아닌 SSGN 3척, SSBN 2척이 늘어난다는 점이다. 이를 만회하기 위해 미국은 영국, 호주와 체결한 3자 방위 파트너십인 AUKUS를 통해 호주의 SSN 전력을 증강할 계획이다. 핵심 내용(Pillar I)은 ① 미국이 의회의 승인하에 2030년대 초반부터 미국의 Virgina급 SSN 3~5척을 호주에 판매하기 시작하고 ② 2030년대 후반까지 영국이 설계하고 영국에서 건조한 1척의 SSN을 호주에 양도하며 ③ 2040년대 초반까지 영국의 지원으로 호주에서 건조한 1척의 SSN을 호주가 인수한다는 것이다. 그러나 미국이 3~5척의 Virgina급 SSN을 호주에 판매하지 않는다고 가정하더라도, 미국의 현 건조 능력으로는 잠수함 전력 유지 목표의 76%조차 달성하기도 어려운 실정이다. 또한, 영국은 자국의 주력 SSN인 Astute급 SSN을 개량한 후속 SSN을 호주에 제공할 계획이지만, 영국의 건조 능력은 미국보다 더 열악한 것으로 알려져 있다.[20] 결국, 중국의 대만 침공이 유력시되는 2027년 또는 2030년 이전까지 호주의 SSN 획득은 이루어지지 않으며, 심지어 AUKUS Pillar I이 계획대로 진행될지도 의문이다. 더 큰 문제는 AUKUS Pillar I을 추진하는 동안 호주의 Collins급 SS 6척 모두 노후화되어 2030년대에 퇴역할 예정인바 서태평양에서 미국의 잠수함 전력이 AUKUS에 의해 보완될 가능성이 현재로선 크지 않다.[21]

〈그림 5〉 미국의 함정 건조계획안 2054

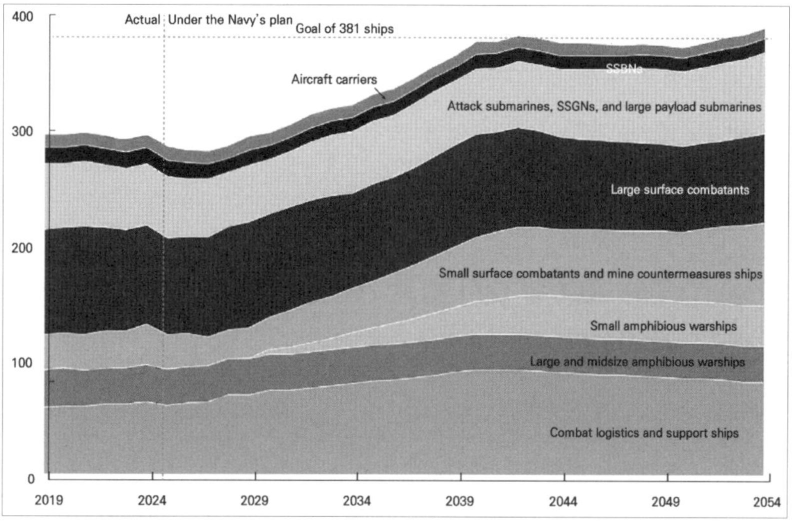

* 출처: https://www.cbo.gov/publication/60732 (검색일: 2025. 3. 20.).

마지막으로 여덟째, 미국은 상술한 일곱 가지 요인을 일거에 역전시킬 수 있는 '함정 건조 계획안 2054'를 발표했다. 〈그림 5〉에 따르면, 미국은 다량의 노후화된 함정을 퇴역시키고 최신형 함정을 도입하는 등의 노력을 통해 2054년까지 381척을 보유한다는 계획을 마련해 놓은 상태다. 이 계획대로라면 약 1조 750억 달러(약 1,600조 원)가 소요

될 예정이다. 381척은 2022년 현재 미국이 보유하고 있는 294척보다 87척이나 많은 수다. 문제는 원자력 추진 항공모함·잠수함, 대형 수상함, 중대형 강습상륙함의 수가 현재와 비슷하게 유지된 채로 87척의 소형 수상함·강습상륙함이 추가된다는 점이다. 또한, 〈그림 5〉에 포함되어 있지 않지만, 미국은 이른바 150척 무인함정으로 구성된 유령함대(ghost fleet)[22]의 건조까지 계획하고 있다. 이러한 계획대로 미국은 해군력을 복원할 수 있을 것인가? 미주 7에서 언급했듯이, 존스법과 번스-톨레프슨 수정법으로 인해 선박 건조 능력이 중국의 1/232이 되어 버린 현 상황에서는 불가능하다. 1981년의 600척 해군 구상, 2007년의 1,000척 해군 구상, 2017년의 Zumwalt급 구축함 32척 건조 구상 등 말 잔치로 끝난 과거 전례도 이들 계획의 신뢰성을 의심케 한다.[23] 가장 중요하게, 중국이 2054년까지 기다려주지 않을 것이다.

나. 중국의 2027년 대만 침공 가능성: 인정투쟁 이론과 역사적 유사 사례들

해군력 경쟁과 전쟁을 잇는 가장 유력한 인과적 설명은 세력전이(power transition) 이론이다. 이 이론에 따르면, 도전국의 해군력이 지배국의 80-120%까지 추격·추월하는 해군력전이가 발생했을 때 도전국은 누가 이길지가 불확실해졌으므로 싸워볼 만하다고 판단, 선제공격에 나설 수 있다.[24] 반대로, 본 장이 제시하는 인정투쟁(struggle for recognition) 이론은 지배국과 도전국 간 해군력의 격차가 여전히 크더라도 자국의 해군력 증강에 고무된 도전국이 선제공격을 시도할 수 있다고 본다.[25] 〈표 1〉에서 도전국의 개전 여부는 세력전이 이론의 경우 t1 시기의(현재의) 상대적 격차가 결정짓고, 인정투쟁 이론의 경우 t0-t1 사이 해군력 비율의 변화 추세가 결정짓는다.

〈표 1〉 개전(開戰) 결정에 관한 세력전이 이론과 인정투쟁 이론의 차이

(해군력 비율은 지배국: 도전국)

사례	t0 시기 해군력 비율	t1 시기 해군력 비율	t1 시기 상대적 격차	t0-t1 사이 해군력 비율의 변화 추세	
1	100:0	100:50	50	0	0.5
2	100:1	100:50	50	0.01	0.5
3	100:10	100:50	50	0.1	0.5
4	100:20	100:50	50	0.2	0.5
5	100:10	200:100	100	0.1	0.5

* 출처: 김지용, "중국의 해군력 증강과 대만 침공 가능성 분석: 인정투쟁 이론과 네 가지 해전 사례를 중심으로", 『국제지역연구』 제29권 제2호 (2025), p. 95.

　세력전이 이론에 따르면, 사례 1, 2, 3, 4, 5에서 도전국은 개전을 선택하지 않는다. t1 시기의 상대적 격차가 50, 100인 경우, 도전국은 상대적 격차가 20 이하로 줄어들 때까지(지배국 해군력의 80% 이상 추격할 때까지) 후일을 기약한다. 인정투쟁 이론은 사례 1, 2, 3, 4, 5에서도 도전국이 개전을 결정할 수 있다고 본다. 우선 사례 1, 2, 3, 4에서 t1 시기의 상대적 격차는 모두 50으로 동일하다. 이것은 도전국이 해군력을 증강했음에도 불구하고 여전히 지배국의 절반 수준에 불과하다는 것을 의미한다. 사례 4에서 도전국은 t0 시기 지배국의 1/5에 불과했던 해군력을, 사례 3에서는 지배국의 1/10에 불과했던 해군력을, 사례 2에서는 지배국의 1/100에 불과했던 해군력을, 사례 1에서는 전무(全無)했던 해군력을, t1 시기에 이르러 지배국의 절반 수준까지 추격하는 데 성공했다고 느낄 것이다.

　여기서 중요한 것은, 지배국 해군력의 절반 수준까지 추격에 성공한 도전국 가운데 t0 시기 해군력이 약한 도전국일수록 회고적 성취감, 자부심이 더 크고 동시에 '별도의 인정욕구'를 실현하려는 인정투쟁 의

지도 더 크다는 점이다. 특히, 지배국 해군력의 절반까지 추격하는 데 걸린 시간이 짧을수록 자국의 능력을 과신하고, 나머지 절반을 더 빨리 따라잡을 수 있다는 성급한 추격 전망에 사로잡히게 된다. 결국, 개전을 결정할 가능성도 커진다. 이러한 심리적 기제는 상대적 격차가 오히려 더 커지는 사례 5에도 적용된다. t0 시기에서 t1 시기 동안 도전국의 해군력은 10에서 100으로 증가했지만, 지배국 역시 100에서 200으로 증가하는 바람에 상대적 격차는 t0 시기 90에서 t1 시기 100으로 오히려 10만큼 더 벌어졌다. 그러나 도전국은 t0 시기 지배국의 1/10에 불과했던 해군력을 t1 시기에 이르러 절반까지 추격했다는 자아도취적인 착각에 빠지게 되고 섣부른 현상타파를 시도할 수 있다. 그렇다면 인정투쟁 이론에 부합하는 역사적 사례가 존재하는가? 1차 세계대전과 러일전쟁이 명징한 사례다. 본 장에서는 1차 세계대전만 간략히 소개한다.[26]

〈표 2〉 전쟁 직전 지배국과 도전국의 해군력(전투함 총톤수) 비율 추이

1차 세계대전(1914)	1888	1898	1913
영국 (지배국)	650,916	1,248,970	2,562,362
독일 (도전국)	166,901	288,392	1,109,611
상대적 격차	484,015	960,578	1,452,751
(독일÷영국)×100	25.64%	23.09%	43.30%
러일전쟁 (1904)	1895	1900	1903
러시아 (지배국)	301,444	446,686	538,363
일본 (도전국)	57,052	213,195	238,253
상대적 격차	244,392	233,491	300,110
(일본÷러시아)×100	18.92%	47.72%	44.25%
대만 해협 전쟁 (2027?)	1954	2012	2024
미국 (지배국)	9,188,231	2,862,437	3,601,900
중국 (도전국)	10,324	447,280	1,557,178
상대적 격차	9,177,907	2,415,157	2,044,722
(중국÷미국)×100	0.112%	15.62%	43.23%

영국과 독일의 건함경쟁이 초래한 제1차 세계대전은 〈표 1〉의 사례 5에 부합된다. 1888년 현상유지 정책을 추진하던 비스마르크(Otto von Bismarck) 수상이 퇴진하고, 영국이 장악한 제해권, 식민지, 세계시장을 쟁취하려는 빌헬름 2세(Friedrich Wilhelm II)가 독일의 카이저가 되었다. 뒤늦은 국가통일(1871)과 산업혁명(1873)으로 후발주자 신세였지만, 그가 재임하는 동안 세계 공업 생산 비율에서 독일(14.8%)은 영국(13.6%)을 추월했고 미국(32%)에 이어 2위를 차지하는 기염을 토했다. 자연스레 영국, 프랑스와 대등한 열강의 지위를 얻고 싶다는 빌헬름 2세의 인정욕구도 치솟았다. 하지만 그의 인정욕구는 세계 식민지 면적에서 차지하는 독일의 비율이 고작 2.6%였다는 사실과 충돌했다. 영국의 비율이 22.3%였던 것을 고려하면, 독일은 해군력 증강을 통해 해외 식민지 쟁탈전 같은 인정투쟁을 벌여야만 했다.[27] 1889년 빌헬름 2세는 티르피츠(Alfred von Tirpitz)를 해군성 장관으로 임명하고, 총 다섯 차례(1898, 1900, 1906, 1908, 1912)에 걸쳐 함대법을 제정하여 해군력 증강에 박차를 가했다. 〈표 2〉가 보여주듯이, 1888년부터 1913년까지 독일 전투함 총톤수는 6.64배 이상 증가했다.

영국도 2국 표준주의(Two Power Standard) 정책[28]에서 2배주의(Two Keels to One Standard) 정책[29]으로 노선을 변경하고 해군력 증강에 박차를 가했다. 전투함 총톤수는 같은 기간 3.93배 이상 증가했다. 그 결과, 독일의 해군력 증강이 무색하게도 상대적 격차는 1888년 484,015톤에서 1913년 1,452,751톤으로 갈수록 커졌다. 제1차 세계대전 발발 27일 전인 1914년 7월 1일, (Dreadnought급 전함, 구식 전함, 전투 순양함, 장갑 순양함, 경순양함, 구축함, 잠수함 등) 전투함 수에서도 독일(247척)은 영국(422척)의 58%에 불과했다.[30] 하지만 독일은 전투함의 총톤수에서 1888년 영국의 25.64%에 불과했던 해군력을 1913년에 이르러 43.3%까지 따라잡았다는 사실에 고무되었다. 빌헬름 2세는 세계 2위의 공업 생산력과 그간 축적된 건함 기술로 조만간 영국을 추월할 수 있다는 회고적 성취감과 성급한 전망에 사로잡혔다. 실제로, 두 가지 지표가 그의 성급한 전망을 뒷받침했다. 1888년 당시 에너지 소비량에서 독일은 영국의 47.59%에 불과했으나 1913년이 되면 91.48%로 대등해졌고, 1888년 철강생산에서도 독일은 영국의 46.91%에 불과했지만 1913년에 이르면 무려 226%로 영국을 두 배 이상 압도하게 되었다.[31] 결국, 그는 개전을 결정했다.[32]

이와 유사하게 중국은 '지배국 해군력의 0%였던 도전국이 50%까지 추격하면서 얻게 된 회고적 성취감 및 성급한 추격 전망이 별도의 인정욕구와 맞물리면서 개전을 결정한 경우'에 해당할 가능성이 매우 크다. 1950년 중국은 자국 군대 명칭을 국방군으로 변경하는 것을 고려했으나 대만 해방이라는 역사적 사명을 완수하기 전까진 인민해방군이란 명칭을 고수하기로 결정, 현재까지 유지하고 있다. 그만큼 대만 해방은 중국의 최대 인정욕구다. 이러한 인정욕구를 실현하기 위한 인정투쟁은 3번의 대만 해협 위기로 이어졌다. 그러나 1954년의 제1차 위기에서 중국은 미국의 핵위협에 물러나야 했고, 1957년의 제2차 위기와 1996년의 제3차 위기에선 미 항모전단의 개입에 물러나야 했다. 이를 통해 중국은 인정투쟁을 성공시킬 수 있는 가장 강력한 수단이 해군력이라고 보았다. 중국 해군의 아버지인 류화칭(劉華淸) 제독이 인생 처음으로 바다에 나갔을 때 그는 37살의 청년 장교였다. 다롄해군사관학교의 정치부위원으로 임명된 그가 승선한 함정은 2차 세계대전 이전에 건조되어 퇴역한 미국 함정이었다. 이때가 1953년이었다. 이듬해의 제1차 대만 해협 위기와 그로부터 3년 후의 제2차 대만 해협 위기가 얼마나 수치스럽게 종결되었는지를 직시한 류화칭은 소련 해군대학으로 유학을 떠났고, 그곳에서 도련선(island chain) 전략과 A2/AD 전략을 구상했다. 그의 구상을 현실화시킨 인물은 우성리(吳勝利) 제독이었다.[33] 이들에 의해 중국의 해군력은 상술한 바와 같이 급성장했다. 물론, 〈표 2〉와 같이 2024년 중국의 전투함 총톤수는 미국의 43.23%으로 절반이 채 되지 않는다.

중요한 것은 시진핑 국가주석 시기에 증강된 중국의 해군력이다. 58년간(1954-2012) 436,956톤이 증강되었으나 시진핑 국가주석이 재임한 12년간(2012-2024) 1,109,898톤이 증강되었다. 이러한 경이로운 해군력 증강을 단기간에 이룬 시진핑 국가주석은 엄청난 회고적 성취감에 취할 수밖에 없고, 그간 축적된 노하우를 바탕으로 더 빨리 추격할 수 있다는 성급한 전망에 사로잡히기 쉽다. 세간에 널리 알려진 백년국치, 중국몽, 강군몽, 해양강국, 신형대국관계 등의 담론과 태평양 양분 발언 등은 자아도취적인 회고적 성취감과 성급한 추격 전망이 발현된 것일 뿐이다. 이제 시진핑 국가주석은 역사적 완성으로서의 대만 통일이라는 인정욕구를 실현할 폭력적인 인정투쟁을 2027년[34]에 전개할 가능성이 매우 크다.

3. 대만 해협 전쟁 시뮬레이션 결과: 한미일 공조와 미국 확장억제의 한계

미국 싱크탱크인 랜드(RAND)는 1996년에서 2017년까지 미국과 중국의 군사적 우열의 변화 추세를 10가지 지표로 평가한 적이 있다.[35] 여기서 주목해야 할 것은 대만 해협에서 미중 전쟁이 발발할 시 미국의 군사적 우위가 보장되지 않는다는 충격적인 평가 결과다. 제3차 대만 해협 위기가 있었던 1996년만 해도 미국은 7가지 지표에서 압도적 우위, 1가지 지표에서 우위에 있었다. 당시 미국이 2개 항모전단을 파견하여 중국을 억제할 수 있었던 것도 이 때문이었다. 그러나 2017년이 되면 미국은 그 10가지 지표 가운데 어디에서도 압도적 우위를 누리지 못한다는 결과가 나왔다. 중국과 대등해진 지표가 무려 4가지나 되었고, 심지어 중국보다 열위에 있는 지표도 2가지나 되었다. 이러한 군사적 우열의 상태에서 전쟁이 발발한다면, 중국이 전쟁 초반 공중과 해상에서 우세를 장악하게 되고 이를 뒤집기 위해 미국은 엄청난 손실을 감수해야 한다고 RAND는 결론내렸다. 그러면서 10년 뒤인 2027년에 양국의 군사적 우열이 어떻게 변화될지는 불확실하지만, 1996년처럼 미국이 항모전단을 대만 해협에 현시만 해도 중국이 물러나는 일은 결코 없을 것이며 오히려 반대 상황이 전개될 수도 있음을 경고했다.

　　반대 상황은 2027년보다 5년이나 빠른 2022년부터 일어났다. 중국은 대만 포위 실사격 훈련을 거침없이 실행하는 등 대만 침공 연습을 4년째 하고 있다. 펠로시(Nancy Pelosi) 미 하원의장의 대만 방문 일정에 맞추어 2022년 8월 4-7일 동안 역사상 최초의 대만 포위 실사격 훈련을 강행했고, 차이잉원(蔡英文) 대만 총통과 매카시(Kevin McCarthy) 미 하원의장의 회동 일정에 맞추어 2023년 4월 8-10일에도 대만 포위 실사격 훈련을 강행했다. 라이칭더(賴淸德) 총통 취임 직후인 2024년 5월 23-24일에도 대만 포위 실사격 훈련을 강행했다. 곧이어 10월 24일에도 같은 훈련을 했다. 이것은 10월 10일 라이칭더 총통이 중국인의 조국은 건국 75주년이 된 중화인민공화국이 아닌 건국 113주년이 된 중화민국이라고 언급한 것에 대한 보복 조치였다. 문제는 해를 거듭할수록 네 차례에 걸친 훈련의 기간이 나흘, 사흘, 이틀, 하루로 계속 짧아지고 있다는 점이다. 이것은 훈련의 숙달과 완성도가 높아졌다는 것을 의미한다. 중국은 2025년 4월에도 전방위 포위 실사격 훈련을 실시했다. 여기서 주목해야 할 것은 이 훈련에 별도의 코드명이 부여되지 않았다는 점이다. 다시 말해, 대만 포위 실사격 훈련이 정례화되었다는 의미다. 또한, 대만 포위 실사격 훈련의 규모가 커지고 있고, 훈련의 장소가 대만의 영해로까지 확대되고 있으며, 중국이 미국과 일본의 군사적 개입 경로인 대만의 북·동·남부[36] 해역까지 차단하고 있다는 점이다. 심지어, 중국은 항공모함 전단과 함재기 J-15를 활용하여 대만 동부의 군사 요충지 세 곳인 3군 연합 형산 지휘소, 치아산 공군기지, 치항 공군기지를 공격하는 연습도 하고 있다.

〈표 3〉 동중국해에서 PLA 해·공군 및 미 해군의 활동 비교

구분	2019	2020	2021	2022	2023	2024
PLA 전투기의 대만 해협 중간선 침범	2	22	0	564	703	2,037
PLA 전투기의 대만 방공식별구역 침범	11	390	972	1,738	1,703	3,075
PLA 함정의 대만 해협 중간선 침범	0	0	0	675	1,921	2,507
PLA 전투기의 일본 방공식별구역 침범	26	15	23	34	50	31
PLA 함정의 일본 해역 침범	63	28	97	208	366	222
미 해군(함정/초계기)의 대만 해협 통과 작전	13	14	15	12	18	11

* 출처: https://www.platracker.com/ (검색일: 2025. 1. 1.).

대만 포위 실사격 훈련 이외에도 중국의 행태에 커다란 변화가 나타나고 있다. 〈표 3〉에서 알 수 있듯이, PLA 전투기와 함정의 동중국해 활동이 대폭 증가하고 있다. 2024년 PLA 전투기의 대만 해협 중간선 및 대만의 방공식별구역 침범 횟수는 각각 2,037회와 3,075회로서 2019년 대비 약 1,000배와 280배 증가했다. 마찬가지로, PLA 함정의

대만 해협 중간선 침범 횟수는 2019년부터 2021년까지는 0회였으나 2022년에 675회로 갑자기 증가하더니 2024년엔 2,507회로 폭발적으로 증가했다. 특히 주목할 만한 것은 PLA 전투기와 함정의 군사적 활동이 대만 영역으로만 한정되어 있지 않다는 점이다. 대만 해협 전쟁 발발 시 미국과 함께 참전할 의사를 분명히 밝힌 일본의 방공식별구역 및 해역을 침범하는 횟수도 눈에 띄게 증가하고 있다. 이에 반해 미 해군의 활동은 상대적으로 초라하다. 구축함과 해상초계기를 활용한 미 해군의 대만 해협 통과 작전은 지난 6년간 평균 13.8회에 불과하다. 또한, 중국의 두 번째 대만 포위 실사격 훈련이 진행 중이던 2023년 4월 8-10일 사이 미국의 항모전단이 필리핀과의 연합훈련 일정으로 인근 해역에 있었지만 대만 해협 진입을 자제하고 지켜보기만 했다. 대만으로선 상당한 무력감을 느꼈을 법한 상황이 4년 연속 발생한 것이다.

    미군이 대만 해협에 진입하는 경우 중국의 대응 방식도 크게 변화하고 있다. 대표적인 것이 미국의 정찰기·초계기·구축함을 대상으로 한 PLA 전투기·구축함의 위협 기동이다. 이러한 사건은 2010년대 중반부터 남중국해에서만 자주 일어났는데, 최근에는 대만 해협에서도 빈번해지고 있다. 가장 최근의 사건은 2023년 6월 4일에 발생했다. 대만 해협 통과 작전을 수행하던 미 7함대 소속 이지스 구축함의 함수 140m 전방에서 중국 이지스 구축함이 가로지르는 위협 기동을 했다. 미국 구축함은 급브레이크를 밟듯이 10노트(시속 18.5km)로 속력을 늦춰 충돌을 가까스로 피했다. 중국 구축함은 여기서 그치지 않고 다시 지그재그 형태로 위협 기동을 하면서 미국 구축함의 진로를 방해했다. 이 위험천만한 사건 직후 양국이 주고받은 설전(舌戰)에서 중국은 대만 문제가 중국의 핵심 이익과 관련된 것이며 PLA 해군은 언제든지 미 해군과 싸울 준비가 되어 있음을 강조했다. RAND의 경고대로, 1996년과는 180도 달라진 중국의 행태가 뉴노멀이 된 것이다.

이런 가운데 일본 국가기본문제연구소는 중국의 대만 포위 실사격 훈련을 분석한 결과를 발표했다. 이에 따르면, 중국의 대만 침공은 다음과 같은 방식으로 전개된다: ① 해군 함정으로 대만의 동서남북 모든 해역을 봉쇄한다. ② 미사일로 대만의 군사 시설을 타격한다. ③ 상륙함과 수송 헬기로 병력을 상륙시켜 교두보를 구축한다. ④ 민간 대형 화물선인 로로선(roll-on & roll-off vessel)과 상륙함으로 추가 병력과 전차를 투입한다. 가장 충격적인 내용은 이러한 4단계 침공 절차를 완료하는 데 걸리는 기간이 최소 3일에서 최대 7일이 소요된다는 분석 결과다. 이것은 한 달 정도가 소요될 것이란 기존의 분석을 뒤엎는 것이다. 중국의 대만 침공이 이렇게 초단기전 양상으로 전개된다면, 미국과 일본의 대만 방어는 사실상 어렵다는 것이 일본의 판단이다.[37]

그렇다면, 대만 해협 전쟁 발발 시 예상되는 전쟁 시뮬레이션 결과는 어떠한가? 현 시점에서는 미국 싱크탱크인 전략국제문제연구소(CSIS)가 2023년 1월에 공개한 전쟁 시뮬레이션 결과가 가장 중요하다.[38] CSIS 전쟁 시뮬레이션은 세 가지 가정을 전제하고 있다. 첫째는 핵무기 사용이 배제된다는 점이다. 둘째는 전장이 대만 해협과 대만 본섬으로만 한정되고 중국 본토는 배제된다는 점이다.[39] 셋째는 참전국이 중국, 미국, 일본, 대만으로 국한되며, 한국에서는 주한 미 공군 2개 비행대대만 차출된다는 점이다. <표 4>는 24번의 대만 해협 전쟁 시뮬레이션을 통틀어 국가별 손실의 최대치를 요약하고 있다. 모든 전쟁 시뮬레이션에서 그나마 다행스러운 것은, 대만 홀로 중국의 침공에 맞서야 하는 시나리오를 제외하면 중국의 대만 침공이 실패한다는 점이다. 그러나 미국과 일본이 중국의 대만 점령을 저지하더라도 그것이 피로스의 승리(pyrrhic victory)[40]라는 점에서 이는 아주 심각하다. 전후 회복탄력성 때문이다.

<표 4> 대만 해협 전쟁 시뮬레이션 국가별 손실의 최대치 비교

	중국	미국	일본	대만	한국
항공기 손실	748	774	161	전멸	차출된 주한 미공군 2개 비행대대 전멸
함정 손실	155척	항모 4 수상전투함 43 SSN 15	26	전멸	N/A
병력 손실	52,000	10,160	가네다, 이와쿠니, 요코다, 미사와 등 공군기지 전멸	85,000	N/A

* 출처: https://www.csis.org/analysis/first-battle-next-war-wargaming-chinese-invasion-taiwan (검색일: 2024. 9. 28.).

중국의 회복탄력성에 비해 미국의 회복탄력성이 너무 작기에 미국은 서태평양에서 떠나고 조속히 회복한 중국은 재침공을 시도하는 상황이 올 수 있다. 상술했듯이, 2030년경 중국(425척)과 미국(290척)의 함정 수는 135척 차이로 벌어질 것으로 전망되었다. 그런데 전쟁 시뮬레이션 결과는 중국의 함정 손실 최대치를 155척으로, 미국의 함정 손실 최대치를 62척으로 추산했다. 다시 말해, 대만 침공이 실패하더라도 중국이 여전히 미국보다 42척의 함정을 더 많이 보유한다는 의미다. 또한, 중국의 선박 건조 능력이 미국의 232배에 달하기 때문에 중국은 수년 안에 해군력을 빠르게 복원해 재침공에 나설 가능성이 매우 크다. 특히, 미국이 보유한 11척의 항공모함 중 4척과 SSN 15척이 사라지게 된다면 글로벌 차원에서 힘의 균형이 크게 흔들릴 것이다. 미국은 774기의 항공기 손실을 보지만 연간 항공기 조달 능력이 120기로 6.5년 내 복원이 가능하다. 그러나 항공기가 복원되더라도 그것을 서태평양에 투사할 수단인 항공모함이 부족해지므로 그만큼의 항공전력(척당 함재기가 80-90기이므로 320-360기) 공백은 채워지지 않는다.

일본의 손실은 161기의 항공기와 26척의 함정에 국한되지 않는다. 개전 초기 중국의 미사일 공격으로 가네다, 이와쿠니, 요코타, 미사와 등 주일 미 공군기지 전체가 파괴되는데, 이들 중 2곳(가네다, 요코타)은 한반도 유사시 유엔사령부의 후방 기지 역할을 하는 7곳에 포함되어 있다. 가네다는 북한까지 1-2시간 내 출격이 가능한 F-22 랩터가 있는 곳이고, 요코타는 인도태평양 주둔 미군의 핵심 기지다. 한국도 주한미군의 항공기 손실을 본다. 주한 미 공군 4개 비행대대의 절반인 2개 비행대대가 차출되지만 전멸한다. 이러한 한미일 3국의 예상 손실이 주는 안보적 함의는 명확하다. 북한의 핵·미사일을 상쇄할 수 있는 한미일 공조의 가장 강력한 재래식 전력은 항공전력이다. 그러나 대만 해협 전쟁의 결과 한국은 동맹과 우방의 항공전력 지원 없이 북한의 핵·미사일에 맞서야 하는 절체절명의 위기 상황에 빠질 수 있다. 다시 말해, 대만 해협 전쟁과 한반도 전쟁이 동시에 또는 연쇄적으로 발발할 경우, 한미일 공조는 우리의 기대와 달리 작동하지 않을 수 있고 한국은 북한의 핵인질로 전락할 수 있다.[41]

그렇다면, 미국의 확장억제는 한국이 북한의 핵인질로 전락하는 상황을 예방할 수 있는 최선의 방책인가? 공교롭게도, 본 장이 중국의 대만 침공 시점으로 특정한 2027년에 북한이 보유하게 될 핵탄두의 최대 추정치는 〈그림 6〉에서처럼 242개다. 이것은 영국의 2024년 현재 보유량 225개보다 많은 수치다. 2030년에 북한이 보유하게 될 핵탄두의 수를 300개로 추정하는 연구도 있다.[42]

〈그림 6〉 북한의 핵탄두 보유량 추정치

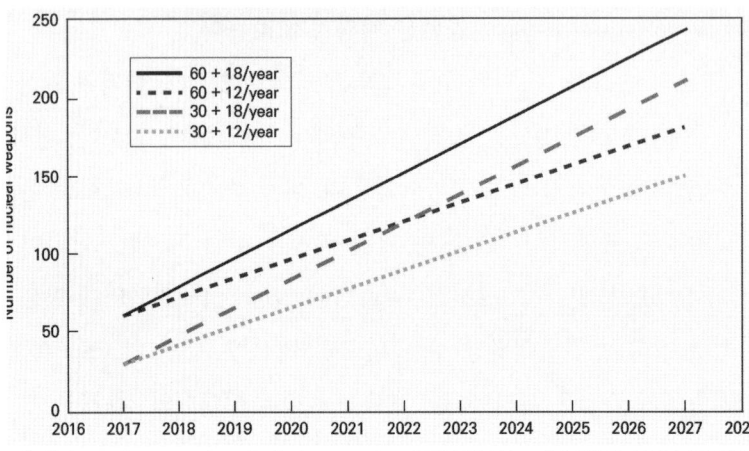

* 출처: https://www.rand.org/pubs/perspectives/PEA1015-1.html/ (검색일: 2024. 12. 31.).

〈그림 7〉 북한의 중거리탄도미사일 및 대륙간탄도미사일 사거리

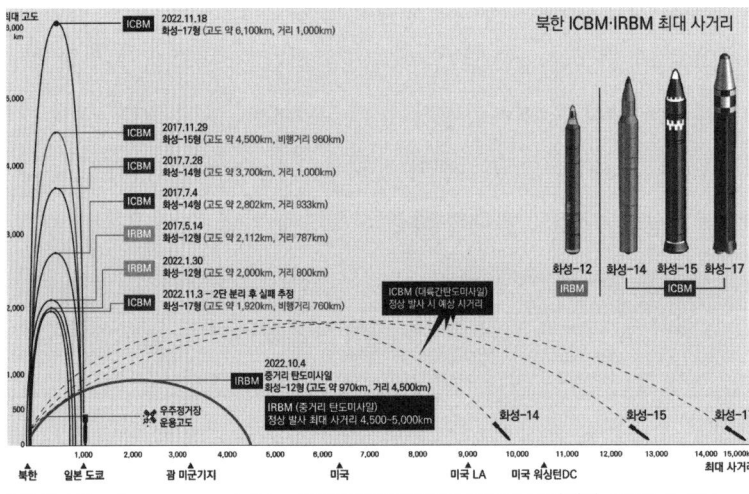

* 출처: https://www.yna.co.kr/view/GYH20221118000400044 (검색일: 2025. 3. 10.).

  300개는 유럽 전역에 확장억제를 제공하겠다고 제안한 프랑스의 2024년 현재 보유량 290개보다 많은 수치다.[43] 이러한 가운데 북한은 핵탄두를 투발할 다양한 수단을 개발한 상태다. 첫째, 북한은 일본

과 괌을 타격할 수 있는 준중거리탄도미사일(MRBM), 하와이를 타격할 수 있는 중거리탄도미사일(IRBM), 미국 본토 전역을 타격할 수 있는 대륙간탄도미사일(ICBM)을 보유하고 있다.[44] 둘째, 북한은 2025년 3월 8일 SSBN이 건조되고 있음을 공개했다. 이것은 2023년 9월에 공개한 SSB인 김군옥영웅함에서 크게 도약한 것이다. 셋째, 북한이 MRBM, IRBM, ICBM의 연료, 엔진, 표적화 능력을 대폭 개선하고 SSBN 소형 원자로 관련 기술을 습득할 가능성이 매우 커졌다. 북한이 300만 발의 152mm 포탄, 50만 발의 122mm 포탄, 다연장로켓을 제공하고 대규모 병력을 파병한 대가로 러시아가 위의 군사기술 상당 부분을 이전할 수 있기 때문이다. 이러한 우려는 2024년 6월 19일 양국이 체결한 포괄적·전략적 동반자 조약으로 현실성이 높아졌다.

넷째, 북한은 단거리탄도미사일(SRBM) 319발을 보유하고 있는 것으로 추정된다. 문제는 전년도 대비 MRBM, IRBM, ICBM의 수량은 변동이 없는데 한국만을 겨냥한 SRBM의 수량은 전년도(69발) 대비 4.6배 증가했다는 점이다.[45] 다섯째, 북한은 2023년 3월과 4월에 각각 전술핵탄두인 화산-31과 핵무인수중공격정인 해일을 공개했다. 12월 30일엔 "전쟁 준비 완성"과 "남한 영토 평정 준비" 같은 김정은의 발언을 보도함으로써 이들 무기가 한국을 타격하기 위한 것임을 분명히 했다. 여섯째, 북한은 2024년 8월 5일 전술핵 탑재가 가능한 신형 근거리탄도미사일(CRBM) 발사대 250대를 최전방에 배치, 서울을 겨냥하고 있음을 공식 발표했다.[46] 종합하면, 한반도 유사시 북한의 MRBM, IRBM, ICBM, SSBN은 주로 미국과 일본의 개입을 차단하기 위한 핵투발 수단이고, 해일, CRBM, SRBM, SSB는 주로 한국을 공격하기 위한 핵투발 수단이다.[47]

2027년경 대만 해협 전쟁 및 한반도 전쟁의 동시 또는 연쇄 발발 시, 242개의 핵탄두가 탑재된 MRBM, IRBM, ICBM, SSBN, 해일, CRBM, SRBM, SSB 등을 보유한 북한이 남침을 개시한다면, 미국의 확장억제는 작동할 것인가? 2023년 4월 26일의 워싱턴 선언 이후 창설된 한미핵협의그룹(NCG)이 수차례에 걸친 회의를 통해 핵억제·핵작전 지침과 핵·재래식 통합 방안을 마련한 것은 환영할만한 일이다. 그러나 이 모든 조치가 대만 해협 전쟁과 연동된 한반도 유사시에도 작동할지는 매우 불투명하다. "파리를 위해 뉴욕을 희생할 수 있을 것인가?"라는 프랑스 드골(Charles de Gaulle) 대통령의 유명한 질문을 적용해 볼 수 있다. 대만 해협 전쟁에서 고전하는 와중에 또는 피로스의 승리를 하자마자, 미국인들에게 "연평도, 인천, 서울을 위해 괌, 하와이, 워싱턴 D.C.를 희생할 수 있을 것인가?"라고 질문한다면, 그들은 피로스 1세처럼 "중국에 이어 북한에 한번 더 승리하면 우리는 완전히 끝장날 것이다"라고 답하고 참전에 주저할 가능성이 매우 클 것이다.

<그림 8> 한반도 전쟁 발발 시 미군의 참전에 찬성하는 미국인 비율

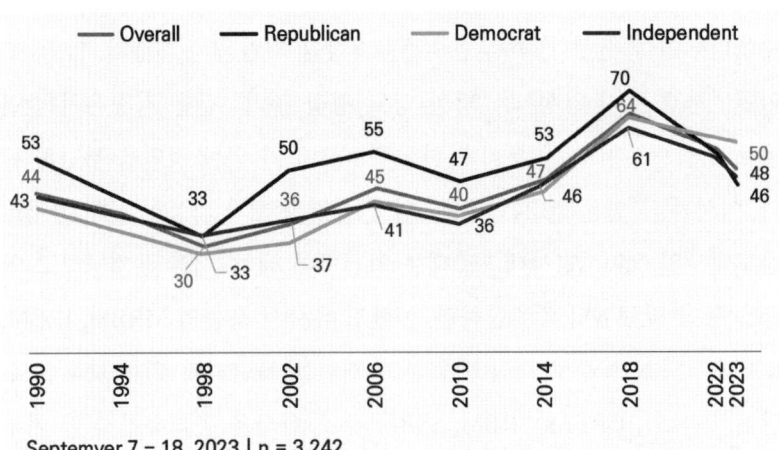

Septemver 7 – 18, 2023 | n = 3,242

* 출처: https://globalaffairs.org/sites/default/files/2023-10/2023%20CCS%20Korea.pdf (검색일: 2025. 3. 20.).

〈그림 8〉에서 보여지듯이, 한반도 유사시 미국의 참전을 지지하는 미국인 응답자 비율은 2021년 63%, 2022년 55%, 2023년 50%로 하향세에 있다. 이러한 추세는 공화당 지지층과 민주당 지지층 모두에서 나타나고 있다. 특히, 공화당 지지층의 경우 2018년 70%에서 2023년 46%로 24% 포인트나 하락했다. 2025년 현재의 미국은 공화당이 행정부와 상·하원을 모두 장악한 그야말로 견고한 단점정부(unified government)다. America Only를 표방한 공화당 단점정부는 공화당 지지층의 여론을 신속하게 반영할 것이다. 구속받기 싫어하는 트럼프 대통령의 특성상, 워싱턴 선언과 NCG는 각각 종이 쪼가리와 유명무실한 조직으로 전락할 가능성이 매우 크다. 이런 상황에서 북핵 위협이 지금보다 더욱 고조된다면 주한미군의 철수나 확장억제의 철회를 요구하는 여론이 비등해질 수도 있다. 이미 2012년에 미국은 '두 개의 전쟁 동시 수행 전략'을 폐기했다. 중국과의 결전 준비에 집중하기 위해 우크라이나가 종전 협상을 하도록 강압하는 미국의 현 모습이 그 증거다. 또한, 북한에 의한 현상변경보다 중국에 의한 현상변경이 국제정세에 훨씬 더 커다란 변화를 초래하기 때문에 미국은 대만 해협 전쟁에만 참전할 가능성이 크다. 이처럼 대만 해협 전쟁은 미국의 확장억제를 기능부전에 빠지게 만들고 한국을 핵인질로 만들 수 있는 절호의 기회를 북한에 제공한다.[48] 안보의 버팀목은 세 가지다. 첫째는 다자안보, 둘째는 동맹, 셋째는 자주국방이다. 본 장은 다자안보에 해당하는 한미일 공조, 동맹인 미국의 확장억제가 매우 중요하나 대만 해협 전쟁으로 이들이 무력화될 가능성을 논했다. 남은 것은 자주국방, 즉 핵자강이다.

4. 결론

2027년은 대만 해협 전쟁과 한반도 전쟁이 동시에 또는 연쇄적으로 발발할 수도 있는 매우 위중한 해이다. 혹자는 최악의 상황만을 가정할 필요가 없다고 주장할 수 있다. 그러나 안보는 최악의 시나리오를 상정하고 대비해야 하는 법이다. 이라크전쟁과 아프간전쟁이 종식되자마자 러우전쟁과 가자지구전쟁이 발발했다. 이들 네 가지 전쟁의 공통된 특징은 전쟁 당사자 중 일방이 핵무기 보유국이고 다른 일방은 비보유국이라는 점이다. 전쟁의 양상은 전염성을 갖는다. 러우전쟁과 중동전쟁이 종식된다면 또 다른 두 개의 전쟁이 발발할 수 있고 이들 전쟁에서 핵무기를 보유한 일방의 절제되지 않는 폭력행사를 목도할 수 있다. 문제는 한국이 목도의 주체가 아닌 폭력을 당하는 객체가 될 수도 있다는 점이다. "평화를 원하면 전쟁을 준비하라(Si vis pacem, para bellum)"는 오래된 격언이지만, 전쟁의 시대가 되어버린 현재도 매우 유용한 통찰을 제공한다. 그리고 전쟁을 준비할 때 가장 중요한 경쟁상대는 시간이다. 쓸데없는 논쟁으로 허송세월할 시간이 없다. 이미 2024년 12월부터 현재까지 국가적 리더십 부재로 많은 시간이 낭비되었다. 대한민국은 시간과의 경쟁에 조속히 나서야 한다. 구한말, 시간과의 경쟁에서 패배한 결과로 청, 일본, 서방의 먹잇감이 되었던 역사를 잊지 말아야 한다.

주

1 중국의 국력이 인구 감소, 부동산시장 문제, 지방정부 부채 문제, 그림자 금융 문제, 민간심리 위축 등으로 한계에 달했다는 주장이다. Michael Beckley and Hal Brands, *Danger Zone: The Coming Conflict with China* (New York: W. W. Norton & Company, 2022).

2 Brian Crisher and Mark Souva, "Power at Sea: A Naval Power Dataset, 1865-2011," *International Interactions* 40-4 (2014), pp. 602-629.

3 https://crsreports.congress.gov/product/details?prodcode=RL33153 (검색일: 2024. 12. 4.).

4 안슬기, "시진핑 시기 중국의 해군전략 특징 및 전략적 함의,"『해양안보』제1권 제1호 (2020), p. 74.

5 김지용, "세력전이와 해양패권 쟁탈전: 공공재·전환재 경쟁을 중심으로,"『글로벌정치연구』제12권 제2호 (2019), pp. 88-101.

6 김지용, "중국의 대만 침공과 미국의 서태평양 철수 가능성 분석: 청중비용과 해군력 회복탄력성을 중심으로,"『국가전략』제30권 제1호 (2024), p. 24.

7 미국 조선업은 1920년에 제정된 존스법(Jones Act)과 1965년과 1968년 두 차례에 걸쳐 제정된 번스-톨레프슨 수정법(The Byrnes-Tollefson Amendment)의 보호 아래 독점적 지위를 누려왔다. 존스법은 미국 국적의 민간 선박을 '미국에서 건조되고 미국인이 소유(75% 이상)하며 미국인이 선원(75% 이상)인 선박'으로 한정한 법이다. 번스-톨레프슨 수정법은 군함을 외국에서 건조해선 안 된다고 규정한 법이다. 이러한 법들의 보호 아래 미국 조선소들은 민간 선박과 군함을 독점 건조하게 되었다. 그러나 인플레이션 등으로 인건비가 오르면서 조선소들은 설비개선 투자를 축소했다. 그 결과 높아진 인건비와 낙후된 설비로 군함의 가격은 급등했고, 질은 떨어졌으며, 납기 기한은 길어졌다. 이러한 총체적인 문제가 드러난 것이 완전히 실패로 끝난 Zumwalt급 구축함 사업이었다. Arleigh Burke급 구축함에 이은 차세대 구축함 사업으로 시작되었고 목표는 32척이었다. 그러나 척당 4조 원이라는 가격 때문에 3척만 건조되고 취소되었다. https://www.naval-technology.com/news/new-us-government-chart-outlines-scope-of-chinas-naval-power/ (검색일: 2025. 1. 10.).

8 https://www.voronoiapp.com/geopolitics/Who-Rules-the-Waves-US-and-Chinese-Fleets-by-Tonnage-1345 (검색일: 2024. 10. 12.).

9 SS는 디젤 잠수함을 의미한다. 원자력 추진 잠수함은 임무와 탑재 미사일에 따라 SSN, SSGN, SSBN으로 구분된다. SSN은 적국의 잠수함을 추적, 요격하거나 적국의 수상함을 공격하는 데 사용된다. SSGN은 순항 유도 미사일을 탑재한 잠수함이고, SSBN은 SLBM(잠수함 발사 대륙간탄도미사일)을 탑재한 전략잠수함이다.

이외에도 한국의 안창호급 잠수함과 북한의 김군옥영웅함처럼 SLBM 탑재가 가능한 SS를 SSB로 명명한다.

10   https://nationalinterest.org/blog/buzz/game-changer-navy-wants-rearm-warships-missiles-sea-210574 (검색일: 2024. 7. 11.).

11   https://www.csis.org/analysis/empty-bins-wartime-environment-challenge-us-defense-industrial-base (검색일: 2025. 1. 24.).

12   최근 중국 해군과 러시아 태평양함대의 연합훈련이 강화되면서 7함대의 부담이 커지자, 보일(Michael E. Boyle) 미 3함대 사령관은 7함대의 역할을 3함대가 분담해야 한다고 역설했다. https://news.usni.org/2022/08/03/u-s-3rd-fleet-expanding-operational-role-in-indo-pacific (검색일: 2024. 12. 9.).

13   통상, 구축함의 최대 속도는 30노트(시속 55km)인데, 대만 해협 폭은 평균 180km, 가장 좁은 해협 폭은 131km다.

14   Rush Doshi, *The Long Game: China's Grand Strategy to Displace American Order* (Oxford: Oxford University Press, 2021), pp. 86-90.

15   https://news.sbs.co.kr/news/endPage.do?news_id=N10 07673035 (검색일: 2024. 12. 24.).

16   https://www.csis.org/analysis/unpacking-chinas-naval-buildup (검색일: 2024. 6. 12.).

17   https://www.rand.org/pubs/research_reports/RR392.html (검색일: 2024. 10. 2.).

18   Rush Doshi, *The Long Game: China's Grand Strategy to Displace American Order* (Oxford: Oxford University Press, 2021), pp. 90-94.

19   https://dsm.forecastinternational.com/2024/03/20/u-s-navy-releases-new-long-range-shipbuilding-strategy/ (검색일: 2024. 10. 12.).

20   Peter Ward, *The AUKUS Nuclear Submarine Agreement: How South Korea could Boost its Chances of Success* (Seoul: Sejong Institute, 2024), p. 33.

21   https://crsreports.congress.gov/product/details?prodcode=RL32418 (검색일: 2025. 3. 10.).

22   미 해군은 2015년부터 분산해양작전(Distributed Maritime Operation: DMO)이라는 것을 고안하기 시작해서 2018년에 공식 작전으로 채택했다. DMO의 주요 골자는 '대형 함정 대신 치명적 미사일을 탑재한 많은 해양작전용 무인항공기, 무인수상(정)함, 무인잠수(정)함 등 대·중·소형 무인이동플랫폼 및 이들과 외관은 비슷하나 아무것도 탑재하지 않은 눈속임용 무인이동플랫폼(dummy)을 산개대형(散開隊形)으로 전개하여 A2/AD를 무력화시킨다'는 것이다. A2/AD의 공격을 두려워하지 않고 낯설고 위험한 해역에서도 작전 수행이 가능한 무인이동플랫폼은 식별능력 저하, 표적 오인, 표적 우선 순위 혼선, 명중률 저하를 유발하여 A2/AD 전력을 소모시킬 수 있다. 다시 말해, DMO가 A2/AD를 고비용·저효율 전력으로 전락시킬 수 있는 것이다. 이러한 DMO를 수행하기 위한 유령함대 건조계획은 미국

이 2020년에 발표한 "Battle Force 2045"와 "PMS 406"에 포함되어 있다. 김지용, 박주현, "미국의 해양전략과 해군력 증강 동향," 한국해양전략연구소 편, 『2020-2021 동아시아 해양안보 정세와 전망』 (서울: 박영사, 2021), pp. 19-20.

23 물론, 미국의 해군력 복원을 위해 동맹국을 활용하는 방법이 있다. 이를 위해 공화당 의원들은 2025년 2월 5일 미 군함 건조를 동맹국에 맡길 수 있도록 허용하는 '해군준비태세 보장법'을 발의했다. 공화당이 상·하원 모두를 장악하고 있기에 법안의 의회 통과도 무난할 것으로 보인다. 이렇게 되면 미국은 향후 30년 동안 해마다 42조 원에 달하는 군함을 발주하게 된다. 한국은 이러한 발주로부터 많은 이익을 볼 수 있는 강력한 후보국가다. 가령, HD현대중공업의 경우 이지스 구축함 1척을 건조하는데 드는 비용과 기간이 각각 미국의 1/2과 1/3로, 연간 5척 이상 건조가 가능하다. 중국의 이지스 구축함 연간 건조 능력이 5-8척인 것과 비교해도 뒤지지 않는다. 잠수함 건조 능력에서는 (SLBM 탑재가 가능한 3,000톤짜리 안창호급 SSB 포함) 한국 해군이 발주한 24척 중 17척을 건조한 한화오션이 탁월하다. 한화오션은 이미 미국의 필리 조선소를 1억 달러에 인수했다. 이 때문에 HD현대중공업과 한화오션은 미 군함의 유지·보수·정비(MRO) 사업에 참여하고 있다. 하지만, 군함 수주에는 규제비용, 인내비용 등 숨은 비용이 엄청나다는 점에서 동맹국 참여의 지속성 여부는 여전히 불투명하다. https://www.chosun.com/economy/industry-company/2025/02/13/J766AILJ5CAXHJLZI6HWX2XLY/ (검색일: 2025. 3. 20.); https://www.joongang.co.kr/article/25321290 (검색일: 2025. 3. 20.); https://www.chosun.com/national/regional/2025/03/18/4IPBRRQSIVGXZCDIAKJXY2YL34/ (검색일: 2025. 3. 25.).

24 김우상, 김현일, "동아시아 해양력 전이와 지역질서," 『국제정치논총』 제43집 제4호 (2003).

25 김지용, "중국의 해군력 증강과 대만 침공 가능성 분석: 인정투쟁 이론과 네 가지 해전 사례를 중심으로," 『국제지역연구』 제29권 제2호 (2025), p. 94-97.

26 더욱 상세한 내용은 다음을 참조할 것. 김지용, "중국의 해군력 증강과 대만 침공 가능성 분석: 인정투쟁 이론과 네 가지 해전 사례를 중심으로," 『국제지역연구』 제29권 제2호 (2025), pp. 95-105.

27 Vesna Danilovic, *When the Stakes Are High: Deterrence and Conflict among Major Powers* (Ann Arbor: University of Michigan Press, 2002), pp. 30-32.

28 해군력에서 2위와 3위 국가의 해군력 총합보다 더 강한 해군력을 확보한다는 정책이다.

29 해군력에서 2위 국가의 2배가 되는 해군력을 유지한다는 정책이다.

30 조덕현, 『전쟁사 속의 해전』 (진해: 해군사관학교 출판부, 2011), p. 188.

31 https://correlatesofwar.org/data-sets/ (검색일: 2025. 1. 11.).

32 러일전쟁의 경우에도 마찬가지다. 〈표 2〉에서처럼 개전 직전인 1903년 일본은 전투함 총톤수에서 러시아의 44.25%에 불과했으나 개전을 결정했다.

33 https://csf.kiep.go.kr/issueInfoView.es?article_id=55583&mid=a20200000000 (검색일: 2025. 3. 1.); https://csf.kiep.go.kr/issueInfoView.es?article_id=54551&mid=a20200000000 (검색일: 2025. 3. 1.); https://www.asiatoday.co.kr/kn/view.php?key=20241031010017828 (검색일: 2025. 3. 1.).

34 2027년이 특정된 이유는 본 장의 서두에서 소개했던 양안의 정치일정, 경제불황 등을 고려한 정치경제적 동기에 기인한다. 민군관계에서도 이상징후가 포착되고 있다. 시진핑 집권 이후 현재까지 부패혐의로 숙청된 장성만 '180명' 이상인 것으로 알려져 있다. 2023년 중반 이후엔 12명 이상의 최고위급 장성이 해임되었는데 여기엔 2명의 국방부장도 포함되어 있다. 180명은 1927년 건군 이후 치러진 수많은 전투와 문화대혁명에서 스러진 장성들보다 많은 숫자다. 이는 군부의 불만을 초래하고, 쿠데타로 이어질 수 있다. 시진핑 국가주석은 군부의 불만을 외부로 돌려야 하고, 반부패 사정(司正)에서 살아남은 장성들은 숙청되지 않기 위해 PLA 창군 100주년이 되는 2027년 7월 1일까지 강군몽(强軍夢)을 실현하고 시진핑 국가주석의 정치적 필요에 부응해야 한다. 무엇보다 집단지도체제가 약화되었다는 점에서 그의 인정투쟁은 제어되기가 어렵다.

35 10가지 지표를 미국의 관점에서 재구성하면 다음과 같다: ① 서태평양 미 공군기지 방어 능력, ② 대만 해협 제공권, ③ 중국 내 방공망 무력화 능력, ④ 중국 내 공군기지 공격 능력, ⑤ 대함전 능력, ⑥ 대만 상륙 저지 능력, ⑦ 위성 방어 능력, ⑧ 위성 공격 능력, ⑨ 사이버전 능력, ⑩ 핵타격 능력. RAND는 이 지표를 네 가지의 시간적 범주(1996, 2003, 2010, 2017)와 두 가지의 공간적 범주(대만 해협과 남중국해 스프래틀리 군도)의 조합에 적용했다. https://www.rand.org/pubs/research_reports/RR392.html (검색일: 2024. 10. 2.).

36 북부 해역은 일본 요코스카의 미 7함대 및 일본 자위대의 개입 경로고, 동부 해역은 괌, 하와이, 본토에서 증파되는 미군의 개입 경로며, 바시 해협과 맞닿은 남부 해역은 필리핀에 주둔 중인 미군이 증파되는 개입 경로다.

37 https://www.kmib.co.kr/article/view.asp?arcid=0020321944 (검색일: 2025. 3. 1.).

38 https://www.csis.org/analysis/first-battle-next-war-wargaming-chinese-invasion-taiwan (검색일: 2024. 9. 31.).

39 첫째와 둘째 가정은 교전 상대국의 본토에 핵미사일을 발사하거나 전략폭격기로 핵탄두를 투하하는 등 핵전쟁으로 인한 파국을 미중 양국 모두 원하지 않는다는 암묵적 합의에 기초하고 있다. 2009년 미 해군은 공해전투(ASB: Air Sea Battle) 개념을 고안했다. 이후 ASB는 합동작전접근개념(JOAC: Joint Operational Access Concept), 국제 공역에서의 접근과 기동을 위한 합동 개념(JAM-GC: Joint Concept for Access and Maneuver in the Global Commons) 등으로 진화해 왔다. ASB, JOAC, JAM-GC는 '중국의 A2/AD 전력을 무력화하고 미 해군의 생존성을 증진하기 위해, 대만 해협 전쟁 초기 미 공군이 스텔스 전폭기 등으로 중국 본토의 미사일 기지를 공습한다'는 것을 주요 골자로 하고 있다. 하지만 본토 공습을 당한 중국이 미 본토를 미사일로 공격하면 해상에서의 총력전 수준인

대만 해협 전쟁이 전략적인 수준의 핵전쟁으로 급격히 고조될 수 있다는 우려를 낳았다. 이 때문에 CSIS의 전쟁 시뮬레이션 보고서 7장은 '중국 본토를 공격하지 말 것'과 '중국 본토 상공을 비행하지 말 것' 그리고 '중국 본토의 방공망과 경쟁하지 말 것'을 강력하게 권고하고 있다. https://www.csis.org/analysis/first-battle-next-war-wargaming-chinese-invasion-taiwan (검색일: 2024. 9. 28.).

40 피로스의 승리란 아군의 피해가 막대한 가운데 겨우 얻어낸 헛된 승리를 의미한다. 고대 그리스의 왕인 피로스(Pyrrhus) 1세는 이탈리아 정복을 위해 두 차례에 걸친 대규모 원정 전쟁을 벌였다. 그 전쟁에서 승리를 거두긴 했으나, 그가 "한번 더 승리하면 우리는 완전히 끝장날 것이다"라고 말했을 정도로 그리스군의 피해도 매우 컸다.

41 대만 해협 전쟁 시뮬레이션만큼의 손실을 보지 않더라도 한미일 항공전력이 한반도 유사시 북한의 핵·미사일 공격을 상쇄할 수 있는지는 매우 불확실하다. 우크라이나 대비 7배 이상의 항공전력을 보유한 러시아가 개전 직후 "이틀 천하"를 제외하고 3년 내내 대공제압과 공중우세에 실패한 사례는 중대한 함의를 제공한다. 개전 직전 러시아는 전자/신호정보 정찰기, 정보감시정찰(ISR) 자산, 휴민트를 동원하여 우크라이나의 방공자산 관련 표적정보 세부지도를 완성했다. 개전 당일엔 최신형/개량형 전투기(SU-35, SU-34, SU-30, SU-25, MIG-29 등)에서 발사한 공대지 미사일, 지상 및 해상에서 발사한 탄도미사일과 순항미사일, 전폭기 등으로 우크라이나의 고정형 방공자산 100여 대를 일시에 무력화시켰다. 동시에 강력한 전자전을 병행하여 우크라이나군의 조기경보, 표적획득, 화력 통제 레이더를 불능화시켰다. 우크라이나의 이동형 방공자산인 250여 대의 S-300도 긴급히 분산, 대피하는 바람에 임무 수행을 하지 못했다. 이 때문에 러시아 전투기는 우크라이나 본토 내 300km까지 진출했다. 그러나 강력한 전자전으로 자국 항공기까지 영향을 받자 3일째부터 러시아는 전자전을 중단했다. 이로 인해 우크라이나의 이동식 방공자산이 가동되었고 '사격 후 진지 이탈(shoot-and-scoot)' 방식을 신속히 수행했다. 동시에 우크라이나는 단거리 휴대용 방공체계로 러시아 전투기의 저고도 근접항공작전을 차단했다. 결국, 러시아의 대공제압과 공중우세는 이틀 천하로 끝났고 종전을 앞둔 현재까지도 러시아 공군은 방공위협 범위 밖에 체공하면서 FAB-1500 활공폭탄을 활용해 지상군을 지원하는 활동만 하고 있다. 이 때문에 일부 군사전문가들은 상당 수준의 통합방공망을 구축한 국가를 대상으로 한 대공제압과 공중우세 획득은 점점 어려워질 것이라고 진단하고 있다. 러시아와 북한의 군사적 밀착이 진행되고 있는 만큼 우크라이나가 활용했던 러시아제 방공자산과 단거리 휴대용 방공체계가 북한으로 대량 도입될 경우 한미일 항공전력의 대공제압과 공중우세는 장담할 수 없다. 특히 대만 해협 전쟁으로 미국과 일본의 항공전력 지원이 지연, 축소, 제한될 경우 한국은 최악의 상황을 맞이할 수도 있다. 이상의 내용은 필자가 2024년 11월 20일 공군사관학교에서 개최된 3군 사관학교 군사학 세미나에서 공군 항공우주전투발전단 김인승 중령의 발표 및 그와의 토론을 요약한 것이다. 러시아-우크라이나 전쟁 항공전에 대한 상세한 내용은 그의 논문을 참조하면 된다. 김인승, "러시아-우크라이나 전쟁 항공전 연구: 국면별 러시아 항공작전의 전개 및 시사점을 중심으로," 『군사연구』 제158집

(2024), pp. 37-72.

42 https://www.rand.org/pubs/research_reports/RRA2612-1.html (검색일: 2024. 12. 31.).

43 트럼프 2.0의 미국은 우크라이나에 대한 군사지원을 중단하고 침략국 러시아에 우호적인 자세를 보이는 등 NATO의 심각한 균열을 초래하고 있다. 이에 마크롱(Estelle Macron) 대통령은 유럽의 대미 안보의존도를 낮추기 위해 프랑스 중심의 핵우산을 제안하고 있다. https://www.yna.co.kr/view/AKR20250307139800546?input=1195m (검색일: 2025. 3. 10.).

44 북한이 보유한 MRBM, IRBM, ICBM 수량은 각각 17발, 10발, 17발로 추정된다. IISS, *The Military Balance: The Annual Assessment of Global Military Capabilities and Defense Economics* (London: Routledge, 2025), p. 268. 그러나 미국 국방정보국(DIA)은 2035년까지 북한의 ICBM 수량이 50발까지 늘어날 것으로 예측하고 있다. 아울러 DIA는 2035년까지 중국, 러시아, 이란의 ICBM 수량이 각각 (현재 400발에서) 700발, (현재 350발에서) 400발, 60발까지 늘어날 것으로 예측하고 있다. https://www.dia.mil/Portals/110/Documents/News/golden_dome.pdf (검색일: 2025. 5. 25.).

45 IISS, *The Military Balance: The Annual Assessment of Global Military Capabilities and Defense Economics* (London: Routledge, 2025), p. 268; IISS, *The Military Balance: The Annual Assessment of Global Military Capabilities and Defense Economics* (London: Routledge, 2024), p. 282.

46 https://www.hani.co.kr/arti/politics/defense/1152236.html (검색일: 2025. 3. 25.).

47 이외에도 순항미사일, 극초음속미사일, 활공비행체 등 열거하기 힘들 정도로 북한의 핵투발 수단은 많다.

48 김일성은 한국전쟁 직전인 1949년 1월 "국토완정"을 언급했고, 김정은은 2023년 12월 "영토완정"을 언급했다는 사실에 주목할 필요가 있다.

7장

인구절벽과 군 병력 부족 및 자체 핵무장

이대한

이 글에 격려와 조언을 아끼지 않으신 김지용 해군사관학교 교수님께 감사드립니다.
이 글은 『국가전략』 제31권 1호(통권 제111호), 2025년 봄호에 게재된 "인구절벽 문제와 한국의 자체 핵무장 옵션"의 내용을 수정·보완한 것입니다.

> 1차 세계대전에서 프랑스 20대 젊은이의 40%가 전사했다.
> 더구나 우리 프랑스는 출산율도 매우 낮다.
> 히틀러를 막기 위해서는 '과학 전쟁'을 해야 한다.
>
> - 모리스 귀스타브 가믈랭, 프랑스군 총사령관 -

1. 문제 제기

한국은 세계사에서 전례를 찾을 수 없는 '한강의 기적'이라 불리는 초고속 경제성장을 이루며 반세기 만에 최빈국에서 선진국으로 탈바꿈했다. 1999년 G20 체제가 출범하였을 때 그 일원이 되었고, 2012년에 1인당 GDP 2만 달러와 인구 5천만 명을 돌파했다. 그로부터 불과 6년 후에는 1인당 GDP 3만 달러를 돌파했다. 2020년에는 '강대국의 최소(the least of the great powers)'인 이탈리아의 GDP를 처음으로 근소한 차이로 제쳤다. 국제통화기금(IMF: International Monetary Fund)은 한국을 세계 10대 선진국 중 하나로 선정했으며,[1] 2024년 연구보고서는 한국의 소프트 파워(soft power)를 세계 1위로 분석했다.[2] 신용평가회사 스탠다드 앤 푸어스(S&P)는 한국의 예상 1인당 GDP를 2026년 40,000달러로 전망하였다.[3] 마찬가지로, 영국 경제경영연구소(CEBR: Centre for Economics and Business Research)는 2025 세계 경제순위 보고서에서 한국의 예상 1인당 GDP를 2029년 44,893달러, 2034년 55,715달러, 2039년 67,833달러

로 예상했다.[4]

현재 한국의 종합 국력은 역대 최고 순위인 세계 6위로 평가받으며 명실상부한 주요 선진국이자 경제대국으로써 인정되고 있다.[5] 그리고 세계적으로 수요가 치솟는 반도체, 방위산업, 원자력, 자동차, 조선 등의 폭넓은 산업군을 보유하고 있어 미국을 비롯한 서방 진영에서 한국이 우방국으로서 갖는 가치가 증가하였다. 이에 따라 최근 미국 학계에서는 주요 7개국 정상회의(G7: Group of Seven)에 한국과 호주를 회원국으로 초청해야 한다는 주장이 제기되고 있으며,[6] 이는 바이든 및 트럼프 행정부와 미국 조야에서 초당적으로 공론화되었다.[7] 발언권과 영향력 축소를 우려하는 일부 유럽 회원국들과 일본의 반대 가능성이 변수로 남아있지만[8], 가까운 미래에 별도로 영미권 주도의 한국 초청이 근미래에 가시화될 가능성이 높아진 상태다.[9]

각국의 군사력 순위를 매년 발표하는 글로벌파이어파워(GFP: Global Firepower)는 2025년 한국의 군사력을 세계 145개국 중 5위로 평가했다.[10] GFP는 핵무기나 여러 변수를 제외하고 재래식 전력에만 기반하여 판단하므로, 이에 대해 상당한 비판적 시각이 존재함을 인지해야 한다. 따라서 GFP 순위를 맹목적으로 수용하거나 그 순위에 지나치게 고무되는 것은 지양해야 할 것이다. 다만, 해외에서는 한국군이 규모와 재래식 전력 측면에서 손꼽히는 주요 군사대국 중 하나로 꾸준히 분류된다는 점은 주지할 만하다.

이렇듯 국제사회가 인식하는 한국은 더 이상 과거 약소국의 모습이 아니다. 외견상 경제대국 및 군사강국이 되었으나, 한국은 또 다른 전무후무한 기록을 세웠다. 2018년에 세계 최초로 합계 출산율[11] 0명대를 달성한 유일한 국가가 된 것이다.[12] 초저출생 국가라는 오명을 쓰게 되면서 지난 50년 동안 축적해 온 국력을 신장 및 지속하기 위한 핵심 동력에 빨간불이 켜졌다.

　1960년대까지 한국은 세계 기준에 비해 높은 출산율을 가지고 있었다. 그러나 개발도상국 시절 강력한 산아제한 정책을 시행한 결과, 1983년부터 합계 출산율이 2.1명을 밑돌기 시작했다. 그 후 1990년대부터 지금까지 저출산 현상이 심화되어 2018년부터 매년 최저점을 경신하고 있다. 저출생은 한 국가의 합계 출산율이 현재의 국가 규모를 유지하기 위한 마지노선인 2.1명 미만인 상태를 의미한다. 한국은 출산율이 OECD 평균보다 현저히 낮아지면서 저출생을 넘어 "인구 절벽"[13]까지 걱정해야 하는 상황에 이르렀다.

〈그림 1〉 한국의 장기적 인구 추세 전망

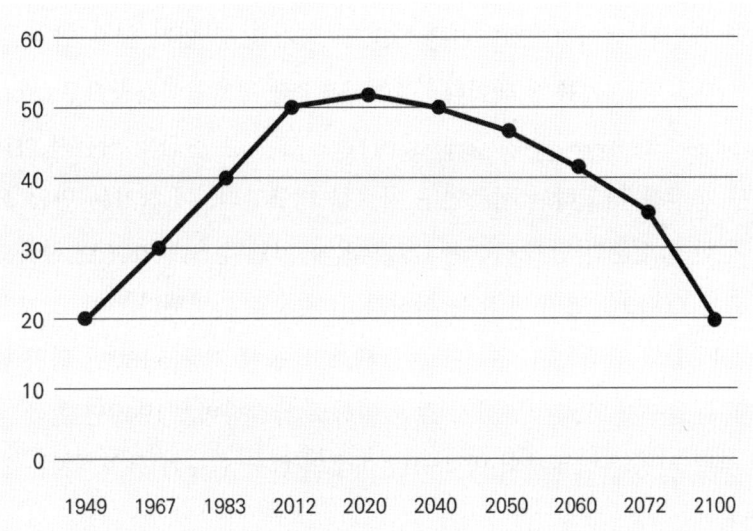

* 출처: OECD, 2025. "Korea's Unborn Future: Understanding Low-Fertility Trends"(Paris: OECD Publishing, 2025), p. 25; 통계청, "인구상황판" (2024); 통계청, "인구동향조사 (2024.7.16.)"[14]

〈표 1〉 동아시아 국가별 합계 출산율   (단위: 명)

연도	국가	합계출산율
2023	한국	0.72
2021	홍콩	0.77
2022	대만	0.87
2023	싱가포르	0.97
2022	일본	1.26

* 출처: 박경민, "'합계출산율 1미만', 한국 말고 더 있다… 동아시아 '인구 절벽'", 《중앙일보》, 2024년 5월 1일.[15]

통계청의 인구상황판에 따르면, 한국 인구는 2020년에 정점인 5,183만 명을 기록한 후 2021년에 5,176만 명으로 감소한 것을 시작으로 지속해서 인구가 줄어드는 '축소 사회'가 시작되었다.[16] 즉, 2020년은 한국 총인구가 정점에 달하는 동시에 인구 감소가 처음 통계적으로 확인된 해이고, 2023년은 OECD 국가들 중 가장 낮은 합계 출산율 0.72명을 기록한 해이다.[17] 2025년 3월 경제협력개발기구(OECD: Organisation for Economic Co-operation and Development)는 한국의 비관적 미래 인구 통계를 경고하는 심층연구 자료를 발표했다. 이 책자는 만약 한국이 현재 수준인 합계 출산율 0.72명을 유지할 경우,[18] 2100년 한국의 인구는 2,000만 명 초반 또는 이하가 될 것으로 전망했다.[19] 즉, 통계청과 OECD의 미래 인구 추계를 종합해보면, 올해 기준 5,160만 명인 한국의 총인구가 21세기 말까지 절반 이하로 급감하며,[20] 1949년 한국 정부 수립 시점과 그로부터 약 150년 이후의 한국 인구가 동일해지는 것이다.

한국개발연구원(KDI)은 이러한 추세가 지속된다면 한국이 2025년에 초고령 사회로 진입하고, 2027년까지 안양시(54만 명), 2040년까지 대전시(148만 명) 규모의 인구가 소멸할 것으로 전망했다.[21] 그리고 2024

년 기준 약 5,100만 명인 한국의 총인구는 2070년대까지 3,800만 명으로 급감할 것으로 예상된다.[22] 감소 후 총인구의 대부분은 60~65세 이상의 노년층으로 구성될 전망이다.

통계청의 〈2022년 기준 장래인구추계를 반영한 세계와 한국의 인구 현황 및 전망〉은 2050년 한국의 고령인구 비중이 40.1%로 37.5%로 예상되는 일본을 앞지르고, 2072년에는 한국과 일본의 노인 비중이 각각 47.7%, 36.9%로 더 크게 벌어져 역전현상이 발생할 것으로 전망했다.[23] 이러한 인구 구조의 변화는 1960년대 및 70년대의 한국 수준으로 회귀하는 것이다.[24] 인구학 권위자인 데이비드 콜먼(David Coleman) 영국 옥스퍼드대 명예교수는 2006년 UN 인구포럼에서 한국이 "지구상에서 사라지는 최초의 국가가 될 것"이라고 발언하였고, 2023년 5월 17일 학술 행사에서도 "현재의 인구 추세가 지속된다면 한국은 2750년쯤 국가 소멸 위험에 처할 것"으로 전망했다.[25]

그런데 여기서 더욱 우려스러운 문제는 한국 정부는 인구 문제의 심각성을 충분히 인지하지 못하고 있는 것으로 판단된다는 점이다. 국가 유지의 근간인 안보에 인구 감소 문제가 북핵 문제만큼이나 지대한 영향을 끼칠 것이라는 점에 대해서는 충분한 인식이 형성되지 않은 것으로 보인다. 인구절벽 문제에 따른 국가 정책의 대전환이 필요하다는 목소리는 늘 존재해 왔지만, 논의의 진전은 국내 정치적 이유에 의해 부진하다.

이러한 문제의식에 기반하여 본 장에서는 인구절벽 문제가 한국군과 국가에 가져올 안보 위기를 논하고, 이를 자체 핵무기 보유의 타당성과 연결지어 검토한다. 먼저 선행 연구에 대한 검토를 통해 인구절벽 시대에 한국이 마주할 치명적인 문제로서 1) 북한군의 수적 우위, 2) 징집 인원 급감, 3) 군 간부 전역자 급증과 간부 지원자 미달, 4) 재래식 전력과 미래 무인 체계 맹신을 다룬다. 그 후 자체 핵무장이 한국에 줄 수 있는 안보적, 경제적 효율성을 논의한다. 그리고 안보 전략적 효율을 제고하기 위해서는 재래식 전력과 중소규모 자체 핵무기의 병행적 운용이 바람직하다고 주장한 후 인구절벽에서 파생되는 문제를 정부 차원에서 핵무장에 활용할 수 있는 방안을 제시한다. 결론에서는 미래 안보를 위한 국가의 정책 결정에 있어서는 정쟁보다 초당적 합의와 범국민적 단결이 필요하다고 강조한다.

후술할 선행 연구와 국내외 핵무장 담론에서는 인구절벽과 핵무기 필요성의 상관관계가 활발히 논의되지 않았다. 그러한 논의가 드물었던 만큼, 핵무기와 인구절벽 문제가 연관성이 있음을 주장하고자 한다. 본 논문에서는 인구절벽과 군 병력 부족이라는 내부적 요인이 외부적 안보 위협을 초래할 가능성이 높다는 점을 핵심 전제로 삼는다. 그리고 이는 결국 주변 적성국들의 오판 또는 공격성을 초래하는 요인이 될 수 있다고 판단한다. 따라서 보유 사실만으로도 전면전 발발을 억제할 수 있는 자체 핵무장이 여러 미래 안보 정책 중 하나로서 고려되어야 한다는 것이 본 장의 요지이다.

2. 선행 연구

한 국가의 인구 변화가 국가안보에 미치는 영향에 대한 선행 연구는 여럿 존재한다. 가장 잘 알려진 '세력 전이 이론(power transition theory)'에서도 인구를 핵심 요소로서 고려하고 있다.[26] 세력 전이론 창시자인 쿠글러(Jacek Kugler)는 사회경제적, 정치적 성장에 따른 세력 전이가 세력 균형(balance of power) 이론보다 더 정확하다고 보았다. 그리고 패권국과 패권도전국 간의 성장률 차이가 국제 체제를 불안정하게 만들고 세계 대전을 촉발시킨다고 주장했다. 그는 전쟁의 승패가 한 국가의 잠재력뿐만 아니라, 가진 자원을 동원하는 정치 체제의 역량에 달려있다고 주장하였다.

쿠글러가 말한 사회적, 경제적, 정치적 성장 동력은 근본적으로 인구에서 나온다. 그리고 전쟁 발발 시 국가의 인적, 물적 자산을 총동원할 수 있는 역량은 숙의 과정을 거치는 민주주의 국가보다 일원화된 권위주의 국가가 상대적으로 뛰어나다. 즉, 주변 적성 핵보유국들의 양적, 질적 발전이 인구절벽에 따른 한국군의 쇠퇴 및 재래식 전력 우위 상쇄와 맞물리면 치명적인 안보 위협이 될 것임을 경고한다고 해석할 수 있다.

1816년에서 2016년까지의 모든 세계 전쟁 데이터를 집약한 Correlate of War(COW) 프로젝트는 싱글러(David Singler)가 고안한 종합 국력평가(CINC: Composite Indicator of National Capability)[27] 지수를 평가 기준으로 제시한다. CINC 지수는 국력을 평가할 때 6가지 요소(국방비, 군 병력, 전력 소비량, 철강 생산량, 도시 인구, 총 인구)를 핵심으로 반영한다. 특히 이 중 인구통계적, 산업적, 군사적 지표가 국가의 물리적 역량 측정에 가장 효과적인 수단이라고 본다. 이 세 가지 지표는 국가가 군사 갈등 시 동원할 수 있는 자원의 정도를 반영한다. CINC 지수에서는 전술한 기준이 국가의 위치, 지형, 천연자원, 정치 체제, 시민 성숙도, 집권 세력의 정치적 정당성 등의 변수보다 국력 판단에 있어 더 중요하다고 판단한다.

골드스톤(Jack Goldstone), 카우프만(Eric Kaufmann), 그리고 토프트(Monica Toft)는 공동 연구를 통해 인구 변화는 세계의 정치적 현상을 분석하는 데에 중요한 틀이라고 강조하면서, 이 요소가 여러 분야에 미치는 영향을 간과하는 정치학계를 비판했다.[28] 이들은 인구 문제가 국가

안보와 전쟁수행 능력에 필수적이고, 그 규모 및 연령의 변화가 국가 간 힘의 균형에도 영향을 미친다고 분석했다. 또한 다른 연구가 분석한 미국-베트남 전쟁과 러시아-아프가니스탄 전쟁을 사례로 언급하며, 최첨단 기술을 갖춘 자본집약적 국가라 할지라도 노동집약적 후진국과의 전쟁에서 패배할 수 있다고 보았다. 그리고 인구에 기반한 대규모 징병 인력과 전쟁을 지탱할 충분한 경제력이 국가안보에 가장 중요하다고 주장했다. 이 연구는 첨단 기술과 우월한 재래식 무기를 맹신하는 한국의 전략이 바람직하지 않다는 것을 암시한다.

통념에 따르면 힘의 우위가 곧 전쟁 승리라는 것이 국제관계 이론의 근간이며, 비대칭 전쟁에서는 강국이 항상 이기는 것으로 흔히 알려져 있다. 특히 약소국과 강국 간 힘의 차이가 압도적일 경우 약소국은 상대를 절대 이길 수 없다. 그러나 아레귄-토프트(Ivan Arreguin-Toft)는 그러한 일반적 통념과 달리 때로는 약소국이 승리한다고 주장한다.[29] 그는 지난 200년 간의 전쟁 결과를 통해 두 가지의 특이점을 도출했다. 첫째, 약 30퍼센트의 확률로 비대칭 전쟁에서 약소국이 승리하였다. 둘째, 약소국의 전략이 강국의 힘을 무용하게 만들 수 있다. 이 연구는 한국이 북한 대비 상당한 국력 우위를 점하고 있다고 해서 결코 상대를 과소평가하거나, 기존의 첨단 기술과 재래식 전력을 맹신해서는 안된다는 함의를 준다.

그동안 인구절벽과 핵무기의 필요성을 연관시킨 연구는 드물었고, 국내외 핵무장 담론에서도 인구 문제와 병력 부족을 핵심 요인으로서 다루지 않았다. 그리고 인구절벽에 대한 우려는 대체로 경기 침체, 소비 위축 등에 집중되어 있다. 따라서 본 논문은 핵무장 담론의 새로운 관점을 형성하고자 하였으며, 인구절벽이 한국의 미래 안보 위기를 초래할 핵심 변수임을 환기하였다. 또한 이번 연구를 통해 핵무장론과 인구절벽 문제의 연결을 시도함으로써, 국내외 핵무장 담론에서 새로운 논의의 장을 형성하는 데에 일조할 것으로 예상된다.

3. 한국의 인구절벽으로 인한 안보적 위기

가. 북한군의 수적 우위

북한의 합계출산율은 2024년 기준 1.3명으로 0.72명을 기록한 한국보다 높다.[30] 그리고 북한은 김정은의 필요에 따라 모든 인민을 총동원할 수 있는 권위주의 독재 정권이며, 징집 시 성별에 따른 예외를 적용하지 않는다.[31] 한국의 생산가능 인구가 군생활을 마친 후 경제활동을 활발히 하는 동안 인민군들의 신체 역량은 대체로 매우 떨어지지만 한국군 장병들보다 더 긴 시간을 군에서 복무한다. 적성국인 북한은 각 연령대별 군사 조직을 통해 여성을 포함한 전 인구의 군사화를 사실상 이미 마친 것이다.[32]

아울러 2020년부터 한국의 신생아 수가 연간 30만 명을 밑돌기 시작하면서, 북한이 그 수치를 따라잡기 시작했다.[33] 한국을 추월한 수만큼의 북한 신생아들이 유년기부터 준군사조직에 들어가고 인민군의 병력이 될 것이므로, 한국으로서는 신생아의 수적 불균형도 안보 위협으로 인식해야 할 때가 되었다.

물론 북한 인구도 다양한 문제를 안고 있다. 인민군의 보급 및 영양 상태가 심각한 수준이라는 점은 잘 알려진 사실이며, 신체 능력은 한국군과 대칭적으로 비교할 수 없다. 그리고 북한도 인구를 유지하기 위해 필요한 대체출산율[34] 2.1명을 이미 밑돌기 시작했고, 저출산 고령화로 인해 2030년 이후로는 총인구가 감소할 것으로 예상된다.[35]

그러나 한국이 아무리 첨단 무기와 뛰어난 기술력을 갖춘 국가라 하더라도 세계 4위 규모인 북한의 120만 대군을 상대해야 한다는 사실은 변하지 않는다.[36] 게다가 세계 1위 규모인 중국의 200만 인민해방군[37]까지 한반도 문제에 개입하는 최악의 가능성을 염두에 둘 필요가 있다. 따라서 정부는 인구 감소 문제를 단순히 모든 선진국에서 관찰되는 자연스러운 사회 현상이 아니라 치명적인 안보 위기의 도화선임을 인식해야 한다.

기형적인 인구 구조로의 급격한 변화를 반영하지 못하는 현행 병역법을 개정하지 않는다면, 미래에는 북의 2차 선제 남침을 방어하고 전반적인 군사자산을 운용할 충분한 병력이 부족할 것이다. 그리고 미래에 북한은 독자적으로, 혹은 주변 우방국들의 묵인 및 지원을 받아 한국과의 2차 전쟁을 시도해볼 만하다고 오판할 수 있다.[38]

나. 군 병력 부족 현실화

1960년대 개발도상국이던 한국은 당시 급증하는 출산율에 부담을 느꼈다. 이에 정부는 1996년까지 인구수를 적절한 수준으로 관리하기 위해 '산아제한 정책'을 실시했다.[39] 결과적으로 이 정책은 성공했으나, 한국의 선진국화로 인해 2020년대 전후 인구절벽의 시발점이 되었다.[40] 결국 2018년에 59만 9,000명으로 역대 최대 규모이던 한국군은 2022년에 처음으로 50만 명 이하로 감소했다. 현재 복무 중인 현역 장병 수는 육군 36만 5,200명, 해군 6만 9,800명(해병대 2만 8,800명 포함), 공군 6만 5,000명이다.[41]

이렇게 병력의 절대적 수치가 줄어든 것은 사실이다. 그러나 세계 기준에 따르면 한국은 아직 순위권에 드는 대규모 군대를 보유하고 있다. 문헌별 측정 기준에 따라 각국 총병력 수의 차이는 다소 상이하나 World Atlas의 2023년 자료에 따르면, 세계 1위부터 4위까지는 각각 중국(200만 명), 인도(145만 명), 미국(139만 명), 북한(125만 명)이 차지하였으며, 한국은 8위(55만 5천 명)에 위치하였다.[42] 아래 <표 2>는 점차 줄어들고 있는 한국군의 병력 수를 보여준다.

<표 2> 연도별 한국군 총병력 수 (단위: 명)

연도	육군	해군/해병대	공군	총병력
2012	50만 6천	6만 8천	6만 5천	63만 9천
2014	49만 5천	7만	6만 5천	63만
2016	49만	7만	6만 5천	62만 5천
2018	46만 4천	7만	6만 5천	59만 9천
2020	42만	7만	6만 5천	55만 5천
2022	36만 5천	7만	6만 5천	50만

* 출처: 김진욱, "2040년 군대 갈 남성 고작 14만명… 간부도 병사도 모자라 흔들릴 미래 국방," 《한국일보》, 2023년 6월 27일의 내용을 저자가 표로 정리.

이러한 세계 순위권 규모의 병력이 유지될 수 있는 법적 근거는 '모든 국민은 법률이 정하는 바에 의해 국방의 의무를 진다'는 헌법 제39조 1항에서 비롯된다.[43] 다시 말해 성별에 관계없이 전국민이 국방의 의무를 다하도록 하고 있다. 그러나 병역법 제3조 1항이 국방의 의무를 '대한민국 국적을 가진 남자는 성실히 수행해야 할 의무'로 규정함에 따라, 젊은 남성 위주의 의무 복무제가 이어지고 있다.[44]

하지만 가파르게 군사력을 감소시킬 인구절벽이 다가오면서, 병역법에서 명시한 남성 위주 국민개병제의 지속성에 대해 합리적인 의문이 제기된다. 2000년대 이래로 여러 정부를 거치면서 병사들의 의무복무 기간이 축소되었고, 젊은 남성의 수가 감소하는 악재가 겹치면서 병력자원에 균열이 생겼다. 한반도미래인구연구원은 '2024년 인구

보고서'에서 전반적 인구 감소가 한국군의 입영자 수에도 상당한 영향을 끼칠 것으로 보았다. 입대 인원이 2023년에 26만 명 선이 무너지고 2038년에는 약 19만 명 내외에 불과할 것으로 전망했다.[45] 그런데 실상은 이 전망보다 더욱 비관적이다. 간부와 병사를 포함해 약 50만 명에 달하는 현 병력 규모를 유지하려면 매년 22만 명 정도가 입대해야 하지만, 이미 예상보다 더 빨리 20만 명 선이 무너졌기 때문이다.

최근 5년간 현역병 입영 현황 추이를 보면, 2019년 22만 4,062명, 2020년 23만 6,146명, 2021년 21만 5,754명, 2022년 18만 6,201명, 2023년 17만 6,369명으로 집계되었다.[46] 그리고 2036년부터는 입대 가능한 20세 총인구수가 22만 명 아래로 떨어지고, 2022년에 태어난 남아가 20살이 되는 2042년에는 12만 명 수준으로 줄어든다.[47] 즉, 20세 남성 인구 중 신체적, 정신적 문제를 가진 인원까지 고려한다면, 실질적으로 군복무를 할 수 있는 징집 대상자는 전술한 수치보다 더욱 적을 것이다. 현 추세대로면 약 20년내에 한국군이 활용할 수 있는 총병력이 현재보다 절반 이상 감소할 것으로 예상되기 때문이다.

국방부 국방개혁실은 2023년 4월 KBS와의 인터뷰에서 "2040년이 되면 20세 병역 자원이 13만 명 밖에 되지 않는다. 육군 18개월, 해군 20개월, 공군 21개월의 복무기한을 유지한다고 가정하면 대략 9만 명 정도밖에 입대할 수 없어서 현재보다 거의 절반으로 줄어들 것"이라고 답변했다.[48]

한국국방연구원(KIDA)은 인구감소로 인한 '병역자원 절벽' 추세를 면밀히 추적해오고 있다. 조관호 인력정책연구실 책임연구위원은 한국군이 정원 50만 명 유지를 목표로 하고 있지만, 이미 2022년 연말부터 한국군의 실제 병력은 48만 명에 그쳤다고 밝혔다.[49] 이는 약 120만 명에 달하는 북한 조선인민군의 40퍼센트에 불과한 수치이다. 또한 향후

10년간은 한국이 대략 47만 명 선의 병력을 유지할 수 있을 것으로 내다보면서도, 2038년에는 39만 6천 명으로 감소한다고 전망했다.[50]

<표 3> 한국군 병역 자원 정체 및 절벽 예상 시기

연도	20세 남성 인구	시기
2015	37만 2천 명	1차 병역자원 절벽기(2015-2025)
2025	22만 5천 명	
2026	23만 명	병역자원 정체기(2026-2032)
2032	25만 명	
2033	22만 6천 명	2차 병역자원 절벽기(2033-2042)
2042	12만 5천 명	

* 출처: 조관호, "병역자원 감소 시대의 국방정책 방향," 서울신문 인구포럼 발표 자료 (2023. 6. 15.)의 결과를 저자가 정리.

조 연구위원은 "2023 저출산고령사회 서울신문 인구포럼" 세미나에서 2015~2025년을 '1차 병역 자원 절벽', 2026~2032년을 '병역 자원 정체기', 2033~2040년대를 '2차 병역 자원 절벽' 시기로 분류했다.[51] 1차 병역 자원 절벽기 시작 시점인 2015년에 징집이 가능했던 20세 남성 인구는 37만 2천 명이었고 종료 시점인 2025년에는 23만 명 미만으로 예상했다. 증감을 거듭하는 병역 자원 정체기인 2026년부터는 23만 명으로 시작하여 2032년에는 약 25만 명으로 소폭 늘 것으로 전망했다. 마지막으로 2차 병역 자원 절벽기인 2033년부터는 본격적인 감소가 재개되어 종료 시점인 2042년에는 12만 5천 명이 될 것으로 분석했다.[52]

인구절벽에 관한 군사적 분석과 더불어 한국의 적정 상비병력 규모에 관한 연구도 꾸준히 이어져 왔다.[53] 동북아시아 지역의 안보 상황과 한반도 대치 상황 등을 종합적으로 고려하였을 때, 미래 한국군의 규모는 최소 35만 명에서 최대 45만 명이 필요할 것으로 보고 있다.[54]

이에 대해 전문가들 사이에서는 특별한 이견이 없는 것 같다.

그런데 인구 감소가 군 병력에 미치는 영향을 통계적으로 분석한 다른 연구는 국군 35만 명 유지가 어려울 것이라는 비관적인 전망을 제기했다. 고시성 박사는 징병제 유지, 남성 위주 징병, 현역 복무기간 18개월, 평균 현역 판정 비율을 90퍼센트 수준으로 가정하여 미래 병력 수치를 예상했다.[55] 현 상비군 50만 명은 2030년(2028년부터 감축 조정), 45만 명은 2030-2040년(2034년부터 감축 조정), 40만 명은 2040-2050년(2045년부터 감축 조정)까지 유지할 수 있을 것으로 전망했다.[56] 그리고 2050년 이후에는 한국에 필요한 최소한의 병력인 35만 명조차도 감축 대상이 되어야 한다고 분석했다.[57]

위 연구에서 주목할 점은 상술한 규모 수준의 점진적 병력 감축을 10년 주기로 나누었다는 점이다. 해당 연구에서는 위 계획대로 한국이 안보적 부담 없이 군 규모를 축소하기 위해 필요한 몇 가지 필수 전제를 제시하였다. 즉, 북한의 비핵화, 주변국과의 우호 관계 유지, 남북 간 군축, 역내 안보 환경의 평화적 정착 등을 조건으로 포함하였다. 그러나 현재와 미래의 동아시아 안보 상황을 고려하면 하나같이 현실적으로 섣불리 기대하기 어렵고 비현실적이다.[58] 궁극적으로 재래식 전력의 우수성에 기반한 기존의 안보 정책은 인구절벽으로 인해 앞으로 장기간 지속하기가 어려워질 것으로 전망되므로 미래 생존을 위한 한국의 셈법은 더욱 복잡해졌다. 지금까지 생각하지 않았던 정책까지 고려하여 국가의 미래 생존 전략을 도모해야 할 상황이다.

다. 부사관 및 장교 모집인원 미달

약 1년 6개월에서 2년 간의 의무복무를 위해 징집되는 20대 청년들이 부족해지는 것과 더불어, 직업군인 모집률도 점점 떨어지고 있다. 이는 사병 월급 인상에 따른 직업군인들의 상대적 박탈감,[59] 간부 전역 신청자 급증,[60] 군인 우대제도 및 존중 문화 부족,[61] 군복무 기피 현상[62] 이 만든 악순환이 초저출산과 맞물려 반복되기 때문으로 보인다.

〈그림 2〉 부사관 경쟁률

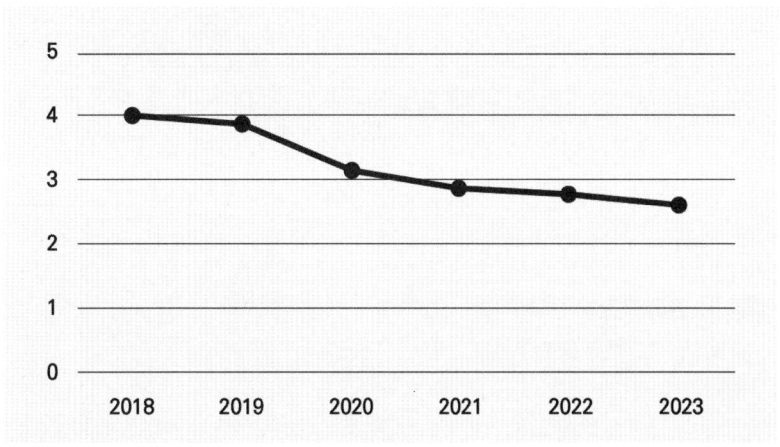

* 출처: 권아현, "軍 허리 잘려나간다"…간부 지원율 2배로 줄고, 이탈률은 2배로 급증," 《조선일보》, 2024년 7월 21일의 내용을 저자가 그래프로 구성.

한국군 부사관은 통계에 따라 다르지만 현재 13만 명 안팎이다. 한국군 전체 규모는 약 48만 명이며, 육해공군 부사관 총원 수는 전체 군 병력의 4분의 1을 차지한다. 전력 상 그 중요성으로 인해 부사관은 군의 중추(backbone)와 같다. 그런데 부사관 지원율은 2018년 4대 1이었으나 2020년에는 3.1대 1, 2023년에는 2.6대 1로 급감했다.[63] 육군의 부사관 최종 선발 인원은 36.7퍼센트에 그쳐 목표치인 100명 가운데 약 63명을 채우지 못했다.[64] 이는 강원도 및 경기도 전방 지역 부대들이 정원 미달과도 맞물렸다.[65]

각 군 현역 장교들의 상당수를 구성하며 병력 규모 유지의 핵심인 학군장교(ROTC)의 모집 경쟁률은 2015년에는 4.8대 1이었으나 2018년 3.4대 1, 2020년 2.7대 1, 2021년 2.6대 1, 2022년 2.4대 1, 2023년 1.6대 1로 현저히 급감하는 추세이다.[66] 그리고 지난해 7월 기준 학군단 운용 대학교 108곳 중 54곳이 정원 미달 상태로 운영되었다. 또한 육군3사관학교의 모집 경쟁률도 2019년에 6.1대 1이었으나 2023년에는 3.6대 1로 급감했다.[67] 과거의 인식과는 달리 사관생도 모집도 이제는 현저히 감소하는 추세이다. 2018년까지 30대 1을 상회 하던 경쟁률은 지난해 기준 육군사관학교 26대 1, 해군사관학교 19대 1, 공군사관학교 21대 1로 크게 떨어졌다.[68]

⟨그림 3⟩ 한국군 간부 전역 현황

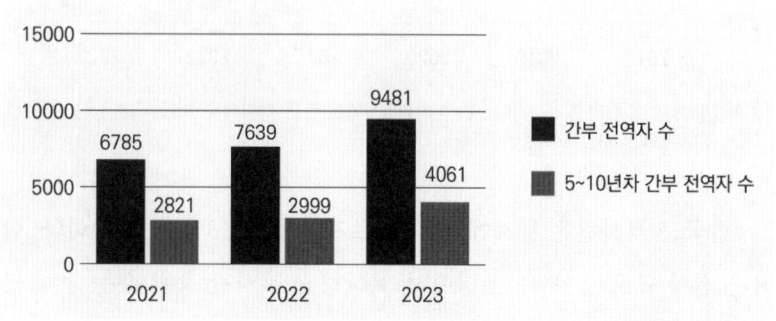

* 출처: 유용원·고유찬, "초급장교 70% 차지하는 ROTC, 10년간 지원율 4분의 1토막," 《조선일보》, 2023년 12월 28일의 내용을 저자가 그래프로 정리

2024년 5월 24일 국가보훈부 발표에 따르면 전역한 장교, 준사관, 부사관은 2023년 기준 9,481명인데, 이는 2022년도 전역 인원인 7,639명에 비해 눈에 띄게 증가한 수치이다.[69] 이 중 5년에서 10년 정도 중기 복무한 장교 전역자가 2023년 기준 4,061명으로, 2022년 수

치 대비 29.7% 급증했다.[70] 이는 총 간부 전역자 수의 약 43%에 달한다.

이렇게 군 간부의 확보 및 유지가 갈수록 어려워지고 있는 상황을 타개하기 위해 정부와 군 당국은 각종 장병 처우 개선 방안을 내놓고 있다. 지금의 병력 부족 문제가 근미래에 한국의 안보를 저해하는 위협 요인이 되지 않도록 실효성 있는 개선책을 시행할 필요가 있다는 점에는 의문의 여지가 없다. 그러나 일부 전문가들 사이에서 이미 회의론이 나오고 있다. 최영진 중앙대 국제정치학과 교수는 "과연 계획을 이행하기 위해 충분한 예산을 확보할 수 있는지가 의문이다. (중략) 저출산, 초고령화 사회의 복지비용을 고려한다면 더 늘리기 어렵다"라고 주장했다.[71]

라. 현행 대응 방식의 한계

인구 문제가 주변국의 안보 위협보다도 더 심각한 내부 문제이기에, 군 당국은 드론, 인공지능 등의 무인 체계를 확보하고 군 전문 인력 확대 등의 대응책을 내놓았다. 지난 윤석열 정부는 사실상 예정된 인구 감소를 대비하는 차원에서 2040년까지 과학기술 강군을 육성하겠다는 '국방개혁 4.0'을 발표했다.[72] 유무인 복합체계와 새로운 무기체계 운용을 미래 작전 개념에 반영하겠다는 것이었다.

인구 감소 및 초고령화 사회는 모든 선진국에서 공통적으로 나타나는 현상이므로 무인 체계는 앞으로 필수적이다. 따라서 한국도 미래 국방의 핵심축으로서의 무인 시스템을 강조하고 있고, 달라질 미래 전장을 감안 한다면 전략적으로 바람직하다는 점에는 의문의 여지가 없다. 그리고 인력 및 자원을 투입한 재래식 무기로 전쟁을 수행하던 기존의 방식이 기술 중심의 전쟁으로 양상이 바뀔 것은 확실하다. 무인 체계와 스타링크 등 민간 영역에서 사용될 것으로 여겨졌던 시스템들의 전시 활약이 돋보였듯이, 한국도 이러한 신개념 기반 군 전력 운용을 계획할 필요가 있는 것은 사실이다. 더불어 무인기 등이 무기체계의 일부로 진화함에 따라 소형화와 군집화까지 이루어지고 자폭을 비롯하여 보다 정밀한 타격도 가능해질 것으로 예상된다.

그러나 이는 인구절벽이 미래 한국군의 적정 규모 유지에 끼칠 악영향을 상쇄하기에는 턱없이 부족한 보완적 요소에 불과하다. 러시아-우크라이나 전쟁에서 관찰되는 것처럼 군 자산을 운용하기 위한 인간 중심의 군사력은 여전히 유효하다. 특정 군사자산의 무인화를 완성하거나 각 군이 유무인 복합체계를 채택한다고 해도 그러한 장비와 무기들의 지휘통제, 운용, 교육 및 훈련, 유지보수 및 정비(MRO), 성능 개선, 추가 연구개발 등을 위해서는 결국 일정 규모 이상의 병력이 반드시 유지되어야 하기 때문이다. 조상근 KAIST 국가미래전략기술 정책연구소 교수는 "사람이 없으면 정부의 '국방혁신 4.0 기본계획'에 따른 지능형 유무인 복합전투체계 자체를 만들 수 없다"라고 지적했다.[73]

무인 전투로봇, 전투용 인공지능 등은 세계적으로도 아직 운용 개념을 발전시키는 단계에 있으며, 관련 기술 또한 한창 발전 중이므로 전력화 및 실전 배치까지는 다소 오랜 시간이 소요될 것이다. 즉, 유사시 안보적으로 유의미한 자산으로 운용하기 위해서는 여전히 많은 개념 및 기술의 발전과 점진적 개선이 요구된다. 그러므로 전적으로 무인 체계에만 기대서는 안 될 것이다.

무인자동화가 순조롭게 진행된다고 해도 기존의 재래식 자산과 이를 운용하는 군 인력을 지속적으로 확보하고 현대화하는 것은 필수적이다. 무인 체계만으로 유사시 작전을 전적으로 수행하기에는 많은 한계가 있음을 간과하지 않아야 한다. 따라서 정찰 및 공격에 대한 미래 무인 체계의 불확실성 해소를 위해서는 유인 전투체계가 반드시 주축이 되어야 할 것이다.

한국군의 무인·자동화가 인구절벽 효과를 상쇄할 수 있다고 주장하기에 앞서, 군사기술 수준에 따라 국가의 행동 차이가 존재한다는 연구를 주목해야 한다. 반 에베라(Stephen Van Evera)에 따르면 첨단 자산인 감시정찰이나 미사일 방어체계 등을 갖춘 국가는 상대 국가에 비해 방어우위를 점하게 된다. 그리고 이는 방어우위 국가로서의 자신감과 그에 따른 안일한 심리를 초래할 수 있다.[74] 첨단 전력을 운용하는 군 수뇌부와 국가 지도자가 공세적 전략보다 안정성을 선호할 수 있기 때문이다.[75]

또한 역대 전쟁 사례에서 약소국이 기술우위 국가를 상대로 기록한 승률을 살펴보는 것도 중요하다. 아레귄-토프트의 연구는 18세기부터 21세기 초까지 강대국과 약소국 간의 전쟁을 분석하였다. 상대적 약소국은 당대 최신 기술로 무장했던 우위 국가에 맞서 동맹국의 지원 없이도 56.3%의 승률을 기록했다.[76] 이는 한반도 유사시 상황에서 재래식 전력이나 최첨단 기술의 우월성이 한국의 승리를 보장하지 않는다는 점을 암시한다.

반 에베라와 아레귄-토프트의 연구는 북한 대비 우수한 재래식 전력과 과학기술 역량을 갖춘 한국의 행동에 대해 경고를 보내고 있다. 북한이 핵개발을 시작한 지 30년이 지났으나, 한국군과 정부는 자국의 과학기술 및 재래식 전력의 우위로 북의 남침을 평시 억제 및 유사시 방어할 수 있다고 믿는 경향이 있다.[77] 프랑스군의 장군이었던 모리스 가믈랭(Maurice G. Gamelin)은 프랑스 젊은이들의 상당수가 1차 세계대전에서 전사한 것을 교훈으로 삼아 독일과 과학기술로 싸울 것을 강조했다. 그러나 당시의 기술력을 총동원해 요새화한 마지노선(Maginot Line)을 전략으로 내세웠던 프랑스는 독일의 폴란드 침공을 방관하는 등 안일하게 대처하였다. 결국 프랑스는 예상치 못한 나치의 속도전(blitzkrieg)과 벨기에 침공을 통한 우회공격에 의해 단기간에 파리를 내주었다. 즉, 첨단 기술에만 절대적으로 의존하는 것은 국가의 생존을 장담할 수 없다.

이정민 서울대학교 교수와 캐서린 보토(Cathryn Botto)는 미국 싱크탱크 카네기국제평화재단(Carnegie Endowment for International Peace)의 보고서 '인구학과 한국의 미래'에서 인구구조 변화에 대한 한국 정부의 대응이 사회 안전과 군사력에도 유의미한 영향을 끼칠 것이라고 보았다.[78] 이들은 줄어든 병력으로도 강력한 방어 태세를 유지하기 위한 근본적, 초당적 개혁이 필요하다고 결론지었다.

따라서 정부는 외교적 측면에서 한국, 북한, 미국, 중국이 핵문제 논의의 동력을 유지함으로써 역내 위험도를 관리할 필요가 있다. 더불어 보다 파격적인 사회적, 경제적 정책을 통해 출산율 감소 추세를 반전시켜야 한다는 점에는 의문의 여지가 없다. 상술한 최악의 시나리오를 피하기 위해 장기적으로 자국의 안보를 보장하기 위한 군사적 수단도 모색할 필요가 있다. 그것에는 남성만을 군복무 대상으로 규정한 병역법의 개정 및 여성 징병제, 다양한 형태의 전국민 기초군사훈련 도입, 예비군 전력 강화, 중장년층으로 구성된 '시니어 아미'(Senior Army) 제도 도입 등을 포함하여야 할 것이다.[79] 특히, 인구절벽으로 쇠퇴하는 미래 한국의 안전보장을 위한 여러 핵심 방안 중 하나로서 자체 핵무장이 고려되어야 한다.

다시 말해, 미래에는 인구절벽으로 인해 현재 재래식 전력에 투입되는 국방예산과 대규모 군 병력의 유지가 사실상 어려워진다고 보아야 한다.[80] 따라서 병력의 재배치는 필연적 수순일 것으로 예상되므로, 핵무기 운영에 관련된 육해공군의 부대에 필요한 병력을 최소 수준으로 꾸준히 확보한다면 안정적인 핵 억제력 운용에 기여할 것이다. 또한 자체 핵무장을 통해 재래식 전력에만 전적으로 의존해 온 한국의 안보를 전략적, 비용적 측면에서 보다 효율적으로 담보할 수 있을 것이다.

4. 자체 핵무장의 효율 및 인구절벽 문제의 활용

가. 안보적 효율성

국력에 있어 경성권력(hard power)의 요소 중 하나인 인구가 축소되면, 그에 따른 여러 문제점이 사회 및 경제 전반에 큰 타격을 가할 것으로 예상된다. 특히 우려되는 점은 경제활동 인구의 감소인데, 경제적으로 가장 활발한 20대부터 50대의 인구가 10년 내에 부산의 인구수와 비슷한 약 320만 명 정도 줄어들 것으로 전망된다.[81] 사실상 경제활동의 주축인 30대, 40대, 50대의 감소까지 고려한다면 줄어드는 수치는 더욱 클 것이다. 이는 곧 국방비를 납부할 납세자가 줄어든다는 뜻이고, 국가 운영을 위한 충분한 재정을 유지하는 데에도 차질이 생길 수 있다는 의미이다.

이는 매년 증가 중인 국방예산이 미래에는 지속 가능하지 않다는 점을 암시하는 적신호이다. 결국 정부는 고령화와 인구 감소에 따른 국가 지출을 메꾸기 위한 고육지책으로 국가 채무를 늘리거나 증세를 통한 세수 확보에 나설 수밖에 없다. 젊고 경제적으로 활발한 생산 인구가 부족하면 더 적은 수의 국민들이 침체된 국가 경제 속에서 위축된 경제 활동을 하며 군복무를 해야 한다. 그리고 국방과학 및 산업기술 전반에 관련된 연구개발과 운용에 종사할 인원도 줄어든다. 국회예산정책처는 2024년의 출산율 반등이 일시적 현상에 그치고 비관적으로 예정된 규모까지 인구가 감소할 경우 국가 채무 비율이 높아질 우려가 있다고 분석했다.[82] 이는 일정한 생산 인구가 필요한 현재 한국의 국가적 구조를 유지하기 위해서는 기존 인구 구조를 최대한 유지할 필요가 있음을 시사한다.

이렇듯 인구절벽의 여파를 정부가 적기에 대응하지 못한다면 유사 시 안보 측면에서 발휘할 수 있는 국가적 역량이 매우 제한적일 것이다. 또한 비확산 진영의 핵심 논거이자 우방국으로부터 높이 평가받는 '정책 자산'인 한국의 최첨단 기술력, 인구 대비 세계적 규모의 대군,[83] 우수한 재래식 전력[84] 등을 현재 수준으로 유지하기 어려울 가능성이 높다.

세계 순위권의 우월한 경제력 및 군사력과 강한 한미동맹이 있으니 앞으로도 안보적으로 전혀 걱정할 필요가 없다는 것이 정부의 생각이라면, 이는 앞으로 다가올 달갑지 않은 현실을 거부하는 것이다. 기존의 비확산 일변도 정책만으로 정부와 국민들이 20년 내 마주할 내부, 외부의 안보 위협 요인들을 해결할 수 있다는 믿음은 환상에 가깝다.

이런 상황에서 지금과 같은 수준의 역내 대치 상황이 지속된다면 한국의 안보에 부정적 영향을 끼칠 것으로 예상된다. 한국은 인구 감소에 따라 기존 군대를 온전히 유지하지 못해 적성국을 상대하기 위한 최소 군사력 확보조차 사실상 불가능할 수 있다. 이는 초강대국 동맹 편승과 자국 안보의 완전한 위탁을 불러올 것이다.

결국 제3국에 대한 맹목적 의존이 한국의 전략적 의사결정과 외교·안보적 행동폭을 상당히 제한할 것은 자명하다. 인구 문제로 인해 국력이 쇠퇴한 한국의 전략적 가치에 대해 미국이 만약 지금과 다른 손익계산을 하거나, 70년 전 한국을 약소국으로 바라보던 워싱턴의 시각이 되살아난다면, 한국은 악몽과도 같았던 20세기 한반도 역사의 반복을 경험할지도 모른다. 그간 양국의 전략적 필요성에 의해 군건히 유지되어온 한미동맹에 인구절벽이 모종의 부정적 변화를 가져오는 것은 절대적으로 피해야 한다. 최악의 경우 한국의 안보는 북한과 중국의 핵무기 위협을 받는 지금과도 비교할 수 없는 바람 앞의 등불 신세가 될 것이다. 미국 핵우산의 신뢰성 문제가 아니라 만성적 인구절벽에서 비롯된 내부 문제 때문에 한국의 안보가 무력화될 수 있기 때문이다.

물론 자체 핵무장은 인구절벽이 불러올 모든 국가적 도전 과제들을 일거에 해결해 줄 수 있는 만병통치약이 될 수 없다. 하지만 북한과 중국의 핵무기 증강은 궁극적으로 한국의 미래까지 위협할 핵심 상수이다. 이들이 보유한 핵전력이 한국 국민들의 재산과 생명을 앗아갈 잠재적 위험성을 갖추었음은 두말할 여지가 없다. 따라서 한국에 가장 우선적으로 필요한 것이 적성국을 억제할 수 있을 만큼 최소한의 자체 핵무기를 우선 확보하는 것이다. 한국의 주요 경쟁상대인 북한의 핵무기 최대 예상 규모와 비슷한 수준의 핵무기를 우선 보유함으로써 인구절벽으로 인해 쇠퇴하는 대북 억제력을 상쇄할 수 있을 것이다.

이제 핵무기는 더 이상 일부 강대국만의 전유물이 아니다. 핵무장은 주변 적성국에게 유의미한 압박이 될 뿐 아니라, 한국에 대한 그들의 오판이나 섣부른 행동을 단념시키는 억제력으로 기능할 수 있다. 핵무기가 가져오는 강력한 국제정치적 힘은 인구 감소로 인해 국력이 일부 쇠퇴하더라도 지역과 국제 무대에서 가졌던 발언권을 상당히 담보해 줄 것이다. 보유 자체만으로도 생기는 핵무기의 가치는 냉전의 역사가 증명하며, 러시아를 비롯한 여러 핵보유국에 의해 수 차례 입증됐다.[85]

사실상의 핵보유국인 파키스탄, 인도, 이스라엘 사례에서도 핵무기의 안보적 효율성이 관찰된 바 있다. 비확산 진영의 핵무장 반대 근거는 안정-불안정성의 역설인데, 이를 논증하는 사례로서 파키스탄과 인도가 항상 다루어진다. 파키스탄과 인도의 인구는 각각 2억 5천만 명, 14억 명이다. 파키스탄은 주변국 대비 상대적으로 적은 인구와 전력 열세에도 불구하고 핵무기를 통해 지역 강국인 인도를 견제하고 있다. 국경 근처의 재래식 분쟁의 대규모, 고강도 확전이나 일방적 침략으로 이어지는 것을 핵무기가 사실상 제어하고 있는 것이다. 이스라엘 또한 총인구가 1,000만 명에 불과하여 주적인 이란의 9,100만 명보다 수적으로 불리하고, 매우 좁은 영토를 가졌다. 그러나 자국을 둘러싼 이란 및 여러 무장세력들을 공세적 핵전략에 기반하여 억제하고 있다. 그리고 이러한 안정적인 핵전력의 존재는 이스라엘이 재래식 전력을 통해 더욱 적극적인 자국 방어 전략을 결심 및 수행할 수 있게 하는 국가적 자신감과 원동력이 되고 있다. 이렇듯 제한된 인력 및 군 자산 활용과 주변 인구 대국 견제 측면에서, 자체 핵무장이 재래식 전력을 맹신하는 것보다 안보적으로 더 효율적이라고 할 수 있다.

나. 경제적 효율성

세계의 중소규모 핵보유국이 가진 핵무기 수량과 유지관리 예산 규모를 고려하면, 재래식 무기 맹신보다 자체 핵무장이 더욱 정치적, 경제적으로 더욱 가성비 좋은 국방을 담보할 수 있을 것으로 보인다.

〈표 4〉 국가별 핵탄두 보유량 및 유지비

국가	핵탄두 보유량	연간 핵무기 예산
미국	5,244	61조 원
중국	410	16조 3천억 원
러시아	5,889	13조 4천억 원
영국	225	9조 4천억 원
프랑스	290	7조 8천억 원
인도	164	3조 7천억 원
이스라엘	90	1조 6천억 원
파키스탄	170	1조 4천억 원
북한	30	8,200억 원

* 출처: Kalsey Davenport and Daryl G. Kimball, 2023. "Nuclear Weapons: Who Has What at a Glance," Arms Control Association; Alicia Sanders-Zakre, 2023. "Wasted: 2022 Global Nuclear Weapons Spending," International Campaign to Abolish Nuclear Weapons (ICAN)의 내용을 저자가 표로 정리하고 원으로 환산함.

미국의 군비통제협회(Arms Control Association)가 2023년에 제작한 위 〈표 6〉을 보면) 현재 9개 핵보유국들 중 200기 미만의 핵무기를 보유한 국가로는 파키스탄(170기), 인도(164기), 이스라엘(90기), 북한(30~80기)이 있다. 한국은 주변 안보 상황을 고려하였을 때, 핵무장 시 적어도 100~150기의 중소규모 핵무기는 필요할 가능성이 높다. 따라서 이미 비슷한 규모의 핵전력을 갖춘 이 국가들의 핵무기 전용 예산을 확인해 보면 한국이 핵무기를 보유할 경우 투입해야 할 최소 비용을 추측할 수 있다.

핵무기 반대 및 전면 폐지 운동을 세계적으로 진행하고 있는 국제평화단체 ICAN의 2023년 자료에 따르면, 2022년 기준 200기 미만의 핵전력을 가진 개발도상국들의 핵무기 유지관리 예산을 모두 합하면 한화로 약 7조 5천억 원이다.[86] 국가별로 나누어 계산하면 인도는 3조 6천억 원, 이스라엘은 약 1조 6천억 원, 파키스탄은 1조 3천억 원, 북한은 약 8천억 원 정도에 불과하다. 한국은 최대 8~10조 원의 핵무기 예산으로 100~200기 안팎의 중소규모 핵무기를 보유 및 유지할 재정적 역량이 있다고 볼 수 있다. 그러므로 재래식 전력에만 국방비의 상당 부분을 활용하는 것보다 핵무기 예산의 상한선을 정하고 그 외의 예산을 핵심 재래식 전력 유지에 사용하는 방안을 고민해야 한다.

프랑스의 경우 약 290기의 핵무기를 보유 및 유지하고 있다. 구체적인 예산 내역은 기밀로 분류되어 있으나, 프랑스는 핵무기 필수 부품 및 투발 수단 유지보수와 운용 전반에 대한 비용으로 매년 약 8조 원 정도를 투입하는 것으로 알려져 있다.[87] 한국은 줄어드는 인구에 따른 미래 세수 부족을 감안하여 필수 억제력 확보를 위해 국방예산의 선택과 집중을 실시할 필요가 있다. 그렇다면 한국은 프랑스만큼의 핵무기를 갖지 않더라도 핵보유 개발도상국들보다 더 우월한 수준의 핵전력 유지가 불가능하지 않을 것이다.

핵무장 반대론에서 언급되는 핵무기 유지비용은 '절대값' 기반 손익계산을 전제로 한다. 앞서 언급하였듯 200기 미만의 중소규모 핵무기를 보유한 국가들은 약 1~3조 원을 연간 핵무기 비용으로 지출하는데, 이는 정조대왕급 이지스함을 2~3척 건조할 수 있는 금액과 비슷하다.[88] 군함, 전투기 등의 다목적 재래식 전력을 확보할 수 있는 예산이 핵무기에 투입되는 셈이다. 따라서 재래식 전력과 달리 사실상 사용하지 않을 것으로 간주되는 대량살상무기를 보유하기 위해 조단위의 금액을 매년 투입해야 하는지에 대한 일각의 의문 제기는 일견 이해할 만하다.

그러나 '상대값'으로 따져보면, '게임 체인저(game changer)'로서 핵무기가 가져오는 국제정치적 힘, 전면전 억제력 등과 같은 무형의 안보전략적 가치는 그 어떠한 첨단 재래식 전력으로도 대체할 수 없다. 매년 증가 추세인 한국의 국방예산[89]은 일정한 재래식 전력 유지비와 핵무기 예산을 같이 반영해도 무리가 없다. 그러므로 인구가 줄어드는 악재 속에서 재래식 전력에만 국방비를 투자하는 방향보다 재래식 무기에 탄력적 규모의 자체 핵무기를 가미한 통합 억제책이 비용 대비 효율 측면에서 더 뛰어날 것이다. 한국형 통합 억제를 위해서는 자체 핵무기를 확보하고 미국과 전략적으로 연계한다면, 한국 안보전략의 효율성을 끌어올릴 수 있을 것이다.[90] 이는 절대값 기반의 계산에서는 고려될 수 없는 무형의 핵무기 효용성에 해당한다. 따라서 상대값의 측면에서는 자체 핵무장을 충분히 고려할 만한 가치가 있다고 할 것이다.

다. 인구절벽 파생 문제의 전략적 활용

병력 의존도를 줄이기 위한 국방 개혁과 징병 인원 감소가 맞물려 여러 군부대가 해체 및 재편성되고 있다. 국방 개혁에 의한 군부대 개편에 따라 지난 2년 동안 경기도 포천의 6군단(진군부대)과 강원도 양양군의 8군단(동해충용부대)이 해체되었다. 또한 사단급에서는 2018년부터 지금까지 경기도 26기계화보병사단(불무리부대), 강원도 2보병사단(노도부대), 경기도 20기계화보병사단(결전부대), 경기도 30기계화보병사단(필승부대), 강원도 23보병사단(철벽부대), 강원도 27보병사단(이기자부대), 경기도 28보병사단(무적태풍부대) 등이 이미 해체되었거나 통폐합 예정이다.[91] 올해 2월에는 경기도의 1군단(광개토부대) 예하 1사단(전진부대), 9사단(백마부대), 25사단(상승비룡부대) 신병교육대가 해체되었다.[92]

해체된 군부대가 존재하였던 해당 지역들은 인구 유출 및 고령화가 심각한 상황이다. 군부대가 없어진 지역은 대부분 '지역 소멸' 위기에 봉착했다. 이 지역들의 공통점은 청년 인구 유입이 되지 않고, 거주 인구의 대부분이 고령자라는 점이다. 산업연구원이 전국 시·군·구 282

개를 대상으로 인구 증감률과 1인당 지역내총생산(GRDP: Gross Regional Domestic Product) 등을 통해 'K-지방소멸지수'를 분석한 자료에 따르면, 군부대 해체 지역 6곳 중 4곳이 '소멸우려지역'에 속했다.[93] 대표적으로 강원도 화천군(27사단), 양구군(2사단), 양양군(8군단·20사단), 삼척시(23사단) 등이 소멸 우려 지역에 해당한다.

따라서 한국은 인구절벽 현상과 병역 자원 급감으로부터 파생된 군부대 통폐합 문제를 핵무장에 역이용하는 방법을 고민해야 한다. 이를 위해 군부대 해체 이후 빈 시설로 사실상 방치되어 있는 군 시설을 개조 및 보완하여 핵무기 관련 시설로 사용할 수 있을 것이다. 2022에 국방부가 더불어민주당 정성호 의원실에 제출한 아래 자료에 따르면, 2019~2021년 유휴시설 9,100곳과 2022년 1,700곳을 철거했으나, 기존 시설이 노후화하고 군부대 해체가 늘면서 시설 철거 속도가 유휴시설의 증가 속도와 비례하지 못하고 있다.[94] 이러한 유휴부지를 다양한 목적으로 활용하는 지자체와의 상생 방안이 이미 논의 또는 시행 중이나, 해당 소멸 우려 지역으로의 인구 유입과 같은 낙관적 결과는 관찰되지 않고 있다.

〈표 5〉 군부대 해체 이후 전국 유휴시설

연도	계(단위: m^2)		영내(단위: m^2)		영외(단위: m^2)	
	개소	면적	개소	면적	개소	면적
2021	3,418	566,219	2,935	451,248	483	114,971
2022	7,001	1,050,430	6,194	907,853	807	142,579
증가율	104.8%	85.5%	111.0%	101.2%	67.1%	24.0%

* 출처: 박수윤, "부대 해체의 여파…전국에 방치된 군 유휴시설 7천곳 넘는다," 《YTN》, 2023년 10월 4일.

사용 계획 없이 사실상 방치된 이러한 유휴시설도 엄연히 군사적으로 유무형의 가치를 지녔던 국가 자원이다. 따라서 군부대 통폐합 이후 생긴 유휴시설을 무작정 해체하기보다 최대한 활용하는 것이 바람직하다. 정부와 군 당국은 현장 조사, 주변 지리 및 지형 점검, 인근 군부대 운용 방안, 시설 경비 및 보안, 핵자산 수송 계획, 위치별 담당 군 선정 등을 기준으로 유휴시설을 전반적으로 검토해야 한다. 기준에 부합하는 유휴시설이 있다면 증축 및 보수를 거쳐 핵무기 연구, 실험, 저장, 투발수단 보관 등으로 사용하는 방안을 고려할 수 있을 것이다. 방치된 유휴시설을 핵무장 전후에 증축하여 효율적으로 활용한다면 새로운 핵시설 건설비, 전문 시위단체들의 반발, 님비현상 등 여러 사회경제적, 행정적 비용과 시간을 상당 부분 아낄 수 있다.

이처럼 상당수의 유휴시설이 존재한다는 사실이 대외적으로 밝혀진 상태이고, 그중 일부는 접근성 측면에서 민간에 상당히 알려졌을 가능성이 높다. 그러므로 지나치게 개방적인 위치의 유휴시설을 핵시설로 사용한다면, 유사시 적성국들의 타격 대상이 될 가능성이 있다. 즉, 유휴시설의 일부를 핵무장 목적으로 활용하고자 한다면 기밀 또는 핵 작전에 관한 보안 유지가 가장 중요할 것이다. 따라서 정부와 군 당국은 전술한 기준들에 기반하여 유휴시설들의 위치 및 전반적 상태와 활용 가능 여부를 판단한 후 선별적으로 사용해야 할 것이다.

특히 인적이 드문 인구 소멸 지역 또는 외곽 지역을 우선적으로 고려하고 적절한 부지를 외부인 통제 구역으로 지정하여 출입을 엄격히 제한한다면, 일정한 시설 보안을 지킬 수 있을 것이다. 또한 시설 보호 측면에서 인근에 방어체계 및 감시망을 구축하고 전략사령부와의 실시간 소통 및 모니터링 체계를 제도화하는 것도 필요하리라 생각된다. 위치상 국가 소유의 전략시설로 사용하기 어려운 일부 유휴시설들은 핵 관련 군수품 및 투발 수단 생산 등에 필요한 관련 연구기관, 군수 생산

공장 등을 유치하여 핵 역량을 지원할 수 있도록 만들어야 한다.

그리고 인구 소멸 지역을 급박한 안보 위기 시 활용할 수 있도록 국가안보실, 국방부, 국토부, 원자력 관련 연구기관이 모여 미리 대책을 마련해야 한다. 한국의 핵무기 보유 시 핵실험 필요 여부와 실험 규모에 대해서는 별도의 공학적 연구가 요구되지만, 적국의 선제공격 시 응징보복의 주체가 되는 군은 유사시 사용할 전략 자산의 신뢰성을 확인해야 하므로 전력화 전 성능 시험을 제기할 수 있다. 따라서 이를 대비하여 인구 소멸이 예정된 읍, 면 단위의 외곽 지역, 산악지대, 서해 및 남해 주변의 섬들을 전략적으로 활용하는 극비 방안을 구상해 두는 것도 필요하다.

5. 결론

본 연구는 다음과 같은 한계를 지니고 있다. 우선 전략무기인 핵무기의 특성상, 핵보유국들이 연간 핵무기 예산이 세부적으로 공개되어 있지 않아 이에 대한 검토가 제한적이었다. 각국 정부의 불투명성은 중소규모 핵보유국들에게서 더욱 두드러졌다. 또한 한국의 재래식 전략무기인 현무 계열 탄도미사일 관련 예산, 운용부대의 인원 구성 및 편제 등은 비공개 자료이므로 이에 대한 심층적 연구가 제한되었다. 그러므로 인구절벽 문제에 처한 한국이 핵무장과 재래식 무기 운용의 인적 구성, 병력 확보 등의 측면에서 지속 가능한 방안을 고민하는 데에도 한계가 존재했다. 더불어 본 논문은 인구절벽으로 인한 미래 안보 위기 가능성과 권위주의 진영의 수정주의적 침략 전쟁을 막기 위한 핵무장의 필요성에 집중하였다. 따라서 핵무장 이후 한국이 정치·외교적으로 어떠한 모습의 핵보유국이 되어야 하는지에 대해서는 다루지 않았다.

그러므로 후속 연구로서 상술한 중소규모 핵보유국들의 사례를 주목할 필요가 있다. 이들은 한국이 핵무장 시 보유할 것으로 예상되는 핵무기의 수량과 비슷한 수준의 핵전력을 유지하고 있기 때문이다. 인구 문제로 인해 병력이 줄어든 미래 한국의 핵무장 이후 핵 태세(nuclear posture)에 관한 연구도 필수적일 것이다. 또한 자료 및 정보의 제한으로 인해 구체적 수치를 비교하기 어려웠으나, 핵무기 및 재래식 무기를 유지하기 위한 연간 예산을 비교하는 연구도 가치를 지닐 것이다. 마지막으로 인구절벽 속에서 그러한 핵무기 또는 재래식 무기 예산을 지속적으로 충당하기 위한 방안에 대한 고민도 이어져야 할 것으로 예상된다.

인구절벽이 한국 사회를 주저앉히고 제 기능을 하지 못하게 만들 것은 자명하다. 특히 국가안보는 가장 심각하게 직격탄을 맞을 영역이다. 세계적으로 전례 없는 한국의 저출생 현상, 청년 인구 감소에 따른 징집 인원 부족, 열악한 처우에 따른 전역 간부 급증, 직업군인 지원자 미달 등의 문제가 맞물려 군 병력 부족은 현실화되고 있다.

반면 북한, 중국 등 경쟁국들은 권위주의 체제로서 전 연령대 각계각층의 자국민과 국가 전체를 유사시 총동원할 수 있는 군사화(militarized) 국가이다. 그리고 한국은 2070년대까지 총인구 감소와 함께 세수 확보 및 국방력 유지가 버거운 초고령 사회의 모습을 보일 것으로 예상된다. 북한과 중국의 핵무기 증강 등 주변국의 안보 위협은 일정한 군사력으로 대비할 수 있는 외부 요인이다. 그러나 당면한 인구절벽 문제는 안에서부터 나라 전체를 무너뜨릴 수 있는 치명적인 내부 요인이다. 즉, 한국은 수십 년 내에 터질 시한폭탄을 떠안고 있는 셈이라고 할 수 있다.

급변하는 인구 구조를 고려하였을 때, 비확산 진영에서 반대 논거로 제시하고 한국 정부가 핵무장의 대안으로서 자랑하는 첨단 기술 기반의 우수한 재래식 전력은 사실상 현재 수준 및 규모로 유지하는 것이 불가능하다. 현실적으로 인구절벽을 극복하기 어렵다면 이를 상쇄할 수 있는 방안이 고민되어야 한다. 따라서 본 장에서는 자체 핵무기를 보유하여 효율적으로 재편된 기존 재래식 전력과 함께 운용하는 방안이 병역 자원 절벽과 군사력 쇠퇴를 극복할 방법이라고 보았다.

자체 핵무장을 결단할 시점이라면 한국에 적대적인 안보 상황이 동시다발적으로 발생하였을 가능성이 높다. 즉, 한반도를 둘러싼 안보 환경이 일촉즉발이거나, 군 병력이 부족해 적의 남침 방어력에 확신이 없거나, 그 외 여타의 안보적 이유로 한국의 국가적 사활이 걸린 상황일 것이다. 이때 적성국의 공세적 핵위협에 맞선 정당한 자위적 대응조치가 차질을 빚거나 일부 정치인들의 선동에 이용되는 것은 절대적으로 피해야 할 것이다. 이것은 한국의 국가안보에는 뼈아픈 타격이 되고 주변 적성국들을 웃게 하는 국론분열이기 때문이다. "정쟁은 국경에서 멈춰야 한다(Politics stops at the water's edge)"라는 아서 반덴버그(Arthur Vandenberg)의 말처럼, 최소한 국가안보 위기 대응에 한해서는 나라 전체의 단결이 더욱 필요하리라 생각된다.

주

1. Suk-yee Jung, "South Korean Economy Ranked 10th in the World Last Year," *Business Korea* (April 8, 2021).

2. Serhan Cevik and Tales Padilha, "Measuring Soft Power: A New Global Index," *International Monetary Fund(IMF)*, Volume 2024: Issue 212 (October 4, 2024); 최아리, ""韓, 소프트파워 세계 1위"… 진짜?,"《조선일보》, 2024년 10월 21일.

3. Hee-jo Lee and Yeon-hae Yoon, "Korea's GDP per capita to surpass $40,000 in 2026: S&P," *Maeil Business Daily* (May 2, 2024).

4. Centre for Economics and Business Research, "World Economic Ranking Table 2025 Report," 2025, https://cebr.com/world-economic-league-table/ (검색일: 2025. 3. 27.)

5. U.S. News and World Report, "Most Powerful Countries," 2025, https://www.usnews.com/news/best-countries/rankings/power (검색일: 2024. 11. 26.); 연원호, "한국 올해 종합 국력 세계 6위…G7 가입 '빅 찬스' 왔다,"《한국일보》, 2024년 6월 5일.

6. Darcie Draudt-Véjares, "South Korea Should Be the Next G7 Member," *Carnegie Endowment for International Peace* (June 18, 2024); Hamre, John J., Victor Cha, Emily Benson, Max Bergmann, Erin L. Murphy, and Caitlin Welsh, ""Bending" the Architecture: Reimagining the G7," *Center for Strategic and International Studies* (June 12, 2024).

7. Chris Gerrard, "Invite South Korea into the Group of Seven," *The Washington Post* (March 13, 2023); Nick Robertson, "Klain argues for creating Group of 9 with Australia and South Korea," *The Hill* (November 9, 2023).

8. Seok-min Oh. "Japan voices opposition to Trump's idea of adding South Korea to G7: Kyodo," *Yonhap News* (June 28, 2020).

9. 대한민국 대통령실, "尹 대통령, NATO 정상회의 계기 캐나다 총리와 정상회담 개최," 대통령실 공식 홈페이지 (2024. 7. 10.), https://www.president.go.kr/newsroom/press/RFzREkCB (검색일: 2024. 7. 10.).

10. Global Firepower, "2025 Military Strength Ranking," https://www.globalfirepower.com/countries-listing.php (검색일: 2025. 3. 27.).

11. 본문에서는 합계 출산율을 "한 여성이 가임 기간 중 낳을 것으로 예상되는 평균 출생아 수"로 정의한다.

12. 김태기, "[시론] '출산율 0명대' 汚名 씻으려면,"《한국경제》, 2019년 9월 5일.

13 Harry Dent, *The Demographic Cliff: How to Survive and Prosper During the Great Deflation of 2014-2019*, Brilliance Audio, (January 7, 2014).

14 해당 연구 및 통계 내용을 저자가 그래프로 구성.

15 해당 기사 내용을 저자가 표로 구성.

16 통계청, "인구상황판," https://kosis.kr/visual/populationKorea/PopulationDashBoardMain.do (검색일: 2024. 6. 30.).

17 통계청, "인구동향조사," 2024.7.16., https://www.index.go.kr/unify/idx-info.do?pop=1&idxCd=5061 (검색일: 2024. 6. 30.).

18 2025년 1분기 기준 한국의 합계출산율은 소폭 상승한 0.75명이다.

19 OECD, *Korea's Unborn Future: Understanding Low-Fertility Trends* (Paris: OECD Publishing, 2025), pp. 24-25.

20 김현종, "OECD "한국, 70년 뒤 인구 절반 감소" 책자까지 냈다,"《한국일보》, 2025년 3월 5일.

21 성창훈. "인구감소, 어떻게 대응할 것인가?,"《나라경제》9월호, 2022년.

22 Yoon L, "Population of South Korea from 1960 with projections to 2072, by age group," *Statista* (May 27, 2024). https://www.statista.com/statistics/712843/south-korea-population-projections-by-age-group/ (검색일: 2024. 7. 23.).

23 통계청, "2022년 기준 장래인구추계를 반영한 세계와 한국의 인구현황 및 전망," 2024. 9. 23..

24 Brad Lendon and Gawon Bae, "South Korea to see population plummet to 1970s levels, government says," *CNN* (December 15, 2023).

25 David Coleman, "Korea and its Birth Rate: Herald of a Shrinking World, or Unique Special Case?," 한반도미래인구연구원 주최 David Coleman 초청 학술 행사 발표 논문 (2023. 5. 17.).

26 A. F. K. Organski and Jacek Kugler. *War Ledger*, University of Chicago Press, 1981; Monica Duffy Toft, "Population Shifts and Civil War: A Test of Power Transition Theory," *International Interactions*, Vol. 33-3 (2007), pp. 243-269.

27 David J. Singer, Stuart Bremer, and John Stuckey, "Capability Distribution, Uncertainty, and Major Power War, 1820-1965," in Bruce Russett (ed) Peace, War, and Numbers (Beverly Hills: Sage, 1972), pp. 19-48; David J. Singer, "Reconstructing the Correlates of War Dataset on Material Capabilities of States, 1816-1985," *International Interactions*, Vol. 14 (1988), pp. 115-132.

28 Jack A Goldstone, Eric P. Kaufmann, and Monica Duffy Toft, *Political Demography: How Population Changes Are Reshaping International Security and National Politics* (London: Paradigm Publishers, 2012), pp. 5-6.

29 Ivan Arreguin-Toft, "How the Weak Win Wars: A Theory of Asymmetric Conflict," *International Security*, Vol. 26, No.1 (2001), pp. 93-128.

30 Central Intelligence Agency, "The World Factbook: Field Listing-Birth Rate," 2024, https://www.cia.gov/the-world-factbook/field/birth-rate/ (검색일: 2024. 6. 20.).

31 Song Min Choi, "Mandatory Military Service Extends to Women," *Daily NK*, (January 28, 2018).

32 Central Intelligence Agency, "The World Factbook: Explore All Countries - Korea, North," 2024, https://www.cia.gov/the-world-factbook/countries/korea-north/ (검색일: 2024. 6. 20.).

33 한예나, "출산율 南 0.7 vs 北 1.8… 안보까지 흔들린다,"《조선일보》, 2023년 12월 4일.

34 본 논문에서는 대체출산율을 한 국가가 현재 수준의 인구를 유지하는 데에 필요한 최소 출산율로 정의한다.

35 Se Eun Gong, "Noth Korea confronts a modern-day challenge: a declining population," *NPR* (December 13, 2023); Carl Haub, "North Korea's Census Reveals Poor Demographic and Health Conditions," *Population Reference Bureau*, 2010, https://www.prb.org/resources/north-korea-census-reveals-poor-demographic-and-health-conditions/#:~:text=One%2520sharp%2520difference%2520between%2520North,just%2520below%2520%25E2%2580%259Creplacement%25E2%2580%259D%2520level (검색일: 2024년 6월 27일); 박희석, "평시(平時) 북한 '종합국력'은 남한의 62% 수준 … 전시(戰時)엔 양측이 비슷(한반도선진화재단),"《월간조선》, 2017년 8월.

36 Council on Foreign Relations, "North Korea's Military Capabilities," 2022, https://www.cfr.org/backgrounder/north-korea-nuclear-weapons-missile-tests-military-capabilities (검색일: 2024. 6. 27.).

37 Einar H. Dyvik, "Largest armies in the world ranked by active military personnel" (January 2024), https://www.statista.com/statistics/264443/the-worlds-largest-armies-based-on-active-force-level/ (검색일: 2024. 6. 27.).

38 Ross Douthat, "Is South Korea Disappearing?," *New York Times*, (December 2, 2023).

39 홍승아, "시대별 표어로 살펴본 우리나라 출산정책," KDI 경제정보센터, 2014, https://eiec.kdi.re.kr/material/clickView.do?click_yymm=201412&cidx=2288 (검색일: 2024년 6월 27일).

40 Henry C. Brown, "Battling the Numbers: South Korea's Military Downsizes Amid Challenging Demographic Landscape," *The Diplomat*, (March 20, 2024).

41 김진욱, "2040년 군대 갈 남성 고작 14만명… 간부도 병사도 모자라 흔들릴 미래

국방,"《한국일보》, 2023년 6월 27일.

42 World Atlas, "The Largest Armies In The World," 2023, https://www.worldatlas.com/society/the-largest-armies-in-the-world.html (검색일: 2024. 6. 29.).

43 법제처 국가법령정보센터, "대한민국헌법," https://www.law.go.kr/%EB%B2%95%EB%A0%B9/%EB%8C%80%ED%95%9C%EB%AF%BC%EA%B5%AD%ED%97%8C%EB%B2%95/%EC%A0%9C39%EC%A1%B0 (검색일: 2024. 7. 23.).

44 법제처 국가법령정보센터, "병역법," https://www.law.go.kr/%EB%B2%95%EB%A0%B9/%EB%B3%91%EC%97%AD%EB%B2%95/%EC%A0%9C3%EC%A1%B0 (검색일: 2024. 7. 23.).

45 계봉오·최슬기·권다은·고영선·김나영·김영철·양준모·이혜경·변수정, 『2024 인구보고서: 인구소멸 위기, 그 해법을 찾아서』(서울: 한반도미래인구연구원, 2024).

46 김종원, "'병역자원 급감' 1·9·25사단 신교대 해체…28사단 2025년 부대 해체,"《뉴스핌》, 2023년 12월 6일.

47 같은 기사.

48 박영관, "[창+] 이기자 부대도 없어지고…군 병력 반으로 줄어든다,"《뉴스핌》, 2023년 4월 9일.

49 조관호, "병역자원 감소 시대의 국방정책 방향," 서울신문 인구포럼 발표 자료 (2023년 6월 15일), pp. 14-15.

50 같은 글, pp. 14-15.

51 조관호, "병역자원 감소 시대의 국방정책 방향," pp. 14-15.

52 같은 글, pp. 14-15.

53 Hyo-jin Lee, "Can Korea tackle shrinking military manpower?," *The Korea Times* (October 27, 2023).

54 김재범, "국가안보와 인구문제," 한국외교협회, 2021년 8월 25일.

55 고시성, "인구 절벽시대 병역자원 감소에 따른 한국군 병력구조 개편 발전방향 연구," 『KIMA정책연구』통권 제2호 (2020), p. 200.

56 같은 글, p. 200.

57 같은 글, p. 200.

58 Ellen Kim, "North Korea States It Will Never Give Up Nuclear Weapons," *Center for Strategic and International Studies* (September 9, 2022).

59 김인엽, "'병사 월급 200만원' 역풍…"192만원 받는 부사관 누가 할까,"《한국경제》, 2023년 3월 1일.

60 김동현·조철오·안정훈, "곰팡이 관사에 월급은 역차별…1년새 사단급 규모 軍 간부 짐쌌다,"《한국경제》, 2024년 5월 24일.

61 박혜랑, "한국은 군인에 대한 존중과 배려가 부족한 나라," 《부산일보》, 2021년 2월 21일.

62 Han-joo Kim, "137 people indicted in military draft evasion probe," *Yonhap News* (March 13, 2023).

63 권아현, "軍 허리 잘려나간다"…간부 지원율 2배로 줄고, 이탈률은 2배로 급증," 《조선일보》, 2024년 7월 21일.

64 김인한, "싸울 군인이 없다"…육군 부사관, 부대 모집계획 절반도 못 채워," 《머니투데이》, 2024년 4월 24일.

65 같은 기사.

66 유용원·고유찬, "초급장교 70% 차지하는 ROTC, 10년간 지원율 4분의 1토막," 《조선일보》, 2023년 12월 28일.

67 정현용, "56년 '서자' 취급…육군3사관학교가 흔들린다 [밀리터리 인사이드]," 《서울신문》, 2024년 4월 14일.

68 유용원·고유찬, "초급장교 70% 차지하는 ROTC, 10년간 지원율 4분의 1토막," 《조선일보》, 2023년 12월 28일.

69 고유찬·장윤·최낙원, "허리 나간 軍… 작년에만 간부 9481명 떠나," 《조선일보》, 2024년 6월 6일.

70 김다빈·조철오, "월급 187만원 주면서 "까라면 까"…MZ 軍 간부들 '대탈출'," 《한국경제》, 2024년 5월 21일.

71 최재혁, "[Z시세] "사회에서 알바할래요"… 부사관 후보생 14명 실화야?," 『머니S』, 2023년 12월 19일.

72 국방부, "국방혁신 4.0 기본계획" 발표(2023. 3. 3.)." https://www.korea.kr/briefing/pressReleaseView.do?newsId=156555632#pressRelease (검색일: 2024. 7. 1.).

73 김인한, ""싸울 군인이 없다"…육군 부사관, 부대 모집계획 절반도 못 채워," 《머니투데이》, 2024년 4월 24일.

74 Stephen Van Evera, *Causes of War: Power and the Roots of Conflicts* (Ithaca: Cornell University Press, 1999).

75 김지용, "민주주의는 왜 수호되어야 하는가?: 전쟁수행과 위기대응을 중심으로," 『정신전력연구』 제64호 (2021), pp. 7-8.

76 Ivan Arreguin-Toft, *How the Weak Wins Wars: A Theory of Asymmetric Conflict* (Cambridge: Cambridge University Press, 2005), pp. 38-47.

77 홍승욱, "윤 대통령 "북한 핵 가졌지만 재래식 전력은 압도해야," 《자유아시아방송》, 2022년 12월 7일.

78 Chung Min Lee and Kathryn Botto, "Demographics and the Future of South Korea," *Carnegie Endowment for International Peace* (June 29, 2021).

79 Yulgok Kim, "South Korea's Demographics Crisis is a National Security Threat," *The National Interest* (January 23, 2024).

80 양지호, "[단독] K자주포 10대 중 3대, 전쟁 나도 조종수 없다,"《조선일보》, 2024년 10월 11일.

81 경제인문사회연구회, "저출산·축소사회 시대, 인구 위기 극복 해법," 2023, https://www.nrc.re.kr/board.es?mid=a30200000000&bid=0044&act=view&list_no=176968&tag=&nPage=1&issue_cd=37 (검색일: 2024. 7. 1.).

82 권효중, "한국인 45만명 사라졌다…심각한 상황에 '충격',"《이데일리》, 2025년 3월 3일.

83 ROK Ministry of National Defense, *2022 DEFENSE WHITE PAPER* (July 28, 2023).

84 Jim Garamone, "U.S. Official Salutes South Korea's 'Very Strong' Military," *U.S. Department of Defense* (October 27, 2017).

85 James J. Wirtz, "How Does Nuclear Deterrence Differ from Conventional Deterrence?," *Strategic Studies Quarterly*, 2018; Andrew L. Ross, "The Role of Nuclear Weapons in International Politics: A Strategic Perspective," *Foreign Policy Research Institute* (March 30, 2009); Keir Giles, "Russian Nuclear Intimidation," *Chatham House* (March 29, 2023).

86 Alicia Sanders-Zakre, "Wasted: 2022 Global Nuclear Weapons Spending," *International Campaign to Abolish Nuclear Weapons(ICAN)*, 2023.

87 Hans M. Kristensen, Matt Korda, and Eliana Johns, "Nuclear Notebook: French Nuclear Weapons 2023," *Bulletin of the Atomic Scientists*, 2023.

88 이권열, "이어도 수호…바다는 이지스함·하늘은 F-15K,"《MBN》, 2023년 12월 10일.

89 장지홍 외, "국방예산 분석·평가 및 전망(2021)" (한국국방연구원, 2021), p. 13; 대한민국 국방부, "2024년 국방예산, 전년 대비 4.5% 증가한 59.6조원 (2023. 8. 29.)," 2023, https://www.korea.kr/briefing/pressReleaseView.do?newsId=156587326#pressRelease (검색일: 2024. 7. 11.).

90 김민형, "독자적으로 핵무장한 한국과 한미 동맹," 2024 한미핵전략포럼 발표 논문 (2024년 9월 26일).

91 김종원, "'병역자원 급감' 1·9·25사단 신교대 해체…28사단 2025년 부대 해체,"《뉴스핌》, 2023년 12월 6일.

92 같은 기사.

93 산업연구원, "K-지방소멸지수 개발과 정책과제 - 지역경제 선순환 메커니즘을 중심으로-,"『산업경제분석』, 2022년 10월 28일.

94 강국진, "군 부대 해체 뒷수습 '나몰라라'… 전국 방치 군 유휴시설 7,000곳,"《서울신문》, 2023년 10월 4일.

8장

한국의 핵잠재력 확보
필요성과 전략

전진호

이 글은 『한일군사문화연구』 37권 (2023. 4.)에 수록된 저자의 "한국의 핵잠재력 확보와 한일 원자력 협력"을 수정·보완한 것이다.

1. 서론

이 글은 핵잠재력 확보라는 다소 생소한 개념을 다룬다. 2006년의 제1차 핵실험 이후 북한의 핵능력 고도화로 안보위협이 가속화되면서, 국내에서는 핵무장(핵자강)론이 고개를 들고 있다. 북한의 핵위협에 대해 한국의 재래식 전력과 미국의 핵우산으로밖에 대응할 수 없는 불안전한 안보상황을 탈피하기 위해서는 우리도 핵무장을 할 수밖에 없다는 것이다. 그러나 핵무장은 우리의 의지만으로 가능한 것은 아니다. 핵개발에 필요한 기술력, 시설(설비), 핵물질의 보유는 물론, 핵무장에 대한 미국과 NPT 등 국제사회의 동의와 협력이 필수적이다. 이런 점에서 우리가 단기간에 핵무장을 할 수 있는 것은 아니라는 평가가 일반적이다.

북한의 핵무장 이후 한국에서는 다양한 대응 옵션이 거론되기 시작했다. 한반도비핵화선언 이후 한국이 유지해온 한반도 비핵화를 기본전략으로 유지하면서 미국의 확장억제(핵우산)를 강화하여 북한의 핵위협에 대응하는 방안, 미국의 전술핵을 국내에 배치하거나 나토(NATO)

식 핵공유를 추진하는 방안, 마지막으로 한국의 자체 핵무장 등이 그것이다. 그러나 이 세 개의 옵션은 각각 문제점을 가지고 있어 북한 핵에 대한 효과적인 대응이 될 수 없다는 비판 역시 받고 있다.[1]

먼저 미국의 확장억제 강화 방안에 대해서는 미국의 확장억제가 불확실, 불완전하다는 비판이 있다. 북한의 핵 사용에 대해 미국이 100% 핵 보복을 한다는 보장이 없다는 것이다. 즉 미국에 대한 북한의 핵 보복 가능성으로 미국의 확장억제 대응이 제한된다는 것이다. 또한 미국의 핵무기에 전적으로 의존하는 것은 불안전한 대응전략이라는 비판도 있다. 다음으로 미국의 전술핵 배치나 나토식 핵 공유 방안은 해외에 배치할 미국의 전술핵무기의 부족이나 중국의 반발은 물론, 핵무기 사용의 최종 결정 권한은 미국이 가진 것으로 한국은 아무런 결정권을 행사하지 못한다는 비판을 받고 있다. 우리의 사용권 밖에 있는 핵무기가 국내에 존재하게 되어 북한의 핵 위협을 오히려 가중시킬 것이라는 점 등이 지적되고 있다.

세 번째 선택지는 한국의 자체 핵무장이다. 최근 북핵에 대한 대응수단으로 자체 핵무장을 지지하는 여론이 높아지고 있으며,[2] 국내외 전문가나 정치권에서도 자체 핵무장론이 점차 강화되고 있다. 그러나 자체 핵무장론은 현실적 장벽이 가장 높은 선택지로 핵비확산조약(NPT) 탈퇴 등에 따른 국제적 제재를 감당해야 한다. 유엔이 북한에 가하는 수준의 제재를 받는 경우 한국경제가 유지될 수 있는가 하는 심각한 의문이 제기된다.

북한의 핵 위협에 대처하기 억지 전략의 하나로, 국제 핵비확산체제(NPT) 속에서 핵개발을 위한 잠재력을 확보하는 이른바 핵잠재력(Nuclear Latency)에 대한 논의도 활발해지고 있다. 이런 점에 주목하여 이 글에서는 북핵에 대한 다양한 대응수단 중에서 세 번째 선택지인 핵무장 이전의 단계인 핵잠재력을 확보하는 것이 현실적으로 가능한 것인지, 핵잠재력을 확보하기 위해서는 어떠한 전략이 필요한가 하는 점을 중점적으로 분석한다. 단기간에 핵무장으로 가는 길은 현실적인 장벽이 매우 높지만, 장기적인 관점에서 핵잠재력을 갖추기 위한 정책은 검토되어야 할 것이다.

2. 핵잠재력과 한일, 한미 원자력 협력

핵잠재력은 재래식 전력에 의한 억지를 기본적인 대응수단으로 하지만, 필요하다고 판단될 경우 핵무기를 개발하여 운용할 수 있는 잠재력을 말한다. 즉 핵무기를 개발할 수 있는 잠재적인 능력은 갖추지만, 당장은 핵무기를 생산하지 않은 상태를 의미한다. 따라서 핵 위협에 대처하는 수단으로서 재래식 전력에 의한 억지를 기본으로 하지만, 유사시에는 핵 능력으로 연결될 수 있는 잠재적인 핵전략이라고 할 수 있다.[3]

한국은 발전량 기준으로 세계 6위의 원자력 강국으로 원자력발전의 거의 모든 분야에서 상당한 기술을 축적하고 있지만, 핵개발에 직결되는 우라늄 고농축 및 사용후핵연료의 재처리기술은 확보하고 있지 못하다. 한국이 필요시에 핵개발을 하기 위해서는 무엇보다 우라늄 농축 및 재처리기술을 습득할 필요가 있다. 그러나 이 두 기술은 NPT와 국제사회가 기술개발 및 이전을 엄격히 금지하고 있어, 현재의 원자력 국제체제에서는 기술의 축적이 용이하지 않다. 다만 원자력의 평화적 이용과 이 두 기술이 서로 상충되는 것은 아니다. 비핵국가인 일본의 경우 우라늄 저농축 및 재처리기술을 확보하고 있기 때문이다. 따라서 현재의 NPT 체제 하에서 핵개발에 필요한 기술 및 물질을 보유할 수 있는 토대를 구축하는 것이 핵잠재력 확보라고 할 수 있다.

핵개발에 필요한 기술 및 물질의 보유는 NPT 등 핵비확산 국제제짐 및 미국 등 관련 국가의 동의와 협력이 필수적이기 때문에 핵잠재력 확보는 장기적인 관점에서 국제사회와의 협력 속에서 추진되어야 한다. 따라서 북한의 핵개발처럼 NPT 체제를 벗어나는 방법으로 추진되어서는 안된다. 즉 핵잠재력 확보는 NPT 체제 하의 핵잠재력 확보이어야 한다.

한편 한국과 마찬가지로 일본도 북핵 위협에 직면하고 있으며, 일본이 선택 가능한 북한 핵 대응 옵션도 한국과 크게 다르지 않다. 또한 일본 역시 한국과 마찬가지로 재래식 전력과 미국의 확장억제를 통해 북핵에 대응해 온 점은 우리와 같다. 그러나 일본은 우라늄 농축 및 재처리기술을 이미 확보하고 있어 우리보다는 핵잠재력 확보의 측면에서 앞서 있다고 할 수 있다. 일본의 경우 어떻게 핵잠재력 확보가 일정 정도 가능했는가 하는 점을 분석하는 것은 우리에게는 타산지석이 될 것이다. 이런 점에서 원자력협정[4]을 체결하고 있는 한일 간의 원자력 협력을 통해서 어떻게 한국이 핵잠재력을 확보할 수 있는가 하는 점을 고찰하는 것도 중요하다.

한일 간의 원자력 협력을 통한 한국의 핵잠재력 확보 문제를 분석하기 위해서는 한국과 일본이 각각 협정을 체결하고 있는 미국과의 원자력협정에 대한 분석이 전제되어야 한다. 이는 한일의 원자력 기술 및 산업 등은 각각 한미 원자력협정(한미 협정)과 미일 원자력협정(미일 협정)에 기초하고 있어, 한일 간의 원자력 협력 방향을 모색하기 위해서는 전제조건이 되는 한미 협정 및 미일 협정을 분석할 필요가 있기 때문이다. 따라서 한국의 핵잠재력 확보를 위해서는 먼저 한미일 삼국 간의 원자력협정을 분석하여 원자력 협력의 현황을 파악한 후, 핵잠재력을 확보하기 위해서는 한국이 어떠한 방향으로 미국 및 일본과의 원자력 협력을 추진해야 할 것인가를 살펴볼 것이다.

원자력협정은 원자력발전을 지원하는 협정인 동시에, 핵 개발을 억제하기 위한 양면적 성격의 협정이다. 따라서 한국의 핵잠재력 확보 문제를 검토하기 위해서는 미국과의 원자력협정에 관한 분석이 선행되어야 한다. 이는 우리의 원자력 기술과 산업 등의 거의 모든 원자력 프로그램이 협정으로 인해 미국의 통제하에 놓여 있기 때문이다.

3. 핵잠재력과 한미 원자력협정

현행 한미 원자력협정은 2015년에 전면 개정된 협정이다.[5] 1972년에 체결된 협정의 유효기간 만기를 맞아 한미 양국은 협정개정 교섭을 시작하여 5년 가까운 협상을 거쳐 2015년 6월 양국은 신 협정에 서명했다.

신 협정은 구 협정보다 선진적이고 호혜적인 협정으로 평가되고 있다. 특히 한국이 개발 중인 재처리기술인 파이로프로세싱[6]을 연구, 개발할 수 있는 토대를 만들었으며, 더 나아가 사용후핵연료의 관리, 안정적인 핵연료 공급, 원전 수출 등에서 구 협정보다 진일보한 협정으로 평가되고 있다.[7] 신 협정의 주요 내용을 정리하면 〈표 1〉과 같다

〈표 1〉 한미 신 원자력협정의 주요 내용

항목	주요 내용
사용 후 핵연료 관리	- 조사후시험, 전해환원에 대한 장기동의 확보 - 한미 공동연구를 통해 향후 파이로프로세싱을 추진할 수 있는 경로의 확보 - 해외 위탁재처리 허용
핵연료의 공급	- 향후 20% 미만의 우라늄 저농축을 추진할 수 있는 경로의 확보 - 미국의 핵연료 공급지원 노력을 협정에 규정
원전 수출	- 핵물질, 원자력 장비 및 부품의 제3국 재이전의 장기동의 확보 - 수출입 인허가 신속화

* 출처: 전진호, "한미 (신)원자력협정의 비판적 재검토", 『한일군사문화연구』 제35권 (2022), p. 14의 〈표 2〉를 토대로 재작성.

　핵잠재력의 관점에서 신, 구 한미 원자력협정을 비교하면 신 협정이 진일보한 협정이라고 할 수 있다. 이는 사용후핵연료를 재처리할 수 있는 경로와 우라늄 저농축의 경로를 마련하였기 때문이다. 비록 재처리(파이로프로세싱)의 전반부 공정과 우라늄 저농축을 미국의 승인하에 할 수 있게 되었지만, 1972년 협정보다는 핵잠재력 확보가 가능해졌다. 후술하겠지만 일본은 현행 미일 원자력협정에서 한국이 획득한 핵잠재력보다 훨씬 광범위한 핵잠재력을 확보하였다는 점에서 향후 한미 원자력협정의 개정과정에서 우리의 핵잠재력을 더 높이는 협정개정이 필요할 것으로 보인다. 물론 일본은 1970년대부터 우라늄 농축과 재처리 노선을 추진해 왔기 때문에 한국보다 광범위한 핵잠재력을 확보한 것은 사실이며, 한국과 일본이 처해 있는 국제정치 환경의 차이도 무시할 수 없는 요인이다. 그런 점에서 2015년 개정 신 협정은 한국의 핵잠재력을 적지 않게 상승시켰다고 평가할 수 있을 것이다. 1972년 체결 구 협정과 2015년 체결 신 협정을 핵잠재력의 관점에서 비교하면 〈표 2〉와 같다.

<표 2> 1972년 협정과 2015년 협정의 비교

구분	분야	1972년 협정	2015년 협정
사용 후 핵연료 관리	조사 후 시험 전해환원	공동결정	현존시설 내 전면허용
	장래의 파이로프로세싱	공동결정	구체적 절차와 기준 마련
	위탁재처리	없음	영국, 프랑스에 위탁재처리 가능
	기술협력	정보 교환에 국한	사용후핵연료의 저장, 수송, 처분 등의 기술협력 포함
연료공급	저농축	없음	고위급위원회 협의를 통해 20% 미만 가능
기타	고위급위원회	없음	신설(4개 실무그룹)
	협정 유효기간	41년	20년

* 출처: 전진호, "한미 (신)원자력협정의 비판적 재검토", 『한일군사문화연구』 제35권 (2022), p. 17의 <표 3>을 토대로 재작성.

4. 일본의 핵잠재력과 미일 원자력협정

한편, 1955년에 체결된 최초의 미일 원자력협정은 일본의 핵 개발을 억제하기 위한 수단으로 미국에 의해 추진되었다. 1955년 협정은 1968년의 개정을 거쳐 1988년 전면개정되었다. 전면개정된 현행 협정[8]은 유효기간 30년으로 2018년 만기를 맞았으나, 양국이 협정 취소를 통보하지 않는 한 매년 자동 연장되고 있다.

신 미일 협정은 미국이 요구한 플루토늄의 가공, 형상 및 내용의 변경, 저장 등에 대한 새로운 규제를 받아들이는 대신, 일본은 재처리 및 플루토늄 사용 등에 필요한 미국의 사전동의를 장기간에 걸쳐 일괄적으로 획득하는 '장기적 포괄동의제'를 도입하였다.[9] 1988년 협정개정으로 일본은 재처리 등 원자력 프로그램 운영에 필수적인 미국의 사전동의를 포괄 동의화하였고, 이러한 일본의 핵잠재력 확보는 2015년에 개정된 한미 원자력협정 개정과정에서 한국의 주요한 교섭목표가 되었다. 현행 미일 협정의 주요 내용은 〈표 3〉과 같다.

〈표 3〉 현행 미일 협정의 주요 내용 및 포괄동의 도입 여부

항목	포괄동의 여부
핵폭발, 군사이용 금지	
핵물질의 제3국 이전의 사전동의	○
재처리의 사전동의	○
20% 이상의 우라늄 농축에 대한 사전동의	
플루토늄, 고농축 우라늄 등의 형상 및 내용 변경의 사전동의	○
플루토늄, 고농축 우라늄 저장의 사전동의	○
플루토늄의 운송(항공 및 해상)에 대한 사전동의	○

* 출처: 전진호, 『일본의 대미 원자력외교』(서울: 선인, 2019), p. 176의 〈표 4-4〉를 토대로 재작성.

핵잠재력의 관점에서 현행 미일 협정의 특징을 정리하면 다음과 같다. 먼저 다양한 부문의 사전동의가 장기적, 포괄적 동의로 전환되었으나, 핵무기로 전용 가능한 20% 이상의 우라늄 농축(일반 원자로에는 사용되지 않음)은 포괄동의에 포함되지 않아, 일본의 자유로운 우라늄 농축에는 일정한 제한이 걸리게 되었다. 두 번째는 구 협정에는 없었던 플루토늄의 가공, 형상 및 내용의 변경, 저장에 대한 사전동의가 도입되었으나 포괄 동의에 포함되었으며, 향후 가동 예정의 시설에 대해서도 포괄동의가 부여되어 플루토늄 이용면에서는 핵잠재력을 높일 수 있게 되었다. 세 번째는 재처리, 플루토늄의 이용 및 운송에 대한 포괄동의를 얻기 위해, 원료 구입에서 농축, 발전, 재처리, 운송, 폐기물 처리 등 원자력 프로그램의 전부를 미국에게 신고하게 되었다. 마지막으로 신 협정으로 일본은 핵연료 사이클을 완성할 수 있게 되었고, 핵연료 사이클은 일본의 핵잠재력을 높이는 요인으로 평가할 수 있다. 이상을 정리하면 1988년 전면 개정된 신 협정의 도입으로 일본은 구 협정에 비해

상대적으로 높은 핵잠재력을 확보했으며, 2015년에 개정된 한미 원자력협정으로 한국이 획득한 핵잠재력보다 높은 수준을 유지하고 있다고 결론지을 수 있다.

5. 한미협정과 미일협정의 핵잠재력 비교

2015년 개정 한미 원자력협정과 1988년 개정 미일 원자력협정(2018년 이후 자동연장 중)을 핵잠재력이란 관점에서 비교하면 미일 원자력협정에서 일본이 확보한 권한이 한국보다 훨씬 크다는 점을 확인할 수 있다. 장기적 포괄동의의 도입이라는 관점에서는 한일 모두 포괄동의를 획득하여 양국의 국내적 핵 활동이 비교적 자유롭게 이뤄지고 있으나, 포괄동의를 부여받은 핵 활동의 내용 면에서 일본이 획득한 핵잠재력이 훨씬 크다.

먼저 우라늄 농축 부분을 보면 일본은 20% 미만의 저농축은 자유롭게 할 수 있으며, 20% 이상의 고농축은 미국의 사전동의를 얻어 할 수 있도록 되어 있다. 그러나 한국은 20% 미만의 우라늄 저농축에 한해 미국의 승인을 얻어 추진할 수 있는 경로를 확보하는데 그치고 있다. 당연히 20% 이상의 우라늄 고농축은 협정에 포함되어 있지 않다. 사용후핵연료의 재처리에 관해서도 일본은 자유로운 국내외 재처리가 가능하지만, 한국은 파이로프로세싱의 전반부 공정에 한해 포괄동의를 부여받았다. 또한 일본은 우라늄은 물론 플루토늄의 자유로운 형상 및 내용 변경이 가능하지만, 한국은 저농축 우라늄의 형상 및 내용 변경을 미국의 사전동의를 얻어 하도록 되어 있다. 플루토늄의 운송 및 저장, 고농축 우라늄의 저장에 대해서도 일본은 포괄동의를 부여받았지만,

한국은 그러한 핵 활동 자체를 인정받지 못하고 있다. 이러한 점 등을 고려하면 미일 협정으로 일본이 확보한 핵잠재력은 한미 협정으로 한국이 확보한 핵잠재력보다 훨씬 크다고 평가할 수 있다. 한미 원자력협정과 미일 원자력협정에서 허용된 핵잠재력을 항목별로 비교하면 〈표 4〉와 같다.

〈표 4〉 한미, 미일 원자력협정의 핵잠재력 비교

항목	한미 협정	미일 협정
원자력의 평화적 이용 (핵폭발, 군사이용 금지)	○	○
핵연료 사이클 확립 여부	-	○
장기적 포괄동의 제도 도입	○	○
재처리	- 파이로프로세싱의 전반부 공정에 대한 포괄동의[10] - 해외 위탁재처리 허용	○ (포괄동의 부여)
핵물질, 파생물질 등의 제3국 이전	○ (포괄동의 부여)	○ (포괄동의 부여)
20% 이상의 우라늄 농축	20% 미만의 우라늄 저농축을 할 수 있는 경로의 확보	○ (사전동의 필요)
플루토늄, 우라늄 등의 형상 및 내용 변경	저농축 우라늄의 형상, 내용 변경 가능(사전동의 필요)	○ (포괄동의 부여)
플루토늄, 고농축 우라늄 저장	-	○ (포괄동의 부여)
플루토늄 운송	-	○ (포괄동의 부여)

6. 한일 원자력협정 분석

한국의 핵잠재력 확보를 검토하기 위해서는 한일 원자력협정에 대한 분석도 중요하다. 한국이 핵잠재력을 확대하기 위해서는 한미 원자력협정에 저촉되지 않아야 할 뿐 아니라, 한일 원자력협정과도 충돌하지 않아야 하기 때문이다.

한일 양국은 2009년에 협정체결 교섭을 개시하여 2010년에 원자력협정에 서명, 2012년에 발효되었다. 한일 원자력협정은 전문(前文)과 16조의 협정문 본문, 부속서, 의정서, 합의의사록으로 구성되었다. 원자력협정 체결 교섭은 양국 정상 간의 합의로 시작되었지만, 한국보다 일본이 적극적으로 협정체결을 추진하였다. 당시 일본에서는 한국에 대한 원자력 수출을 확대하기 위해서 협정이 필요하다고 판단한 경제산업성과 원자력 관련 기자재를 수출하던 원자력 산업계가 협정체결에 적극적이었다. 한편 일본 외무성은 일본의 원자력 수출이 핵확산으로 연결되지 않도록 하는 연결고리로서의 원자력협정을 상정하고 있었다. 즉 경제산업성은 경제적 이익의 관점에서 외무성은 국제적 핵비확산 강화라는 관점에서 협정체결을 희망하였다.[11]

한편 한국은 일본보다는 협정체결에 소극적이었다. 당시의 협력각서만으로도 원자력 수출입에 큰 지장이 초래하지 않고 있다고 판단했기 때문이다. 그러나 협정이 체결되면 원자력 수출입 절차가 더욱 간소화될 것이며, 더구나 2014년 만기가 되는 한미 원자력협정 개정 교섭에 한일 원자력협정 체결이 긍정적인 영향을 미칠 것이라는 판단 등으로 교섭에 임했다. 한국은 협정 체결과정에서 규제와 통제에 무게가 실린 협정이 아니라 미래지향적이고 포괄적인 협력을 지향하는 입장에서, 일본이 희망하는 규제와 한국이 희망하는 협력을 조화시키는 협정을 체결하려고 하였다.

협정체결 당시 한국의 과학계는 우라늄 농축문제에 관심을 가지고 있었는데, 우라늄 농축은 20% 이하의 저농축은 공급국의 서면동의 없이 가능하게 되었으며, 20%를 넘는 고농축은 공급국의 서면동의가 필요하게 규정되었다. 사용후핵연료의 재처리를 완전히 금지하는 내용은

협정문에 반영되지 않았다.[12]

협정문 작성 과정에서 양국은 향후 제3국과 체결하는 자국의 모델 협정문의 초안을 구축한다는 관점에서 협정문 초안을 상호 교환했다. 협정문 9조에서 20% 이상의 우라늄 고농축과 재처리를 금하고 있는 내용 등은 당시의 원자력협정의 전형적인 형태를 차용했다고 할 수 있다. 결국 한일 협정은 높은 수준의 한일의 원자력 협력을 규정하기보다 기술협력 등의 기초적인 협력과 국제적 핵비확산 준수 및 일본이 수출하는 기자재에 대한 규제 및 통제 등이 강조된 협정이 되었다. 한일 원자력협정의 세부 내용을 정리하면 〈표 5〉와 같다.

〈표 5〉 한일 원자력협정의 주요 내용

구분	세부 구분	내용
협정문	전문(前文)	협력의 목적: 원자력의 평화적 이용을 위한 협력 확대
	제1조	핵물질, 장비, 기술 등의 용어 정리
	제2조	협력 분야: 경수로 관련 분야, 방사선 방호, 원자력 안전, 방사성 폐기물 처리, 안전조치 및 물리적 방호 등
	제3조	협력 방식: 전문가 교류, 정보 교환, 물질/장비/기술 등 공급
	제4조	원자력의 평화적 이용(군사적 연구나 개발에 이용할 수 없음)
	제5조	IAEA의 안전조치 적용
	제6조	원자력 관련 국제협약의 준수
	제7조	핵물질 방호조치 적용
	제8조	핵물질 등의 이전: 사전동의 필요
	제9조	20% 이상의 우라늄 농축 및 재처리 금지(사전 서면동의가 필요)
	제10조	양국 간 핵물질 이전시 협정 적용
	제11조	협정의 적용을 받지 않는 경우
	제12조	1990년 체결한 교환각서의 종료
	제13조	분쟁해결 절차
	제14조	협정의 정지 및 반환 청구권
	제15조	부속서는 협정의 일부로 동일한 효력(부속서 개정은 서면합의로 가능)
	제16조	유효기간: 10년 + 5년씩 자동연장

구분	세부 구분	내용
부속서 가	제1장	중수소 및 중수, 흑연의 정의
	제2장	원자로 및 원자로 용기 등의 용어의 정의
부속서 나		물리적 방호 수준 및 핵물질의 등급 분류
의정서		서명에서 발효일 사이에 이전되는 핵물질 등에 대한 협정의 적용
합의 의사록		우라늄 농축, 사용후핵연료 재처리, 플루토늄 변환, 플루토늄 생산을 위한 기술과 장비 등은 협정에 의해 이전되지 않음

한일 원자력협정문을 분석하면 다음과 같은 3가지 특징을 도출할 수 있다. 먼저 한일 협정은 한국이 희망했던 원자력 분야의 협력 확대와 일본이 희망했던 원자력 수출을 위한 양면적 성격의 협정으로 체결되었지만, 일본의 요청을 수용하여 한일 간 협력보다 일본의 원자력 수출통제나 NPT, IAEA 등의 핵비확산 규제가 강조된 협정이 되었다. 협정 체결과정에서 일본은 원자력 압력용기 등의 수출을 희망했고, 한국은 원전 기술협력을 강하게 희망했다. 두 번째는 핵잠재력 확보와 관련한 핵 활동은 대부분 금지하는 내용을 담았다. 협정 제9조나 합의의사록에 우라늄 고농축 및 재처리 등은 서면 동의없이 불가능하며, 민감한 기술(플루토늄 관련)은 이전하지 않다는 내용이 명문화되었다. 마지막으로 협정 전문(前文)이나 제4조에서 양국의 원자력 협력은 원자력의 평화적 이용에 한정하고 있어 군사적 이용 시는 협정을 종료한다는 내용을 명기하고 있다. 이러한 점 등을 고려하면 현행 한일 원자력협정은 한국의 핵잠재력 확보에 부정적인 요인으로 작용할 가능성이 크며, 향후 한국이 핵잠재력을 확보하기 위해서는 한일 원자력협정의 개정이 필수불가결할 것으로 보인다.

7. 한국과 일본의 핵잠재력 비교

지금까지 한국의 핵잠재력 확보를 검토하기 위해 한일 양국이 체결한 한미 원자력협정과 미일 원자력협정은 물론 한일 양국 간의 원자력협정 등을 분석했다. 한일의 원자력 기술력과 미국과의 원자력협정 등을 고려할 때, 한일의 핵잠재력을 비교하면 다음과 같다.

먼저, 핵잠재력의 관점에서 일본은 한국보다 비교 우위에 있다. 핵무기의 원료가 되는 플루토늄 보유량, 재처리 및 우라늄 농축 기술, 미사일 기술 등을 종합해 볼 때, 일본은 자체 핵 개발이 어느 정도 가능한 기술적 수준에 도달해 있으나, 한국은 일본에 비해 핵잠재력이 낮게 평가된다. 그러나 한일 양국이 체결한 대부분의 원자력협정은 원자력의 평화적 이용을 전제로 체결된 조약으로, 양국이 핵 개발을 시작하면 양국이 체결한 2국간 원자력협정은 대부분 종료되어 원자력 산업은 큰 타격을 받을 것이 명백하다. 양국이 핵 개발을 추진하면서 상업용 발전을 계속하기 위해서는 새로운 원자력협정을 체결해야 하는 공동의 과제를 안고 있다. 이런 점에서 양국이 핵잠재력을 확보하기 위해서는 동일한 문제를 해결해야 한다.

한일 양국의 핵잠재력 확보에는 핵비확산 레짐도 밀접히 연관되어 있다. 한일의 핵개발은 대만 등 주변국의 연쇄적 핵 개발을 초래하여, NPT로 대표되는 핵비확산 레짐의 붕괴로 이어질 것이며, 따라서 양국의 핵잠재력 확보는 국제적인 제재의 대상이 될 것이다. 국제사회가 북한에 부과하고 있는 정도의 국제 제재를 한국과 일본이 받게 되었을 때 양국의 정상적인 경제활동은 사실상 불가능할 것이다. 이러한 핵비확산 레짐과의 문제가 해결되지 않으면 양국이 본격적인 핵잠재력 확보를 추구하기 어려울 것이다.

국제사회의 제재 등을 고려하면, 한일의 핵잠재력 확보가 가능한 유일한 조건은 미국이 용인하는 경우이다. 그러나 미국이 한일의 핵잠재력 확보를 승인하는 경우에도 유럽 및 중국, 러시아 등 핵보유국이 반대할 가능성이 높으며, 한일에 농축우라늄을 제공하는 미국 이외의 국가, 특히 중국, 러시아는 농축우라늄 제공을 거부할 수 있다. 미국의 핵잠재력 확보 승인이 모든 문제를 해결해 주는 것은 아니다.

한편, 핵잠재력 확보라는 점에서 일본이 처해 있는 상황은 한국의 상황과 유사하나, 유일한 피폭국인 일본 국민의 핵잠재력 확보에 대한 반감은 매우 높아, 일본 정부가 국민 여론의 반대에도 불구하고 핵잠재력 확보를 강행하기 어려운 조건으로 작용할 것이다. 비록 일본이 한국에 비해 핵잠재력이 높은 상황이지만 지속적으로 핵잠재력을 강화하기 어려운 상황이다. 한국과 일본의 핵잠재력을 비교하면 〈표 6〉과 같다.

〈표 6〉 한국과 일본의 핵잠재력 비교

항목	일본	한국
원자력 기술 등 기술 역량	- 기술적 차원에서 핵 개발 일정 정도 가능 : 플루토늄 및 재처리기술/시설 보유, 우라늄 고농축 가능, 핵물질의 형상/가공 기술 보유, 위성발사 능력	- 핵 개발 위한 일부 기술 보유 : 재처리(파이로프로세싱)의 일부 기술 보유, 우라늄 저농축 기술, 위성발사 능력
미국과의 원자력협정	-협정에서 원자력의 평화적 이용 규정. 핵 개발 시 협정 종료. 핵물질, 설비 등 반환 규정 - 핵연료 사이클 확립(플루토늄 생산 가능) - 핵 개발 시 새로운 협정 체결 필요	- 좌동 - 핵연료 사이클 미확립(플루토늄 보유 불가) - 좌동
핵비확산 체제 관련	- IAEA와 보장조치 협정체결. 핵 개발시 IAEA 제재 - 핵 개발 시 NPT 탈퇴 - 미국 이외의 국가와의 원자력협정도 종료	- 좌동

항목	일본	한국
우라늄 수급[13]	- 천연우라늄을 수입하는 국가와의 협정 종료 - 농축우라늄 확보 어려움 : 미국이 약 50% 공급하나 국내 농축도 가능	- 좌동 - 농축우라늄 확보 불가능 : 농축 기술 및 시설 미보유
미국의 정책	- 재처리, 우라늄 농축은 허용하나 엄밀히 조사	- 재처리는 파이로프로세싱의 전반 공정만 허용. 우라늄 저농축을 할 수 있는 경로 확보
반핵 정서	- 일본 국민의 반핵 정서는 비교적 높음. 특별한 안보 상황이 없는 한 핵개발 쉽지 않음 - 후쿠시마 원전사고 이후 탈원전의존 성향 유지	- 핵 개발 용인 여론 높음 - 친원전 성향
잉여 플루토늄	- 국내외 재처리로 상당한 플루토늄 보유[14] MOX연료[15]로 재활용	- 연구용의 극소량의 플루토늄만 존재, 플루토늄 생산 기술 없음
무기급 플루토늄 보유[16]	- 미보유	- 좌동

8. 한일 원자력 협력을 통한 핵잠재력 확보

한국의 핵잠재력 확보가 필요한 것인가, 즉 핵잠재력 확보가 한국의 안전보장에 긍정적으로 기여하는가의 논의는 진지하게 검토해야 할 것이다. 동시에 핵잠재력 확보가 필요하면 어떠한 방법과 과정을 통해 핵잠재력을 확보하는가의 논의도 필요하다. 이는 핵잠재력 확보가 단기간에 이룰 수 있는 것도 아니며, 현 상황에서는 한국의 원자력 프로그램 전반에 대한 통제력을 지닌 미국이 이를 승인할 가능성도 낮아 보인다. 그러나 북한 핵이 갈수록 고도화되고, 러시아와 우크라이나 전쟁, 대만을 둘러싼 미중 대립과 갈등 등 악화일로의 한반도 안보 상황을 고려할 때 한국의 핵잠재력 확보를 위한 다양한 접근은 필요할 것이다. 한편 핵잠재력 확보와 관련해서 한일이 처한 상황은 매우 유사하며, 따라서 한일이 협력할 여지도 크다. 이런 점에서 한일 원자력 협력을 통한 한국의 핵잠재력 확보 방안을 구체적으로 제안한다.

먼저, 양국의 핵잠재력 확보에 필수적인 미국의 승인을 얻기 위한 협력체제 구축이 가능한 방향으로 한일 원자력협정의 개정이 필요하다. 한국의 핵잠재력 확보를 위해서는 미국의 승인이 필수불가결하며 일본도 마찬가지이다. 따라서 양국은 원자력협정의 개정을 통해 양국의 원자력 협력을 핵잠재력 확보로 연결될 수 있는 실질적인 협력으로 발전시켜, 미국의 승인이 가능한 조건을 구축할 필요가 있다.

두 번째로 한일 간의 원자력공동체 구축도 검토해야 한다. 유라톰[17] 및 중국, 러시아 등 원자력 선진국과의 협력을 공동으로 추진할 수 있는 양국 간 협력체 혹은 공동체의 설립을 추진해야 하며, 원자력공동체 설립으로 다양한 차원의 핵잠재력 확보가 가능할 것이다. 한일이 설립하는 원자력공동체의 협력 사업으로는 핵연료의 수급 및 핵연료 농축, 가공, 성형, 전환 등의 핵연료의 제조에 관한 협력, 핵폐기물 처리기술 개발 등에 관한 협력, 원자력 안전기술 협력, 원전사고 후의 오염제거 기술 협력, 한중일 원자력 협력, 핵추진 잠수함 혹은 항공모함 건조 관련 협력 등이 될 수 있을 것이다.

세 번째는 양국 간의 협력만이 아니라 핵비확산 체제와의 협력도 필요하며, 한일이 협력하여 핵비확산 체제와의 공동 협력체제를 구축할 수 있다. 원자력 도입 이래 한국과 일본은 핵비확산 모범국가의 명성을 쌓아 왔으나, 한국은 승인받지 않은 우라늄 농축과 플루토늄 추출 실험을 하여 IAEA이 안전조치 미이행이 비판을 받은 바 있다.[18] 핵잠재력을 확보하는 과정에서 북한과 같은 불량국가로 분류되지 않도록 관리하는 것이 중요하며 이를 위한 한일 간 협력이 가능하다. 국제원자력

기구(IAEA), 원자력공급국그룹(NSG)[19] 등의 핵비확산 체제와의 협력 강화를 위해서, 한국보다 IAEA나 NSG에서 주도적 위치에 있는 일본과의 협력은 필수불가결하다. 한일 협력을 통해 IAEA와의 안전조치 기술 협력, NSG의 수출통제 조치 등에 적극적으로 관여할 수 있을 것이다.

네 번째는 우라늄 농축 기술 및 재처리기술에 관한 협력을 모색할 수 있다. 핵잠재력 확보를 위해서는 우라늄 농축 및 재처리기술 확보는 필수적이다. 한미 원자력협정이 허용하는 범위 내의 우라늄 저농축 기술을 확보할 수 있도록 일본과의 기술협력을 추진하고, 향후 고농축 분야의 공동 연구가 가능하도록 기반을 조성해야 한다. 재처리에 관해서는 한국이 개발 중인 건식 재처리기술(파이로프로세싱)과 일본이 보유한 습식 재처리기술(PUREX, 일반 재처리기술)의 기술 협력을 추진해야 한다. 즉 미국과는 파이로프로세싱 연구를, 일본과는 PUREX 연구 협력체제를 구축할 수 있을 것이다. 만약 한국이 사용후핵연료의 재처리를 결정하게 되면 영국과 일본에서의 재처리를 검토할 수 있으며, 이 경우 일본과의 협력은 필수불가결하다.

다섯 번째는 천연우라늄 수입 및 우라늄 농축서비스를 공동으로 확보하는 협력이 가능하다. 한일 양국은 각각 다른 국가로부터 천연우라늄 및 농축우라늄을 수입하고 있다. 만약 양국이 공동 구매를 통해 수입 가격 경쟁력을 높이고, 우라늄 수급 등이 불안전할 경우 양국이 상호 공급할 수 있는 협력체제를 구축할 수 있을 것이다. 농축우라늄의 경우 일본은 미국에 대한 의존도, 한국은 러시아에 대한 의존도가 높은 문제도 해결할 수 있을 것이다.

여섯 번째는 핵추진 잠수함용 원자로 및 농축우라늄 확보를 위한 협력을 할 수 있을 것이다. 양국에서 핵추진 잠수함 보유에 대한 요구가 있지만, 원자력의 군사적 이용은 양국이 체결하고 있는 미국과의 원자력협정 위반이며, 한국은 핵추진 잠수함에 사용할 농축우라늄을 확보하는 것도 어려운 상황이다.[20] 물론 핵추진 잠수함용으로 한국이 천연우라늄을 구입하여 자체 농축하거나, 국제적으로 거래되는 20% 정도의 농축우라늄을 프랑스나 러시아로부터 구입하는 것도 이론적으로는 가능하지만, 이 경우도 미국이 주도하는 NSG의 승인이 사실상 필요하여, 한국의 독자적인 농축우라늄 확보는 어렵다고 할 수 있다. 이런 점에서 장기적인 관점에서 핵추진 잠수함에 사용할 원자로 및 농축우라늄 확보에 대한 한일 협력을 검토할 수 있을 것이다.

일곱 번째는 원자력 안전협력의 강화이다. 후쿠시마 원전사고 이후 한중일 3국은 원자력안전협력의 강화에 합의했지만, 3국의 안전협력은 가시적인 성과를 내지 못하고 있다. 한일은 미국의 원자로를 수입하여 자체 개발한 원자로를 사용하기 때문에 안전협력이 충분히 가능한 상황이며, 원자력 안전협력의 강화는 원자력 협력의 중요한 토대가 될 수 있다.

마지막으로 한일 간의 원자력 협력 강화를 위한 고위급위원회 및 전문가 그룹의 구축이 필요하다. 한미 원자력협정에 의해 양국이 운용 중인 원자력 고위급위원회와 같은 협의체를 한일이 운용하여 협력 분야를 확대시켜야 할 것이다. 또한 앞에서 언급한 다양한 분야의 협력을 촉진시킬 수 있도록, 양국의 핵잠재력 확보와 관련된 전문가 그룹을 구축하여 양국 간 원자력 협력을 긴밀화해야 할 수 있을 것이다.

9. 한미 원자력협정의 조기 개정

한국이 핵잠재력을 확보하기 위해서는 미국의 협력이 필수적이며,

한미 원자력협정의 개정이 동반되어야 한다. 현행 한미 원자력협정은 20% 이하의 우라늄 저농축 및 건식재처리 기술인 파이로프로세싱의 전반부 공정만을 가능하게 하는 내용으로 되어 있으며, 핵잠재력 확보와 연결되는 우라늄 고농축 기술의 확보 및 습식재처리는 허용되지 않는 상황이다.

현재의 북핵 위협은 2015년 한미가 원자력협정을 개정할 당시와 비교하면 상당한 정도의 수준 차가 있으며, 미국의 확장억제에 대한 의구심이 상대적으로 강해져 있는 상황이다. 이러한 상황 변화는 한국이 핵 비보유를 전제로 일정한 수준의 핵잠재력을 확보할 필요성을 미국 및 국제사회에 주장하는 근거가 될 수 있을 것이다. 발전량 규모로 세계 6위의 원자력 선진국인 한국은 핵연료인 우라늄의 농축 기술의 자체확보를 주장할 수 있다. 원자력의 평화적 이용을 위한 농축 기술의 확보는 필요하며, 따라서 20% 이하의 저농축은 협정에 의해 가능하도록 하고, 20% 이상의 고농축은 사전동의 하에 할 수 있는 권한을 확보하는 것이 필요하다. 이러한 내용으로 한미 원자력협정의 조기 개정을 요청할 수 있을 것이다.

재처리와 관련해서는 핵연료재처리를 국가의 원자력 정책의 근간으로 할지 여부를 먼저 결정해야 할 것이다. 즉 핵연료 사이클 노선을 추진할 것인지, 재처리로 획득하는 플루토늄을 핵 원료로 재활용할 것인지 등에 대한 국가의 핵연료 이용, 관리정책을 확립해야 한다는 것이다. 또한 재처리 노선을 추진할 경우, 현재 개발 중인 건식재처리 기술인 파이로프로세싱을 그대로 유지할 것인지, 일반 재처리기술인 습식재처리 기술을 습득할 것인지에 대한 국가정책 역시 결정되어야 할 것이다. 만약 한국이 습식재처리를 추진할 경우, 장기적인 관점에서 재처리기술 습득을 위한 기초 연구 등에 한정하여, 핵잠재력 확보의 관점에서 연구하는 수준으로 한미, 한일 협정을 개정할 필요가 있다.

앞서 지적한 것처럼, 한국이 핵잠재력을 확보하기 위해서는 미국의 협력이 필수적이고 한미 원자력협정 개정이 필요하다. 따라서 협정의 만기인 2035년을 기다리지 말고, 협정개정을 위한 중장기 로드맵을 구상해야 할 것이다.

10. 결론

핵잠재력 확보는 원자력협정을 체결하고 있는 미국과의 관계나 핵비확산 레짐(IAEA, NSG 등)과의 관계 등을 종합적으로 고려할 때, 단기간에 성과를 내기 어려운 현실적인 한계가 존재한다. 따라서 중장기적인 관점에서 핵잠재력 확보로 연결될 수 있는 기술 및 핵물질을 확보하는 노력이 선행되어야 한다. 핵잠재력 확보는 현재의 국제 핵비확산레짐 안에서 이뤄져야 하며, 미국이나 일본 등의 원자력협정 체결국, 핵비확산 국제레짐인 NPT, IAEA와의 협력, 핵공급국그룹이나 우라늄 농축 서비스를 제공하는 중국이나 러시아와의 협력도 중요하다. 따라서 한국의 핵잠재력 확보를 가능하게 하는 다양한 레벨의 노력이 동시에 진행되어야 한다.

한국이 핵잠재력을 확보하기 위해서는 일본과의 원자력 협력관계가 중요하다. 한일 모두 북한의 핵 위협에 직면하고 있으며, 미국과의 원자력협정을 통해 원자력 선진국의 지위에 도달해 있다. 또한 일본 역시 핵잠재력 확보가 필요한 국가이다. 이런 점에서 일본과의 원자력협력을 핵잠재력 확보의 최우선 과제도 사리매김할 필요가 있다.

핵잠재력 확보를 위한 한일 협력 분야로는 미국과의 원자력협정

개정을 위한 협력, 핵비확산 체제와의 협력 강화, 한일 원자력 공동체(협력체) 구성, 우라늄 농축 및 재처리에 관한 기술 협력, 천연우라늄 및 농축우라늄의 공동 구매, 원자력 안전협력의 강화 등이 장기적인 협력 분야로 상정할 수 있다. 이러한 협력은 단기간에 성과를 내기 어려우며, 장기적인 협력이 필요한 분야이다. 한일이 장기적인 원자력 협력 강화를 위해서 우선 양국 간의 원자력 고위급위원회의 운용 및 정책 자문그룹의 활용 등을 통해 양국이 협력할 수 있는 분야를 구체화하고, 협력 관계의 초기 단계를 만들어 가는 노력이 선결과제로 판단된다.

동시에 미국과의 원자력협정을 선진화하는 노력도 지속하여, 한국은 유효기간 만기로 현행 협정을 개정할 경우, 우라늄 농축과 재처리 등에 대한 한국의 핵 주권을 확립하는 것이 중요하다. 이를 위해서는 한국이 핵연료 사이클 노선을 추진할 것인지, 재처리로 획득하는 플루토늄을 핵 원료로 재활용할 것인지 등에 대한 국가의 핵연료 이용, 관리정책을 사전에 확립하고, 이를 토대로 미국과의 협정개정이 우리가 원하는 수준으로 가능하도록 하는 것이 필요할 것이다.

주

1. 미국의 확장억제, 전술핵무기 배치, 핵 공유의 신뢰성 문제 등에 대해서는 정성장, "한반도 자체 핵보유, 한반도 평화를 위한 불가피한 전략적 선택," 『정세와 정책』 2023-4월호 제21호 (2023. 4. 3.) 참조. 미국의 확장억제 강화와 한국의 3축 체제 통합에 의한 통합억제가 가장 합리적인 대안이라는 주장은 이상현, "북핵 위협과 한미 확장억제," 『정세와 정책』 2023-4월호 제20호 (2023. 4. 3.) 참조.
2. 2023년 1월에 발표된 한국갤럽의 여론조사에 의하면 응답자의 76.6%(매우 그렇다 15.9%, 어느 정도 그렇다 60.7%)가 한국의 독자 핵개발을 지지한다고 답했다.
3. 핵잠재력에 대해서는 조비연, "동아시아 비핵국가들의 Plan B," 『국가전략』 제27권 4호 (2021. 11. 29.), pp. 2-3.
4. 한일 원자력협정은 2010년 서명되어 2012년 발효되었다. 정식명칭은 「대한민국 정부와 일본국 정부 간의 원자력의 평화적 이용에 관한 협력을 위한 협정」이다. 협정문은 외교부 홈페이지(https://www.mofa.go.kr/www/wpge/m_3834/contents.do, 검색일: 2024. 7. 1.) 참조.
5. 현행 한미 원자력협정의 정식명칭은 「대한민국 정부와 미합중국 정부 간 원자력의 평화적 이용에 관한 협력협정」으로 2015년 6월에 서명, 11월에 발효되었다. 협정문은 외교부 홈페이지(https://www.mofa.go.kr/www/wpge/m_3834/contents.do, 검색일: 2024. 7. 1.) 참조.
6. 일반 습식재처리와는 다른 건식재처리 기술인 파이로프로세싱은 핵확산 저항성이 높다는 이유로 재처리가 아닌 재활용이라고 부르기도 한다.
7. 신 협정의 주요 내용에 대해서는 전진호, "한미 (신)원자력협정의 비판적 재검토," 『한일군사문화연구』 35권 (2022), p. 11-14 참조.
8. 현행 미일 원자력협정의 정식명칭은 「원자력의 평화적 이용에 관한 협력을 위한 미합중국 정부와 일본국 정부 간의 협정」이다.
9. 재처리를 위해서는 미국의 사전 개별동의가 필요했지만, 신 협정은 사전동의를 장기적, 포괄적 형태로 부여하여, 사실상 미국의 거부권 없는 재처리가 가능해졌다. 핵무기 비보유국 중 국내에서 재처리하는 국가는 일본이 유일하다.
10. 파이로 프로세싱의 전반부 공정인 조사후시험, 전해환원에 대한 장기동의를 확보했으며, 향후 후반부 공정을 추진할 수 있는 경로를 확보했다.
11. 전진호, "한일 원자력협정과 원자력 협력," 『일본공간』 9권 (2011), p. 93-97.
12. 일본이 제안한 초안에는 재처리 금지라는 규정이 있었지만, 협정문에는 재처리 금지가 아니라 (사전)서면동의가 필요하다는 내용으로 변경되었다. 전진호, "한일 원자력협정과 원자력 협력," 『일본공간』 9권 (2011) p. 99.

13 일본은 캐나다, 호주, 카자흐스탄, 남아프리카 등에서 천연우라늄을 구입하여, 미국, 프랑스, 영국 등에서 농축하여 수입(일본의 농축우라늄 공급의 50% 정도를 미국이 담당). 한국은 미국은 물론 러시아, 중국 등으로부터 농축우라늄을 수입하고 있으며 러시아산 농축우라늄 수입은 30% 이상이다.

14 2021년 현재 일본의 플루토늄 재고는 약 47톤이며, 그중 10톤 이상이 일본 국내에 보관 중이다. 플루토늄을 수 십톤 단위로 보유하고 있는 핵무기 비보유국은 일본밖에 없다.

15 추출한 플루토늄을 우라늄과 혼합하여 만든 핵연료로 일반 원자로에서 연소는 가능하나, MOX연료로 사용하는 플루토늄은 제한적이어서 일본의 잉여 플루토늄은 늘어나는 추세이다.

16 핵무기의 원료로 사용되는 플루토늄 239는 93% 이상 농축된 것을 무기급, 그 이하를 원자로급으로 분류하고 있다. 미국 에너지성은 원자로급 플루토늄도 고도의 설계기술을 적용하면 파괴력이 큰 핵무기를 생산할 수 있다고 평가한다. 한편 IAEA는 무기급, 원자로급에 관계없이 8kg 정도의 플루토늄으로 핵무기를 제조할 수 있다고 한다.

17 유라톰(EURATOM)은 1957년에 설립된 유럽원자력공동체이며, 유럽연합(EU)이 출범 이후에도 독립적인 기구로 존속하고 있다.

18 2000년에 한국원자력연구원 실험실에서 극소량(0.2g)의 무기급 우라늄 농축(90%) 실험을 했으며, 1982년 미량의 플루토늄 추출실험을 한 것이 IAEA의 사찰 과정에서 발각되어 안보리 제재까지 논의된 바 있다. 이 두 사례는 한국의 핵비확산 신뢰도를 급격히 낮추는 작용을 했다.

19 NSG(Nuclear Suppliers Group)는 인도의 핵실험(1974) 이후, 미국과 캐나다가 주도하여 설립한 원자력의 다자간 수출통제체제이다. NSG는 NPT에 가입하지 않은 국가에 원전기술이나 연료를 수출하지 못하게 관리하고 있다.

20 일반적으로 발전용 원자로에는 약 3-5%, 핵무기용은 90% 이상, 핵추진 잠수함은 20% 이상으로 농축된 우라늄이 필요하다.

9장

한국의 핵추진잠수함의
필요성과 확보 방안

문근식

1. 핵추진잠수함의 탄생 배경

제2차 세계대전까지의 잠수함들은 주로 수상항해를 하다가 적함을 조우하면 수중으로 숨어서 공격을 하곤 했는데, 이렇게밖에 할 수 없었던 가장 큰 이유는 수중에서 장시간 작전할 수 있을 만큼 축전지의 성능이 우수하지 못했기 때문이다. 물위로 올라와 축전지를 충전하지 않고는 수중에서 겨우 2시간[1] 남짓 견딜 수 있었다. 이런 빈약한 수중작전 능력 때문에 2차대전 당시 독일 잠수함이 대서양에서 수상항해를 하다가 항공기에게 격침된 잠수함이 56% 정도[2]였다.

전후 잠수함 보유국들은 수상보다 수중에서 오래 견딜 수 있는 잠수함을 개발하는 데 주력해왔고, 그 결과 축전지 충전을 하지 않고도 약 3일 정도 물속에서 작전할 수 있도록 축전지의 성능을 대폭 향상시켰다. 그 후 물속에서 오래 견디는 잠수함 개발 경쟁 끝에 드디어 1954년 미국이 물속에서 무제한 추진이 가능한 핵추진잠수함(원자력추진 잠수함)[3]을 개발하는 데 성공했다. 잠수함 보유국들은 저마다 핵추진잠수함을 '진짜 잠수함'이라고 부르며 핵추진잠수함보유를 열망하고 있지만, 일부 강대국을 제외하고는 정치·경제·기술적인 이유로 이를 실현하지 못하고 있는 실정이다.

『Jane's Figthting Ships 2023~2024』에 따르면 2025년 현재 실전에서 운용되는 잠수함은 523척이며, 그중 138척이 유엔 안보리 상임이사국 5개국과 인도가 운용하는 핵추진잠수함이다. 핵추진잠수함은 1942년 시작된 미국의 맨해튼 프로젝트[4]가 매개체가 되어 세상에 등장했다. 맨해튼 프로젝트는 독일이 먼저 원자탄을 개발할까 걱정했던 아인슈타인이 미국의 루스벨트 대통령에게 편지를 보내 미국이 먼저 원자탄을 개발하도록 권고함으로써 시작된 프로젝트였다.

이러한 이유 때문에 맨해튼 프로젝트의 핵심은 핵무기 제조에 있었다. 하지만 군 관계자 및 상당수의 과학자들은 핵무기를 실제로 만들 수 있을지에 대해 상당한 의구심을 가지고 있었다. 그래서 막대한 비용이 소요될 맨해튼 프로젝트가 실패하더라도 최소한의 본전이라도 건지기 위한 하나의 방편으로 반영구적인 에너지 체계인 원자로를 개발하게 되었다.

개발하는 과정에서 말썽이 많았던 핵무기와는 다르게 원자로 개발은 상당히 성공적인 것으로 평가를 받았다. 1945년이 지나기 전에 현대 잠수함 원자로의 기초 설계를 완성했고, 이를 바탕으로 미 해군의 하이먼 조지 리코버 제독[5]과 같은 선구자들이 주축을 이루어 1954년에 최초의 핵추진잠수함을 건조하게 되었고, 쥘 베른의 『해저 2만리』에 등장하는 상상 속의 잠수함 노틸러스의 이름 따서 노틸러스라고 부르게 되었다. 드디어 물속에서 원하는 속도로 기동하며 필요시에만 올라오는 진짜 잠수함인 핵추진잠수함이 탄생하게 된 것이다.

2. 핵추진잠수함의 추진 원리

핵추진잠수함을 움직이는 힘은 농축우라늄(enriched uranium)을 핵연료로 하는 원자로에서 나온다. 원자로 내부에서 핵분열 반응을 통해 발생된 열에너지로 터빈을 가동시키고, 여기서 얻은 추진력으로 수상 또는 수중에서 항해하는 것이 특징이다. 그 결과 핵추진잠수함은 디젤잠수함보다 훨씬 큰 규모의 동력을 장기간 제공받으며, 동력의 재충전을 위한 산소 공급을 필요도 하지 않아 거의 무한한 에너지를 활용할 수 있다. 핵추진잠수함의 추진원리는 아래 <그림 1>과 같다.

<그림 1> 핵추진잠수함의 추진원리

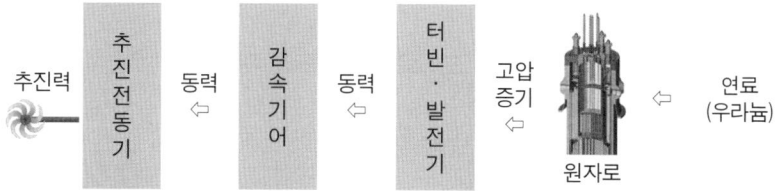

일반적으로 핵추진잠수함의 원자로는 <그림 2>에서와 같이 1차 계통과 2차 계통으로 분리하여 이루어진 가압경수로(PWR: Pressurized Water Reactor)[6]이며, 1차 계통은 <그림 2>에서 좌측의 원자로 격납용기 부분이며 핵연료에서 발생하는 열로 인해 기체가 발생하는 것을 억제시키기 위해 고압으로 작동된다. 1차 계통은 냉각수의 이동을 원활하게 해주기 위해서 냉각재(냉각수) 펌프가 장착되어 있으며, 냉각재 펌프의 작동 시에는 소음이 발생하므로 저속에서는 작동하지 않는다.

2차 계통은 <그림 2>에서 우측의 분산 배치된 장비부분이며, 열에너지를 운동에너지로 바꾸어 주는 터빈과 복수기(응축기)[7] 펌프로 구성된다. 1차 계통은 2차 계통과 증기발생기에서 열 교환이 일어나며, 두 계통은 방사능 누출을 원천적으로 방지하기 위해 열 이외에는 섞이지 않도록 완벽히 분리되어 있다. 또한 원자로 압력용기, 원자로 격납용기 등 여러 겹의 방사능 차폐구조를 가지고 있다. 핵추진잠수함은 장기간 고속으로 수중 잠항이 가능하여 적 해군대잠전세력에 의해 탐지될 확률을 최소화하며 시속 20노트 이상의 빠른 속도를 지속적으로 낼 수 있다.

<그림 2> 원자로 구조

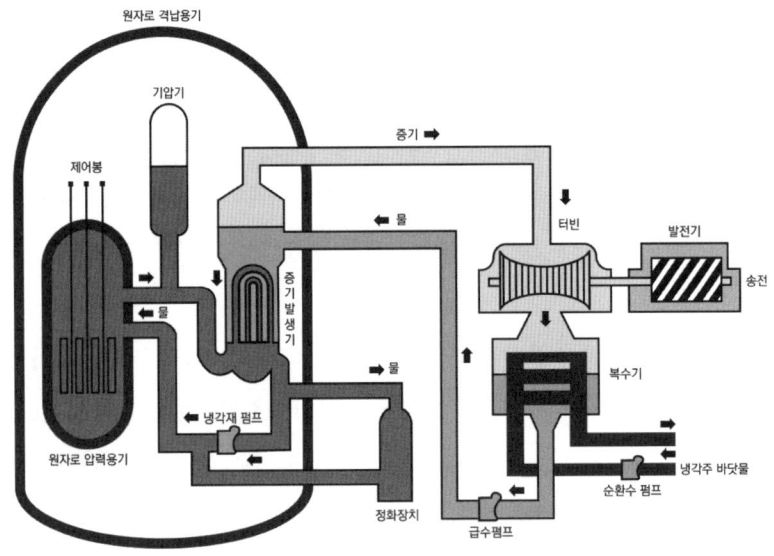

주기적으로 스노클을 해야 하는 디젤잠수함의 단점을 극복하기 위해서 디젤 잠수함에 공기불요 추진체계를 탑재한 AIP 잠수함이 개발되었으나, 이 잠수함 역시 시속 11km 이하의 저속 항해 시에만 운용이 가능하고 AIP시스템용 연료를 모두 소모하면 다시 부두에 정박해서 연료

충전을 해야 하는 단점이 있다. 반면 핵추진잠수함은 최대속력으로 거의 무제한 운용이 가능하여 적 대잠 세력에게 피탐 되더라도 신속하게 상대의 추적을 따돌릴 수 있고 적 어뢰가 발사되더라도 고속으로 기동하여 회피가 용이하다. 또한 우수한 기동성으로 수상 기동전투단과의 원활한 협동작전을 가능하게 해 준다.

핵추진잠수함은 기동전투단과 같은 속력으로 원하는 시기와 장소에 위치할 수 있으며, 우수한 기동력으로 대 잠수함/수상함 작전 그리고 정찰 및 감시작전 등을 광범위하게 수행할 수 있다. 핵추진잠수함은 막강한 추진력을 바탕으로 부피를 얼마든지 크게 만들 수 있기 때문에 대형의 핵 미사일 등 다양한 무기를 적재할 수 있다. 또한 필요에 따라 대규모의 특수전요원과 병력을 실어 나를 수도 있다. 현존하는 디젤 잠수함은 추진력의 한계로 인하여 4,200톤의 일본 소류(Souryu)급[8]과 3,407톤의 호주 콜린스(Collins)급[9] 그리고 한국의 장보고-Ⅲ급을 제외하고 대부분 2,000톤 내외이다. 하지만 핵추진 추진 잠수함은 프랑스의 루비급이 2,700톤 정도인 것을 제외하고 대부분 5,000톤 이상의 크기이며, 러시아 타이푼(Typhoon)급[10]은 배수량이 무려 26,925톤이나 된다.

핵추진잠수함은 원자로를 이용하여 추진하며 원자로 가동에는 공기가 필요 없기 때문에 스노클이 필요 없다. 따라서 스노클에 의한 배기가스 배출이 없고 선체를 노출할 필요가 없기 때문에 적 항공기나 수상함에 의해 피탐 되지 않고 은밀하게 장기간 작전을 수행할 수 있으며 가끔 통신을 위해 잠망경 심도로 올라와야 하지만 이는 상황에 따라 얼마든지 조정할 수 있다. 2025년 현재 핵추진잠수함보유 국가는 미국, 영국, 프랑스, 중국, 러시아, 인도 등 6개국이다.

3. 핵추진잠수함의 작전 운용 개념

국제법상 잠수함은 타국의 영해(12해리) 이내에 허가 없이 진입할 수 없지만, 냉전 시기 미국과 구소련은 서로의 영해에 몰래 침투하여 첩보를 수집했던 사실이 공공연한 비밀로 알려져 있다. 이와 관련해 미국에서 출간된 『장님들의 음모(Blind Man's Bluff)』에서는 다음과 같이 서술하고 있다.

> 미국의 공격형 핵추진잠수함(핵무기를 탑재하지 않는 잠수함)의 승조원들은 몇 달, 심지어 몇 년 동안 수중에서 근무하며 조국을 핵 공격으로부터 지키는 최후의 보루 역할을 해왔다. 이들은 소련의 탄도미사일 잠수함을 끈질기게 추적하고, 그들이 내는 소음을 듣고 작전을 파악하며, 소련 전략 핵잠수함을 지속적으로 감시하였다.[11]

냉전 당시 미국의 공격형 핵추진잠수함(SSN: Nuclear-powered Attack Submarine)의 주요 임무는, 탄도미사일을 탑재한 구소련 전략 핵추진잠수함(SSBN: Ballistic Missile Nuclear Submarine)을 지속적으로 추적하고 감시하는 것이었다. 미국 SSN은 구소련 SSBN이 모항을 출항하는 순간부터 감시를 시작했다. 소음 특성만으로도 상대 잠수함의 기종을 식별할 수 있었으며, 추적 과정에서 당직사관의 조함 습관까지 파악할 정도로 정밀한 감시가 가능했다.

이러한 작전의 궁극적 목표는, 만약 구소련 SSBN이 미국을 향해 탄도미사일을 발사하려 할 경우 이를 사전에 포착하여 발사 직전에 격침시키는 것이었다. 그러나 이러한 수중 추적 작전은 결코 쉬운 일이 아니었다. 해양 조건에 따라, 어떤 경우에는 9km 이상 떨어진 거리에서도 잠수함 소음을 탐지할 수 있었으나, 반대로 900m 이내의 근거리에서도 소음을 감지하지 못하는 경우도 있었다.

이에 대응하여 구소련은 SSBN을 호위하기 위해 별도의 SSN을 동반 출항시키는 방식으로 미국의 감시망을 혼란시키려 했다. 예를 들어, 타이푼급 SSBN을 호위하기 위해 일정 거리에서 아쿨라급 SSN이 동행하였으며, 이로 인해 미국의 SSN 한 척이 두 척의 소련 잠수함을 동시에 감시해야 하는 어려움이 발생했다. 특히 아쿨라급 SSN의 적극적인 방해 작전은, 핵미사일을 탑재한 SSBN을 놓칠 위험성을 높였다.

또한 구소련의 SSBN은 미국의 추적을 회피하기 위해 북극 해역의 빙하 아래로 항해하기도 했다. 빙하가 갈라질 때 발생하는 자연 소음은 잠수함의 소음을 가리는 역할을 하기 때문에, 극지방 수역은 타국 잠수함의 탐지를 회피할 수 있는 최적의 은신처로 여겨졌다.

4. 디젤잠수함과 핵추진잠수함의 능력 차이

가. 속력과 기동성

핵추진잠수함이 KTX라면, 디젤 잠수함은 완행열차에 비유할 수 있다. 핵추진잠수함은 평균 시속 37~47km로, 지구 한 바퀴(약 40,120km)를 약 40일 만에 돌 수 있다. 반면, 디젤 잠수함은 평균 시속 11~15km로 같은 거리를 도는 데 약 140일이 걸린다.

핵추진잠수함은 작전 중 보급이나 연료 재보급이 필요 없고, 기항 시 방문도 생략될 수 있다. 반면 디젤 잠수함은 중간에 보급과 연료 재보급, 승조원 휴식을 위한 기항이 필수다.

이러한 기동성 차이를 단적으로 보여주는 사례가 1982년 포클랜드

전쟁이다. 당시 영국은 핵추진잠수함과 디젤 잠수함을 동시에 출항시켰다. 핵잠수함은 2주 만에 현장에 도착해 아르헨티나의 순양함을 격침시키며 해전의 승기를 잡았지만, 디젤 잠수함은 전투가 거의 종료된 5주 후에 도착해 전투에 기여하지 못했다. 이후 대처 수상은 디젤 잠수함의 조기 퇴역을 결정했다. 또한, 디젤 잠수함은 낮은 속도로 인해 미 해군처럼 고속 기동하는 수상전투단을 호위하는 임무도 수행할 수 없다. 핵추진잠수함은 시속 35~40km의 고속으로 수상전투단과 함께 움직이며 방호 임무를 수행할 수 있지만, 디젤 잠수함은 같은 속도를 유지하면 1시간 내에 축전지가 소모되어 함께 기동할 수 없다.

나. 수중작전 지속능력

'잠수함'이라는 이름 그대로, 수중에 장시간 머무는 능력은 핵잠수함이 압도적이다. 핵추진잠수함은 식량과 승조원의 체력만 뒷받침된다면 수중에서 무제한 작전이 가능하다. 반면 디젤 잠수함은 하루 2~3회 축전지 충전을 위해 수면 근처로 상승해야 한다. 수중에서 은밀히 적 해역을 드나드는 작전능력은 잠수함의 핵심이다. 핵잠수함은 고속으로 침투하여 적 잠수함을 은밀히 추적·감시할 수 있지만, 디젤 잠수함은 충전 시 위치가 노출되며 고속 기동도 불가능해 사실상 추적 작전은 어렵다.

다. 공격 능력

핵추진잠수함은 디젤 잠수함보다 강력한 추진력을 갖고 있어 선체 크기를 키우고 더 다양한 무장을 탑재할 수 있다. 어뢰, 기뢰는 물론 핵미사일까지 탑재 가능하다. 반면, 디젤 잠수함은 추진력 한계로 인해 3,000톤 이상에서는 성능이 저하되고 무장 탑재량도 제한적이다.

이러한 차이를 비유하자면, 핵잠수함은 '헤비급 펀치', 디젤 잠수함은 '플라이급 펀치' 수준이다. 핵추진잠수함은 오랫동안 고속으로 작전해 표적을 추적하고, 공격 실패 시 재공격도 가능하다. 반면, 디젤 잠수함은 전력 소모를 최소화하기 위해 주로 정지 상태로 매복해 표적을 기다리는 방식이다. 공격 후 생존성에서도 차이가 있다. 핵잠수함은 공격 후 고속으로 현장을 이탈할 수 있지만, 디젤 잠수함은 고속 기동이 어렵고 방어 위주로 운용될 수밖에 없다.

라. 스텔스성

잠수함은 기본적으로 스텔스 성능을 가진다. 그러나 차이는 존재한다. 핵잠수함은 필요 시에만 수면 위로 상승하기 때문에 '완전 스텔스함'에 가까운 반면, 디젤 잠수함은 하루 2~3회 축전지 충전을 위해 수면으로 올라와야 하므로 '세미 스텔스함' 수준이다. 충전 시 디젤 엔진의 작동 소음은 현대 대잠탐지 장비에 쉽게 포착된다. 예컨대, P-3나 P-8 대잠초계기는 잠수함의 스노클 마스트를 70km 거리에서도 탐지할 수 있다. 탐지 이후 대응 능력도 다르다. 핵추진잠수함은 고속 기동으로 수중에서 회피기동이 가능하지만, 디젤 잠수함은 고속 회피가 불가능해 생존율이 낮다.

마. 전략적 억제력

핵추진잠수함은 '보이지 않는 핵기지'로, SLBM 한 발로 대도시 하나를 초토화할 수 있는 전략 자산이다. 수중에서 무제한 작전이 가능하며, 적의 선제공격에도 살아남아 보복할 수 있는 최후의 보루다. 이런 이유로 미국, 러시아, 중국, 프랑스 등은 최소 1척 이상의 전략핵잠을 항상 바다에 띄워 초계시키고 있다. 반면, 디젤 잠수함은 한정된 작전시간과 생존성 때문에 전략적 억제력보다는 전술적 타격이나 은밀한 타격 임무에 적합하다. 단발적인 저격 임무에는 유용하지만, 한 번 발각되면 전투 지속이 어렵다.

5. 세계 각국의 핵추진잠수함 개발 경쟁

가. 미국: 국책사업단 구성 8년 만에 개발

1954년 1월 21일 세계 최초이자 미국의 첫 번째 핵추진잠수함은 트루먼 대통령이 붙여준 이름인 노틸러스(USS Nautilus: SSN-571)로 탄생했다. 노틸러스라는 이름은 맨 처음 1800년에 프랑스에서 미국의 과학자 로버트 풀턴이 만든 실험 잠수정에 사용되었고, 1886년에는 영국인 캠벨과 애쉬가 만든 최초의 전동 잠수함에 붙여졌으며, 2차 세계대전 시는 미 해군 디젤잠수함 USS-168에 그리고 노틸러스 핵추진잠수함에까지 사용되었는데, 1870년에는 쥘 베른의 공상과학소설『해저 2만리』에 나오는 만능 잠수함의 이름으로 더욱 유명세를 떨쳤다.[12]

핵추진잠수함의 역사는 1955년 1월 17일 11시 미국의 노틸러스함이 잠수함 건조 조선소인 일렉트릭 보트 사의 부두를 출항하여 대서양으로 향하면서 보낸 "본 함은 원자력으로 항해 중"이라는 신호를 기점으로 시작되었다. 이 핵추진잠수함 운용을 시작으로 미국은 세계 핵추진잠수함 운용국의 선도국이 되었다. 당시 노틸러스는 수중 4,000

톤급, 1만 5,000마력의 잠수함으로서 가압경수형 원자로를 사용했다. 1946년 3월 원자로 개발을 시작하여 1953년 6월 육상용 원자로 시운전에 성공하는데 까지 약 7년이 걸렸고, 원자로 개발부터 함정 취역까지는 약 8년이 소요되었다.

미국은 당시 잠수함 설계 및 건조 능력은 갖추고 있었기에 함정 건조에는 약 2.5년의 단기간이 소요되었고 대부분의 시간이 원자로 개발에 소비되었다. 이렇게 빠르게 핵추진잠수함을 개발할 수 있었던 이유는 해군과 원자력 에너지위원회가 통합된 해군원자로사업단을 구성하여 국책사업으로 추진했기 때문이며 국책 사업단을 구성하였기에 대규모의 인력, 시설, 기술을 집중적으로 투입할 수 있었다.[13] 1953년에는 약 3.5개월 걸려서 원자로의 정박 시운전을 마쳤고, 1954년 1월에는 코네티컷 주 뉴런던에서 푸에르토리코 산후안까지 1,300마일을 16노트의 속도로 84시간 만에 항해했다.

1958년 8월에는 하와이에서 출발하여 북극을 횡단하여 영국까지 항해하는 기록을 수립했다. 이후 노틸러스 함은 원자로 수중항해 시험을 위한 전용 시험함으로 운용되었는데, 이는 원자로 시운전이 함 건조 공정 중 가장 중요한 부분이기 때문이었다. 핵추진잠수함 건조 시 시운전 절차 원칙은 육상에서 먼저 각종 설비에 대한 시험을 마치고 실제 잠수함에서 성능시험을 하는 것이다. 원자로는 육상시험용 1기와 함정 탑재용 1기를 제작하고 육상에서 모든 시험이 종료되면 함정에 탑재하여 해상시험을 추진한다.

나 소련: 미국에 이어 두 번째, 9년 만에 개발

미국에 이어 핵추진잠수함을 건조하기 시작한 국가는 소련이었다.

소련은 미 해군에서 노틸러스 함을 건조한다는 보도가 나온 후인 1952년에 핵추진잠수함을 개발하기 시작하였고 미국의 스케이트급이 취역한 시기와 같은 때인 1958년 이후가 되어서야 핵추진잠수함을 보유하게 되었다. 소련 해군에서 627형이라고 불렸던 이 잠수함은 처음에는 대형 핵 어뢰를 이용하여 주요 항만과 시설을 공격할 목적으로 설계되었다.

이 잠수함은 점차 어뢰, 유도탄 등 무기를 탑재한 공격용 잠수함으로 발전되었지만, 수중에서 고속항해 시 안정성이 떨어진다고 평가되었고, 추진기와 원자로에서 발생하는 소음이 매우 크다는 점 외에도 여러 문제점이 드러났다. 그러나 당시의 미국 핵추진잠수함보다 더 깊이 들어갈 수 있었고 최대속도도 35노트 이상을 낼 수 있어 어뢰로는 공격할 수 없는 성능이 출중한 잠수함이기도 했다.

소련의 K-3 잠수함을 나토 회원국들은 노벰버급 잠수함[14]으로 부른다. 소련은 미국의 핵추진잠수함 개발에 충격을 받아 서둘러 개발을 추진하였고 이로 인해 많은 문제점이 나타났다. 소련의 K-3 잠수함은 수중 배수톤수는 4,000톤이고 원자로 출력은 1만 7,500마력이었으며 원자로는 VM-A형 가압경수로를 사용했다. 1950년 원자로 개발에 착수 이래 1956년 육상용 원자로 시운전 때까지 약 140건의 문제가 발생했다고 알려졌다.

소련도 국책사업단을 구성하여 약 1,000여 개의 공장과 기업을 참여시켰지만, 미국을 따라잡겠다는 욕심으로 서두르는 바람에 여러 가지 문제점이 나타났다. 결국 원자로 시운전 기간이 미국보다 1년이 더 소요되었으며 개발 착수 후 9년만인 1959년 3월에 첫 번째 핵추진잠수함을 확보하게 되었다. 1959년 5월 첫 번째 핵추진잠수함이 취역을 했지만 그해 11월에는 북극점 항해 도전에 실패하였고, 1960~1962년에 원자로 연동기관에 나타난 문제를 전면적으로 개선해야만 했다. 이후 1962년 7월 드디어 북극 잠항항해에 성공했으나 귀환 도중 증기기관 파열로 승조원 94명이 방사능에 피폭되는 쓰라린 경험을 했다.

다. 영국: 미국에서 원자로를 구입하여 4년 만에 개발

영국 해군은 미국에서 퍼미트급 잠수함이 계속 취역을 하던 1963년에야 비로소 핵추진잠수함 보유국의 반열에 들어서게 되었다. 영국 해군은 1950년부터 핵추진잠수함의 건조를 계획하여 1954년 이후 실험용 원자로의 정비를 시작했으며, 자국 개발 핵추진잠수함 건조를 추진했다. 그러나 예산 부족으로 건조계획 진전을 보지 못하자 1957년 미국의 스킵잭급 잠수함용 원자로 1기를 구입하였다. 1958년에는 원자로를 구입하면서 스킵잭급의 기술 자료를 같이 들여왔고, 여기에 영국 해군이 원하는 성능개량 작업을 통하여 핵추진잠수함을 확보한다는 결정을 내렸다.

이러한 계획에 따라 영국은 1959년 6월 해군 최초의 핵추진잠수함인 드레드노트함[15] 건조를 시작하였으며, 착수 후 4년 만인 1963년 4월에 취역시켰다. 이 드레드노트 잠수함은 미국의 스킵잭급 잠수함을 기본으로 했지만 수중 고속 기동을 위해 함수의 형상을 개선했기 때문에 스킵잭급과는 전혀 다른 잠수함이었다.[16] 또한 주요 임무인 대잠수함작전을 위해 탑재한 센서나 무장도 대잠능력 향상을 고려해 모두 영국제로 변경하였고 전투지휘소를 포함한 함 내 배치도 대폭 바꾸는 등 사실상 스킵잭급과는 별도 설계개념에 의해 건조되었다.

이 함형은 초기에 터빈작동 시 진동 문제 등을 포함해 많은 결함이 나타났지만, 모든 문제점을 해결하고 수중으로 북극점 항해에 성공하는 등 작전 요구 성능을 충족시켰다. 이후 1966년부터는 영국 해군 최초의 양산형 핵추진잠수함인 밸리언트급 잠수함이 취역되기 시작했다. 밸리언트급은 전적으로 영국 해군이 원하는 요구를 기초로 설계·건조되었다. 따라서 모든 면에서 드레드노트보다 우수한 잠수함으로 발전했다.

라. 프랑스: 공격 핵추진잠수함보다 전략 핵추진잠수함을 먼저 개발

프랑스는 북대서양조약기구(NATO: North Atlantic Treaty Organization)를 탈퇴함으로써 미국 등 서방국가에서 원자로 기술 이전을 받지 못하였다. 이후 프랑스는 독자적으로 핵무기와 탄도미사일을 개발하였으며, 1971년 핵무기 탑재 전략잠수함인 르두타블(Redoutable)[17]함을 공격 핵추진잠수함보다 먼저 건조하였다. 냉전시대였던 1970년대부터 1980년대 말까지 공격 핵추진잠수함의 주 임무는 대양에서 적의 전략 핵추진잠수함을 추적하는 대잠작전이었다. 따라서 핵추진잠수함의 핵심 임무를 고려해 설계 시 정숙성과 탐지능력을 고려하였지만, 다른 한편으로는 적 전략 핵추진잠수함을 탐색하여 공격해야하기 때문에 잠항 심도나 속도의 향상도 병행하여 고려했다. 또한 이 시기에 세계 각국은 대함공격과 대지공격능력을 강화하기 위해 미사일 운용능력을 강조하는 분위기였기 때문에 프랑스도 여기에 초점을 맞추어 핵추진잠수함을 개발했다. 영국이 미국의 원자로를 도입하고 미국의 기술지원을 받아 핵추진잠수함을 개발한 것과는 달리 프랑스는 독자적으로 개발하였다. 때문에 프랑스의 핵추진잠수함 개발에는 미국과 소련이 그랬던 것처럼 많은 시행착오가 있었다.

마. 중국: 소련의 기술지원 중단으로 어렵게 핵추진잠수함 개발

중국은 유엔 안보리 상임이사국이면서 핵무기 보유국이다. 그러나 핵추진잠수함은 미국, 러시아, 영국, 프랑스보다 늦게 보유하게 되었는데 그 이유 중 하나는 러시아가 개발도중 기술지원을 중단했기 때문으로 전해진다. 중국의 첫 핵잠수함 '창정(長征) 1호(한급·091형)'는 1974년 실전 배치되었다. 그리고 1987년에는 시아급(Type 092)전략핵추진잠수함[18] 1척을 확보하였다. 시아급으로 부르는 것은 나토에서 분류하는 호칭이고, Type 092가 중국측에서 분류한 호칭이다. 중국은 핵추진잠수함 개발 시 러시아와 기술협력을 했지만, 개발현황이 외부에 공개되지 않았는데, 가장 큰 이유는 소음이 크게 발생하는 등 기술력이 부족했기 때문이라고 알려져 있다.

중국은 미국의 막강한 항모전단 세력에 대응하기 위하여 잠수함 전력을 급속하게 증강시켰는데, 대표적인 잠수함이 095형 수급 공격 핵추진잠수함, 096형 당급 전략 핵추진잠수함 등이며 당급 전략 핵잠에 탑재되는 최신형 JL-3 SLBM은 미국의 트라이던트 II와 비슷한 성능으로 평가되고 있다.

바. 인도: 러시아 기술도입 후 32년 만에 건조

인도는 제3차 인도-파키스탄 전쟁 시 미국 항모 기동전단의 무력시위에 위협을 느껴 1980년대 초 핵추진잠수함 건조 계획인 '선진기술 함정(ATV: Advanced Technology Vessel)' 개발 계획에 착수했다. 독자적으로 사업 추진이 어려워지자 1988~1991년 소련의 찰리-1급 순항미사일 핵잠 1척을 임차했다. 인도 해군은 이것을 차크라로 명명해서 승조원 훈련용으로, 그리고 항해 운용 시험과 구조 연구용으로 운용했다.

인도 해군은 임차한 잠수함 운용 경험을 토대로 ATV로 명명된 핵추진잠수함 연구개발계획을 구체화하여, 건조 관련 시설을 정비했다. 그러나 이 단계에서도 잠수함 독자 건조능력 확보가 어려워지자, 독자적인 사업 추진을 포기하고 러시아의 루빈 설계국과 긴밀한 기술협력 체계를 구축해 나갔다. 1990년대 후반에 검토된 최초의 핵추진잠수함에는 공격 핵추진잠수함으로써의 성능과 함께 순항미사일 탑재 능력도 포함되었다.[19] 배수량은 7,000톤이고, 인도와 러시아가 공동 개발한 가압수형 원자로를 탑재하는 것으로 되어 있었고, 함교탑 후방의 선체 내에서는 대함 및 대지 공격용 순항미사일을 위한 수직발사관 탑재도 고려했다. ATV의 설계가 진행되자 인도 해군은 조립 건조 도크를 정비하기로 했는데, 이 시설은 애초 1997년에 정비를 완료해 1번 함을 2004년에 준공할 수 있을 것으로 전망했다.

그러나 사업이 추진되면서 갑자기 예상치 못한 문제가 발생했다. 그것은 주로 예산 문제였는데, 인도 해군이 예측한 비용보다도 훨씬 더 많은 비용이 들게 되자 해군의 다른 모든 전력 정비 계획에 영향을 미치는 사태가 발생했다. 1990년대 후반, 인도 해군의 연간 예산은 12~15억 달러로 매년 10% 전후 비율로 계속 증가했다. 이러한 국가 재정 상황의 변동으로 인도 국방부는 해군력 재정비를 위해 일련의 계획을 검토하게 되었으며, 당연히 해군의 핵추진잠수함 계획도 크게 영향을 받게 되었다.

2000년에 공표된 인도 해군의 신 독트린에 따라, 항공모함의 정비 목표도 3척에서 2척으로 줄어들었으며, 잠수함 전력도 고성능 디젤 잠수함 정비를 먼저 하는 것으로 바뀌었다. 그 결과, 핵추진잠수함 개발 계획은 대폭 후퇴하게 되었으며, 일부 모듈이 제작되었는데도 불구하고 전체적인 계획이 상당히 연기되어 1번 함의 준공 시기도 불확실하게 되었다.

인도의 핵잠 개발은 시작부터 계속 지연되었는데, 근본적인 이유는 개발 기관간의 불협화음과 인력, 기술, 시설 등을 통합하고 결집 시킬 수 있는 조직이 없었고 리더십이 부족했기 때문으로 알려졌다. 아무튼 인도 해군은 독자 개발 마지막 단계인 2010년 러시아로부터 또다시 아쿨라급 잠수함 1척을 10년간 임차하여 운용하면서 노하우를 습득하여 많은 부분을 보완했다. 이러한 노력 덕분에 1980년대 초부터 추진했던 독자 개발 핵추진잠수함은 비록 러시아의 야센급 공격원잠기술을 모델로 건조되었지만 사업 시작 후 30년 넘게 소요되었고 2016년에야 아리한트라는 이름으로 취역하게 되었다.

6. 핵추진잠수함 확보 필요성

가. 핵추진잠수함은 북한 SLBM 탑재잠수함 추적 감시에 절대 필요

북한은 2016년 8월 24일에는 SLBM을 발사하여 500km까지 비행시킴으로써 SLBM 개발 성공을 자축했다. 이제 남은 것은 실제 핵탄두를 장착하여 폭발시키는 것인데, 이 시험은 현실적으로 진행하기 어려우며 이미 러시아의 SS-N-6(R-27)에서 성능을 검증받았다고 보는 것이 옳을 듯하다. 미국과 러시아의 SLBM 탑재 잠수함은 핵탄두 장착 탄도미사일 1발이면 강대국의 대도시 하나를 간단히 날려버릴 정도의 위력을 갖고 있다. 그래서 SLBM 탑재 잠수함이 물속에 들어가면 상대국 핵추진잠수함의 추적과 감시작전이 시작된다. 북한이 핵탄두를 장착한

SLBM으로 우리를 위협하는 것은 시간문제다. 이제는 잠수함의 크기를 키워 SLBM을 여러 발 탑재할 것이고, 궁극적으로 핵추진잠수함을 개발하여 SLBM을 탑재할 것이다.

북한의 SLBM 개발의 궁극적인 목표는 핵탄두를 탑재하는 것이기 때문에 우리의 전략 및 작전적 대응은 지상의 핵무기와 더불어 물속에 감춰진 핵무기에도 초점을 맞춰야 한다. 전략 및 작전적 차원에서 볼 때 북한이 SLBM을 개발하면 그동안 우리 군과 한·미 연합 전력이 공동으로 추진해온 북핵 대응전력 K2(Kill Chain and KAMD)체계의 실효성이 약화되고 4D(Detect, Disrupt, Destroy, and Defend)작전 수행에 어려움을 겪게 될 것이다. 즉, 북한이 SLBM을 개발하면 우리 군의 지상용 K2체계와 4D작전 개념이 무력화 된다는 것이다. 또한 북한의 SLBM 개발은 그동안 공고히 해왔던 한·미 연합방위체계와 한미동맹의 근간을 흔들 수 있다. 북한이 국지전·전면전 도발 과정에서 SLBM을 이용해 미국 본토를 실제로 위협한다면 미국 국내 여론이 급격히 악화되고, 한반도에 대한 증원 전력 전개가 심각하게 제한될 수 있다. 이와 같이 SLBM으로 인해 강요받는 전시와 평시의 심리적 압박은 엄청난 것이며, 더욱 무서운 점은 북한 김정은 정권이 이러한 심리적 효과를 정확히 파악하고 있다는 것이다. 아울러 북한의 SLBM은 미 증원 전력 투입 제한뿐 아니라 근본적인 한·미동맹 관계에 큰 문제를 야기할 수 있다.

동맹국 미국의 핵 확장억제(extended deterrence)의 신뢰성과 효과성에 대한 우리 국민들의 불신이 커진다는 것이다. 궁극적으로는 동맹 와해를 의미하는 디커플링(decoupling) 현상을 동반할 가능성도 있다. 냉전 시 영국과 프랑스의 독자적 핵개발 단초는 미 핵확장억제에 대한 불신과 독자적인 보복 능력을 보유하지 못한 불안에서 시작됐다. 북한의 SLBM 개발은 한·미동맹의 효과적인 전쟁 수행을 위한 전략·작전·전술적 수준의 모든 차원에서 큰 파급효과를 가져오게 될 것이다.

현재 북한의 '봉대보이라 공장'에서 건조하고 있는 김군옥함 해상 시운전 평가가 끝나고 핵추진잠수함 건조마저 완료되면 그야말로 큰 위협이 될 수 있다. 북한의 SLBM은 주한미군의 사드 레이더(AN/TPY-2) 탐지 가능권 외곽에서 발사가 가능하여 현재 우리의 방어체계로는 대응이 불가능한 상황이 될 수 있다.

나. 핵추진잠수함은 수중 킬체인의 핵심 무기

냉전 시에 들키지 않고 3주 이상 소련 잠수함을 추적한 미국 잠수함 함장은 대통령 표창을 받았다. 수중 추적 작전을 위해서는 북한 잠수함의 속력보다 최소한 1.5배 이상의 속력을 24시간 이상 연속으로 낼 수 있는 핵추진잠수함이 필요하다. 디젤잠수함은 축전지 성능이 낮아 2~3배의 속력으로 상대 잠수함을 추적할 수도 없다. 속력이 낮으면 디젤 잠수함을 그물망처럼 매복시켜 북한의 잠수함이 출항하지 못하도록 원천 봉쇄하면 되지 않느냐고 주장하기도 한다. 그러나 디젤 잠수함을 그물망처럼 배치하려면 최소한 핵추진잠수함 1척 대비 5척 이상의 디젤잠수함을 배치해야 된다. 이는 미 해군 '잠수함 기동부대 협동작전 교범'에 명시된 디젤 잠수함과 핵추진잠수함의 유효탐지활동 반경기준이다. 디젤 잠수함을 그물망처럼 배치하려면 돈이 훨씬 많이 든다는 의미이다. 이러한 이유들로 인하여 북한의 SLBM탑재 잠수함을 추적·감시하는 킬체인의 핵심인 핵추진잠수함을 반드시 보유하고 핵추진잠수함을 이용한 킬 체인 작전개념을 발전시켜야 한다.

7. 한국의 핵추진잠수함 독자 건조 가능성과 확보 방안

가. 세계의 핵추진잠수함 기술 발전

냉전시대가 종료되고 구소련은 서구의 기술을 입수하여 핵추진잠수함의 성능을 향상시키기 시작하였다. 그 결과 1978년에 건조된 6,400톤의 슈추카(Shchuka)급 잠수함은 미국 핵추진잠수함의 기술수준을 거의 따라 잡았다고 평가되었다. 1987년 4월 당시 미국 해군장관 레만(John F. Lehman)은 '최근 소련이 건조한 새로운 모델의 핵추진잠수함은 정숙성 측면에서 불과 수년 전에 미국이 건조한 잠수함과 대등한 수준으로 발전하였다'라고 발표했다. 이는 1985년 체포된 미국 해군 소속의 일부 요원들이 팔아넘긴 미국 잠수함 정보자료와 노르웨이와 일본 기업체에서 추진기관련 기술 유출에 의한 것이었다.

<그림 3> 소음 감소 대책(우측은 흡음타일)

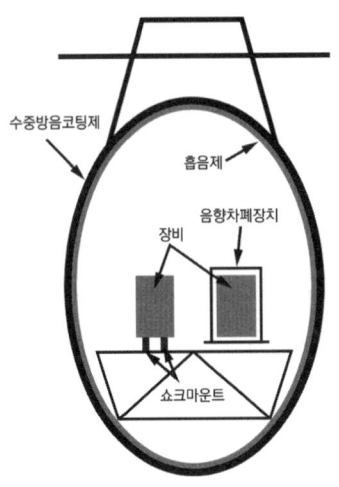

소음감소를 위해 추진 성능을 향상시켰을 뿐만 아니라 <그림 3>처럼 선체에 흡음타일을 부착하였으며, 선체에 액체를 분사하여 고속 항해 시 선체 저항을 줄이는 장치를 적용하였다. 또한 소음이 많이 발생하는 기관장비들을 외부 선체와 분리하여 설치하였으며, 선체의 유체역학적 구조도 향상시켰다. 가장 단단한 금속인 티타늄으로 선체를 제작하여 잠항심도를 획기적으로 증가시켰으며, 함미에 예인형 음탐기까지 탑재하여 먼 거리에서 잠수함을 탐지하는 능력도 향상시켰다.

　특히 러시아 9,200톤의 아쿨라(Akula)급 잠수함은 미국의 핵추진잠수함의 기술 수준을 넘어섰다고 판단하고 있으며, 이로써 1980년대 이후에는 정숙성 면에서 미국의 LA급 잠수함 SSN-688을 넘어서게 되었다. <그림 4>에서와 같이 개량형 아쿨라급 잠수함(Improved Akula) 이후 야센(Yasen)급까지 소음수준이 지속적으로 좋아지고 있음을 볼 수 있다.[20]

<그림 4> 미국과 러시아 잠수함의 소음수준(Noise level) 비교

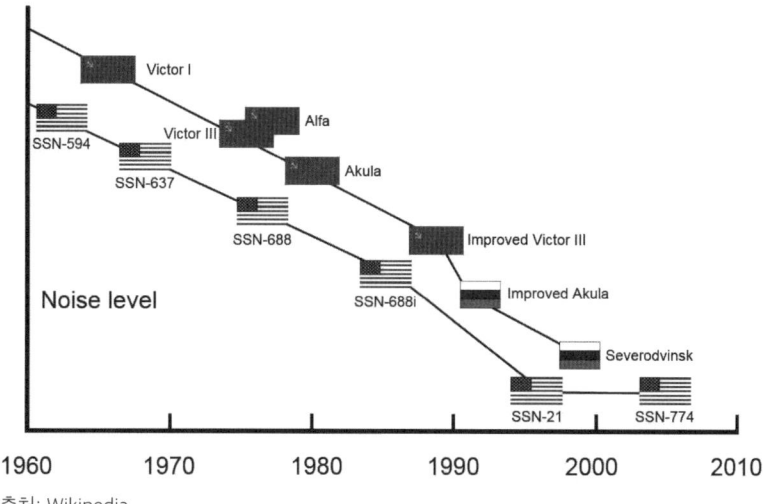

* 출처: Wikipedia

중국의 한(漢)급 잠수함은 당시 중국의 잠수함 건조기술 부족으로 소음이 심하고 전투체계의 성능도 떨어져 바다의 경운기 또는 이빨 빠진 상어 등으로 불리었다.[21] 하지만 1994년부터 중국은 러시아의 빅터(Victor)-3급 잠수함의 설계도를 이용하여 기술수준을 높였으며, 이후 건조된 상(商)급 잠수함이나 진(晉)급 잠수함은 서구의 기술 수준을 어느 정도 따라잡게 되었다. 이후 중국은 차세대 잠수함인 수(隨)급, 진(秦)급 SSN과 당(唐)급 SSBN 개발에 착수하였으며, 이러한 잠수함의 기술개발로 머지않아 세계 최고수준에 도달할 것이라고 장담하고 있다.

영국과 프랑스는 각각 1960년도와 1970년도에 핵추진잠수함을 도입한 이후 90년대 중반 운용 중이던 디젤 잠수함을 순차적으로 도태시키고 현재 핵추진잠수함만을 운용하고 있으며, 영국은 뱅가드(Vanguard)급 SSBN과 트라팔가(Trafalgar)급, 아스튜트(Astute)급 SSN, 그리고 프랑스는 트리옹팡(Triomphant)급 SSBN과 루비(Rubis)급 SSN을 운용하고 있다. 성능은 미국과 러시아에 버금가는 수준이며, 영국과 프랑스는 각각 아스튜트(Astute)급[22]과, 바라쿠다(Barracuda)급 공격 핵잠수함을 계속 건조할 예정이다.

특히 영국의 최신 잠수함인 아스튜트급 잠수함은 정숙성과 탐지능력은 세계 최고의 수준으로 가장 정교한 잠수함으로 평가되고 있다. 이 잠수함에 설치된 케이블의 길이가 100km에 달하며, DESO25 고정밀 음향측심기는 최대 10,000m까지 측심할 수 있으며, 대함 및 대지 공격능력과 특수전요원 지원능력을 갖춘 전천후 잠수함이다. 또한 컴퓨터 네트워크 시스템 통합과 자동화 시스템을 적극 도입하여 기존의 승조원 정원을 130명에서 98명으로 줄였으며, 모든 선체를 모듈화함으로써 설계기간을 25%, 건조기간을 30% 절감하여 건조비용을 대폭 줄였다.

또한 프랑스의 차기 잠수함인 바라쿠다급[23]은 대지, 대잠, 대수상함 공격능력과 특수전 요원 지원능력을 가진 다목적 잠수함으로, 자동화 시스템을 도입하여 승조 인원을 슬림화함으로써 정원을 60명으로 정했다. 이 잠수함은 아직 성능에 대한 검증은 되지 않았으나, 해외 수출을 목표로 건조된 잠수함으로 알려져 있다. 2008년 12월에는 브라질에 바라쿠다(Barracuda)급 잠수함 1척의 원자재를 수출하여 현지건조를 지원하기로 결정하였으며, 이 핵추진잠수함은 2030년경 진수될 예정이다.

나. 한국의 핵추진잠수함 건조기술 수준

2003년 육군출신 조영길 국방부장관은 노무현 대통령에게 핵추진잠수함 3척을 건조하여 2012년부터 실전 배치하겠다고 보고하고, "핵추진잠수함은 국가의 생존을 위해 미룰 수 없는 사업이다"라며 해군에 사업추진을 지시했다. 그러나 당시 해군은 잠수함건조 및 원자로 제작 경험이 없었고, 핵연료 확보 방안도 마련되지 않은 상태였다. 해군은 준비가 미흡한 상태에서 무리하게 사업을 추진하다 2004년 언론에 노출되자 이를 핑계로 사업을 중단했다. 당시 미국의 반대와 2003년 진행된 IAEA의 핵사찰로 사업이 중단되었다는 것은 사실이 아니다. 그 후 21년이 지난 지금 우리는 이미 디젤 잠수함 독자건조에 성공했고, 소형원자로도 독자제작하여 수출하고 있다. 하지만 핵연료는 아직도 안정적으로 확보할 수 없다. 지금 우리나라는 핵 연료만 안정적으로 확보할 수 있다면 호주처럼 미국과 영국의 지원을 받지 않고도 독자적으로 핵추진잠수함을 건조 할 수 있다. 우리가 원하는 핵추진잠수함은 농축도 20%미만의 우라늄으로 추진되는, 핵무기를 싣지 않는 '한국형 핵추진잠수함'이다. '한국형 핵추진잠수함'에 들어가는 농축도 20%미만의 우라늄으로는 결코 핵무기를 만들 수 없고, 이는 <표 1>처럼 IAEA, NPT 한미원자력협정 등 국제법적 규제에도 위배되지 않는다.

<표 1> 핵추진잠수함 건조 관련 국제법적규제

규정/조약/협정/선언	주요 내용	제한 사항
IAEA안전조치규정	· 원자력의 평화적 사용, 핵 물질의 군사적 전용 금지를 위한 핵 물질 사찰 의무화(예, 북한 핵 개발 시 특별사찰) · 안전 협정 제 14조: 핵 물질이라도 폭발 장치가 아닌 군사목적(추진용)으로 사용선언 시 IAEA협의 하 사찰 면제 가능 (강대국 보호 논리)	· 농축도 20% 미만 사용시 핵무기를 제조할 수 없기 때문에 제재 명분 없음
핵비확산조약 (NPT)	· 비핵보유국이 새로 핵무기를 보유하는 것과 보유국이 비보유국에 대하여 핵무기를 양여하는 것을 동시에 금지 · 비핵보유국은 원자력을 핵무기나 기폭장치로 전용하는 것을 방지하기 위하여 IAEA의 사찰과 안전조치를 받아야 함	· 농축도 20%미 만사용시 핵무 기를 제조할 수 없기 때문에 제재 명분 없음
한미원자력협정	· 제11조: 양자간 수행되는 협의에 따라 합의하고 그 농축이 우라늄 235 동위 원소가 오직 20% 미만인 경우에 한하여 농축할 수 있음 · 상호 합의 시 건식 재처리(파이로 프로세싱)연구개발허용 · 제13조: 이 협정에 따라 이전, 생산된 모든 핵 물질은 핵무기 제조, 연구 등 어떠한 군사적 목적을 위해서도 이용되지 아니한다	· 미국산 우라늄사용 시 미국의 동의필요(원자력협정 개정 또는 행정명령) · 미국의 우라늄과 원자력기술 미 사용 시 미국의 사전 동의 불필요

다. 독자 건조방안

1) 핵연료확보가 관건

핵연료를 오로지 군함 추진체계에 사용하는 경우, 농축도 20% 미만의 우라늄을 활용하면 국제시장에서 상업적으로 확보가 가능하며, 핵무기 전용에 대한 국제사회의 오해도 불식시킬 수 있다. 실제로 프랑스의 군함 및 잠수함들은 <표 2>에서 보듯 대부분 저농축 우라늄(20% 미만)을 사용하고 있으며, IAEA에 보고한 뒤 당당하게 핵추진잠수함을 운영하고 있다.

한국 역시 핵추진잠수함을 건조하려면 필요한 우라늄을 수입해야 하는데, 이는 과거에는 미국, 프랑스, 러시아 등에서 수입해 왔다. 그러나 원자력 공급국 그룹(NSG)의 규제 하에 미국이 반대하면 건조가 어려울 수 있다는 우려도 있다. 하지만 이는 과도한 걱정일 수 있다. 북한이 핵탄두를 장착한 SLBM을 핵추진잠수함에 탑재해 한미를 위협하는 상황에서, 미국이 한국의 핵추진잠수함 건조를 반대할 명분은 약하다.

다만, 미국산 우라늄을 군사 목적으로 사용하려면 한미 원자력협정을 개정하거나, 행정명령을 통해 군함 추진체계에 한정된 사용을 허가받는 절차가 필요하다. 그러나 한국에너지경제연구원에 따르면, 2020~2024년 한국의 우라늄 수입은 프랑스(38%), 러시아(32%), 영국(25%), 중국(5%) 순이며, 미국산 우라늄 수입은 거의 없어 미국의 동의를 받을 필요성은 크지 않다.

또한 한국은 과거 미국으로부터 원자력 기술을 이전받았으나, 현재는 독자 기술로 요르단, UAE, 체코 등에 원자로를 수출하고 있으며, 이 또한 기술적 독립성을 뒷받침한다. 우리의 안보와 관련된 국제 협력 문제는 국민적 지지와 국가지도자의 의지로 극복할 수 있다. 국제사회의 압박이 있더라도 우리의 안보 현실을 근거로 충분히 설득이 가능하다.

북한은 이미 핵보유를 공언했고, 향후에도 핵무기 탑재 SLBM을 이용해 정치적 목적을 달성하려 할 것이다. 우리는 어떤 수단으로 이에 대응할 것인가? 3,000톤급 잠수함에 재래식 SLBM만으로는 북한에 위협이 되지 않는다. 실제로 2021년 SLBM 시험발사 당시 북한은 "팥소 없는 찐빵"이라며 조롱했다.

따라서 우리도 치명적인 억제력을 갖춘 무기체계를 논의해야 한다. 그것은 신속한 기동성과 생존성을 갖춘 잠수함에서 운용 가능한 무기여야 하며, 이는 핵추진잠수함이 적합하다.

<표 2> 프랑스 군함 및 잠수함에 사용된 우라늄 농축도

함형	원자로형	출력	실전배치(척)	우라늄 농축도(%)
샤를 드골항모	K-15	150MW	1	7.5
쉬프랑급공격핵잠	DCNS/AREVA	50MW	0	5
루비급공격핵잠	CAS	48MW	6	7.5
르 트리옹팡급 전략핵잠	K-15	150MW	4	7.5
르두타블 전략핵잠	미상	미상	6	3~90

북한은 현재 디젤 잠수함에 전술핵을 탑재한 잠수함과 핵추진잠수함을 개발 중이며, 한국을 직접적으로 위협하고 있다. 경제력이 우리보다 50~60배 낮은 북한조차 핵 추진 공격잠수함을 추진하는 상황에서, 우리는 아직 핵추진잠수함을 건조하겠다는 말도 꺼내지 못하고 있다.

북한의 SLBM탑재 잠수함을 추적·감시하려면 미국처럼 핵추진잠수함이 필요하다. 하지만 미국은 아직 한국의 핵추진잠수함 개발에 공개적인 지지를 표명하지 않고 있다. 호주에는 핵추진잠수함을 판매하고 건조기술까지 제공하면서도, 북·중·러에 맞서야 하는 한국에는 무관심한 태도를 보이고 있다. 게다가 미국 핵잠수함이 한국을 대신해 북한 SLBM 탑재 잠수함을 감시해줄 가능성도 낮다.

IAEA 안전협정 제14조에 따르면, 핵물질이 폭발 장치가 아닌 군사 목적, 예컨대 군함 추진에 쓰일 경우에는 협의를 통해 사찰을 면제받을 수 있다. 따라서 우리는 미국이 아닌 제3국으로부터 우라늄을 수입한 뒤, IAEA에 통보하고 정당하게 핵추진잠수함을 건조할 수 있다.

2021년 통일연구원 조사에 따르면 국민 75% 이상이 핵추진잠수함 보유를 지지하고 있으며, 이는 충분한 명분이 된다. 한미미사일지침 해제 이전에도 우리는 은밀히 미사일 전력을 강화해왔고, 현재 현무-5, 현무-6까지 개발하고 있다. 핵추진잠수함 역시 그동안 공개되지 않았을 뿐, 설계 및 건조 능력은 이미 충분히 갖추었으며, 사업이 추진 중인 것으로 알려져 있다.

이제 정부는 국민을 믿고, 국가안보와 국익을 위해 '한국형 핵추진잠수함' 건조를 공개적으로 추진해야 한다. 저농축 우라늄(농축도 20% 미만)을 제3국에서 확보해 사용한다면, 이는 미국의 승인 대상도 아니며, 미국이 개입할 근거도 없다.

2) 호주, 일본처럼 미국의 협력 받아 안정적인 핵연료 공급 받아야

다행히 최근 미국이 호주와 일본에 핵추진잠수함 건조를 위한 기술 협력을 하겠다고 선언했다. 북한이 핵무장 완성을 선언하고 SLBM 발사에 성공한 이후로는 미국도 우리의 핵추진잠수함 개발 의지에 대하여 그리 간섭은 하지 않는 듯 하는 분위기다. 미국을 공격할 수 있는 ICBM을 완성한 북한의 위협을 억제하기 위해서는 우리의 힘이 필요하기 때문이다.

일본은 핵무기는 제조도 보유도 들여오지도 않겠다는 비핵 3원칙을 고수하는 나라이면서 1970년대 초부터 범국가적인 원자력 외교로 미국을 설득해서 핵무기 제조에 필수적인 우라늄 농축 및 사용 후 재처리시설을 확보하는 데 성공한 나라다. 일본은 핵추진잠수함을 보유하고 있지는 않지만 이미 무쓰라는 상선을 이용해 선박용 원자로 제작 기술을 축적하였고, 소형 원자로를 만들어 심해잠수정에 탑재하고 있으며, 마음만 먹으면 즉시 핵추진잠수함을 건조할 수 있다. 최근 미국이 북·중·러를 견제하기 위해 맹방으로 키우려하는 일본과 호주는 미국과 기술협력으로 핵추진잠수함 건조를 계획하고 있다. 일본과 호주는 우리에게 좋은 본보기가 되고 있다. 준비하고 문을 두드리는 자에게는 반드시 기회가 온다. 기회가 되면 AUKUS동맹 2부에 참여하여 기술협력과 핵연료의 안정적인 확보방안에 대하여 지속적으로 협력을 구할 필요가 있다.

3) 일본처럼 정재계 인맥 총동원한 원자력 외교 펼쳐야

일본은 1970년대 초부터 원자력 에너지 확보를 위해 꾸준히 미국을 설득해 왔다. 1977년 초에는 후쿠다 다케오 총리가 미국의 지미 카터 대통령을 방문해, 군사적 위험이 없고 에너지 자원이 부족한 일본에는 우라늄 농축 및 재처리 시설이 필요하다는 논리를 강조하며 자립적 원자력 에너지 정책을 추진하기 시작했다. 이후 일본은 경제계를 포함한 국가 수뇌부 차원의 전방위적 외교를 통해 농축 및 재처리 시설의 필요성을 지속적으로 주장했고, 협상은 다음과 같은 단계로 진행되었다.

1단계: 협상의 출발(1981년 5월)

레이건 대통령과 스즈키 젠코 총리는 정상회담에서 일본의 우라늄 농축 및 재처리 시설 확보에 대해 지속적으로 협의할 필요가 있다는 데 의견을 같이 했다.

2단계: 협상의 본격화

이 단계의 핵심은 일본이 제출한 향후 우라늄 농축 및 재처리 계획에 대해 미국이 30년간 일괄적으로 사전 동의한다는 내용이었다. 이를 위해 양국은 경제적 상호 이익을 교환하기로 했다. 일본은 미국으로부터 10억 달러 규모의 원자력 장비 및 부속품을 구매하고, 대미 자동차 수출을 일정 부분 자제하기로 했다. 반면 미국은 일본이 16억 달러 규모의 관련 장비와 30억 달러 규모의 재화 및 용역을 구매할 것으로 기대했다.

3단계: 미국 정부 내 이견 및 의회 반발

국무부, 에너지부, 군비통제국 등은 협상안에 합의했으나, 국방부와 원자력규제위원회(NRC)는 강하게 반발했다. 당시 와인버거 국방장관은 반대 서한을 국무부에 보냈고, NRC 역시 대통령에게 반대 의견을 전달했다. 이러한 부처 간 갈등 조율을 거쳐, 1987년 11월 9일 레이건 대통령은 신 협정서에 서명하고 의회에 비준을 요청했다. 그러나 상·하원 모두 반대 입장을 보였다. 특히 상원 외교위원회는 기존 미일 원자력 협정이 규정한 '사례별 동의' 원칙과 신 협정의 '포괄 동의' 방식이 상충된다고 판단해, 일본과의 재협상을 요구하는 서한을 대통령에게 전달했다. 하원 외교위원회 역시 원자력법 위반을 근거로 같은 취지의 서한을 보냈다. 이에 대해 레이건 대통령은 거부권을 행사했고, 90일의 심의 기간이 경과하면서 신 협정은 자동적으로 승인되었다.

이처럼 일본이 미국을 상대로 농축 및 재처리 시설 확보 협상에 성공할 수 있었던 것은, 총리를 비롯한 정치·경제계 주요 인사들이 역량을 결집하여 범국가적 차원의 총력 외교를 전개한 결과로 평가된다.

4) 건조비용과 국가적 의지도 중요

핵추진잠수함을 건조하기 위해 극복해야 할 장애요인은 크게 네 가지로 나눌 수 있다. 첫째는 기술 수준, 둘째는 핵연료의 안정적 확보, 셋째는 예산, 그리고 넷째는 국가적 의지다. 이 중 기술 수준과 핵연료의 안정적 공급방안에 대해서는 앞서 살펴보았다. 이제 남은 과제는 반대론자들이 주로 지적하는 높은 건조 비용과 국가적 결단의 문제다.

핵추진잠수함 보유를 반대하는 이들은 비용 문제를 과장하며 가짜뉴스를 유포하기도 한다. 그러나 현실적으로 한국형 핵추진잠수함의 척당 건조비는 약 2조 5천억 원으로 추산되며, 이는 영국의 아스튜트급과 미국의 버지니아급 사이에 해당하는 수준이다. 일부는 핵잠수함한 척 대신 디젤잠수함 5척 이상을 운용하면 된다고 주장하지만, 국산 3,000톤급 디젤잠수함의 척당 가격이 약 1조 원인 점을 고려하면, 단순한 숫자 비교로 핵잠수함을 "비효율적"이라 단정짓는 것은 부적절하다.

<표 3> 세계의 주요 공격형 잠수함 건조비

국가	함형	톤수	능력	가격(건조당시)
프랑스	루비급	2,713톤	· 작지만 정숙하고 성능 우수 · 어뢰발사관 4개 보유	1조 5,000억
프랑스	바라쿠다급	5,200톤	· 다목적 차세대 공격형잠수함 · 어뢰발사관 4개, 수직발사관 12개 보유	1조 6,900억
영국	아스튜트급	7,519톤	· 최첨단 기술이 집약된 정교한 잠수함 · 어뢰발사관 6개 보유	1조 7,810억
미국	버지니아급	7,925톤	· 다목적 최신공격형 잠수함 · 어뢰발사관 4개,수직발사관12기	3조 374억
미국	시울프급	9,285톤	· 공격형 잠수함중 가장 성능우수 · 어뢰발사관 8개	3조 3,900억
한국		6~7,000톤	· 다목적 차세대 공격잠수함 · 어뢰발사관 4개,수직발사관 12기	2조 5,000억

비용 문제를 제기하는 이들은 "잠수함만이 아니라 부대시설까지 포함하면 천문학적인 예산이 든다"라며 사업 자체를 반대하기도 한다. 나아가 "우리 경제력으로는 감당할 수 없다"라고 우려를 표한다. 그러나 북한은 우리보다 경제력이 50~60배 뒤처짐에도 불구하고 핵추진잠수함을 추진 중이며, 호주와 브라질은 한국의 절반 이하의 국방비로 핵잠수함 확보를 추진하고 있다. 이스라엘 또한 생존을 위해 핵무기를 개발함으로써 주변국의 도발을 억제하고 있다. 무기는 가성비도 중요하지만, 전략적 가치가 더욱 중요하다.

마지막으로 핵심 과제는 국가적 의지다. 그러나 이를 실현하지 못하는 가장 큰 장애물은 국가 위상에 걸맞은 안보적 목소리를 내지 못하고 있다는 점이다. 한국은 세계 10위권 경제대국이자 모범적인 NPT(핵비확산조약) 회원국으로서, 최소한 북한의 SLBM(잠수함발사탄도미사일) 탑재 잠수함을 추적·감시할 수 있는 핵추진잠수함은 반드시 확보해야 한다.

현재 북한은 핵탄두를 소형화해 잠수함에 탑재하는 단계에 와 있다. 그에 반해 우리는 핵무기 개발은 고사하고, 이를 추적할 수단조차 갖추지 못하고 있다. 이는 자주국방을 포기하는 것이며, 국가 안보에 대한 무책임에 다름 아니다.

언제까지 미국의 핵추진잠수함이 대신 우리를 지켜주기를 바랄 것인가? 이제는 우리의 역량으로, 북한의 SLBM 탑재 잠수함을 24시간 추적·감시할 수 있는 핵추진잠수함을 건조해야 한다. 그렇지 않으면, 자주국방을 외면하고 스스로의 안보를 외주화하는 나라라는 비판을 면치 못할 것이다

5) 핵추진잠수함 건조를 위해 국가적 역량 총결집 필요

핵추진잠수함은 디젤 잠수함보다 월등한 은밀성과 기동성을 갖추고 있어, 보이지 않는 곳에서 적에게 비수를 겨누며 선제공격을 당했을 때에도 살아남아 보복공격을 수행할 수 있는 유일한 무기체계다. 디젤 잠수함은 축전지 충전을 위해 하루에 두 차례 이상 수면 위로 부상해야 하므로 위치가 노출되어 은밀성과 기동성이 크게 떨어진다. 이러한 특성으로 인해 디젤 잠수함으로는 상상도 할 수 없는 전략적 효과를 핵추진잠수함은 발휘할 수 있다.

이러한 차원에서 핵추진잠수함의 보유는 북한은 물론 주변국들을 강력히 견제할 수 있는 안전장치가 된다. 조선 시대 율곡 이이가 주장한 '10만 양병설'이 일본의 한반도 침략을 차단할 수 있었던 전략적 제안이었다면, 핵추진잠수함은 그 이상의 억제력을 발휘할 수 있다. 미국, 영국, 프랑스와 같은 해양 강국들이 제2차 세계대전 당시 해전의 영웅이었던 디젤 잠수함을 모두 퇴역시키고, 가격이 비싸더라도 핵추진잠수함만을 운용하는 이유가 바로 여기에 있다. 핵추진잠수함이 지닌 전략적 가치가 그만큼 막대하기 때문이다.

현재 북한이 SLBM(잠수함발사탄도미사일)으로 우리를 위협하고 있는 상황에서, 핵추진잠수함의 건조는 더 이상 미룰 수 없는 과제가 되었다. 우리는 그동안 북한의 비대칭 전력이 실전 배치된 이후에야 대응 전력을 준비하는 뒤늦은 대응 방식을 반복해왔다. 이제는 더 이상 '뒷북'만 쳐서는 안 된다. 북한의 군사적 움직임을 예측하고, 이에 대비하여 한발 앞선 대응 전력을 개발하고 확보해야 할 시점이다.

이런 의미에서 핵추진잠수함은 미래 주요 전장인 수중 영역에서의 우세를 선점할 수 있는 진정한 역(逆)비대칭 전력이자, 도약적 우위 전력이라 할 수 있다. 국가의 생존이 달린 중대한 순간에, 우리 모두가 핵추진잠수함의 필요성에 공감하고, 이를 건조하기 위해 국가적 역량을 총결집해야 한다. 지금은 그동안 은밀히 추진해온 핵추진잠수함 건조 사업을 국책사업단을 구성하여 면밀히 재점검하고, 공개적이고 투명하게 추진하여 막대한 국방 예산이 낭비되지 않도록 국가의 기술력과 자원을 집중할 때다.

주

1. Peter Padfield 저, 이진규 역, 『제2차 세계대전 미·일 태평양 잠수함전』 (진해: 잠수함교육 훈련전대, 1999), pp. 1-6.
2. 피터 크레머 저, 최일 역, 『U-333』 (서울: 문학관, 2004). 당시 수상항해를 하다가 항공기에 격침된 잠수함이 56%를 넘었다.
3. 핵추진잠수함(원자력추진 잠수함): 우라늄을 핵 분열시켜 얻는 원자력을 추진력으로 이용한 잠수함이며 장기간 연료 공급 없이 잠항 가능한 것이 장점이다.
4. 원자폭탄을 만드는 프로젝트는 맨해튼 프로젝트(Manhattan Project)라는 암호명으로 불려졌다. https://search.naver.com/search.naver?sm=top_sug.pre&fbm (검색일: 2019. 11. 11.).
5. Theodore Rockwell 저, 최일·김문수 역, 『리코버 제독』 (서울: 해양전략연구소, 2012). 하이먼 리코버(Hyman George Rickover) 제독은 미국 해군 원자력 잠수함의 개발자이며 원자력의 평화적 이용에 관심이 깊은 사람이었고 해군대장으로 전역했다. 주요 저서에 『교육과 자유』, 『미국의 교육-국가적 실정(失政)』 등이 있다.
6. 장준섭, 『원자력 추진 잠수함에 대한 이해 100문 100답』 (대전: 국군인쇄창, 2017a), p. 70.
7. 김시환, 『알기쉬운 핵 연료관리』 (서울: 형설출판사, 2010), p. 56. 수중기를 냉각시켜 물로 되돌리는 장치. 응축기의 일종이다.
8. 소류급 잠수함은 일본이 2005년 개발한 4,200톤급 디젤잠수함이며, AIP체계를 탑재한 잠수함이다. https://en.wikipedia.org/wiki/S%C5%8Dry%C5%AB-class_submarine (검색일: 2019. 11. 1.).
9. 콜린즈급 잠수함은 호주가 스웨덴, 미국 등과 협력하여 2003년 개발한 3,000톤급 디젤 잠수함이다. https://en.wikipedia.org/wiki/Collins-class_submarine (검색일: 2019.11.1).
10. 유용원·김병륜·양욱, 『무기바이블-1』 (서울: 플래닛미디어, 2012), p. 270. 러시아의 핵무기 탑재전략잠수함인 SSBN(Ballistic missile Nuclear submarine)으로 세계에서 가장 큰 잠수함이다.
11. 대한민국 해군 잠수함전단 역, 『미·소 냉전 수중첩보전(Blind Man's Bluff: Christopher Drew & Sherry Sontag)』 (창원: 잠수함전단, 2006), p. 212.
12. 문근식, 『문근식의 잠수함 세계』 (서울: 플래닛미디어, 2013), p. 312. 노틸러스란 앵무조개라는 뜻이며, 미국은 함정에 붙여주었던 이름을 함정이 퇴역하면서 새로운 함정에 계승한다.

13 장준섭, "한국형 원자력 추진 잠수함 도입 방안," 해양전략연구소 논문 (2017b), p. 3. 리코버 제독의 저돌적인 추진력과 국가적인 재정 지원 그리고 체계적이고 합리적인 사업단 운용으로 핵추진잠수함이 빠른 속도로 순조롭게 개발되었다.

14 노벰버급 잠수함은 소련 최초의 3천 톤급 핵추진잠수함이며 8개의 어뢰발사관만 장착했고, 20발의 어뢰를 발사할 수 있었다. https://search.naver.com/search.naver?sm (검색일: 2019. 11. 11.).

15 드레드노트 잠수함은 영국 최초의 4,000톤급 핵추진잠수함이며, 탑재된 원자로는 미국에서 수입하였다. https://search.naver.com/search.naver?sm=tab_hty.top&where (검색일: 2019. 11. 11.).

16 장준섭 (2017b), p. 5. 영국은 1958년 미국의 스킵잭급 잠수함에 들어가는 가압경수로형 S5R 원자로 1세트를 미국에서 도입하기로 결정했다.

17 르두타블(Redoutable) 잠수함은 프랑스 해군 최초 전략 핵미사일 잠수함(SSBN)이다. https://search.naver.com/search.naver?sm=top_hty&fbm=1&ie=utf8&query (검색일: 2019. 11. 11.).

18 시아급(Type 092) 전략핵추진잠수함: 중국의 8,500톤급 SLBM탑재 핵추진잠수함, https://search.naver.com/search.naver?sm (검색일: 2019. 11. 11.).

19 장준섭 (2017b), p. 8. 인도는 구소련과 핵추진잠수함 건조를 위한 기술협력을 하면서 한편으로는 두 차례나 핵추진잠수함을 임대하여 운용했지만, 국책사업으로 추진하지 않고 해군이 사업을 주도함으로써 각 기관 간 불협화음, 예산문제 등으로 사업이 지연되어 30년 이상 소요되었다.

20 장준섭 (2017a), p. 127(러시아의 아쿨라급 잠수함은 서방에서 입수한 추진기술이 적용되었고, 선체도 유체역학적으로 완만한 구조로 설계하였으며 기계류들은 이중마운트위에 설치하는 래프팅(Rafting)구조를 채택하였다).

21 황재연, 『한국해군 잠수함』(서울: 밀리터리 리뷰, 2007), p. 245. 1990년대 원자로와 프로펠러를 교체하는 등 대규모 성능개량작업을 추진하여 소음수준을 160db에서 120db로 낮추었으나 아직도 서방의 잠수함보다는 시끄럽다고 알려져 있다.

22 Stephen Saunders, *Jane's Fighting Ships 2022-2023* (Janes Information Group). 아스튜트(Astute)급 잠수함은 영국 해군의 최신예 공격 핵추진잠수함으로 총 7척을 건조할 계획이며 순차적으로 트라팔가 급 공격 원자력 잠수함을 대체할 예정이다.

23 바라쿠다급 잠수함은 프랑스의 루비급 건조 이후 추진된 차기 2세대 핵추진 공격 잠수함(SNA: sous-marin nucléaire d'attaque) 건조계획인 바라쿠다 프로그램(Programme Barracuda)에 의해서 르 트리옹팡급 전략원잠 개발 시 획득한 기술을 바탕으로 개발한 프랑스의 차기 공격용 원자력 잠수함이다. https://search.naver.com/search.naver?sm=tab_hty.top&where=nexearch&query (검색일: 2019. 11. 11.).

10장

전작권 전환과 북핵 포괄적 응전전략
및 군구조 개편

정경영

1. 서론

군은 최악의 사태에 대비해서 준비해야 한다. 동북아에서 발생할 수 있는 중국의 타이완 침공과 북한의 핵선제 타격 동시 전쟁 시나리오를 살펴보면서 핵무장한 한국군 주도의 전쟁수행체제를 모색하고자 한다.

> 가상 시나리오: "중국인민해방군 창설 100주년이 되는 2027년, 중국은 해양패권 장악과 통일을 명분으로 타이완 침략을 감행하였다. 이때를 틈타 남북관계를 동족 관계가 아닌 교전 중인 적대국가로 규정한 김정은은 한국을 점령하기 위해 전면적인 무력 남침을 개시하여 타이완과 한반도 2개 지역에서 동시에 전쟁이 발발하였다. 미국은 주한미군 전력의 일부를 포함한 미군 전력을 타이완 전쟁에 집중적으로 투입하였고, 일본도 타이완 전쟁을 지원하여, 한국은 독자적으로 북한의 침공에 맞서 싸우고 있다. 북한의 전술핵 공격으로 수많은 한국 시민이 희생되고 있다."[1]

북한은 2023년 12월 당 전원회의에서 적대적 두 국가론을 주장하였다. 북한은 전술핵 부대를 운용, 한국 점령을 위한 전군 지휘관 기동훈련을 하는가 하면 북한 주민들에게 영토완정을 위한 대사변을 독려하고 있다. 북핵 능력의 고도화는 물론 끊임없이 단거리 미사일, 중거리 탄도미사일(IRBM, Intermediate Range Ballistic Missile), 대륙간탄도미사일(ICBM, Inter-Continental Ballistic Missile), 잠수함발사탄도미사일(SLBM, Submarine Launched Ballistic Missile)시험 발사는 물론 무더기로 방사포사격, 드론 침투, 오물풍선 살포, 범지구위치결정시스템(GPS, Global Positioning System) 교란 등으로 도발해 오고 있다.

북한에서 발사한 미사일이 동·서해, 일본 열도 너머에 낙하한다. 발사 지점을 축으로 탄착지점에서 발사된 미사일들의 방향을 틀면 전략 표적인 용산 대통령실과 국방부 합참, 오산, 평택, 계룡대는 물론 한반도 전구에 전개토록 되어 있는 미군들의 발진기지인 요코스카, 가데나, 사세보, 오끼나와 등 미 해공군기지는 물론 괌, 하와이를 정확히 지향하고 있다. 마치 전면전을 상정한 예행연습을 하는 것처럼 보인다.

한편 타이완 통일을 위해서 무력 사용을 배제하지 않겠다고 선언한 중국은 2024년 5월 23일 라이칭더 타이완 총통 취임을 즈음하여 타이완을 에워싸는 포위훈련을 감행했다. 또한 2024년 10월 14일부터 16일에도 라이칭더 타이완 총통의 건국기념일 연설에서 나온 양국론[2]을 문제 삼아 항공모함과 수백대의 전투기가 동원되어 실시한 대규모 타이완 포위 무력시위를 하였다.

시진핑과 김정은이 야합해서 타이완과 한반도에 동시 전쟁을 일으킬 가능성을 배제할 수 없다. 2개 지역 동시 전쟁이 발발했을 때 미국은 주일미군 전력과 괌도의 전력은 물론 주한미군 전력까지도 타이완 전쟁에 투입하게 될 것이며, 한국은 독자적으로 방어할 수밖에 없을 것이라고 미국의 안보전문가들은 이야기한다.[3] 중국인민해방군의 북부 및 동부전구사령부의 전력은 타이완과 멀리 이격(離隔)되어 있어서 한반도 전쟁에 개입하게 될 것이고 다롄과 칭다오에 모항을 두고 있는 항모전단은 제1도련선을 통제할 수 있는 반접근·지역거부전략(A2AD: Anti-Access & Area Denial)을 구사하면서 서해 지역의 제해권을 장악하려 할 것이다.

또한 북러 간 포괄적 전략동반자 조약에 의거 러시아는 블라디보스톡 태평양함대 전력이 동해와 남해에 투입하고 하바롭스크 동부군관구사령부의 지상군 전력도 개입할 수 있을 것이다. 그러나 한국군은 동맹국의 지원이 없이 독자적으로 북·중·러 침략군과 전쟁을 수행할 수밖에 없을 것이다. 과연 한국은 이러한 최악의 상황에 직면했을 때 이들과 맞서 승리할 수 있는 준비가 되어 있는가?

이러한 전략 인식과 문제의식을 갖고 전작권 전환과 핵무장이 왜 절박한가를 논의하고자 한다. 북한 핵미사일 위협을 평가하고 이에 맞서기 위한 포괄적 응전전략을 강구하고자 한다. 이어서 전작권 전환의 목적과 의의를 고찰한 후에 국민, 정부, 군, 동맹차원에서 전작권 전환 추진 전략을 기술하고자 한다. 마지막으로 한국주도의 전쟁수행체제를 구축하기 위해서 합동군사령부 창설, 연합사 지휘구조 개편, 창설된 전략사 운용에 대해서 살펴보고자 한다.

2. 전작권 전환과 북핵 포괄적 응전전략

가. 전작권 전환과 한국군 핵무장의 절박성

1) 북한이 오만한 대남 인식

1953년 10월 1일 체결, 1954년 11월 18일 발효된 한미상호방위조약에 따라 수립된 한미동맹과 한미연합방위체제에 의해 지난 70년에 걸쳐서 한반도에서 전쟁을 억제하는 데 기여하였다. 하지만 북한의 끊임없는 국지도발을 억제하는 데는 실패하였다. 왜 이렇게 되었을까? 정전협정을 지키기 위해 유엔사의 교전규칙에 따라 도발 무기체계에 상응하는 무기로만 대응해야 한다는 비례성의 원칙과 치사율이 높은 무기로 도발해 올 경우 대응 사격 승인 권한이 상향되어 실기(失機)함에 따라 제대로 된 응징보복을 할 수 없었다. 평시에는 한국군 합참의장이 작전통제권을 행사하나 방어준비태세(DEFCON, Defense Condition)가 격상되면 한국군은 한미연합사령관의 작전통제를 받는다. 전평시 이원화된 지휘구조로 인해 군사력 운용이 제한받게 된다.

1994년 12월 1일 평시작전통제권이 한국 합참으로 이양되었으나 한미연합사령관은 조기경보 및 위기관리, 연합작전계획 발전 및 연합훈련, 교리발전, 상호운용성 등 연합권한위임사항(CODA, Combined Delegation Authority)을 행사한다. 한국군은 경계작전, 부대관리, 교육훈련을 실시한다. 한미연합사령관이 한국군이 수행할 기본 권한을 행사하는 상황이다.

북한은 이러한 취약점을 간파하여 수없는 무력도발을 자행했다. 심지어 2010년 3월 26일 백령도 영해에서 경비 임무를 수행하는 초계함 천안함이 북한군 어뢰 공격으로 피격되어 46명이 전사하는 상황에서도 제대로 응징보복을 못하였다. 2010년 11월 23일 대낮에 연평도에 수백발의 포격으로 우리의 영토가 유린 되었는데도 유엔사 정전 시 교전규칙에 얽매여 우리군은 K9포로만 대응하고 출격했던 KF-16이나 F-15K전투기가 응징보복을 못하고 회항하였다.

2000년 9월 25-26일 제주도에서 개최된 남북국방장관회담에서 북한 인민무력부장 김일철은 주장한다. "남북 간 아무리 군사문제를 논의해도 주인인 미국이 이를 틀어버리면 소용없다. 남조선은 주권도 없는 군대이므로 군사문제는 북미간에 논의해야 한다"[4]라고 하면서 한국을 무시하고 미국과 직거래한다.

김정은은 2019년 8월 7일 트럼프 미 대통령에게 보낸 편지에서 "남조선군대는 조선인민군대가 상대할 대상이 못된다(South Korea forces are matchless with DPRK People's Army)"[5]라는 오만한 인식을 보여 주었다.

전작권이 전환되는 순간, 국군은 전평시 지휘체제가 일원화되어, 군사력 운용 권한을 회복하게 될 것이며, 국군은 북한 도발에 대해 과감하고도 즉각적으로 도발 원점은 물론, 지휘 지원시설까지 단호하게 응징보복할 것이다. 또한 북한이 다시 침략을 감행한다면 한국군 주도로 무자비하게 조기에 반격하여 전쟁에서 승리할 수 있을 것이다.

2) 전작권 전환과 핵무장의 절박성

한편, 한미는 한국군 대장을 사령관으로 미군 대장을 부사령관으로 하는 미래 연합사 지휘구조 재편을 통해서 이루어지는 전작권 전환을 추진하고 있다. 그러나 현재는 군사력을 운용할 수 있는 권한이 제한을 받고있는 연합방위체제이다.

타이완과 한반도 전쟁이 동시에 발생했을 때 한반도 전구작전을 미국이 주도하는 현 연합사 체제는 많은 도전이 예상된다. 전쟁지휘는 무기만 가지고 싸우는 것이 아니다. 전쟁의 목표가 무엇이며, 적의 전략전술을 꿰뚫고 있어야 하고 작전지역에 정통해야 하며 적을 무력화시킬 수 있는 고도의 작전술을 발휘하면서 한미연합군의 전력을 운용할 수 있는 감각이 있어야 한다. 그런데 연합사령관으로 부임한지 1~2년밖에 안되었을 것이고, 상당수 미군 전력이 타이완전쟁에 투입되고 주력이 한국군을 지휘해야 하는 연합사령관은 전쟁을 똑바로 지휘할 수 있을까.

북한이 극초음속 미사일에 탑재된 전술핵으로 수도권에 1분 이내에 선제공격해 왔을 때 즉각 응징할 수 있는 능력과 시스템이 구축되어 있을까? 오키나와나 괌의 확장억제전력으로 응징하는 데 5분 이상 걸려 효과적으로 대처할 수 없다는 딜레마가 있다. 이러한 딜레마를 극복하는 유일한 길은 자체 핵무기를 보유하여 즉각 응징하면서 우리 군이 작전통제권을 행사, 군사작전을 수행, 조기에 반격하여 승리해야 최소의 희생으로 통일을 이룰 수 있을 것이다. 또한 한국군의 핵무장은 북한이 핵 공격 시 공멸(상호확증파괴, MAD, Mutual Assured Destruction)을 예상하기 때문에 적이 감히 핵전쟁을 도발할 수 없을 것이다.

김정은은 2024년 10월 7일 김정은국방종합대학 졸업식에서 "한반도에서 힘의 균형 파괴를 불허할 것이며, … 적 공격에 핵무기 사용도 배제하지 않겠다"라고 겁박하면서, "핵과 재래식 전략의 격차를 극복할 비책은 없다"라고 주장하였다.[6] 한국이 핵무장을 하지 않는 한 한국군은 상대할 대상이 못된다고 인식하고 있는 것이다. 한국의 독자 핵무장을 해야하는 절박한 이유이다.

나. 북한의 핵·미사일 도전과 포괄적 응전전략

1) 북한의 핵·미사일 위협 평가

북한은 2017년 9월 6일 6차 핵실험을 감행한 데 이어 11월 18일 대륙간탄도미사일을 시험발사한 후 핵무력 완성을 선언하였다.[7] 그 후 2022년 6월 당 중앙군사위 확대회의에서 북한은 국방력 강화를 위해

(1) 전방부대의 작전임무에 중요 군사행동계획 추가, (2) 작전 수행 능력을 높이기 위한 군사적 대책 논의, (3) 작전계획 수정 사업 진행, (4) 전쟁 억제력을 강화하기 위한 군사조직 편제개편안 비준으로 핵 교리 변화에 따른 임무와 조직 변화를 시사했다.

또한 2022년 9월 8일 핵무력정책법을 발표하였으며, 핵무기 사용조건으로 (1) 핵무기 또는 기타 대량살상무기 공격이 감행되었거나 임박했다고 판단될 때, (2) 국가지도부와 국가 핵무력 지휘기구에 대한 적대세력의 핵 및 비핵 공격이 감행되었거나 임박했다고 판단되는 경우, (3) 국가의 중요 전략적 대상들에 대한 치명적인 군사적 공격이 감행되었거나 임박했다고 판단되는 경우, (4) 유사시 전쟁의 확대와 장기화를 막고 전쟁의 주도권을 장악하기 위한 작전상 필요가 불가피하게 제기되는 경우, (5) 기타 국가의 존립과 인민의 생명 안전에 파국적인 위기를 초래하는 사태가 발생해 핵무기로 대응할 수밖에 없는 불가피한 상황이 조성되는 경우로 세분화했다. 더 나아가 2022년 9월 25일부터 10월 8일까지 대대적인 무력 시위와 관련 전술핵 운용부대를 투입하여 한국 점령 인민군 지휘훈련을 실시하였다.

한편, 북한은 2019년 5월초부터 북한판 이스칸데르 KN-23, 북한판 ATACMS KN-24, 초대형 방사포 KN-25 등 신형 4종의 단거리 미사일과 북극성-3형의 잠수함발사탄도미사일(SLBM)을 발사하였고, 2021년에는 철도기동미사일, 신형장거리 순항 미사일, 극초음속 화성-8형 등 다양한 상황에서 발사하였다. 특이한 점은 평양 일대의 방어력 강화를 위해 방어용 무기개발 수요를 증대시키고 있다는 점이다. 이는 북한이 한미동맹의 확장억제력 강화와 한국의 킬체인(Kil-Chain)-한국형미사일방어(KAMD: Korean Air & Missile Defense)-대량응징보복(KMPR: Korean Massive Punishment Retaliation)의 3K 체계 강화를 상쇄시키는 데 중점을 두고 있음을 보여주는 것이다.

2025년은 노동당 제8차 대회가 제시한 국방력 발전 5개년 계획(2021~2025)의 마지막 해다. 북한은 전술핵무기 개발, 초대형 핵탄두 생산, 15,000킬로미터 내 전략적 대상에 대한 명중률 제고를 5개년 계획의 목표로 설정하고 ▲극초음속 미사일 개발 ▲수중 및 지상 고체연료형 대륙간 탄도미사일 개발 ▲핵잠수함과 수중 발사 핵전략무기 보유 ▲군사정찰위성 운용 ▲무인정찰기 운용 등을 5대 핵심 과업으로 지정했다. 이 가운데 ▲극초음속 미사일 개발 ▲지상 고체연료형 대륙간 탄도미사일 개발 ▲수중 발사 핵전략무기 보유 ▲군사정찰위성 운용 ▲무인정찰기 운용은 이미 진행했다.[8]

북한의 핵위협 공격은 (1) 위협, 강압, 억제 목적의 핵사용, (2) 핵무기의 제한적 사용, (3) 핵무기의 대량사용, (4) 미 확장억제 무력화 등 4가지 시나리오를 상정할 수 있다.[9] 첫째, 북방한계선 침투나 서해 5도를 점령한 후 한미 대응 시 핵을 사용하겠다고 위협하는 것이다. 둘째, 서울을 핵볼모로 기타 수개의 도시를 핵으로 공격하여 한미 대응 의지를 분쇄하는 제한적 핵사용이다. 전쟁이 북한에 불리할 경우 반격하는 한미연합군을 전술핵무기로 공격하는 것이다. 북한군이 한미연합군의 반격을 저지하지 못할 경우 북한은 인태지역의 미군기지와 미 본토에 대한 핵공격을 위협할 것이다. 셋째는 전면 핵전쟁으로 북한은 수십기의 핵무기로 주요 고가치 표적은 물론 한미연합군 지휘통제시설을 타격하기 위해 개전초에 핵공격을 감행하는 것이다. 마지막으로 미 본토에 대한 핵공격을 부각시켜 한미를 이간시키고, 미국의 확장억제를 무력화시키는 것이다.[10]

북한은 2023년 4월 드론 침투, 2024년 오물풍선 살포, 군사정찰위성 발사, GPS 전파교란, 수많은 탄도미사일 발사와 초대형 방사포 무더기 발사 등 하이브리드 도발을 자행하였다. 그리고 앞으로 북한은 자신들이 주장하는 해상국경선 일대에서의 무력시위, 대러 밀착을 통한 군사위성, ICBM 재진입 기술, 핵잠수함 기술 이전과 우크라이나전쟁에서 북한군의 실전경험 축적, 북·중·러 연대를 강화할 것으로 예상되며 트럼프와 대화를 재개하거나 지속적으로 회색지대 작전을 계속 하리라고 전망한다.[11]

북한은 현재 40-60기의 핵탄두와 대륙간탄도미사일을 보유하고 있는 것으로 평가하고 있고, 이러한 추세로 나아갈 경우 2027년에는 151-242기의 핵무기와 수십기의 ICBM을 개발할 것으로 판단한다.[12]

중국도 2027년에 핵탄두 750기, 서태평양지역에서 해군력과 미사일, 사이버전에 이르기까지 미국의 인태전력을 추월할 것으로 예상한다.[13]

또한 시진핑과 김정은 간에 모종의 야합을 통해서 타이완과 한반도 동시 전쟁을 일으킬 가능성을 배제할 수 없다. 미국은 2개 지역 전쟁을 동시에 수행할 수 없을 것이며 중국의 억제에 미국의 거부전략을 추진해 온 미국[14]이 전략적 가치가 높다고 판단되는 타이완에 전력이 집중될 것으로 예상된다. 과연 이러한 상황이 발생한다면 우리 군은 어떻게 대처할 수 있을 것인가?

2) 북한의 핵·미사일 위협에 대한 포괄적 응전체제 구축

북한의 핵·미사일 위협은 엄중하다. 핵미사일 선제공격으로 남침할 가능성도 배제할 수 없는 상황이다. 포괄적인 대응책이 강구되어야 한다. 한국형 3축체계를 끊임없이 보완하고, 일체형 확장억제 이행, 방어준비태세 격상 시 전술핵 자동 전개, 한반도 핵균형과 신평화전략 등

포괄적인 응전전략이 요구된다.[15]

첫째, 한국형 3축 체계를 보완한다. 3축 체계의 효용성을 높이고 관련 예산을 절감하기 위해 고가의 정보·감시·정찰(ISR: Intelligence Surveillance Reconnaissance) 전력, 요격 미사일을 포함한 첨단기술전력과 드론을 포함한 재래식 전력의 적절한 균형이 필요하다. 3축 체계를 보완하기 위한 방안이자 핵의 민감도를 낮추는 방안으로 북한군에 직접적인 피해를 주지 않고 기능적 무력화를 유도할 수 있는 비살상무기체계의 사용이나 사이버전과 전자전, 정치심리전을 적극 전개해야 한다.

사이버안보 차원에서 북한의 사이버 침투에 대비한 통합조정 대응력을 강화하기 위해 사이버기본법을 제정하고, 기능이 약화된 사이버작전사령부를 사이버방첩사령부로 승격시켜 군사기밀이나 첨단기술이 북한이나 외국군에 유출되지 않도록 사전 예방활동을 해야한다.[16]

둘째, 워싱턴 선언과 일체형 확장억제를 이행한다. 2023년 4월 26일 한미정상 간 합의한 한국형 확장억제를 내실있게 이행해야 할 것이다. 핵협의그룹(NCG: Nuclear Consultative Group)을 운용하고, 미국 핵전쟁과 한국 재래식 전쟁 지원 실행계획 발전과 핵억제 전력의 연합 교육·훈련을 강화한다. 핵전쟁 시 운용을 위한 범정부 도상 시뮬레이션을 실시하고, 전략핵잠수함, 전략폭격기 등 전략 자산을 정례적으로 시현한다. 또한 한국군의 전략적 타격체계와 한미의 4D(탐지 Detect, 교란 Disrupt, 파괴 Destroy, and 방어 Defend) 대응개념을 전쟁의 영역 내로 통합 발전시킨다.

또한 한미 정상 간 2024년 7월 11일 서명한 한미 간 한반도에서의 핵 억제와 핵 작전을 위한 가이드라인 문서(ROK-U.S. Guidelines for Nuclear Deterrence and Nuclear Operations on the Koran Peninsula: Guideline Documents)[17]를 구체화한다. 한미 양국 간 정보 공유를 확대하는 안보 프로토콜, 위기와 우발사태 발생 시 핵 협의 프로세스, 핵전략과 기획운용, 한미 간 재래식-핵 통합(CNI: Conventional-Nuclear Integration), 미국 핵 작전 시 한국 재래식 무기 지원, 전략 대화, 훈련·연습·시뮬레이션·투자활동, 위험 감소를 위한 연습 등을 포함한 한미핵협의그룹 워크프레임의 신속한 진행을 추진해야 한다.

셋째, 방어준비태세 격상 시 전술핵무기를 자동 전개한다. 한반도의 전략적 안정성을 유지하기 위해 평시 한반도에 전술핵을 순환 배치 또는 유사시 전개하는 방식으로 한반도 안보가 긴장되어 방어준비태세(DEFCON)가 격상될 때 전술핵무기를 즉각 전개한다. 이를 위해서는 핵무기의 사용 절차, 보관, 장착훈련, 비용 등에 대한 한미 양자 협정을 체결하고, 전용 저장고(WS3: Weapons Storage and Security System) 건설, 전술핵무기 이동, 장착훈련 등의 단계를 밟아 추진한다.

넷째, 한국의 핵무장을 통한 한반도 핵균형과 신평화안보전략을 추진한다. 트럼프 정부가 워싱턴 선언을 이행하지 않거나, 전술핵 재전개가 이루어지 않을 때는 한국의 핵무장은 불가피하다. 핵무장을 위한 컨트롤 타워를 구축하고 핵잠재력을 확보하는 1단계, 국가 비상사태 시 NPT를 탈퇴하는 2단계, 대미 설득 및 미국의 묵인하에 핵무장을 추진하는 3단계, 남북 핵균형 실현 후 북한과의 핵감축 협상을 통해 핵을 폐기하고 평화협정을 체결하는 4단계로 추진한다.[18]

다섯째, 한반도 비핵화와 통일프로세스를 연계하여 추진한다.[19] 제1단계 남·북·미·중은 북핵 폐기의 최종상태(End State)로 평화협정을 체결한다는 포괄적 합의를 거쳐, 2단계 영변핵시설 불능화 및 ICBM 폐기 시 경제제재 완화, 평화협상 및 북미·북일수교 회담 개시, 3단계 모든 핵 및 장거리탄도미사일 폐기 시 대북 제재 전면 해제, 남·북·미·중 평화협정 체결, 북미·북일수교를 한다.[20]

마지막으로 북미 간 북핵 일부와 ICBM 폐기와 주한미군 감군에 대비한다. 북미 정상회담을 통해 북한 핵 일부와 미 본토에 위협을 주는 ICBM을 폐기 시 주한미군 감군 딜이 이루어질 경우, 한국의 핵무장을 카드로 제시하면서 미국의 용인하에 독자 핵무장을 추진할 필요가 있다. 지금까지 논의한 내용을 정리하면 다음과 같다.

〈표 1〉 한국의 북핵 도전 포괄적 응전전략 추진 로드맵

전략	단기	중기
한국형 3축 체계 보완	- 기능적 무력화를 위한 비살상 무기체계, 사이버-전자전, 정치 심리전 보완	- ISR전력, 미사일 포함 첨단기술전력, 드론 포함 재래식 전력 균형
워싱턴 선언과 일체형 확장억제 내실있는 이행	- 핵협의그룹 운용 - 미국 핵전쟁과 한국 재래식 지원 실행계획 발전과 핵억제 연합 교육·훈련 강화 - 핵 유사시 운용을 위한 범정부 도상 시뮬레이션, 전략핵잠수함, 전략폭격기 등 전략자산 전개 - 한국군의 전략적 타격체계와 한미의 4D 대응개념 전쟁의 영역 내 통합발전	- 일체형 확장억제 이행: 정보 공유 확대 안보 프로토콜, 위기와 우발사태 시 핵협의 프로세스, 핵과 전략기획 한미 간 재래식-핵 통합, 우발사태 시 미국 핵 작전 시 한국 재래식 무기 지원, 전략 대화, 훈련·연습·시뮬레이션·투자활동, 위험 감소를 위한 연습 등
전술핵무기 유사시 자동 배치	- DEFCON 격상시 전술핵무기 자동 전개 합의	- 인프라 구축 유사시 전개
한반도 핵균형과 신평화안보전략	- 핵무장을 위한 컨트롤 타워 구축 및 핵잠재력 확보 - 국가 비상사태시 NPT 탈퇴	- 대미 설득 및 미국의 묵인하에 핵무장 추진 - 핵무장 완료후 남북 핵폐기 협상, 평화협정, 미북·북일 수교
통일프로세스와 연계한 비핵화 추진	- 남북미중 핵폐기 최종상태 평화협정 체결 포괄적 합의	- 실질적 비핵화 진전 시 경제제재 완화, 평화협상 및 미북수교협상 - 완전 핵폐기시 대북 제재 해제, 남북미중 한반도 평화협정 체결
북미 정상간 북핵 일부/ ICBM 폐기 와 주한미군 감군 시 대응책	- 북미 정상회담시 북미간 북핵 일부/미 본토 위협주는 ICBM 폐기 시 주한미군 감군 또는 철수를 추진할 경우 - 한국 핵무장 카드 제시	- 미국의 용인하에 한국 핵무장

* 출처: 정경영, "북핵 도전과 한국의 응전전략", 『군사논단』 통권 제112호 (2022), pp. 63-94.

3. 전작권 전환의 목적과 추진 전략

가. 전작권 전환의 목적과 의의

한미 양국군은 2018년 10월 31일 양국 정부의 합의에 의거 전작권 전환을 위해 한국군 대장을 사령관으로 미군 대장을 부사령관으로 임명하는 미래 연합사로 재편 중이다.[21] 전작권 전환의 목적은 한국 주도의 연합방위체제를 구축하여 우리 땅은 우리 스스로 힘으로 지키고, 침략자에게는 힘으로 응징하고야 만다는 투철한 자주국방의 결의와 태세를 갖추는 데 있다.[22] 세계의 어느 나라도 자국군에 대한 작전통제권을 외국군사령관에게 위임한 나라가 없다. 심지어 패전국이었던 일본 자위대도 작통권을 위임하지 않고 있으나 미일동맹이 한미동맹 못지 않다. NATO가 있다고 하나 쌍무동맹이 아닌 집단방위체제이고 회원국의 30%전력만 나토사령관에게 위임하고 2/3주력은 회원국이 행사한다.[23]

국군에 대한 전작권 행사는 국방의 정체성을 회복하고 군사력 운용의 자율권을 복원한다는 의미가 있다. 북한의 무력도발에 대해서 더욱 단호하게 대처할 수 있게 된다, 우리 군의 기를 세워주고 국민의 자존감을 드높이는 계기가 될 것이고, 국민의 군에 대한 신뢰를 회복하게 될 것이다. 전작권 행사는 전·평시 통일전략을 추진하는 데 있어서도 필수적이다. 군비통제를 통해 한반도에 평화정착시키는 데 기여할 수 있고, 한국 주도의 반격작전을 하게 되면 중국 개입 명분을 차단시켜 승리할 수 있을 것이다. 전시작전통제권의 전환은 한미동맹에 힘입어 경제성장과 정치발전에 이어 자립안보까지 이루어 냄으로써 동맹의 모델로 평가, 칭송받게 될 것이다. 전작권 전환은 외교의 자율성을 행사함으로써 국제무대에서의 지평을 확장시킬 수 있는 계기가 될 것이다. 전작권 전환은 한반도의 작전지역과 군사전략에 부합하는 교리를 발전시키고, 한국군에 맞는 무기개발로 싸워 이기는 군대 육성은 물론, 방위산업을 진흥시켜 일자리 창출과 방산수출로 국익 증진에 기여하게 될 것이다.[24]

나. 전작권 전환 추진 재조명

2013년 5월 한측은 한국군의 능력이 구비되지 않은 상태에서 2015년 12월 전작권 전환은 북한의 오판을 야기할 수 있다고 판단하여 전작권 전환 조건을 재검토하자고 미 측에 요청, 2014년 10월 제46차 SCM에서 한미 양국 국방부 장관은 조건에 기초한 전작권 전환계획(COTP, Conditions-based Operational Control Transition Plan)에 합의하였다. 전작권 전환 3대 조건은 1) 한국군이 연합방위 주도를 위해 필요한 군사적 능력 확보, 2) 동맹의 포괄적인 북한 핵·미사일 위협 대응능력 확보, 3) 안정적인 전작권 전환에 부합하는 한반도 및 역내 안보환경이다. 또한 미래연합사 3단계 임무수행 능력 평가로 1단계 기본운용능력(IOC: Initial Operation Capability), 2단계 완전운용능력(FOC: Full Operation Capability) 3단계 완전임무수행능력(FMC: Full Mission Capability)이다 [25]

2019년 6월 9일 한미 국방부 장관은 연합사를 국방부 역내 이전에서 평택 Camp Humphreys로 이전하기로 합의하였으며, 2021년 5월 21일 문재인 대통령과 바이든(Joseph R. Biden) 미 대통령과 한미정상회담에서 "조건에 기초한 전작권 전환에 대한 확고한 의지"를 재확인하였다.[26]

2019년 후반기 연합지휘소훈련(CCPP: Combined Command Post Training)

에서 기본운용능력(IOC)을 검증한 데 이어, 2021년 12월 2일 제53차 한미안보협의회의를 통해서 양국 국방부 장관은 조건에 기초한 전작권 전환계획의 진전에 주목하였으며, 2023년에 미래연합사 완전운용능력(FOC) 평가를 하였고, 2023년 54차 SCM에서 한국의 핵심군사능력과 동맹의 포괄적인 북한 핵·미사일 위협 대응능력에 대한 한미공동으로 평가하기로 합의하였다.[27]

전작권 조기 전환을 추진하기로 했던 문재인 정부에서 전작권 전환이 이루어지지 않은 것은 아쉽다. 연합사를 존속시킨 상황에서 한국군 대장을 사령관으로, 미군 대장을 부사령관으로 하는 미래연합사로 재편하기로 하였음에도 불구하고, 연합사 해체를 전제로 한 조건에 기초한 전작권 전환을 왜 계속 추구하는가에 대한 의문점이 있었다.

이 사안을 군에만 맡기고 정부의 의지가 실리지 않은 것은 아니었나 하는 점, 2018년 6월 싱가포르 미북 정상회담 후 트럼프 대통령의 연합훈련 전격 중단 선언과 남북관계가 미묘한 상황에서 미군의 전략자산이 전개되었을 때 남북관계에 파장을 우려한 점, 이에 따라 미군 전력이 전개되는 대부대연합전술훈련을 통해 완전운용능력(FOC)을 추진할 수 없었던 점, 코로나로 대규모 연합훈련을 할 수 없었던 제한사항, 미측의 중국과 전략경쟁을 우선시하는 영향 등이 복합적으로 작용했던 것으로 판단된다.

한편, 2022년 5월 10일 취임한 윤석열 대통령은 조 바이든 미국 대통령과 2022년 5월 21일 한미정상회담을 통해 양국 정상은 연합방위태세 제고를 통해 억제를 보다 강화할 것을 약속하고, 조건에 기초한 전작권 전환의 추진 의지를 재확인하였다.[28]

2022년 을지자유방패(UFS: Ulchi Freedom Shield)훈련 시 중단 및 축소되었던 연합훈련을 재개하였다. 2023년 미군 전략자산이 전개되는 대규모 한미 연합기동훈련을 통해 완전운용능력(FOC)을 검증 평가하였다. 라카머라(Paul LaCamera) 한미연합사령관은 2024년 3월 미 의회 증언에서 "전작권 전환은 연기된 것이 아니며, 시간이 아닌 조건에 의한 것으로 전환을 완료하기 위한 궤도위에 있다"라고 증언하고 있으나,[29] 사실상 윤석열 정부는 전작권 전환 추진 의지가 없는 것처럼 보였다.

밀러(Christopher C. Miller) 트럼프 1기 미 국방부 장관 대행이 집필한 트럼프의 정책 공약집 『프로젝트 2025』에는 "한국이 북한에 대한 재래식 방어를 주도하도록 한다"라고 명시돼 있고,[30] "전시작전통제권 전환을 시작으로 한미관계를 더욱 확고하게 평등한 파트너십(equal partnership)으로 발전시킬 수 있다"[31] "한반도에서 다시 전쟁이 일어난다면 한국군 장군과 제독이 군대를 지휘하는 것을 확실히 하고 싶다"라고 주장하였다.[32] 밀러의 이 주장은 전작권 전환을 통해서 한국군 사령관이 연합사를 지휘하는 것을 의미한다. 특히 트럼프 2기 국방부 정책차관으로 임명된 콜비(Elbridge Colby)는 2025년 3월 4일 인사청문회에서 전작권 전환에 대해 "트럼프 대통령의 외교정책 비전은 한국과 같은 역량있고 의지가 있는 동맹국에 더 큰 권한을 부여하는 방향"이라고 밝혔다.[33] 또한 피트 헤그세스(Pete Hegseth) 미국 국방부 장관이 발표한 잠정국방전략지침(Interim National Defense Strategy Guidance)에서 중국의 '타이완 침공' 저지 및 미 본토 방어에 주력하고, 북한 위협은 동맹국에 맡기겠다는 것이다.[34]

전작권 전환이 급물살을 탈 전망이다. 전작권 전환을 위해선 조건을 반영한 추진일정을 발전시켜 진행하는 것이 중요하다.

다. 전작권 전환 추진 전략

전작권 전환은 단순히 연합사령관이 미군에서 한국군 장성으로 전환되는 것뿐 아니라 대한민국의 국가안보틀을 새롭게 짜야 한다는 것이다. 전작권 전환을 위해선 국민, 정부, 군, 동맹 4차원에서 한국 주도 전쟁수행체제를 구축해야 한다.

먼저, 대한민국 국민은 과도하게 동맹에 의존하는 안보로부터 우리가 주도적으로 이 나라을 지키겠다는 자주국방과 자유민주주의를 수호하겠다는 가치안보로 무장해야 한다.

정부 차원에서는 국가안보회의 기능을 강화하고, 국가급 차원 전쟁지도체제 확립을 통해 국가안보역량을 강화해야한다. 국가안위와 국민안전에 심대한 위기가 발생할 때 대통령이 즉각적으로 회의를 주관하여 대처하고, 국내외 안보정세에 대한 지속적 평가와 대응을 위해 대통령 주관 격월제 국가안전보장회의와 국가안보실장이 주관하는 월간 상임위원회회의를 정례화하고, 사안별로 유관부서 장관과 전문가를 참석시켜 국가안전보장에 관련되는 안보정책회의를 내실있게 추진한다.

그리고 을지자유방패훈련 등 전 국민, 국가기구를 통합하여 진행하는 종합 훈련 등을 통해서 싸워 이길 수 있는 전쟁지도체제를 구축해야 한다. 전쟁할 수 있는 나라를 만든다는 것은 전쟁을 예방하는 전략일 뿐 아니라 전쟁에서 승리할 수 있는 방략이다.

전쟁지도란 평화 시 전쟁을 억제하고 유사시 승리하기 위해 통수권을 행사하는 것으로 국가전략과 군사전략을 통합, 조정, 통제하여 국가 총역량을 조직화하는 지도역량이다. 국가통수권은 대통령이 행사하며, 국방부 장관의 보좌를 받아 평시에는 합참의장에게 전시에는 한미안보협의회의와 군사위원회를 통해서 연합사령관에게 전략지시와 작전지침을 하달하여 군사작전을 지도한다. 또한 민간방위 책임기구로서 국무총리를 중심으로 행정안전부 등 국가행정기관을 통합하여 전시 국민을 통제한다. 산업동원책임기구는 경제부총리를 중심으로 경제관련 부처를 총괄하여 전쟁에 대한 경제적 지원을 한다.

전쟁수행 국면을 시기별로 개전기, 전쟁수행기, 전쟁 종결기로 분류하여 살펴보면 먼저 개전기에 전쟁지도기구를 설치·운용하고 전쟁 목적 및 목표를 설정하며 국민 지지를 획득한다. 전쟁자원을 확보하며 군사목표를 선정하고 미 증원전력을 협조하며 국제사회의 지지와 지원을 확보한다. 전쟁수행기에는 적의 전략 및 작전적 중심을 무력화하고, 제3국 개입을 차단하며, 국경선을 조기에 확보한다. 전쟁 종결기에는 종전방법과 전후처리, 종전시기를 결정하고, 자유민주 통일정부 완성을 목표로 전쟁을 지도한다. 이러한 시스템이 작동되도록 을지자유방패훈련 등을 통해 전쟁지도체제를 구축한다. GDP 대비 국방비를 현 2.6%를 3%로 책정한다. 자주국방 및 방위역량확충을 위한 국방혁신은 선택이 아닌 필수다. 이를 위해 재정적 지원이 필요하다.

국민통합이 안되고 내분에 휩싸이며 평화만능주의에 빠져 있을 때 외부의 적은 여지없이 침략해왔다. 1592년부터 1598년까지 임진왜란을 통해서 국방의 중요성을 사무치도록 체험했으나, 조선은 국방을 외면하고 사색당파에 빠진 후 1636-1637년 병자호란을 겪었다. 동학란이 발생했는데 이를 스스로 진압하지 못하고 외세를 끌어들여 이 땅에서 1894-1895년 청일전쟁이 일어났다. 해방 후 좌우 극심한 대립과 내분으로 분열되자 1950년 6월 북한군이 남침했다. 오늘의 극도로 불안정한 정국은 하루빨리 통합 상생 협치의 정치를 통해 안정화되어야 한다. 내우외환(內憂外患)이 우려된다.

동시에 안정적인 전작권 전환에 부합하는 한반도 및 역내 안보환경을 조성하는 것이 필요하다. 남북 정치 군사대화를 통해 남북관계를 강 대 강으로 대치되지 않도록 해야 한다. 동북아 안보환경을 개선하기 위해 한·미·중 전략대화를 추진한다. 또한 지역 내 국가 간 안보협력을 통한 신뢰구축을 위해 남·북·미·일·중·러·몽골이 참여하는 동북아안보협력기구를 제도화시킨다. 지역내 재해재난에 공동대처하기 위한 신속대응체제를 구축할 필요가 있다. 군, 경찰, NGO로 구성된 동북아신속대응군(Rapid Response Forces)을 창설하여 재난 발생시 신속 전개하여 인도적 지원 재난구조 작전을 할 수 있을 것이다.

〈그림 1〉 동북아 다자협력 아키텍처

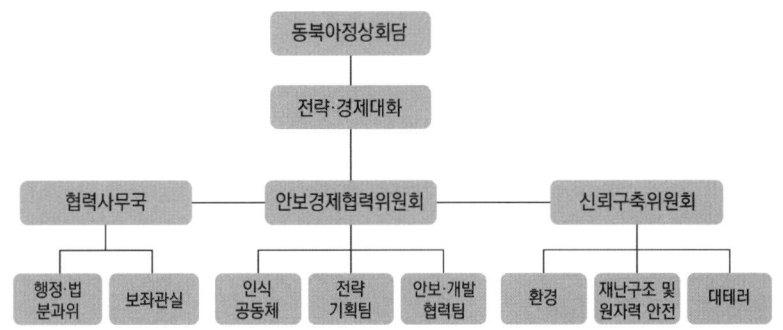

* 출처: Chung Kyung-young, "Building a Military Security Regime in Northeast Asia: Feasibility and Design," PhD Dissertation, The University of Maryland (2005), p. 347.

또한 2023년 8월 18일 캠프 데이비드 한·미·일정상회담에서 동북아 지역내 도전, 도발, 위협 시 공동대응하기로 합의하였다.[35] 캠프 데이비드 선언을 이행하기 위해 한국 합동참모본부와 미 인도태평양사령부, 일본 통합작전사령부의 전략기획요원과 안보전문가로 편성한 한·미·일 군사협력TF를 제안한다.

군 차원에서는 공세전략을 발전시키고, 전쟁지휘·정보판단·작전기획·작전지속 등 전쟁수행 능력을 제고하며, 사이버전, 우주전, 전자전, 정보전 수행 능력 배양은 물론 과학기술군을 육성한다.

동맹차원에서는 전작권 전환을 통해서 한국 주도의 전쟁수행체제를 구축해야 한다. 이것을 위해 한국 합참, 유엔사, 미래연합사, 주한미군 간의 상호관계와 역할을 규정할 필요가 있다. 한미 합참의장으로 구성된 군사위원회는 연합사에 전략지시와 작전지침을 하달해야하며, 한국 합참은 전비태세와 국지도발작전을 지휘한다. 또한 유엔사는 정전협정을 관리하고 유사시 전력을 제공한다. 연합사는 정전시 작전계획을 발전시키고 연합연습을 주관하며 전시 한국군과 주한미군과 미증원 전력을 작전통제하고 유엔사의 전투부대를 전술통제(TACCON: Tactical Control)하여 전쟁을 지휘한다. 한국군 대장을 사령관으로 미군 대장을 부사령관으로 하는 연합사 지휘구조 재편을 통해 전시 작전통제권을 전환하여 한국 주도의 전쟁수행체제를 구축해야 한다.[36] 이를 전작권 전환 시 전략지시 3호에 반영해야 할 것이다.

4. 군구조 개편

가. 합동군사령부 창설

전시작전통제권 전환 이후 전작권 전환의 완전성을 보장하고, 상부구조를 슬림화 최적화하기 위해 상부지휘구조를 개편하여 합동군사령부를 창설한다. 현재는 한국군 합참의장과 한미연합사령관의 전·평시로 작전통제권이 이원화되어 있으나 전작권 전환이 된 이후에는 서로 다른 한국군 대장 두 사람이 전·평시 작전통제권을 나누어 행사하는 것은 상부구조의 비대화는 물론 기능이 중복되어 군사적으로 비효율적이다.

따라서 평시에는 합동군사령관인 한국군 대장이 평작권을 행사하고 전시에는 동일한 인물이 미래연합사령관의 자격으로 전작권을 행사하도록 전평시 지휘권을 일원화해야한다. 그렇게 되면 합참은 군령보좌, 군사외교, 군사전략수립, 군사력 건설 등 합참 고유의 기능을 충실히 수행하면서 미래 연합사에 전략지시와 작전지침을 하달하는 한미군사위원회(MC: Military Committee) 기능을 온전히 수행하고, 합동군사령관 겸 미래연합사령관은 전평시 한국군 및 한미연합군에 대한 작전지휘에 전념함으로써 지휘통제의 효율성을 극대화할 수 있다.[37]

<그림 2> 상부지휘구조 개편(안)

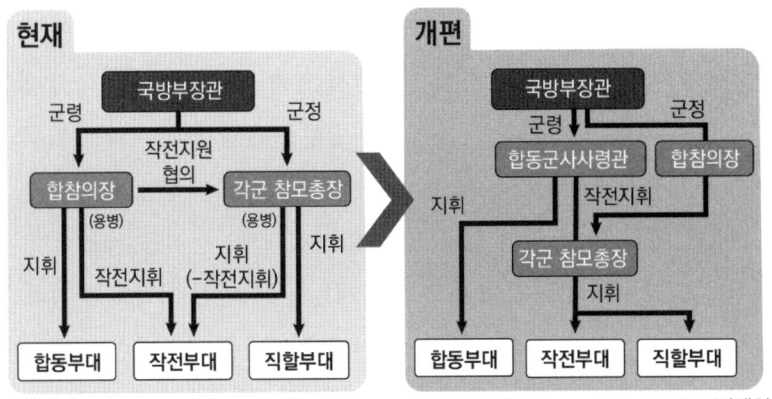

* 출처: "상부지휘구조 개편," https://www.konas.net/article/article.asp?idx=24801 (검색일: 2024. 10. 20.) 참조하여 보완하였다.

위의 <그림 2>는 상부지휘구조 개편안으로 이를 설명하면 먼저, 합동군사령관이 육·해·공군 참모총장을 작전지휘하고, 각군 본부와 각급 작전사령부를 통합해 각군 참모총장 아래 지상·해군·공군 직진본부를 설치한다.[38] 합동군사령관은 위기조치, 국지도발, 전면전 등과 관련한

의사결정 권한을 행사하고, 합참의장은 군무회의, 전력소요 검증위원회, 방위사업추진위원회 등을 주관한다.

합동군사령관이 각군 참모총장을 작전지휘함으로써 효율적인 전력 통합 운용이 가능해진다. 지상·해군·공군 작전본부는 작전지휘계선 안에 포함된 각군 참모총장의 지휘를 받아 현재 육군 지작사와 해·공군작전사령부 역할을 대신한다. 새로 편성하는 지상작전본부장은 지상작전사령관이, 해군 작전본부는 해군작전사령부에, 공군 작전본부는 공군작전사령부에 각각 위치한다.

국군군수사령부와 국군교육사령부 등 합참의장이 작전 관련 통제할 수 있는 새로운 국직부대도 추가로 창설한다. 국군군수사령부는 각군의 고유 군수 기능은 현재처럼 유지하는 가운데 수송·장비·물자·탄약 등 3군 공통 기능 위주로 통합한다. 또한 각군의 양성교육과 위관급 이하 보수교육 기능은 3군에서 각자 유지하면서 영관급 이상 보수교육과 합동교육 발전 기능은 신설되는 국군교육사령부로 통합한다. 이와 함께 국군군수사·교육사의 사령관은 육·해·공군 공통 직위로 지정한다.

또한 우리 군 간부의 합동 및 연합작전 지휘 능력을 제고시킬 수 있어야 한다. 육·해·공군의 능력과 한계는 물론 연합 전력의 강점과 제한사항 등에 정통해야 하며, 고도의 전략과 작전술을 겸비한 전장 지휘 능력을 계발해야 한다. 그리고 작전·전술정보 못지않게 전략정보 판단 능력을 제고시키고, 종심작전과 장차 작전을 예측하면서 근접작전과 현행작전에서 전장을 주도하는 작전기획능력은 물론 병력 및 물자의 중단없는 지원을 보장해야 한다. 이러한 군사전략과 전쟁지휘, 정보판단과 작전기획, 작전지속성 보장 등 전쟁수행능력을 함양하는 것은 전쟁을 주도하여 승리하는 데 있어 무엇보다 중요하게 요구된다.

나. 한미연합사 지휘구조 개편

미래연합군사령부의 지휘구조(안)를 제시하면 다음과 같다.

〈그림 3〉 미래연합군사령부 지휘구조

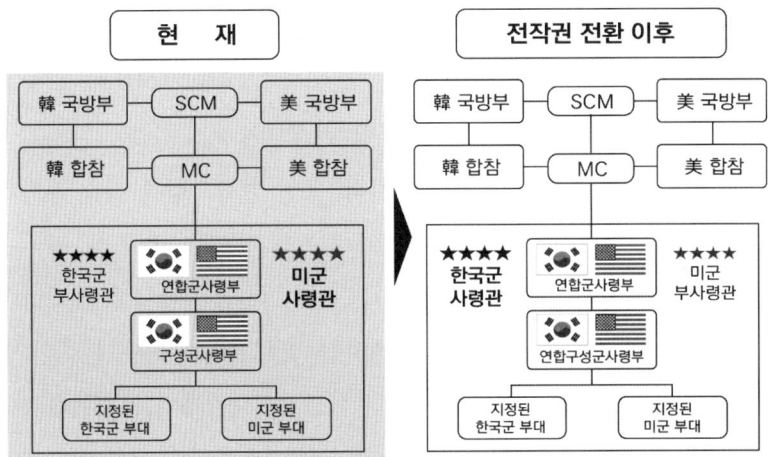

* 출처: "미래연합사 지휘구조," https://www.segye.com/newsView/20171012005674, (검색일: 2024. 10 20.).

한국군 대장을 사령관, 주한미군사령관을 부사령관[39]으로 하고 참모조직으로 참모장은 미군, 부참모장은 한국군, 한반도 지상작전의 중요성을 고려하여 작전참모부장은 한국군 장성이, 기획참모부장은 장차 작전 발전과 증원전력 전개 등을 고려시 미군 장성이, 정보참모부장은 미 측 정보자산이 많은 것을 고려할 때 미군 장성이 맡는 편성안을 검토할 수 있을 것이다.

또한 지구사령관은 한국군 지상작전사령관이 수행하고, 공군구성군사령관은 한국군 공군작전사령관이, 해군구성군사령관은 항모를 포함 전개 전력 등을 고려하여 미7함대사령관이, 연합특수전사령관은 한국군 특전사령관이, 연합해병대사령관은 한국군 해병대사령관이 수행하는 안을 검토할 수 있을 것이다. 장차전쟁에서 사이버 및 우주전의 중요성을 고려할 때 연합우주전사령관에 미군 장군을, 사이버전사령관에 한국군 장군을 보임할 수 있을 것이다.

미래연합사에 군사협조본부를 운용하여 본부장에 유엔사부사령관을 임명하고, 유엔사 회원국의 전투부대 파병시 미래연합사에 전술통제로 전환하며, 유사시 한반도에 인도적 지원을 위해 참여하게 될 국제기구(IGO: Inter-government Organization) 및 비정부기구(NGO: Non-Government Organization) 등과 협조 역할을 수행한다. 또한 연합사령관 직속 전략팀(CIG: Commander Initiative Group)을 운용하여 미래전략을 수립한다.

한편 유엔사의 기능을 재활성화는 것이 미래 연합사를 대체하여 전시에 전쟁수행사령부 역할을 수행하는 것은 아닌가하는 논란이 있다. 미래연합사와 유엔사라는 두 개의 전쟁지휘사령부가 존재한다거나 유엔사가 연합사를 대체하여 전쟁을 지휘하는 상황이 발생한다면 재앙이 될 것이다.[40] 상대적으로 비좁은 한반도 전구작전에서 유엔사가 미 증원 전력과 전력제공 병력을 작전통제하여 별도의 전쟁을 수행할 경우 많은 혼란이 예상된다. 유엔사가 유사시 한반도 전구작전을 지휘하는 사령부가 될 것이라는 의혹에 대해 현재 유엔사에 근무하는 각국 참모는 수십 명에 불과하고 유엔군사령관 통제하에 작계를 발전시키고 한국군과 미군을 포함한 유엔군과 훈련을 하는 등 전쟁수행사령부로의 평소 임무를 수행하지 않는 한 유사시 유엔사가 한반도 전구 작전을 지휘한다는 것은 잘못된 것이며, 지극히 억측에 불과하다.

다. 전략사 창설과 운용

2022년 1월에 우리 군은 전략사의 모체 조직으로 합동참모본부에 핵·WMD(Weapons of Mass Destruction)대응본부를 창설했고, 이를 확대해 2024년 10월 1일 전략사령부를 창설하였다. 전략사령부는 전투를 주임무로 하는 작전부대로서 합참의장이 지휘·감독하는 국군화생방방호사령부, 국군지휘통신사령부, 사이버작전사령부, 드론작전사령부 등에 이어 7번째로 창설된 합동부대이다. 전략사령부는 우리 군의 3축 체계, 즉 킬체인(Kill Chain)·한국형 미사일방어체계(KAMD)·대량응징보복(KMPR)으로 구성된 핵·WMD 대응체계를 총괄하는 기구로 현무 계열 탄도미사일, F-35 스텔스 전투기, 3,000t급 잠수함 등 전략 자산의 작전을 지휘한다. 군 정찰위성과 사이버·우주 주요 전력도 전략사가 담당하고 있다. 전략사령부는 한미 핵협의그룹(NCG) 운용과 연계해 핵·재래식 통합작전개념과 방안을 발전시키고, 우주·사이버·전자기스펙트럼 등 신영역에서 전투발전을 주도한다.[41]

전략사령부의 임무는 우리 군의 전략적 능력을 통합 운용해 적의 핵 공격과 전략적 수준의 대량살상무기 공격을 억제·대응하는 데 있다. 전략사령관은 국방개혁에 관한 법률 시행령에 따라 육·해·공군 장성을 순환 보직해 각 군의 균형발전과 합동성을 강화한다.

5. 결론 및 정책 제안

한반도 안보 긴장과 타이완 사태는 그 어느 때 보다 엄중하다. 타이완과 한반도 위기를 제대로 관리하지 못하면 동북아 지역에서 2개 전쟁이 동시에 발발할 수도 있다.

타이완과 한반도에 동시 전쟁이 발발했을 때 한반도 전구작전에서 미군 주도의 전쟁을 수행할 수 있을까? 북한이 수도권에 1분 이내로 도달할 수 있는 극초음속 미사일로 전술핵 공격을 감행해올 때 막아낼 대책이 있을까? 오끼나와나 괌의 확장억제 전력으로 응징한다고 하더라도 5분 이상 걸리는 상황을 고려했을 핵공격에 의해 수십만의 피해가 발생한 후 보복한들 무슨 의미가 있겠는가. 이러한 딜레마를 극복하는 유일한 길은 한국군이 독자 핵무장을 하여 작전통제권을 즉각적으로 행사하여 조기에 반격작전을 해야 승리할 수 있을 것이다.

한국은 총력전 대비태세를 구축해야 한다. 군 통수권자에 의한 전쟁지도체제 확립은 물론 한국군 주도의 전쟁수행체제와 전략·작전술·전술에 능한 실전적인 훈련, 실전 상황을 상정한 예비군 동원훈련과 실전적인 민방위훈련 등 총력전 태세를 구축해야 전쟁을 예방할 수 있고, 전쟁이 발발하면 최소의 희생으로 승리하여 자유통일한국을 실현할 수 있다.

군 통수권자인 대통령은 전작권 전환 추진회의를 주관할 것을 제안한다. 국회 국방위원장·외교통일위원장, 국방·외교·행안부 장관, 군 수뇌부, 안보전문가 등이 참석하여 전작권 전환 추진 실태를 점검하고, 전작권 전환 이후 안보전략을 구상한다.

전작권 전환 추진과 관련하여 2021년 기본운용능력(IOC)를 검증하였고, 2024년 자유방패연습 시 미군 전략자산이 전개된 상황에서 완전운용능력(FOC)을 평가한 바 있다. 조건을 반영한 추진일정을 발전시켜 전작권 전환을 추진할 필요가 있다. 2025년 후반기 자유방패연습시 한국군과 전략자산이 참가하는 훈련 시 사전완전임무수행능력(Pre-FMC) 평가를 통해서 부족한 분야를 식별하고 2026년 최종완전임무수행능력을 평가한다. 전작권 전환 조건은 (1) 한국군이 연합방위를 주도할 수 있는 필요한 군사적 능력 확보, (2) 동맹의 포괄적인 북한 핵·미사일 위협 대응능력 확보, (3) 안정적인 전작권 전환에 부합하는 한반도 및 역내 안보환경인 바, 한국군은 연합방위 및 전구작전을 주도하기 위해 확보해야 할 정보, 작전, 군수, 통신 분야의 능력을 구비한 것으로 평가되었으며, 동맹의 북한 핵·미사일 위협 대응능력은 워싱턴 선언을 통한 일체형 확장억제 추진과 한국군의 전략사령부 창설로 상당부분 수준에 오른 것으로 평가하였다. 전작권 전환에 부합하는 안보환경 조성을 위해 남북 간 정치·군사대화와 미중 간 전략대화 등을 추진하면서 안보환경을 개선시킬 수 있을 것이다. 미래 연합사가 임무수행능력을 확보했다고 평가했을 때 한미안보협의회의 시 한미 국방부 장관이 이를 추인, 한미 양국 대통령에게 전작권 전환을 건의하여 전시작전통제권을 한국군에게 전환할 수 있을 것이다.

전략적 유연성(Strategic Flexibility) 관련 주한미군의 일부가 한반도 이외 지역으로 차출될 때(flow-out) 사전에 또는 동시에 대체전력을 전개한 후 나가도록 차출 조건과 대책을 한미간 사전 합의할 필요가 있다. 아울러 한반도 유사시 세계 전역에 나가 있는 미군 전력이 한반도 전구로 유입(flow-in)하여 한미연합방위태세를 증강해야 할 것이다.[42] 동북아 지역내 도전, 도발, 위협 시 공동 대응하기위한 한국 합동참모본부와 미 인도태평양사령부, 일본 통합작전사령부의 전략기획요원과 안보전문가로 편성한 한·미·일군사협력TF를 제안한다. 타이완전쟁, 한반도 전쟁, 타이완·한반도 동시전쟁 시나리오를 발전시켜 워게임을 통해 각국의 역할과 책임을 발전시킬 수 있을 것이다.

번영된 선진 자유민주주의 국가로서 경제 강국이자 디지털 선도국이며 소프트파워 문화 강국인 대한민국이 전작권 전환을 통해서 한국군 주도의 연합방위체제를 구축하고 독자 핵무장을 하여 대한민국의 주권과 영토를 지키고 전략, 작전술, 전술에 능란한 강한 한미연합군을 육성할 때 전쟁을 억제하고, 유사시 조기에 반격 승리하여 자유통일한 국을 실현할 수 있을 것이다. 동시에 자유주의 국제질서를 지키는 한국 군으로 우뚝 설 것이다.

주

1. Kyung-young Chung·Zeljana Zmire, "Two Simultaneous Wars Scenario in Northeast Asia And Implications to South Korea's Security," *Commentary Global NK*, East Asia Institute (July 8, 2024).

2. 박은하, "라이칭더 "중국은 대만 대표할 권리 없다"…대만 불예속론 강조,"《경향신문》, 2024년 10월 11일: 양국론(兩國論)은 대만 태생으로 중국 본토에 뿌리를 둔 국민당 출신 총통이었던 리덩후이(李登輝) 전 총통이 1999년 도이치벨레 인터뷰에서 처음 거론한 것으로 중국과 대만이 각각 별개 나라라고 주장한다.

3. 함지하, "'타이완 전쟁' 시 한국 스스로 방어해야…미국도 한국 판단 존중할 것,"《VOA》, 2024년 1월 20일.

4. 문성묵, "안보환경개선을 위한 남북 군사적 신뢰구축과 국방외교 전략," (사)통일안보전략연구소 주최 2018년 국방·안보학술회의 (2018. 6. 24.).

5. Bob Woodward, *Rage* (New York: Simmon&Schuster, 2020).

6. 하채림, "김정은 '한반도 힘의 균형 파괴 불허…적 공격에 핵무기도 사용',"《연합뉴스》, 2024년 10월 8일.

7. 이호령, "핵과 첨단 재래식 무기, 남북한의 위험한 균형," 21세기평화연구소 편, 『윤석열 정부의 외교 안보 도전: 북핵, 미중 갈등 그리고 신냉전』 (서울: 동아일보 부설 화정평화재단, 2022), pp. 71-84.

8. 문경환, "[2025 북한 전망] '최강경 대미 대응 전략'을 선언한 북한,"《자주시보》, 2025년 1월 8일.

9. Bruce W. Bennet, Kang Choi, Myung-hyun Go, Bruce E Bechtol Jr., Ji-young Park, Bruce Klingner, and Du-hyun Cha, "Countering the Risks of North Korean Nuclear Weapons," RAND Corporation (April, 2021).

10. 정경영, "북핵 도전과 한국의 대응전략," 『군사논단』 통권 제112호 (2022), pp. 63-94.

11. 한기범, "2024 상반기 북한의 대남 도발 평가와 전망," 아산정책연구원 편,《이슈브리프》, 2024년 7월 24일.

12. 브루스 W. 베넷·최강·고명현·브루스 E. 백톨·브루스 클링거·차두헌, 『아산-랜드 리포트: 북핵 위협, 어떻게 대응할 것인가』 (서울: 아산정책연구원, 2021).

13. U.S. Department of Defense, *Military and Security Development involving the People's Republic of China, 2024 Annual Report to Congress* (Washington: DOD, 2024).

14. Elbridge A. Colby, *The Strategy of Denial: American Defense in an Age of*

Great Power Conflict (Yale University Press, 2021).

15 정경영,『피스 크리에이션: 한미동맹과 평화창출』(서울: 한울아카데미, 2020), pp. 78-101; 정경영, 같은 글, pp. 63-94.

16 김희철, "북한 사이버 해커 8100억원 탈취, 우리의 대응책은?," 한양대 국가전략연구소·안보협업연구소 공동 주최 최근 북한 ICT 현황과 전망 학술회의 (2022. 11. 30.).

17 The White House, "Joint Statement by President Joseph R. Biden of the United States of America and President Yoon Sukyeol of the Republic of Korea on U.S.-ROK Guidelines for Nuclear Deterrence and Nuclear Operations on the Korean Peninsula," (July 11, 2024).

18 정성장,『왜 우리는 핵보유국이 되어야 하는가: 패권경쟁 시대, 전쟁을 막을 최선의 안보 전략』(서울: 메디치미디어, 2023), pp. 119-139.

19 이상철, "북한의 군사력 증강과 한반도 군비통제의 방향," 2015 북한연구학회 특별학술회의 발표 논문 (2015. 12. 21.).

20 정경영,『전작권 전환과 국가안보』(서울: 도서출판 매봉, 2023), pp. 13-19; 정경영, "트럼프 재집권시 안보정책 전망과 한국의 대비방향,"『군사논단』통권 제117호 (2024), pp. 122-158.

21 "Resolution of the Department of Defense of the United States of America and the Ministry of National Defense of the Republic of Korea: Guiding Principles Following the Transition of Wartime Operational Control," https://kr.usembassy.gov/ (검색일: 2024. 7. 28.).

22 박정희,『자립에의 의지』(서울: 한림출판사, 1972), p. 386.

23 "NATO," https://www.nato.int/cps/en/natohq/index.htm (검색일: 2025. 3. 31.).

24 정경영, "전작권 조기전환: 핵심쟁점과 해결방향," 김진표·김종대 의원실 공동주최 전작권 전환 조기 전환 어떻게 추진할 것인가 세미나 (2017. 9. 5.).

25 국방부, "전작권 전환의 3대 조건," 대한민국 정책브리핑, www.korea.kr (검색일: 2025. 3. 30); 대한민국 정책브리핑, "제46차 한미안보협의회의(SCM) 공동성명, 2014년 10월 23일 워싱턴," https://korea.kr/briefing/pressReleaseView.do?newsId=156003067 (검색일: 2025. 3. 30.).

26 외교부, "한·미 정상 공동성명(2021.5.21, 워싱턴 D.C.)," https://www.mofa.go.kr/www/brd/m_3973/view.do?seq=367942 (검색일: 2025. 3. 30.).

27 이정진, "[전문] 제53차 한미안보협의회의 공동성명,"《경향신문》, 2021년 12월 2일.

28 제20대 대통령실, "한미정상회담 공동성명," 대한민국 정책브리핑, www.korea.kr (검색일: 2024. 7. 4.).

29 이조은, "주한미군사령관 "전작권 전환, 완료위한 궤도위에 있어","《VOA》, 2024

년 3월 22일.

30 Christpher C. Miller, "Deprtment of Defense," *Project 2025* (Jun 28, 2024), https://thefu lcrum. us/ governance-legislation/project-2025-defense-department (검색일: 2024. 7. 31.).

31 문명기, "주한미군 2만8500명이 필요한가,"《동아일보》, 2024년 3월 18일.

32 "전술핵 한반도 배치도 선택지…미 국방비 절반으로," 밀러 전 미 국방부 장관 대행의 SBS 대담 (2024. 5. 30.).

33 Song Sang-ho, "Pentagon nominee voices support for bolstering S. Korea's role in alliance over OPCON transfer question," *Yonhap News* (Mar 5, 2025).

34 Alex Horton and Hannah Natanson, "Secret Pentagon memo on China, homeland has Heritage fingerprints," *The Washington Post* (March 29, 2025.

35 The White House, "The Spirit of Camp David: Joint Statement of Japan, the Republic of Korea, and the United States" (Aug 18, 2023).

36 정경영, 앞의 글, pp. 122-158.

37 심동현, "안보분야 국정성과와 과제," 문재인 정부 5년 성과와 과제, 평화와 번영의 한반도 국회연속 토론회 (2021. 11. 17.).

38 "상부지휘구조개편"을 참조로 필자가 보완하였다. https://www.konas.net/article/article.asp?idx=24801 (검색일: 2024. 10. 20.).

39 Chung Kyung-young, "An Analysis of ROK-US Military Command Relationship," (Master Thesis, U.S. Army Command General Staff College, 1989), pp. 118-121: 본 논문에서 필자는 한국군 대장을 연합사령관으로 미군대장을 부사령관으로 2년 윤번제 보직 후 작전통제권을 이양하는 지휘구조를 제안한다. 이 안은 2018년 한미간 합의한 신연합방위지침에서 한국군 대장을 연합사령관으로, 미군 대장을 부사령관으로 하는 미래연합사 지휘구조로 부활한다.

40 Matthew B. Ridgeway, *The Korean War* (New York: Doubleday & Company, INC, 1967): 6·25전쟁 시에도 반격작전 시 미8군이 서부축선으로 북진하고 인천 상륙작전에 투입된 미10군단이 원산으로 상륙하여 동해안 축선으로 북진한 한국군과 합류하여 북한지역 작전을 수행하였다. 서부축선을 담당한 지상군은 8군사령관의 작전통제 하에, 동부지역은 미 10군단이 별도의 지휘체계에 의해 지상작전을 수행한 사실상의 이원화된 지휘체제였으며, 북한지역에서 유엔사는 동부·서부지역 우군 부대 간 협조된 작전을 실시하지 못했다. 북한지역작전에서 실패한 가장 큰 이유 중의 하나로 평가된다.

41 구현모, "'북핵 대응' 전략사령부 국군의날에 맞춰 창설,"《세계일보》, 2024년 9월 30일.

42 전제국, "주한미군 전략적 유연성," 전제국 전 국방정책실장과 필자와의 인터뷰 (2024. 6. 22.).

11장

한국의
단계적 핵무장 추진 전략

이대한

이 글에 격려와 조언을 아끼지 않으신 정성장 세종연구소 부소장님, 임철균 한국전략문제연구소 전문연구위원님, 한국핵안보전략포럼 운영위원님들께 감사드립니다.

> 핵무기를 보유하는 것은
> 다른 국가와 무언의 불가침 협정을 맺는 것이다.
>
> – 헨리 키신저, 미국 국무부 장관 –

1. 문제 제기

한국은 미국과의 우호 관계에 기반하여 국가적 안정을 누렸다. 그리고 동시에 미국의 안전보장과 경제 지원, 서구적 가치 기반의 국제질서 하에서 초고속 압축 성장을 구가할 수 있었다. 이제는 많은 개발도상국들이 연구하고 부러워하는 경제 대국이 되었고, 미국은 그런 한국을 안보 및 경제의 주요 파트너이자 핵심축(linchpin)으로 생각하면서 포괄적 협력을 강화하려 하고 있다.[1]

지정학적으로 동아시아 냉전의 선봉에 섰던 한국을 돕기 위해 70년 전 맺어진 한미동맹은 한국 안보의 근간이다. 철통같이 유지 되어온 동맹의 매길 수 없는 가치, 양국 간에 장기간 다져진 끈끈함, 그리고 한미 양국 장병들의 변함없는 헌신은 한미동맹이 보기 드문 모범적 성공 사례임을 잘 보여주고 있다.[2] 오늘날의 한국을 있게 하고, 지금 이 순간에도 비극적 전쟁이 재발하지 않도록 자리를 지키는 양국 장병들을 앞으로도 한국 정부와 국민들은 존중하고 감사할 것이다.

다만 한국은 그동안 초강대국과의 동맹에 유사시 자국의 운명을 거의 전적으로 맡겨 왔다. 또한 국제정세가 언제나 지금과 같을 것이라는 일관된 희망적 사고와 강한 확신을 가지고 있다. 그러한 대미 의존의 중심에는 양국이 한국전쟁으로 맺어진 '혈맹'이라는 점에서 비롯된 믿음이 있다. 그래서 최악의 상황을 대비해 출구전략을 마련하려는 움직임이 보이지 않는다. 거시적인 안보 전략에 대한 보수 및 진보 정부의 고민은 우려스러울 정도로 부재하다.[3]

현재의 굳건한 한미동맹을 평가절하할 요인은 없지만, 동맹의 성립은 상호 간 신뢰와 전략적 이해관계를 전제로 한다. 그런데 현 세계는 서로에 대한 존중이나 공존보다는 각자의 입장을 우선시하고, 필요에 따라 오랫동안 유지되었던 정책의 방향도 급격히 바뀔 수 있는 불확실성의 시대에 접어들었다.[4] 이제 자국의 생존을 제3국에 위탁(outsourcing)한 채 안심하는 것은 한국의 미래 안보에 불안감만 더할 뿐이다.

따라서 한국은 중장기적 시각으로 핵안보에 필요한 정책 전환을 모색하고, 그것을 현실화하려는 노력이 필요하다. 그러나 지금은 피보호국으로서 초강대국과의 동맹에 국가의 안전을 완전히 내맡긴 채 보호국의 대리 핵방어에 대한 맹목적 의존만 존재한다.[5] 과연 한국은 핵우산 바깥에서 발생할 수 있는 여러 경우의 수에 전략적으로 대비하고 있는지 의문이다. 그간 '세계의 경찰'을 자처해 온 초강대국이 지난 반세기의 개입주의적 모습과 전혀 다른 노선을 택한다면 한국의 자구책은 어디에서 뒤늦게 찾을 것인가?

단순히 선의로만 맺어지는 국가 간의 우호 관계는 존재하지 않는다. 어느 국가를 막론하고 동맹이나 우호 관계가 유지되는 것은 본질적으로 이익에 기반한 것이다. 모든 국가는 생존을 최우선으로 삼기에 필요시 타국과 연대하는 것은 당연하다. 그러나 복잡한 지정학과 패권 경쟁의 틈바구니 속에 끼인 국가의 안보는 처음부터 타국의 양해에 의해 만들어진다. 그 상태에 안주하는 것은 도화선이 되어 안보가 타국의 이해관계에 다시 흔들리는 악순환이 반복되게 만든다.

이에 따라 국내에서는 여러 입장에 기반하여 핵무장의 현실성과 타당성에 대한 논의가 진행되고 있다.[6] 핵무장 담론의 대표적 주창자인 정성장 세종연구소 부소장은 한일 동시 핵무장,[7] '한반도 핵균형 및 핵감축 로드맵'[8]을 통한 핵잠재력 확보, 자체 핵무기를 지렛대로 활용한 핵협상, 최종 상태(end state)로서의 남북 평화협정 체결 등을 주장했다.[9] 박영준 국방대학교 국가안보문제연구소장은 '점진적 핵잠재력 확보'를 주장하며 NPT 체제 내에서도 미국과의 협의를 통해 한국의 핵무장 역량을 충분히 확보할 수 있다고 강조했다. 차태서 성균관대학교 교수는 그간 당연시되었던 한국 외교 정책 패러다임의 전제와 가정 전반을 재고하여 공포의 균형을 구축하고 군비통제 협상을 통해 지역 안정을 유지할 위협 관리 방안을 고민해야 한다고 주장한다.[10]

본 장은 이러한 선행 논의의 연장선이라고 할 수 있다. 따라서 본 장에서는 먼저 1) 한국의 일방적 비핵화를 강요하는 안보적 제약과 비확산 체제의 역설을 비판하고, 2) 비개입주의(non-interventionism)의 팽창으로 인해 세계가 불확실성과 자강(self-help)의 시대에 접어들었다고 진단한다. 이어서 한국의 '핵인질국(nuclear hostage state)' 지위를 핵보유국으로 전환하기 위한 단계적 핵무장 추진 전략을 상세히 다룬다. 마지막 부분에서는 핵무장 이후 한국의 공식적인 핵정책을 담은 '서울 선언(Seoul Declaration)'과 핵무기 보유 사실을 공식적으로 인정하지 않는 NCND를 검토한다. 이러한 논의를 통해 한국의 핵무기와 한미동맹은 양자택일(兩者擇一)의 문제가 아니라 양립 가능하고 상호보완적임을 알리고자 한다.

2. 현 안보 정세에 대한 비판적 검토

가. 대한민국 비핵화: '핵 족쇄'와 비확산의 역설

1990년대 이래로 모든 수단을 동원해 북한의 핵개발을 저지하겠다던 미국과 국제사회의 호언장담과 달리, 현재 역내 안보 상황은 더욱 악화되었다. 여러 번의 남북 및 북미정상회담과 하노이 협상 결렬 이후 북핵 시계는 빨라졌다. 중국의 핵무기 수량은 2030년까지 1,000기를 넘어설 것이라는 전망이 나왔다.[11] 급기야 윤석열 대통령은 2023년 초 회의에서 상황이 악화될 경우 미국 전술핵 재배치 또는 자체 핵무장을 고려할 수 있다고 언급했다.[12]

한국의 여러 인사들이 자체 핵무장을 논하는 것은 미국의 전략 문서에 명시된 것처럼 핵무기의 특수한 군사적 가치를 이해하고 그 필요성을 체감했기 때문이다. 미국은 1994년 이후 주기적으로 발행하는 '핵 태세 검토 보고서(NPR: Nuclear Posture Review)'에서 "핵보유는 적의 핵무기 공격을 막는 데 유일하고 필수적인 역할을 한다"라고 명시하고 있다.[13] 미국은 그러한 억제 기반 핵정책을 통해 적성 핵보유국을 견제하는 한편, 핵위협에 처한 우방국의 국가적 생존 본능을 차단하려는 움직임도 동시에 보여왔다.[14]

그러나 역설적으로 미국 주도의 국제 체제는 여러 핵보유국을 필요에 따라 묵인해 비확산 규범에 부합하지 않는 선례를 여럿 남겼고,[15] 결국 권위주의 진영의 핵능력 고도화를 막지 못했다. 또한 러시아와 중국의 비약적인 핵무기 증강에도 별다른 대처를 하지 못하고 있다.[16] 그들은 세계적 핵확산을 막는 데에도, 자국의 핵무기를 합리적 수준의 규모로 유지하고 지역 긴장도를 관리하는 데에도 매우 소극적이다.[17] 이에 따라 가장 큰 위협을 느끼고 있는 당사국은 한국처럼 안보 족쇄가 채워진 미국의 비핵 동맹국이다. 수직적(vertical), 수평적(horizontal) 핵확산[18]에는 속수무책인 상황에서, 미국의 인도-태평양 전략을 뒷받침해야 할 핵심 동맹국들만 비확산 원칙과 안보적 제약을 사실상 강요받고 있는 것이다.[19]

미국은 다른 국가의 핵무장을 막기 위해서라면 우호 관계에 상관없이 정치·외교적 압박과 공세적 대응도 불사한다. 그러나 동시에 미국은 세계에서 가장 많은 핵실험을 했으며 손꼽히는 대규모 핵전력을 보유한 양면성을 지닌 국가이기도 하다. 또한 전략적 필요에 따라 NPT 체제 밖에 있는 중동 핵보유국을 묵인하기도 했다. 이는 다른 국가들에 강요해 온 규범과는 매우 상반된 것이다. 하버드대학교 교수인 스티븐 월트(Stephen M. Walt)는 이러한 위선적인 정책이 미국에 많은 문제를 가져오는데 특히 초강대국 위상을 유지하는데 큰 부담을 준다고 분석했다.[20]

월트에 따르면 미국이 특정한 기준과 원칙을 준수하며 행동하는 모습을 보여주지 않을 경우, 미국 리더십의 도덕적 우위나 공약의 신뢰성에 심각한 불신이 생긴다. 국제질서를 주도하는 초강대국의 이중적 행동이 부당하다고 여겨질 수 있으므로, 위선적 행동이 미국의 입지를 약화시킨다는 것이다. 그리고 다른 국가에 수용을 요구하는 비확산 규범을 미국이 도외시한다면, 미국은 정작 자신이 주도한 규범에 구속될 의향이 없으며 원하는 방식으로 힘을 사용할 것이라는 의혹을 불러일으킨다.[21]

이러한 방향으로 경도된 현재의 미국 핵정책은 중국과 러시아의 안일한 판단과 핵무기 증강을 부추기면서 비핵 동맹국들의 핵 취약성, 핵 격차, 안보 불안감만 증폭시키고 있다. 이 점에서 미국의 비확산 정책은 근미래에 사실상 실패가 예정되어 있으며, 균열은 이미 시작되었다.[22] 기존의 방식으로는 더 이상 중국과 북한의 핵 굴기를 견제할 수 없다.

한국 핵무장의 국제정치적, 안보적 당위성은 이미 충족된 지 오래다. 한국 정부는 1993년 북핵 문제가 시작된 이후에도 비핵화 목표를 놓지 않고 중국, 북한의 선의를 믿으며 30년 넘도록 비핵국가 지위를 유지해 왔다. 이렇게 축적된 유리한 국제정치적 명분을 바탕으로 최근 10년간 본격적으로 한국에서 핵무장 논의가 시작되었다.[23] 자강 담론 형성에 따라 급부상한 핵무장 찬성 진영에서는 한국의 핵무기 보유가 자위권 차원의 방어적 수단임을 강조하고 있다.

이러한 핵무장론을 잠재우고자 한미 양국은 워싱턴 선언(Washington Declaration)에 합의했다.[24] 이를 통해 적국이 한국에 핵무기를 사용하는 상황에 대한 대응 수준과 방향에 대해 보다 적극적으로 논의하고 있다. 그러나 한국은 좁은 영토 내에 대도시 위주로 주요 시설과 인구가 집중되어 있으며, 세계에서 가장 높은 인구밀집도를 가진 나라이다.[25] 적의 핵공격을 단 한번만 막아내지 못해도 국가 기능의 상당 부분이 마비될 수 있다는 의미이다.

그럼에도 불구하고 핵우산만 고집하는 한국의 전략적 경직성은 심각한 수준이다. 여전히 한국은 핵잠재력(nuclear latency)이 제한된 오랜 현실에 관성적으로 익숙해져 있으며, 미국도 이를 관습적으로 선호하고 있다. 북한과 중국의 비협조로 인해 오래전 실패한 비핵화를 홀로 외치면서 핵무장은 죄악시하는 '안보 정책적 올바름(security policy correctness)'에 빠진 상황이다. 심지어 한국 정부는 대체로 아직 핵무장 반대론에 지레 겁을 먹거나 비확산 논리에 체념하여 핵무기 관련 논의를 꺼리고 있다.[26] 그리고 적의 핵공격으로 주요 도시와 핵심 군 시설이 무력화된 비핵국가가 생존하여 정상적으로 동맹국과 함께 적절히 맞대응할 수 있으리라는 비현실적 낙관도 팽배하다.

인접한 2개 이상의 적성 핵보유국을 재래식 전력만으로 견제하고 유사시 방어까지 하겠다는 무모한 시도는 한국이 처음일 것이다. 비핵국가와 핵보유국 간의 상호 억제는 핵무기 보유 여부에 따라 갈리는 국가 지위 및 국가 행동 방식의 차이로 인해 사실상 성립이 불가능하다. 그리고 적의 노골적 핵위협에 놓인 비핵국가가 갖는 핵 취약성과 불안정성도 재래식 전력만으로는 극복할 수 없다.

이러한 비현실적인 시도가 계속된다면, 정작 한국은 시간과 예산만 낭비하며 실패할 가능성이 높다. 한편 북한, 러시아, 중국은 서로를 전략적 협력대상으로 인식하며 필요에 따라 공생하는 이상 이들의 핵무기는 이렇다할 규범적 제약 없이 나날이 증강될 것이다. 그리고 현재 추세대로라면 한국처럼 자체 핵무기가 없는 상태에서 주변 핵보유국들의 핵위협을 받는 비핵국가는 상대의 독선, 무시, 강압, 오만을 무기력하게 지켜만 보아야 할 것이다.

나. 자강의 시대: 비개입주의의 팽창

아프가니스탄 철군과 러시아-우크라이나 전쟁 사례처럼, 보호 제공국의 동맹 방어 공약에 대한 신뢰도 문제는 상호방위조약이나 오랜 외교관계와 상관없이 존재해 왔다. 여기에 더해 최근 세계 정세는 동맹의 유사시 신뢰성을 흔드는 시험대가 되고 있다.[27] 세계 경찰 역할에 대해 미국 국내 여론이 가진 피로감이 이미 드러났으며,[28] 현 국제 체제를 지탱해 온 단일 패권의 상대적 쇠퇴와 미중 경쟁에 대한 미국의 고민이 관찰되고 있다. 이에 등장한 트럼프주의(Trumpism)가 자국중심주의로 발현되어 미국에서 초당적 정책 방향으로 자리 잡았으며, 핵심 동맹국들도 이에 압박을 받고 있다. 결국 미중 갈등, 동유럽 및 중동의 불안한 안보 정세 등을 계기로 세계는 '자강의 시대'에 접어들었다.

한미동맹은 강력하며 미국의 핵무기가 가공할 파괴력을 갖춘 것은 부정할 수 없는 사실이다. 그러나 미국 MIT 대학의 베리 포젠(Barry Posen) 교수는 미국 안보 정책상 우선순위는 자국 본토에 대한 적의 핵무기 공격을 막는 직접적 억제이며, 동맹국들에 대한 핵우산은 위험하고 어렵다고 주장했다.[29] 대(對)동맹 확장억제는 잠재적으로 중국 및 러시아와의 군사적 충돌로 비화할 수 있기에 미국 입장에서는 유사시 실행 가능성이 떨어질 수 있기 때문이다.

동아시아에서의 핵전쟁은 상호 간 지리적 근접성으로 인해 시간 싸움일 것이다. 북한은 이미 한국과 일본을 상대로 하루 미만의 짧은 시간에 원하는 규모의 핵공격을 가할 수 있으나,[30] 미 본토나 괌에서 대응을 위해 핵자산 전개 또는 핵보복을 실행하는 것은 수일 단위로 소요될 가능성이 크다. 더불어 동맹국이 유사시 핵무기를 통한 비례적 맞대응을 망설일 가능성이 존재하는 한,[31] 확장억제는 정치·외교적 상징성 외에 유사시 한국의 생존에 실질적인 도움이 될지 의문이 드는 것은 불가피하다.

또한 세계의 비확산 및 핵군축 기조가 과거에 비해 상당히 약화되었고, 비개입주의는 팽창하고 있다. 비확산 담론을 눈에 띄게 약화시킨 요인으로는 1) 온갖 국제 제재를 무시하고 핵개발을 강행하여 국제 규범과 비확산 체제의 한계를 드러낸 북한의 3대 세습 정권, 2) 대통령에 따라 미국의 대외정책 기조가 바뀔 수 있음을 일깨운 도널드 트럼프 대통령, 3) 핵무기 감축 협정 등의 제약에서 자유로운 중국의 비약적 핵무기 증강 의도,[32] 4) 북대서양조약기구(NATO: North Atlantic Treaty

Organization)와 미국의 우크라이나 전쟁 개입을 막기 위한 러시아의 노골적인 핵무기 사용 가능성 협박,[33] 5) 우크라이나 지지와 별개로 러시아의 핵공격 시 대리 핵보복을 하지 않겠다는 서구의 해외 개입 망설임[34] 등이 있다.

    미국이 비핵 동맹국에 제공하기로 한 대리 핵보복이 유사시 안보 정세 및 국내, 국제정치적 손익계산에 따라 제한적일 가능성을 결코 배제할 수 없다. 일례로 버락 오바마 대통령의 '전략적 인내(strategic patience)' 정책은 북핵 문제를 방치하여 결과적으로 화를 키웠고,[35] 미국의 이러한 태도는 사실상의 비개입주의 선언이나 다름이 없었다. 그리고 동맹국의 군 자산과 영토가 북한에 의해 공격받았던 천안함 폭침 및 연평도 포격 사건 당시, 미국은 지역 긴장 고조와 확전을 우려하여 한국 정부의 공세적 대응을 극구 만류했다. 이러한 사례들은 유사시 적성국 대상 보복 대응에 있어 동맹 내에서 온도 차가 존재할 수 있음을 암시한다.

    현재의 핵우산은 기본적으로 동맹인 초강대국 대통령의 결정에 한국의 운명을 내맡긴다는 것을 의미하는데, 여기에는 태생적 모순이 존재한다. 이 모순을 깨달은 일각에서 한국 내 전술핵 재배치와 나토식 핵공유를 주장하는 움직임이 자체 핵무장론보다 먼저 나타났다.[36] 그러나 백악관은 여러 채널을 통해 그러한 옵션을 고려하지 않는다고 못 박았다.[37] 이는 실존적인 적성국의 핵위협을 마주한 비핵국가에게는 자체 핵무장이 근본적인 해답임을 자인한 것으로 볼 수 있다.

3. 자체 핵무장 추진 전략

미국의 핵전략 전문가인 비핀 나랑(Vipin Narang)은 국가별 핵무장 추진 방식을 크게 네 갈래로 구분한 '핵확산 전략 이론(proliferation strategy theory)'을 제시했다. 그는 핵잠재력을 보유하되 즉각적으로 핵무장을 추진하지 않는 헤징(hedging), 활발한 핵무장을 추구하는 전력질주(sprinting), 핵무장 과정을 감추고 은밀히 진행하는 숨기기(hiding), 일부 유엔 상임이사국의 비호 아래 핵무장을 진행하는 보호된 추구(sheltered pursuit)로 분류했다.

〈표 1〉 나랑의 핵확산 전략 이론

구분	특징	사례
헤징(hedging)	- 핵잠재력 확보 후 핵무장 보류 - 국가적 의지에 따라 핵무장 돌입 가능	일본
전력질주(sprinting)	- 핵무장에 대한 확고한 국가적 의지 - 단기간 핵무장 완료 - 공개적 핵무장 추구 및 역량 현시	UN 상임이사국, 인도, 북한
숨기기(hiding)	- 강대국의 의도적, 전략적 묵인 부재 - 국제사회의 선제적 예방조치에 취약 - 극도의 은밀한 핵무장 추구	남아프리카공화국, 한국
보호된 추구 (sheltered pursuit)	- 강대국의 기술 및 설비 지원 - 강대국의 전략적 묵인 및 비호 - 역내 강대국 간 이해관계 대립	이스라엘, 파키스탄

* 출처: Vipin Narang. 2022. Seeking the Bomb: Strategies of Nuclear Proliferation (Princeton University Press)의 내용을 표로 정리하였으며 사례는 저자가 선정.

한국 정부는 먼저 핵잠재력을 확보한 후 헤징 전략을 구사하다가 위협이 임박했다고 판단될 때 미국과의 협의 후 짧은 시일 내에 핵무장이 가능하도록 전력질주 또는 보호된 추구를 추진하는 것이 가장 바람직하다. 그리고 핵잠재력에 기반하여 핵무장 예상 시간을 최대한 단축함으로써 적성국들이 대응할 수 있는 여지를 줄일 필요가 있다. 이러한 방향으로 발 빠르게 움직이기 위해서는 위 네 가지 핵무장 경로를 다각도로 분석하여 한국에 최적화된 거시적인 전략을 만들어야 한다.

대전략은 정책이 상정한 목표에 도달할 수 있도록 국가의 역량을 조정하고 이끌어 주는 역할을 한다.[38] 또한 국가적 목표 추구를 위해 사용하는 군사적, 정치적, 경제적 수단의 조합이자 개별 정책을 관통하는 전략적 구상이다.[39] 냉전기부터 지금까지 미국과 중국은 자국 외교안보 정책의 근간이 되는 대전략으로서 인도-태평양 전략, 미국우선주의 (America First), 봉쇄(containment) 전략, 일대일로(One Belt One Road), 중국몽 (Chinese Dream) 등을 구상해왔다. 물론 한국이 이들처럼 세계 정세를 주도할 목적의 '룰 메이커'(rule maker) 대전략을 수립할 필요는 없을 것이다. 하지만 이제 한국은 20세기의 약소국이 아니라 중견국(middle power) 또는 지역강국(regional power)으로 분류된다. 현재 한국은 이러한 지위를 넘어 다방면으로 국가 역량의 투사 범위를 확대함으로써 국제 무대에서 더 큰 역할을 수행하는 핵심 국가 지위를 노리고 있다.[40]

이렇듯 한국이 현재의 모습에 안주하지 않고 세계의 '중추 국가 (pivotal state)'로 안정적으로 도약하기 위해서는 달라진 국가 체급에 맞는 사고방식을 습관화해야 한다. 이를 위해서는 당장의 외교안보 현안을 처리하는 데에 급급한 '수동반응형' 국가의 모습에서 벗어나야 한다. 그리고 여러 국제 현안을 상호 유기적으로 보며 자국의 안보 이익을 능동적으로 찾아 수호하려는 큰 그림이 필요하다.

한국만의 거시적 외교안보 구상을 하기 위해서는 우선 각 지역에 걸친 이해관계(stake)가 필요하다. 그리고 '국가 이성(Raison d'Etat)'[41]에 기반한 정책을 추구하려는 국가적 방향성과 그에 대한 정책적 공감대가 요구된다. 한국은 이미 세계의 여러 지역에 이해관계를 갖고 있다. 핵심 광물 및 에너지 공급망 다변화, 해상 무역로 보호, 국제적 수요가 치솟는 한국의 주력 산업군 수출 및 해외 협력, 공공외교를 통한 연성 권력(soft power) 확대 등 다방면의 국익을 확보하기 위해 세계 각지와의 전략적 협력이 필요한 상황이다.

이렇듯 한국은 초강대국이 아니더라도 이미 해외에 경제적, 문화적 영향력 또는 일정한 이해관계를 보유하고 있으므로, 거시적인 외교안보 정책을 고민하여야 한다. 그런데 양안 문제와 같은 한반도 역외 상황에 대해 아직 한국은 대체로 미국이 해결해야 할 해외 문제로만 판단하거나 자국에는 직접적 영향이 없을 것으로 분석하고 있다. 이는 국제 현안을 다른 서방 국가들에 비해 소극적으로 대하는 습관으로 이어진다.

국가 차원의 초당적인 정책 설정과 그에 대한 정책적 공감대도 부재해 보인다. 70년 전 정부 수립 때부터 한국의 외교안보 노선은 사실상 명확하였음에도 불구하고,[42] 아직 일각에서는 광해군식 중립 외교, 중국 역할론, 안미경중(安美經中),[43] 미중 간 양자택일 등을 주기적으로 논하며 우왕좌왕 하고 있다. 이는 그간 한국에 번영을 가져다준 국제 질서와 안보 환경, 유리한 현상 유지(status quo)를 위한 국가적 행동 방식 등에 대한 합의가 진영 간에 일치하지 않기 때문이다. 집권여당과 대통령의 성향에 따라 정책이 매번 달라지는 것이 원인이라 할 것이다. 이에 따라 한국은 정권 교체기마다 외교안보를 비롯한 많은 영역에서 정책 연속성이 떨어지는 고질적인 문제를 안고 있다.[44]

따라서 우선 한국은 생존에 있어 가장 중요한 핵안보 측면에서 자국의 목표, 정책 방향, 정세 변화에 따른 행동 계획 등을 총체적으로 준비해야 한다. 이를 위해서는 정권 교체에 흔들리지 않고 초당적으로 정책의 틀을 유지할 수 있는 '시커(seeker)' 전략이 필수적이다. 탐색기나 추적기로도 불리는 시커는 미사일의 앞부분에 장착되어 최종 타격할 표적을 찾는 장치이다. 시커가 표적을 식별 및 추적하면 외부 변수의 개입에 좌우되지 않고 해당 표적만을 맞추기 위해 날아간다. 즉, 시커 전략은 설령 핵안보 정책의 세부 방향이 필요에 따라 일부 조정될지라도, 핵문제에 대한 국가 정책의 큰 틀을 모든 정부에 걸쳐 흔들림 없이 유지하기 위한 것이다.

핵무장 찬성 진영에서는 핵무기가 북핵 억제를 넘어 한미동맹 격상, 주요 동맹국으로서 핵심적 역할 수행 등에도 보탬이 된다고 본다. 이러한 목표는 거시적, 장기적 관점에서 자체 핵무장을 바라보는 시각이므로 시커 전략의 대전제가 되어야 할 것이다. 그렇다면 이 대전제에 기반하여 시커 전략의 방향성을 구체화하기 위해서는 보다 세부적으로 '왜 핵무장을 해야 하는가?'와 '핵무장이 미래 국익 추구에 어떤 도움이 되는가?'라는 두 질문에 대해 한국의 국익에 부합하는 답을 도출해야 한다. 즉, 핵무장을 통해 아래와 같은 효과와 목표를 달성하기 위한 답이 필요하다.

〈표 2〉 한국 핵무장의 기대효과와 달성 목표

기대효과	달성목표
북한 핵무기에 대한 대등함	국가적 생존과 안전보장
중국 핵무기 증강에 대한 심리적 억제	
한반도 핵 문제 주도권 확보	
핵 취약성 및 안보 불안감 해소	
국제적 역할 및 전략적 가치 확대	

* 출처: 저자가 직접 작성.

이를 위해 한국 정부는 다음의 다섯 가지 답에 기반하여 시커 전략을 수립할 수 있을 것이다. 첫째, 한국의 미래 국익은 한반도를 넘어 아시아 태평양 지역까지 활동 범위를 넓혀야 찾을 수 있다. 둘째, 한반도

밖으로 경제적, 외교안보적 영토를 확장하려면 지엽적인 북한의 핵무기 위협으로부터 벗어나야만 한다. 셋째, 북핵 때문에 한반도에만 지정학적으로 매몰되어 한국의 지상 이익에 영향을 끼칠 역외 문제들을 등한시하는 현 상태를 탈피해야 한다. 넷째, 경제대국인 한국으로서는 무역의 핵심인 대만해협 및 남중국해 일대의 해양 교통로(SLOC: sea lines of communication)가 미래 국익의 사활이 걸린 지역이다. 다섯째, 이해관계가 일치하는 다른 우방국과 함께 공동 이익을 수호하기 위해서는 한국의 안보 불안감을 없애고 행동 범위를 넓혀줄 자체 안전보장 수단이 필요하다.

전술한 내용의 실행이 한국의 미래 국익에 직결된다면, 이에 대한 정치외교적 부담을 덜고 운신의 폭을 넓히기 위해 자체 핵무장이 선행되어야 한다. 다만 핵비확산조약(NPT: Non-proliferation Treaty) 체제 수립 전 핵개발에 성공할 수 있었던 1차 핵시대와 달리, 비확산 규범이 자리 잡은 현대 국제사회에서 한국이 핵무장을 하려면 치밀하고 정교한 전략이 필요하다.

그러한 전략적 고민의 출발점으로서, 총 3단계로 이루어진 단계적 핵무장 전략을 제안한다. 이는 외교안보 정책 방향의 변경에 있어 고도의 신중함을 보이는 한국 정부의 경향성을 반영하였으며, 점진적 긴장고조(escalation) 방식을 적용하였다. 핵무장 과정에서의 단계적 국가 행동은 한국의 정치외교적 부담을 덜어낼 뿐만 아니라, 대미외교 및 핵잠재력 확보에 필요한 시간을 벌 수 있을 것이다. 한편 중국과 북한에게는 핵전력 증강 재고와 정기적 핵군축 협상 참여를 압박할 것으로 예상된다.

<표 3> 한국의 3단계 핵무장 전략

단계	구분	과정	실행방안
1	준비	핵무장 컨트롤타워 구축 및 핵잠재력 확보	- 국가안보실 주도 핵무장 로드맵 구상 및 정부 내 에너지안보위원회 설립 - 핵무장 역량 파악 및 유사시 총동원 계획 수립 - 한미 원자력협정 개정 및 핵잠재력 확보
2	착수 및 개발	핵비확산조약(NPT) 이행정지 및 외교활동 강화	- 핵비확산조약 이행정지 - 상징적 조치로서 한반도 비핵화 공동선언 이행정지 - 북한의 비핵화 불응 시 핵비확산조약 탈퇴 통보 - 적극적 외교 및 대미 설득 착수 - 일본과의 공동 핵무장 가능성 타진
3	완료	핵능력 완성 및 핵보유국 지위 공고화	- 위협평가에 기반한 적정 규모의 자체 핵무장 완료 - 핵무장 이후 과도기 간 NCND 입장 견지 - 과도기 이후 핵정책 '서울 선언' 발표 및 동북아시아 핵협상 제의 - 정세 악화 시 핵무기 위력 및 수량의 점진적 증가 - 한미 핵동맹 발전(쌍무적 안보 분담 체제 '핵우비' 구축, 연합 핵 작전계획 발전 및 운용, 양국 핵자산 공동 방문 및 핵 훈련 참관, 우호적 핵보유국 추가 확보 및 다자적 안보 분담 체제 '핵지붕' 논의)

* 출처: 정성장, 『우리가 모르는 김정은: 그의 정치와 전략』(서울: 한울, 2024), pp. 362-363의 표를 기반으로 저자가 발전 및 구체화하였음.

가. 1단계 - 준비

한국은 자체 핵무장을 위한 첫 단계로서 이원화된 핵무장 전략을 준비해야 한다. 정성장 세종연구소 부소장은 국가안보실 3차장실에서 핵 및 미사일 위협에 대한 대응전략 수립을 전담할 것을 주장한 바 있다.[45] 그러나 신설된 3차장실은 경제안보 분야를 전담하게 되었으므로, 핵문제를 전담하는 4차장실이 별도로 필요하다. 국가안보실 4차장실과 국가정보원이 안보적 측면에서의 핵무장 로드맵을 구상하는 한편,

산업통상자원부와 과학기술정보통신부는 에너지안보위원회를 설립하여 산업경제적 측면에서의 핵잠재력을 확보할 필요가 있다. 이 위원회는 두 주무 부처와 외교부, 국방부, 한국원자력연구원 및 국내 외교안보 싱크탱크가 모인 집단 지성체의 형태로 구성하는 것이 바람직하다.

에너지안보위원회의 목적은 에너지 안보를 증진하고 원자력 산업의 발전을 도모하기 위해 핵물질을 확보하고 잠재력을 증강하는 데에 있다. 이 위원회는 한국이 현재 보유한 원자력 산업, 기술, 인력 등을 전반적으로 파악하고, 필요한 개선책을 함께 수립하여 대통령실에 보고하는 역할을 수행할 수 있다. 이 과정의 진척도, 준비 상황, 연구개발 장소 선정 및 관리 계획, 적합한 추진 전략 등의 수립하는 것도 병행되어야 할 것이다. 그리고 이러한 사항들을 주기적으로 관리 및 감독한 내용을 '준비 현황 보고서'로 작성하여 대통령에게 전달한다면 지도부의 정책 판단을 도울 수 있을 것이다. 또한 안보적으로 급박한 상황이 닥칠 경우를 대비하여, 4차장실과 에너지안보위원회가 협력하여 최단 기간에 전국에 흩어져 있는 필수 인력, 자재, 설비, 기술 등을 활용하는 유사시 총동원 계획을 수립해야 한다.

에너지안보위원회 신설과 더불어 사전에 원자력 운영에 차질이 없도록 핵물질을 비축하는 것도 중요하다. 한국이 핵무장 시 핵공급그룹(NSG: Nuclear Suppliers Group)에서 핵물질 수출을 완전히 금지할 것이라는 주장이 이미 제기된 바 있다.[46] 이러한 제재 논리의 타당성이나 실현 가능성과는 별개로, 국민들이 우려할 만한 사회경제적 비용에 대한 대비는 반드시 필요하다. 한국은 현재 수년간 사용 가능한 핵물질을 이미 충분히 확보한 것으로 알려져 있다.[47] 그러나 이 비축량을 최대한 확대해야 국민들을 안심시키고 원자력 및 국가 산업 전반의 리스크를 최소화할 수 있다.

그리고 동시에 미국과 한미 원자력협정 개정 논의를 진행해야 한다. 많은 언론과 학자들은 이 협정의 개정을 핵잠재력 확보 및 핵무장의 필수 조건으로 언급하고 있다.[48] 이 과정에서 한국의 적극적 대미외교 및 협상은 지속적으로 병행되어야 할 것이다. 실제로 2021년에 40년 넘게 한국의 미사일 역량을 제한했던 한미 미사일 지침에 대해 미국이 입장을 전격적으로 바꾼 선례가 있다. 이는 북한과 중국의 군사력 팽창과 더불어 한반도 유사시 한국의 자체적 대응 능력이 전략적으로 중요해지면서, 이러한 역내 안보 상황과 현실적 요소를 반영하려는 미국의 의중이 작용했기 때문이다.[49]

해당 지침이 폐기되기 전 국내에서는 미사일 지침 개정 및 폐지가 한미 관계에서 다소 민감한 뇌관이 될 수 있으므로 조심스럽게 접근해야 한다는 소극적인 논의도 존재했다. 그러나 한국의 끈질긴 요청과 미국의 전략적 이해가 맞아떨어져 몇 차례의 개정을 거듭하다 결국 최종 폐기되었다. 앞으로 진행될 원자력협정 개정 과정에서도 이를 교훈으로 삼아야 할 것이다.

2025년 1월 트럼프가 재선됨에 따라 방위비 분담금 이슈를 비롯한 선진 동맹국과의 공정한 안보 분담이 화두로 떠오르고 있다. 물론 한국과 바이든 행정부가 이미 2030년까지의 방위비 분담금 인상분을 공식적으로 확정한 것은 사실이다. 그러나 트럼프와 미래 공화당 행정부는 합의된 증액안이 충분치 않다며 문제 삼을 가능성이 있다. 그럴 경우 한국은 안보 분담을 대폭 늘리겠다는 의지를 전달하면서 방위비 분담금 추가 증액에 대한 반대급부로서 원자력협정의 개정을 요구하여야 할 것이다.

미국은 중국 견제를 힘겨워하고 있어 동맹국의 지원 및 도움이 절실하다.[50] 이를 전략적으로 해석하면 미국은 동맹국에 채워둔 안보 족쇄를 서서히 풀어갈 여지가 커지고 있다고 볼 수 있다. 그러한 변화 기류는 워싱턴 곳곳에서 감지되고 있다.[51]

나. 2단계 – 착수 및 개발

이어서 한국 정부는 NPT 이행정지[52]를 선언해야 한다. 그 후 만약 북한의 비핵화 의지가 미약하다고 판단될 경우, NPT 탈퇴 가능성을 내비칠 필요가 있다. 이미 윤석열 대통령이 2023년 초 한국의 '1년 내 핵무장론'을 언급하면서, 박정희 정부 이후 약 50년 만에 핵무장론이 행정부 차원에서 다루어졌다.[53] 그간 공식 석상에서는 언급조차 되지 않던 대통령의 핵무장 발언으로 금기의 문턱을 이미 일부 넘어섰기에, 외교적 수사의 일환으로 NPT 이행정지 또는 탈퇴 가능성을 거론하여 북한과 중국을 압박해야 한다.

한국이 해당 조약을 실제로 최종 탈퇴할 것으로 단정할 수는 없다. 정부의 NPT 탈퇴 가능성 언급은 과거 윤 대통령이 자체 핵무기 개발을 공식적으로 거론한 것과 동일한 수준에 불과하다. 대통령의 그러한 언급이 있었다고 해서 한국이 국제 제재를 받지는 않았기에, 한국으로서는 이러한 압박 카드가 국제정치적으로 부담될 것이 없다. 북한의 핵무기 고도화가 돌이킬 수 없는 지점을 넘어선 상황이니 시도해 볼만한 극약처방이 될 수 있다.

NPT 탈퇴 가능성 언급 후 북한과 중국의 반응을 확인해 보면 한국의 대응 방향이 보다 선명해질 것이다. 만약 북한과 중국의 핵능력이 오히려 동시다발적으로 강화되는 추세로 흘러간다면, 결국 한국은 '사정변경의 원칙'(clausula rebus sic stantisbus)[54]을 적용하여 NPT 10조에 따라 그러한 상황을 자국의 지상이익 위협 상태로 규정하고 조약 탈퇴권을 정당히 행사하여야 한다.

북한이 핵개발을 강행한 것으로 알려진 시점인 1993년과 NPT 탈퇴를 감행한 2003년 당시 유엔 안전보장이사회(UN Security Council) 내에서 드러난 상반된 반응은 유의미한 교훈을 준다. 당시 북한 핵문제에 얽힌 주요국들의 이해관계와 사안의 민감성 때문에 안보리 의사결정 과정에서 만장일치가 이루어지지 않았다.[55] 이는 최근까지 유엔 안보리의 대북 제제 결의안 상정 과정에서도 드러났다. 극명하게 나뉜 양 진영의 대립을 감안하면 설령 한국의 핵무장에 대한 제재 안건이 중국이나 러시아에 의해 상정된다고 해도, 통과 여부에 있어서는 권위주의 진영과 서방의 입장이 갈릴 가능성이 높다. 그러므로 한국 정부는 이를 적극 활용한 친서방 대미 외교를 활발히 진행해야 할 것이다.

NPT 가맹국으로서 해당 조약을 탈퇴하기 위해서는 탈퇴 예정일로부터 3개월 전에 미리 서명국들에게 통지해야 한다.[56] 당사국들은 이 기간 동안 한국의 조약 탈퇴가 유엔 헌장 7장 51항이 규정한 국가의 정당한 자위권 행사에 해당하는지, 그리고 NPT 10조에 의거 '지상이익'의 위협에 따른 것인지 그 타당성을 판단할 것이다.[57] 이 기간은 한국에 중요한 외교적 시간이 될 것이므로 전략적으로 미국, 북한, 중국과의 논의에 활용해야 한다.

2003년 당시 북한은 NPT 탈퇴 근거로 한국과 미국의 적대성을 내세웠다. 국제사회는 이 주장을 검토하였고, 북한에 대한 한미 양국의 공세적 위협의 실체가 부재하므로 북한의 지상이익이 엄중히 위협받는 수준으로 볼 수 없다며 받아들이지 않았다.[58] 그럼에도 불구하고 북한은 적극적 외교 또는 우방국의 지지 확보 없이 조약 탈퇴를 강행했고, 그 여파로 인해 지금까지 비정상 불량 국가로 남아 있다.

반면 한국은 3개월의 숙고 기간 후 NPT를 탈퇴를 결심하더라도 즉각적으로 핵무장에 나서기보다, 미국과 긴밀히 협의함으로써 북한과 차별화되는 정상국가 외교를 펼칠 필요가 있다. 이는 불량 국가들의 핵무장 시도에서는 볼 수 없었던 모습일 것이다. 선진 동맹국으로서 한국이 쌓아온 국제적 지위와 신뢰도, 오랜 비핵화 정책 일관성, 정상적 민주국가로서의 예측 가능성 등은 모두 유리하게 활용 가능한 외교적 자산이다. 북한과 중국의 공세적 핵위협 및 노골적 핵무기 증강으로 인해 자위권 차원의 핵 억제력이 필요하다는 점을 더욱 부각해야 한다. 이를 통해 국제정치적 명분상의 우위와 정당방위 핵무장의 당위성을 드러낼 수 있다.

대미 외교의 핵심은 두 가지 논리가 핵심이 되어야 한다. 첫째는 북한과 중국의 핵무기 증강이 비핵 동맹국들의 대등한 억제력 부재 및 동아시아 내 양적 핵불균형을 낳았다는 점이다. 둘째는 이에 대한 근본적인 대응책으로서 친미 국가들의 핵무장이 필요하다는 점이다. 그러므로 한국은 핵무장 이후 자국과 우방국들의 이익을 위해 더 책임 있는 역할을 수행할 역량과 의사가 있음을 명확하게 미국에 전달해야 한다. 즉, 북한과 중국의 핵위협 및 핵무기 증강이 한미 양국의 핵심 이익을 공동으로 침해하는 비상사태이므로, 핵무장이 한국의 안전보장과 미국의 아시아 태평양 전략 지원을 위한 묘안이 될 것임을 인식시킬 필요가 있다. 동시에 미국 및 일본 정부에 한일 공동 핵무장 가능성을 타진하고 논의하여야 한다. 핵심 동맹국의 공동 핵무장에 대해서는 후술할 3단계에서 상세히 다루고자 한다.

NPT 이행정지 또는 탈퇴를 결정한 한국은 한반도 비핵화 공동선언의 이행정지(suspension of the operation)를 공식 선언함으로써 핵무장의 첫걸음을 내딛을 수 있을 것이다.[59] 현재까지 한국이 비핵화 공동선언 이행정지를 선언한 경우는 없다. 따라서 이것이 그간 한국의 행동폭을 제한했을 뿐 아니라, 비확산 진영의 한국 핵무장 반대 논리로 역이용되고 있다. 따라서 해당 공동선언이 이미 사문화되었다는 것은 기정사실(fait accompli)이나, 이를 정부 차원에서 공식적으로 인정한다면 외교적 의미를 가질 것이며 적성국에 경고 메시지가 될 수 있다.

한반도 비핵화 공동선언은 이미 죽은 선언이자 한국의 일방적인 비핵화 선언으로 전락한지 오래다. 북한은 한반도 내에서 핵무기의 시험, 제조, 생산, 접수, 보유, 저장, 배치, 사용 일체를 하지 않겠다고 합의한 1991년 한반도 비핵화 공동선언을 이미 전면 위반한 상태다.[60] 북한의 6차 핵실험과 2017년 '핵무력 완성선언', 선제 핵사용을 암시한 2022년의 '핵무력 법제화' 등으로 인해 무력화되었다. 심지어 비핵화 공동선언의 당사자인 북한은 이제 핵보유국임을 천명하고 한국을 겨냥한 전술핵 사용을 위한 실전 훈련까지 마쳤다.[61]

한반도 비핵화 공동선언은 국회의 비준을 거치지 않아 효력 정지에 국회 동의가 필수적이지 않다. 남북관계발전법 시행령 제23조 2항은 '대통령은 남북관계에 중대한 변화가 발생하거나 국가안전보장을 위하여 필요하다고 판단될 경우에는 기간을 정하여 남북합의서의 효력을 정지시킬 수 있다'고 규정한다.[62] 이러한 현행법에 입각해 한국 정부가 한반도 비핵화 공동선언의 이행정지를 선언한다면 크게 문제될 것이 없다. 북한의 핵무기 보유 사실 인정 여부와 상관없이, 김정은은 이미 주변 적성국을 타격할 수 있는 단거리 핵능력을 갖춘 상태이다. 현재 상황에서 더 이상 한국만이 일방적으로 비핵화 공동선언에 집착할 필요가 없다는 점은 그 어느 때보다 타당하다.

또한 유엔 헌장 7장 51항에서는 국가의 고유한 자위권을 분명하게 인정하고 있다.[63] 따라서 헌장에 입각하여 핵무장에 대한 한국의 입장을 논리적으로 전개할 필요가 있을 것이다. 실제로 유엔 헌장에서 규정한 자위권에 기반하여 전시 상황이 아님에도 동서의 강대국들은 적국의 핵무기 비축을 자위권으로 대응한다는 명분으로 자국의 핵무기를 유지 및 증강하고 있다. 핵보유국들이 이러한 목적으로 핵무기를 보유하고 있는데 세계에서 가장 심각한 핵위기를 마주한 한국이 같은 권리를 박탈당해야 할 이유는 없다. 만약 명백한 북핵의 위협을 받는 주요 동맹국에 대해 미국이 제재한다면, 규칙기반 국제 질서의 신뢰성을 훼손하는 위선적인 이중잣대로 인식될 것이다.

다. 3단계 - 완료

NPT 탈퇴 후 한국은 국가안보실이 1단계에서 사전 수립한 계획에 따라, 주변 적성국 위협평가에 기반한 적정 규모의 자체 핵무기 개발을 완료해야 한다. 이때 정부는 정당한 명분에 입각한 비례적 대응을 강조하고 계산된 전략적 행동을 할 필요가 있다.

3단계에서는 한국이 핵 역량을 확보하고 핵무장 상태에 들어섰음을 북한과 중국에 인식시키는 것이 관건이다. 그리고 동북아시아 핵협상을 중국과 북한에 제의하여야 한다. 이를 통해 상대에게 핵군축 협상 기회를 제공함으로써 한국의 명분을 강화할 수 있을 것이다. 동시에 협상이 부진하거나 아시아 안보 정세가 악화할 경우, 한국이 핵무기 수량 및 위력을 증가시킬 수 있음을 암시할 필요가 있다.

말보다는 행동이 더 큰 힘을 지니듯이, 3단계까지의 국가 행동을 통해 한국의 핵무기가 타국을 무작정 선제 타격하기 위한 수단이 아닌 자체 방어 및 협상 목적이라는 국가적 의도를 전달하는 것이 중요하다. 따라서 조건부 핵무장론을 전면에 내세우고, 동북아시아 핵협상을 통한 지역 긴장 관리 및 위협 감소가 지향점임을 밝혀야 한다. 또한 한국의 핵무장이 궁극적으로 한반도와 동아시아 전체의 평화 구축을 위한 일시적 현상 변경임을 강조할 필요가 있다. 다시 말해, 미국이 한국의 핵무장을 불안 요소로 여기지 않고 우호적인 방향임을 자각하고 신뢰하도록 만드는 것이 관건이므로, 워싱턴과의 적극적이고 지속적인 협의가 요구된다.

이때 한국의 핵무장을 용인할 수밖에 없도록 미국의 현재 목표인 중국 견제를 동맹국 핵무장에 결부시키는 전략을 고려해 볼만하다. 이는 한국의 핵무장에 대해 미국과 중국의 입장을 대립하게 함으로써 미국의 동맹국 수호 의지에 관한 프레임 속에서 설득하는 것이 중요하다. 또한 미중 경쟁이 지속될수록 선택을 강요받는 여러 국가들이 동요할 수 있음을 강조해야 한다. 따라서 적극적 대미 외교를 통해, 서방이 한국의 핵무장에 대해 제재를 가한다면 중국이 한중 관계 개선 및 밀착을 시도할 정치·외교적 공간이 생길 수 있음을 설명해야 한다.[64] 이렇듯 아시아 지역에서의 미중 갈등 구도로 인해 핵심 동맹국의 핵무장을 놓고 충돌한다면, 이러한 양국의 입장을 전략적으로 활용할 필요가 있다.

또한 주요 경제, 군사 대국인 한국이 서방의 제재로 인해 한중 관계에 부분적으로 편승하거나, 미중 경쟁에서 유사 중립국처럼 행동하는 것이 미국의 국익에 큰 손실이라는 점[65]을 강조해야 한다. 이는 미국이 아시아 전략의 핵심으로 여기는 일본이 한국으로부터의 지정학적 위협을 느끼게 하거나, 자유 진영의 동맹 관계에 부정적 영향을 초래할 수 있다.[66] 따라서 증대된 국력을 갖춘 한국은 어느 때보다도 미국의 대전략 상 중요한 공간이며,[67] 그러한 주요 동맹국의 핵무장이 워싱턴의 안보 이익에도 보탬이 된다는 점을 알려야 한다. 즉, 미국과 중국의 경쟁이 장기간 첨예해지는 현재 상황이 한국 핵무장의 전략적 유용성을 강조할 최적의 시기라고 할 수 있다.[68]

그리고 한국이 핵무장을 완료한 직후에는 핵무기 수량이 소규모 수준일 것이고, 안보 정세를 고려한 미래 핵무기의 적정 보유량, 위력, 운용 방안 등이 지속적으로 논의되는 시점일 가능성이 높다. 그러므로 이러한 과도기에는 정부가 핵무장 사실 여부에 대한 인정을 거부하는 NCND 입장을 견지할 필요가 있다. 그동안 정부 차원에서는 전략적 검토를 거쳐 한국의 핵정책 방향을 명확히 밝히는 '서울 선언(가칭)'을 공식 선포하고 이를 제도화하는 움직임을 병행해야 한다. 서울 선언과 NCND 정책에 대해서는 IV장에서 상세히 다루고자 한다.

NCND를 끝내고 서울 선언을 선포한 시점의 한국은 미국에게 어떤 신호를 보내는지가 핵무장에 있어 가장 중요한 부분이 될 것이다. 따라서 한국의 의도를 잘 전달하기 위해 워싱턴과 한미 핵동맹을 논의할 필요가 있다. 즉, 미국에 '우호적이며(friendly), 조절된(controlled), 수평적인(horizontal), 핵확산(proliferation)(FCHP)'의 이로움을 알리는 것이다. FCHP와 양국 핵무기에 기반한 안보 분업 파트너십을 위해 한국이 신형 핵동맹 체제를 선제적으로 제시하는 것이 중요하다.

〈표 4〉 쌍무적 안보 분담 체제 '핵우비'

내용	기대효과
핵협의그룹(NCG) 역할 확대	- 인구절벽에 의한 전력공백 상쇄 - 적성국의 핵보복 위험 분산 - 한미 양국 간 적극적 안보 분담 - 비핵국가로서의 안보 불안감 해소
한미 연합 핵 작전계획 수립	
유사시 한미 양국 핵무기 활용	
양국 핵자산 공동 방문 및 훈련 참관	
'전략 핵동맹' 격상	

* 출처: 저자가 직접 작성.

이를 위해서는 현재의 핵우산(nuclear umbrella) 개념을 발전시키는 것이 중요하다. 한국은 한미 양국의 핵전력을 연계한 쌍무적 안보 분담 체제인 가칭 '핵우비(nuclear raincoat)' 개념을 미국에 새로이 제안하고 이를 한미 연합 핵 작전계획으로 발전시킬 필요가 있다. 제대로 펴지지 않거나 사용 중 물에 젖을 여지가 존재하는 우산보다는 상시 착용하여 비바람으로부터 자신을 확실히 보호할 수 있는 우비가 더 실용적이다. 즉, 핵우비는 자체 핵무기 부재로 인해 그간 한국이 겪어온 태생적 안보 불안감을 해소하기 위함이다. 따라서 보호 제공국과 피보호국의 종속적 관계인 기존의 수동적인 핵우산보다 더 지속성을 담보할 수 있다.

핵무기를 보유한 한국은 미국이 원하는 수준의 안보 분담(burden sharing)에도 보다 직접적으로 기여할 것이다.[69] 한국의 핵무장이 한미 양국의 핵전력 통합으로도 이어진다면 핵자산 연계에 따른 시너지 효과를 기대해 볼 수 있다. 한국이 적정 규모로 보유한 자체 핵무기를 미국의 핵자산과 연계하여 양국이 북한, 중국을 이중으로 견제하는 공동 억제 전략으로 발전시킬 경우 실효적 억제를 담보할 수 있을 것이다. 한국의 국가 지위가 친미 핵보유국으로 전환되면, 한미 관계는 '전략 핵동맹'으로 격상될 것이며, 이는 미국의 아시아 지역 전략에도 상당히 기여할 것이다.

핵우비 개념은 우호적 핵보유국인 한국이 미국 주도 핵억제에 능동적 행위자로 참여하는 것을 의미한다. 즉, 쌍무적 안보 분담 모델로서 2개 핵보유국이 긴밀히 연대하게 되므로, 역내 반미(反美) 핵보유국들이 선제 핵공격 시 감당하기 어려운 수준의 기회비용을 치르도록 강요할 수 있다. 이렇게 형성되는 강력한 공동 억제력은 적성국의 핵무기 사용 선택지를 좁히게 된다. 이 경우 미국과 동맹국들을 핵으로 강압하려는 욕구를 단념시킬 수 있다. 또한 한미 양국의 대규모 핵보복 의지를 효과적으로 전달함으로써 역내 적성국 대비 양적, 질적 핵균형이 기대된다. 미국은 단독으로 부담하던 적의 핵보복 리스크를 덜어내면서 동맹

간 더욱 공평한 안보 역할 분담과 지역적 핵균형을 달성할 수 있다.

〈표 5〉 안보 분담 체제 발전 방향

명칭	성격	특징
핵우산 (nuclear umbrella)	일방적 부담	- 미국 주도 단일적 핵안보 체제 - 역내 적성국 대비 핵불균형
핵우비 (nuclear raincoat)	쌍무적 분담	- 한국, 미국 간 양자 핵동맹 체제 - 역내 적성국 대비 소(小)다자 핵균형
핵지붕 (nuclear roof)	다자적 분담	- 비핵 동맹국(일본, 호주 등) 핵무장 - 우방 핵보유국들 간 연합 핵동맹 체제 - 역내 적성국 대비 다자 핵균형

* 출처: 저자가 직접 작성.

추후 인도-태평양 지역 안보 상황의 전개에 따라, 필요시 핵우비 개념을 '핵지붕(nuclear roof)'으로 확장할 필요가 있다. 이는 한국과 미국의 공동 억제 체제인 핵우비를 발전시킨 개념이다. 즉, 핵을 보유한 우방국들과 협력함으로써 유사시 권위주의 진영이 넓은 핵전선을 상대하게끔 강제하는 연합 억제 전략으로 볼 수 있다. 이를 제도화하기 위해서는 아시아 태평양 지역에서 가장 뛰어난 경제적, 기술적, 산업적, 군사적 역량을 갖춘 비핵 동맹국들의 핵무장이 선행되어야 한다. 다른 일부 주요 우방국들이 함께 핵무장에 나선다면 '우호적 확산의 축(axis of friendly proliferation)'이 형성될 것이며, 이는 해당 국가들의 국제정치적 부담을 크게 덜어줄 것이다.

한국과 일본은 공통적으로 북한과 중국의 위협을 마주하고 있어 안보 사안에서의 전략적 협력이 어느 때보다 필요하다. 미국은 한일 협력이 자국의 아시아 전략 수행을 위해 필수불가결한 요소이므로, 한국과 일본의 관계 개선을 가장 원하고 있다. 따라서 자체 핵무기 보유가 한미일 안보 협력 체제의 동맹 재편으로 이어진다면, 백악관에게도 매력적인 선택지가 될 것이다. 따라서 핵무장 시 한미일 3각 안보 동맹 체결 의사를 전달하는 것이 워싱턴을 확실히 안심시킬 수 있다. 핵무장이 곧 한미동맹 파기로 이어지리라는 일각의 우려와 달리, 자체 핵무장은 우방국 간 협력을 한층 더 강화하는 기능적 장치가 될 것이기 때문이다.

서방 진영의 주요 산업 국가인 한국을 비롯하여 일본 또는 주요 우방국들의 동시 핵무장은 국제사회의 경제 제재를 더욱 어렵게 할 것이다.[70] 특히 일본의 핵무장은 일말의 경제 제재 가능성에도 불구하고 한국의 초당적인 핵무장 우호 여론을 굳힐 것이다. 이는 한국에 상당한 핵무장 압박을 가할 수 있으므로 정부가 이를 명분으로 활용해야 한다. 한국인들의 반일 정서는 실존적 안보 위협이 아니라 일본 정부의 과거사 문제에 대한 태도 및 관련 후속 조치의 미흡한 이행 등 태도 문제에 근거하고 있다.[71] 따라서 설령 한일 핵무장 이후 과거사 문제가 병존할지라도, 양국이 핵무기를 서로에게 사용하거나 전쟁을 치르는 것은 비현실적이다. 즉, 핵무기는 억제 수단의 성격을 가지므로, 한국이 자체 핵무기를 보유하는 한 일본의 핵무장을 두려워할 이유는 사실상 없다고 보아야 한다.

또한 전략 광물을 세계적 수준으로 보유한 선진 우방국인 호주, 해외 영토로 인해 인도-태평양 지역에 큰 관심을 두고 있는 영국 및 프랑스, 중국 견제가 국익에 직결되는 인도와의 부분적 안보 협력이 필요할 것이다. 이러한 '연합 핵동맹'으로의 전환은 미국이 바큇살 체제(hub and spoke) 방식의 현 동맹 체제를 촘촘한 격자형(lattice-like)으로 변경하려는 정책 방향과도 일치하다.

이러한 우방국 간 신형 안보 분담 체제를 한국이 제시한다면 미국에게 자체 핵무장에 대한 신뢰성과 전략적 유효성을 인식시키는 데에 주효할 것이다. 실제로 일본이 과거에 제시하였던 인도-태평양 전략을 트럼프 행정부가 국가 정책으로 채택한 바 있다. 전략적 사고에 기반하여 선제적으로 지역 핵억제 전략의 방향을 미국에 구체적으로 제시하는 것은 한국의 입지에도 매우 중요하다.

이와 함께 기존의 핵협의그룹(NCG: Nuclear Consultative Group)을 격상하여 유럽과 동일한 수준인 핵기획그룹(NPG: Nuclear Planning Group)으로 만드는 방안을 논의하여야 한다. 한미 간 NPG를 통해 양국의 핵자산을 전략적으로 활용하기 위한 핵 작전계획을 주기적으로 논의 및 검토할 수 있다. 이는 한국의 핵무장 이후에도 양국 간 결속을 유지할 수 있는 제도적 장치가 될 것이다. 또한 양국의 대통령 또는 군 지휘부가 서로의 핵무기 운용부대 또는 투발수단(delivery platform)을 공동 시찰하고 연합 핵 훈련을 참관한다면, 미국의 전략자산만 과시하는 것보다 역내 적성 핵보유국에게 명확한 메시지를 보낼 수 있다.

특히 한국은 자체 핵무장이 미국에 가져다줄 지전략적, 지경학적 이익을 강조할 필요가 있다. 우선 전략적 측면에서 미국은 도전국가(challenger state)인 중국의 수정주의적(revisionist) 부상과 비약적 핵무기 증강을 견제하려는 목표를 가지고 있다. 따라서 워싱턴이 원한다면 한국이 유사시 아시아 전구 핵작전의 일부를 수행할 수 있음을 알려야 한다. 예를 들어 한국이 적성국 위협평가 후 보유한 핵무기가 200개 내외라고 가정한다면, 이를 미국의 핵전략과 연계하여 한국이 주요 동맹국으로서 동아시아 핵억제 역할을 일정 부분 담당하는 것이다. 지역 내 핵안보 분담은 군사 자산과 미군 부대의 세계적 배치에 대한 워싱턴의 전략적 판단을 도울 것이다. 또한 미국의 핵무기 예산 편성 및 사용, 적성국의 핵보복 리스크 등에 관한 부담을 덜어줄 것으로 예상된다.

미국은 동유럽, 중동, 동아시아 등 세계 화약고에서의 다면전 또는 적대적 핵확산 가능성에 직면해 있다. 따라서 워싱턴은 한국의 핵무기를 통해 권위주의 국가들의 수정주의적 선제 남침, 국지전, 핵 위협 등을 1차적으로 한반도 역내에서 차단하는 이점을 누릴 수 있다. 결국 중국과 북한은 미 본토와 태평양에 배치된 핵무기보다 인접한 한국의 핵 자산을 더 큰 위협으로 인식할 것이다.

다시 말해, 한국의 핵무기는 최근 미국이 원하는 수준의 더 큰 전략적 역할을 수행하는 데에 있어 정치적, 안보적 부담감을 덜어줄 안정적인 정책 자산이 된다. 실제로 미국은 비핵국가인 한국에게 더 많은 안보 책임을 분담하고 인도-태평양 지역 문제에 직접적으로 관여할 것을 요구하고 있으며[72], 이러한 요구는 앞으로 더욱 거세질 전망이다. 그러므로 자체 핵무장을 통해 핵억제력이 뒷받침된다면, 평시에는 미국의 우호적인 핵보유국으로서 워싱턴의 인도-태평양 전략을 지원할 수 있을 것이다.

4. 핵보유국 한국의 입장: 시인 또는 거부

〈표 6〉 핵무장의 4가지 인정 유형

구분	방식	결과	사례
공인	규범을 통해 대내외에 공식적으로 현상을 인정함	- 핵무기 보유 사실의 국제적 인정 - 국제 비확산 체제 수립 및 주도 - 비핵국가의 핵무장 시도 및 가능성 차단	UN 상임이사국
묵인	크게 문제삼지 않고 침묵하여 현상을 인정함	- 일부 공인 핵보유국의 국제정치적 판단에 의한 형식적 반대 또는 제재 - 일정 기간 후 필요 시 제재의 점진적 완화 또는 해제 - 이해관계에 따른 안보전략적 협력	이스라엘, 인도, 파키스탄

구분	방식	결과	사례
시인	당사국이 직접 대내외에 공식적으로 현상을 인정함	- 핵무기 연구개발, 실험, 보유 사실 공개 - 자국의 핵 태세 및 교리 선포 - 우방 핵보유국 간의 핵협력 강화	북한, 인도, 파키스탄, UN 상임이사국
거부[73]	당사국이 현상의 사실 여부를 확인하지 않음	- 핵무기 연구개발, 실험, 보유 사실 함구 - 간접적 방식을 통한 핵무기 존재 여부 확인(관계자의 해외 망명 후 폭로, 지도부의 외교적 수사 등)	이스라엘

* 출처: 기존 핵보유국들의 핵개발 과정 특성을 종합하여 저자가 정리.

한 국가의 핵무장이 국제사회에 발각되지 않고 사실상 비밀리에 추진되는 것은 현대에서 사실상 불가능하다. 따라서 한국의 핵무장에 필요한 미국의 반응은 최소 '소극적 동의'인 묵인(acquiescence)이다. 한국은 정상국가이자 신규 핵보유국으로서 투명한 핵자산 운용, 주변 적성국 대상 핵 억제력 확보 등을 위해 핵무기 보유를 시인(acknowledgment)하는 방향으로 나아갈 가능성이 크다. 다만, 한국이 처한 상황에 따라 전략적 판단을 거쳐 핵무기 보유에 대해 긍정 또는 부정하지 않는 거부(NCND: Neither Confirm Nor Deny) 또한 고려해야 할 것이다.

가. 시인 - 핵정책으로서의 '서울 선언'

〈표 7〉 한국의 핵정책 '서울 선언'

내용	실행방안
선언 문서화 및 정당방위 제도화	- '서울 선언'을 반영한 '한미 핵전략협정' 체결 의지 발표 - 핵무기 건설 및 운용계획 작성 - 주변 적성국의 핵무기 고도화에 따른 정당방위 선포 - 동북아시아 비핵지대화 시점까지 자체 핵무장 정당화
탄력적 규모의 핵무기 보유	- 역내 위협평가에 기반한 적정 규모의 핵무기 보유 - 주변 적성국에 대해 이중 핵 태세 채택 - 핵무기 성격 규정에 대한 전략적 모호성 유지

내용	실행방안
엄정 비확산 원칙 및 안전조치	- 기존 핵보유국과 동일한 수준의 엄격한 비확산 노선 견지 - 핵공급그룹(NSG)에 가입하여 국제규범 수호 의지 표명 - 미국, IAEA와의 3자 안전조치 협정 체결 및 핵 사찰 수용
다자 원자력 동맹 형성	- 우방국 간 집단 에너지 안보 체제 및 공급망 구축 제안 - 우방국 간 다국적 핵 연구협력 프로그램 제안

* 출처: 저자가 직접 작성.

1) 선언 문서화 및 정당방위 제도화

한국은 핵무장의 반대급부로 미국에게 무엇을 내어줄 수 있을지 미리 고민해야 한다. 이 점에서 일련의 4가지 핵정책이 담긴 가칭 '서울 선언'을 발표하는 것은 매우 중요한 의미가 있다. 이 선언을 통해 한국이 일관적으로 유지할 정책적 방향을 대외에 선포하는 것은 기존의 핵무장 시도 국가들과 차별화되는 모습으로 비춰질 것이다.

또한 해당 선언의 내용을 일괄 반영하여 한국의 핵무기 보유에 대해 미국이 안심할 수 있는 내용을 담은 '한미 핵전략협정' 체결을 제안하는 방안이 유용할 것이다. 이 협정은 신규 핵보유국으로서 한국이 약속하는 핵정책, 핵무장 이후 한미 핵 협력 방향, 핵무기 안전에 관한 조치 등을 문서로 명문화하여 한미동맹과 연계할 수 있다. 미국에게 새 협정이 기존 원자력협정의 보완을 넘어 대체할 수 있음을 설명하고, 국제사회가 한국의 핵정책을 인지하도록 만들어야 한다.

이러한 움직임은 미국이 우려하는 한국 핵무장의 잠재적 부작용을 예방하고 신뢰를 제고하기 위함이다. 협정을 통한 서울 선언의 문서화 및 제도화는 곧 한미 양국 핵전략의 일치와 조율을 의미하므로, 모범적이고 호혜적인 동맹 간 핵 협력 사례가 될 것이다. 한미 핵전략협정을 국제원자력기구(IAEA: International Atomic Energy Agency)의 세이프가드 조치와 연동하면 실행력을 더 높일 수 있다. 이는 한국의 핵무기에 대한 불확실성 및 의심을 해소하게 된다.

새로운 협정을 통해 핵무장이 한국의 대북 억제 전략과 미국의 대중국 견제 전략에 모두 부합하는 전략적 수단으로 사용될 것임을 명문화한다면 워싱턴이 받아들일 여지가 커질 수 있다. 기존의 한미 원자력협정은 한국의 기술적 역량을 제한하는 내용으로 이루어져 있다. 반면 새 협정에서 포괄적인 한국의 지역적 역할과 양국 간 핵전략 연계를 골자로 하여 안보적 측면을 강조하면, 한미동맹은 진정한 '핵무기 기반 동맹'을 추구할 수 있다.

그리고 해당 협정에 '에스컬레이터(escalator)' 조항을 포함하는 것도 고려할 수 있다. 일정 기한 또는 특정 수준까지 중국과 북한이 핵협상에 응하지 않거나 중국의 협조가 소극적일 경우, 해당 조항을 발동하고 한미 양국 정부의 합의하에 한국 핵무기의 위력 및 수량을 적절한 수준으로 증강하는 것이다. 한국의 국방 역량 강화에 대해 그간 중국이 보여온 반응을 고려하였을 때, 이러한 핵무기 증강에 대한 중국의 반발이 익히 예상된다. 그러므로 한국의 핵무기 증강이 권위주의 진영의 수직적 핵확산에 따른 직접적 핵위협의 결과임을 대내외에 강조하고, 핵위협에 대한 단호한 대응은 한국의 국가 생존에 있어 중대한 일임을 강조하여야 할 것이다. 그리고 자력구제를 위한 주권적 대응에 대한 역내 적성국의 반발은 일고의 가치가 없음을 외교적으로 확실히 밝힐 필요가 있다.

그리고 한국 정부는 그동안 비핵화에 대한 굳건한 지지를 표명해 왔으나 이를 일방적으로 고수하는 것은 정당방위 원칙상 더 이상 불가능하다는 입장을 드러내야 한다. 상대의 노골적인 위협에 비례적으로 대응하는 것은 정당방위의 범주에 속하기 때문이다. 주변 적성국의 전례 없는 핵무기 증강 고착화로 인해 이제 한국의 자체 핵무장이 당위성을 갖춘 대응임을 선언하는 것이 필요하다.

다만 한국은 자체 핵무장이 자국의 생존 담보와 적성 핵보유국을 한시적으로 억제하기 위함이라는 목적을 알릴 필요가 있다. 따라서 동북아시아 비핵지대화가 실현되는 시점까지 한국도 합리적인 규모의 핵무기를 조건부 보유하는 것이 합당한 조치임을 확실히 밝혀야 한다. 더불어 핵군축 및 비핵지대화 추진을 위한 동북아시아 핵협상을 정례화하겠다는 의지를 표명하는 것도 중요하다. 이러한 핵협상의 대화채널 가동을 위해 고위급, 실무급 핫라인 가동을 제안해야 한다. 그리고 최종적으로 동아시아 비핵화가 정착되었을 때 한국이 다시 비확산 원칙을 전적으로 존중하겠다고 선언한다면, 한국의 명분을 강화할 수 있을 것이다.

정당방위 기반 핵무장의 이유는 모든 국가의 핵무기 보유 의도와 동일하다. 핵무기는 본토에 대한 직접적인 전면전을 억제하는 데에 그 의미가 있다.[74] 이 목적을 달성하기 위해 국가는 핵무기 보유량의 상한선이 없는 무제한적 핵무장 대신, 적과의 핵전쟁 발발 시 생존하여 비례적으로 대응할 수 있을 정도의 적절한 핵무기를 탄력적으로 보유하는 것이다.

2) 탄력적 규모의 핵무기 보유

한국이 핵무장 후 서울 선언에 반드시 포함해야 할 내용은 보유한 핵전력을 어떻게 활용할지에 관한 부분일 것이다. 따라서 이에 대한 방향성을 가늠하기 위해 중요한 참고 사례로서 중규모의 핵무기를 보유한 영국과 프랑스의 사례를 살펴볼 필요가 있다.

영국과 프랑스의 핵자산은 핵무기의 성격을 잘 보여준다. 그 성격이란 핵무기는 재래식 무기와 달리 단순히 상대국보다 절대적 수량이 많거나 위력이 크다고 해서 무조건적인 전략적 우위를 허용하지 않는다는 것이다. 상대국의 급소를 확실하게 타격할 수만 있다면 자국의 전체 핵전력이 열세이더라도 상대국의 핵전력 우위를 상쇄하고 선제 핵공격을 억제할 수 있다.

　냉전 시기 영국은 소련에 대응하는 핵전략으로 '모스크바 기준(Moscow Criterion)'을 채택했다.[75] 최악의 상황에서도 적국의 수도나 대도시만큼은 확실히 파괴하는 핵 타격능력을 유지한다는 소위 '물귀신 작전'이었다. 영국은 여러 제약으로 인해 소련과 동등한 규모와 위력의 핵무기를 갖출 수 없었기에 소련을 멸망시키기 어려웠다. 따라서 핵심은 크렘린의 국가 운영과 존립에 유의미한 영향을 끼칠 수 있을 정도의 핵전력을 유지하는 것이었다. 그래서 영국은 적의 핵공격에서 가장 생존성이 높은 2격 자산인 잠수함발사 탄도미사일(SLBM: submarine-launched ballistic missile)을 제외한 핵 3축 체계(nuclear triad)의 다른 핵전력은 모두 포기했다.[76]

　프랑스의 핵전략은 공군 준장 출신이자 전략가인 피에르-마리 갈루아(Pierre-Marie Gallois)가 주장한 '강자에 대한 약자의 억지(la dissuasion du faible au fort)'를 기반으로 하는데,[77] 영국처럼 수량이 제한적인 핵무기의 생존성을 극대화한 사례이다. 적은 수의 핵무기일지라도 목표물을 정확히 타격할 만큼 정밀하다면 매우 위협적인 존재가 된다는 핵무기의 특성을 이용하였기 때문이다. 특히 소련에게 있어 영국과 프랑스의 핵무기는 자국이나 미국에 비해 그 규모가 작지만 핵전략 측면에서 간과하지 않을 수 없는 상수였다. 프랑스의 핵전력은 핵탄두 탑재 SLBM을 실은 전략핵잠수함(SSBN)에 집중되어 있고, 항공기 투발 핵무기도 일부 보유하고 있다.[78]

이미 핵보유국인 영국과 프랑스, 그리고 앞으로 핵무장이 더욱 필요해질 한국의 전략적 공통점은 아마도 오랜 기간 동안 핵무기가 국가안보의 중추로 기능할 것이라는 사실이다. 다만 이 3개국의 가장 큰 차이점은 국토 면적 및 주변국과의 지리적 거리에 있다. 따라서 상술한 두 국가의 SLBM 위주 핵 대응전략을 그대로 한국 사례에 적용하기에는 많은 한계점이 존재한다.

　한국은 북한과 대치 중인 분단국가이며 한반도의 종심이 매우 짧다. 경쟁국인 중국과의 물리적 거리도 서방 진영 국가들 중 한국이 가장 가깝다. 따라서 최악의 경우 몇 분, 몇 시간 내에 동시다발적으로 발생할 수 있는 핵이 동원된 교전을 각오해야 한다. 즉, 한국은 유사시 짧은 시간 내에 한반도로 날아오는 핵미사일을 방어 또는 요격해 내는 것이 결코 수월하지 않다. 게다가 적의 핵공격 수준에 대한 전략적 판단을 위한 시간이 프랑스나 영국만큼 충분히 주어지지 않을 가능성이 높다.

　결국 한국으로서는 핵무기의 수적 우세를 가진 주변 적성국들로부터 자국의 안전을 담보할 만큼의 여유로운 핵 억제력이 필요하다. 이 점을 고려하면, 한국은 적성 핵보유국을 평시에는 역내에서 억제하다가, 적의 핵공격을 받거나 핵공격 징후가 임박했다고 판단될 때 유연한 핵 대응을 취할 수 있는 태세를 채택해야 한다.

　따라서 어떤 핵 태세에 기반한 독트린이 한국에 가장 전략적으로 부합할 것인지 고민하는 것도 정부의 주요 과제가 될 것이다. '핵 태세 최적화 이론(nuclear posture optimization theory)'[79]을 적용하였을 때, 단거리 탄도미사일 등 북한의 대남 핵 타격력을 중국의 핵무기보다 우선적 위협으로 인식할 가능성이 높은 한국으로서는 중국과 북한에 대해 각기 다른 핵 태세를 이중으로 채택하는 것이 이상적일 것이다.

　또한 한국의 핵무장 시나리오에서 가장 중요한 원칙은 핵무기를 공세적 또는 방어적 성격만으로 좁게 규정하지 않는 전략적 모호성을 유지하는 것이다. 만약 중국이나 북한이 한국 정부가 핵무기를 유사시 사용하지 못하거나 망설일 것이라고 판단할 경우, 한국의 핵 억제력은 신뢰성을 상실하고 핵무장의 기대효과는 반감되기 때문이다.

3) 엄정 비확산 원칙 및 안전조치

서서히 증가하는 핵보유국들로 인해 NPT 위주의 비확산 체제는 균열이 생겼음에도 불구하고 붕괴되지 않았다. 새로운 핵보유국이 등장할 때마다 언제나 핵확산과 불안정성을 우려하는 목소리가 나왔으나, 정작 세계적 핵확산은 이루어지지 않았고 규칙 기반 국제 질서도 무너지지 않았다. 미국-영국-호주의 안보협의체인 오커스(AUKUS)가 호주에 핵추진잠수함(SSN)을 제공하는 움직임과 중동 내 사실상의(de facto) 핵보유국을 용인 중인 NPT에 대한 논란이 존재하지만 비확산 체제는 여전히 건재하다.

따라서 한국이 핵무장 후에도 정상국가 상태를 유지하고 북한과의 차별화를 꾀하고자 한다면, 제3국에 핵무기 및 관련 기술을 그 어떠한 이유로도 이전하지 않겠다는 원칙을 '서울 선언'에 포함시켜야 한다. 한국이 서울 선언을 활용하여 국제규범의 유지를 위한 비확산 의무를 철저하게 준수하겠다는 의사를 밝히는 것이다. 이는 기존 핵보유국들의 반발을 상쇄할 수 있는 외교적 방패가 될 것이다. 구속력과 실행력을 높이기 위해 안전장치로서 미국과 IAEA가 한국의 비확산 의무 이행을 주기적으로 확인하는 방안을 고려할 수도 있다.

그리고 2005년 중국을 견제하기 위한 전략적 의도를 갖고 핵협정을 체결했던 미국과 인도의 사례를 참고할 필요가 있다. 한국이 핵보유국으로서 IAEA의 국내 핵시설 사찰에 동의하고 핵 안전조치와 비확산 의무를 받아들임으로써, 3자 간 원자력 협력을 강화하자고 제안하여야 한다.

국제사회에서 수십 년간 규범 준수의 모범사례로 남은 한국은 핵무장 후에도 핵시설을 원전과 같이 투명하게 운영가능한 정상 국가임을 보여주어야 한다. 다른 원자력 기술 운용국들보다 더 엄격한 수준의 IAEA 사찰을 허용하여 국제사회가 필요 시 확인할 수 있도록 한다면 그러한 의지를 드러낼 수 있다. 군 기밀시설과 유사시 핵 대응계획이 노출되지 않는 선에서 핵시설을 투명하게 공개할 의향이 있다고 표명한다면 한국의 국제정치적 차별성은 강화될 것이다. 그리고 사찰을 통해 IAEA는 한국이 선포한 서울 선언의 이행 여부를 확인할 수 있을 것이다.

미국은 신규 핵보유국인 한국과 핵무기의 안전에 대해서도 협력 공간이 존재한다. 양국의 핵자산의 유사시 이용 연습을 위한 한미 연합 핵 훈련과 선진화된 동맹 간 경보 시스템을 연동한다면, 한국 핵무기의 안전에 관한 우려를 불식시킬 수 있다. 그리고 핵무기 반대론자인 세이건(Scott Sagan)의 주장처럼, 핵무기 저장시설 안전 시스템, 무기 안전에 관한 설계 개선, 군의 신뢰성 제고를 위한 프로그램 등 핵 안전조치에 관한 부분에서 서로 정보를 공유할 수 있을 것이다.[80] 미국이 직접적으로 한국의 핵무장 또는 핵무기 사용 체계에 대해서는 지원을 하지 않더라도, 양국의 핵무기 안전과 보안을 개선하는 노하우와 기술의 전수는 장벽이 낮을 것이다. 이는 상호 신뢰 증진에도 도움을 줄 것으로 생각된다.

4) 다자 원자력 동맹 형성

현재 농축 우라늄 시장은 러시아가 46%, 중국이 10~15%를 차지하며,[81] 미국 역시 약 22%의 우라늄을 러시아에서 수입하고 있다.[82] 한국은 우라늄 수입의 30%를 여전히 러시아에 의존하고 있다. 이는 러시아가 원자력 의존도가 높은 미국과 아시아 핵심 동맹국들을 견제 및 제재하고자 할 때 지렛대(leverage)로 활용될 수 있다. 우라늄 등의 핵물질 공급망에 문제가 생기면 한국과 서방의 에너지 안보에 중대한 위협이 된다.

따라서 서울 선언 실행의 일환으로서 한국 정부 및 국내 원자력계는 우방국들에게 다자 원자력 협력체를 제안하여 안정적인 글로벌 에너지 공급망을 구축해야 한다. 이러한 협력체는 '전략광물 공급에 관한 다자 협정' 등의 체결을 통해 러시아에 의존 중인 한국과 우방국들의 호혜적인 에너지 안보 이익을 보장하게 될 것이다. 정성장 세종연구소 부소장과 박인국 최종현학술원장이 주장한 바와 같이 서방 진영 내 다자 핵협력체 신설이 안정적 농축 우라늄 확보를 위한 첫걸음이 될 것이다.[83]

서울 선언과 한미 핵전략협정을 통해 우선 한미 간의 원자력 협력 체제가 자리를 잡으면, 이를 확장하여 우라늄을 안정적으로 공급하기 위한 한미일 3자 컨소시엄을 만들어야 한다. 그리고 궁극적으로 이를 발전시켜 AUKUS와 연계하거나 프랑스와 영국 등 유럽의 원자력 강국들에게도 공급망 공동 참여를 제안해볼 수 있다.

에너지 공급망 구축과 함께 이들과 인적, 기술적 다자 교류를 진행하면서 핵기술 연구개발 및 개선에도 함께 협력할 방법을 모색해야 한다. 한미일 3자 컨소시엄에 기반하여 원자력 연구개발 협력체를 설립하고 기술 및 연구에 관한 협력을 먼저 시작할 수 있다. 그리고 추후 합의에 따라 다른 원자력 선진국을 추가적으로 초대하는 방식이 가능할 것이다. 이를 확대하여 다른 우방국들에게도 다자 핵연구 프로젝트를 제안하고, 최종적으로 각국이 분담금을 출자하여 다국적 핵연구소 설립까지 추진한다면 이상적일 것이다.

실제로 구공산권에서는 소련이 주도하고 북한이 참여한 핵 연구협력 사례가 있다. 합동원자핵연구소(JINR: Joint Institute for Nuclear Research), 또는 두브나 연구소로도 알려진 JINR은 러시아 모스크바 북쪽 두브나 시에 위치한 핵물리학 연구소로 수천 명의 다국적 연구원들이 핵물리학을 연구하고 있다. 북한은 1956년부터 1990년까지 약 30년 동안 핵과학자 250여 명을 JINR에 파견했고, 이들이 현재 북한 내 핵 연구기관 및 대학들의 요직에서 국가적 핵역량을 끌어올리고 있다.[84] 2010년대 이후에도 북한 연구자들이 방사성 물질의 '핵변환' 기술 습득 등을 위해 파견되기도 했다.[85]

다자주의(multilateralism) 또는 소(小)다자주의(minilateralism) 협력의 일환으로도 볼 수 있는 이러한 협력은 목표, 의지, 국가적 능력이 비슷한 우방 선진국들 간에 이루어질 가능성이 높다. 서방 진영의 다국적 원자력 협력체가 기존의 국제 원자력 협력 체계, 오커스, 나토, 쿼드(Quad) 등과 연결되어 촘촘한 그물망을 형성한다면 상호보완적 효과를 기대할 수 있을 것이다.

나. 거부 – '체리 피킹' 전략으로서의 NCND

NCND는 정부가 핵무기 보유 여부에 대한 사실 확인을 거부하는 행위로, 전략적 모호성을 유지하는 정책이다. 즉, 국제적으로 민감할 수 있는 특정 행동에 대한 잠재적 책임 소재 및 비판을 회피하는 움직임이라고 할 수 있다. 이는 비핀 나랑이 설명한 '숨기기' 또는 '보호된 추구' 전략과도 연결된다. '숨기기' 전략은 국제사회에 발각되지 않고 핵무장을 진행하는 것이고, '보호된 추구' 전략은 강대국의 전략적 이해관계에 따른 묵인 하에 핵무장을 진행하는 것이다. 한 국가가 두 전략 중 하나를 성공할 경우, NCND 정책을 채택할 정치적 공간이 형성될 수 있다. NCND에 성공한 국가는 국제적 반발과 부정적 인식을 회피하면서 핵무장의 정치·경제적 비용에서 자유로워지는 이익을 누리게 된다.

만약 한국이 NCND 입장을 성공적으로 취한다면, 핵무기 보유 사실을 시인하는 것에서 비롯되는 국제사회의 다양한 비판을 예방할 수 있을 것이다. 또한 핵무장 사실에 대한 지도부의 공식적 확인이 없는 상태에서 정황 증거 등에 기반하여 경제 제재가 가해진다 하더라도, 명확한 실체가 없는 국가적 행위에 대한 제재는 제한적일 수밖에 없을 것이다.

한국의 외교안보 정책은 '위험 회피형(risk-averse)' 성격을 띠어 왔다. 그러므로 한국 정부는 핵무장 사실을 공식적으로 시인할 경우 초래될 유무형의 비용이 국익에 이롭지 않다고 판단할 수 있다. 따라서 핵무장 완료 시점의 안보 정세를 고려하였을 때 시인에 기반한 '서울 선언' 발표가 전략적으로 바람직하지 않다고 판단된다면, 한국 정부는 NCND를 채택할 것으로 예상된다.

한국은 1970년대에 1차 핵무장을 실패한 핵개발 시도 국가이다. 따라서 처음에 명확한 방식으로 2차 핵무장 사실을 부인했다가 발각될 경우 정치적으로 감당하기 어려운 결과가 발생할 수 있다. 반면 모호한 외교적 수사에 기반한 NCND를 일관적으로 유지할 경우, 핵무장 사실을 전면 부정하는 거짓을 말하지 않는 동시에, 시인에 따른 정치·경제적 비용도 회피할 수 있다. 즉, 한국에게는 NCND 정책이 곧 '체리 피킹(cherry-picking)'[86] 전략과도 같다.

다만 핵무기 보유 사실에 대해 NCND로 일관하고자 할 경우, 한국은 다음과 같은 가능성을 고려할 필요가 있다. 한국의 핵무기에 관한 무성한 추측이 나오더라도 정부가 이에 대해 확실히 해명하거나 논란을 불식시키는 것은 어렵다. 결국 외교적 수사(rhetoric)를 통한 매우 간접적인 입장표명 만이 최선일 것이므로, 한국의 대응은 제한될 수 있다. 예를 들어 국제사회가 핵무기를 보유한 한국에게 핵무장 여부를 확인하려 한다면, 한국으로서는 '적의 선제 공격 시 유엔 헌장 51조가 보장한 자위권의 행사 차원에서 모든 수단을 동원하여 비례적으로 보복할 것'이라는 정도의 절제된 입장만을 표명해야 할 것이다.

그리고 이러한 입장은 한국이 핵무기를 보유했으므로 유사시 적국에 핵보복을 실행할 역량을 이미 갖추었다는 국제사회의 추론으로 이어질 것이다. 이는 NCND를 고수하더라도 핵보유에 대한 추측성 비판, 각종 의혹과 논란 등에서 한국이 완전히 자유로울 수 없음을 암시한다. 비유하자면 혐의에 대한 개인의 진술거부권 행사가 무혐의로 이어지지는 않는다는 점과 상당히 유사하다. 한국은 이에 유의하여 핵무장 사실 인정 여부를 결정해야 할 것이다.

핵무장에 성공한 대부분의 국가들은 실존하는 적성국 위협으로 인해 자체 핵무장을 강행했다. 그리고 완성된 핵무기를 포기한 남아프리카공화국이나 부다페스트 안전보장 각서를 통해 구소련 시절 핵무기 폐기와 안전보장을 교환한 우크라이나 사례처럼, 냉전이 종식과 맞물리거나 역내 안보 위협이 사라지지 않는 한, 핵보유국이 먼저 선의에 기반하여 자발적 비핵화로 나아간 사례는 전무하다. 이는 핵무장 완료

국가의 비핵화가 비현실적이라는 의미이기도 하다. 다시 말해, 한 국가가 이미 보유한 핵무기를 완전히 포기하도록 강요하는 것은 사실상 불가능하므로, 결국 기존 국가들은 그러한 새 현상에 대해 타협하거나 현상 변경 국가와의 전략적 협력을 선택하는 결과에 놓인다.

이러한 결과를 잘 보여주는 사례인 이스라엘은 핵정책에서 NCND를 적극적으로 활용하고 있다. 이스라엘은 핵무기 보유를 정부 차원에서 공식적으로 인정하지 않았으나, 이미 상당수의 핵무기를 보유하였거나 생산할 수 있는 수준으로 판단된다. 그러므로 한국형 NCND의 실행 가능성을 높이기 위해, 전세계 핵보유국 중 유일하게 NCND를 사실상 공식 핵정책으로 유지하고 있는 이스라엘의 사례를 검토할 필요가 있다. 비밀 해제된 문건에 기반하여 분석한 결과, 한국형 NCND 정책이 성공하기 위해서는 1) 국가적 양면성, 2) 미국의 전략적 묵인, 3) 뛰어난 정보력 및 공세적 비공식 대응 의지가 필요하다는 교훈이 도출된다.

1) 국가적 양면성

먼저 핵무기 보유 사실에 대한 전략적 모호성 유지는 이중적 태도를 통해 이루어져야 한다. 1963년 이후 이스라엘은 "중동에서 처음으로 핵무기를 도입하지 않는 국가(not to be the first to introduce nuclear weapons in the Middle East)"를 핵심으로 내세웠다. 이는 이스라엘이 핵무기를 실험하거나 공개적으로 핵무기의 존재를 인정하지 않겠다는 의미로 해석된다. 이렇듯 핵무기에 대한 불투명한 정책을 유지하며 핵무기 보유 여부에 대해 긍정도 부정도 하지 않고 있다.

아이젠하워 행정부가 이스라엘에 핵시설에 대해 물었을 때, 이스라엘 정부 관계자들은 지위고하를 막론하고 모두 애매모호한 답변으로 일관했다. 1960년 미국 외교관들이 헬기를 타고 해당 핵시설이 건설 중이던 디모나(Dimona) 부지 근처를 지날 때 질문을 하였으나, 당시 이스라엘 측 수행원 에디 코헨(Addy Cohen)은 그 부지가 "섬유 공장(textile factory)"이라고 즉석에서 둘러댔다. 실제로 이스라엘은 그 핵시설 부지에 섬유 공장을 만들어 운영하였기에 코헨이 동맹국에게 완전히 거짓 답변을 한 것은 아니었다.[87]

국가 지도부 차원에서도 일치된 NCND 정책을 고수했다. 다비드 벤구리온(David Ben-Gurion) 총리는 모호성(ambiguity)과 은폐(concealment)를 NCND의 핵심으로 택했다. 그는 디모나 시설이 민간 과학연구 프로젝트의 일환이자 경제 발전과 원자력의 평화적 사용을 위한 곳이라고 공언했으며,[88] 이스라엘 의회(Knesset)에서도 비슷한 취지의 발언을 하였다. 핵개발 프로젝트의 생존이 달린 문제였기에, 미국에게 전달한 정보도 이러한 NCND에 기반한 내용이 전부였다. 기만적인 모호성 전략을 통해 벤구리온은 단기적 이익을 얻고자 했다. 그러한 단기적 이익은 미국의 분노와 그에 따른 압박을 덜고, 백악관과의 공개적 갈등을 피하면서 지역적, 국내정치적 상황을 안정시키는 것을 의미했다.[89]

핵무장 이후에는 NCND에 의한 각종 추측, 우려, 비판 등을 불식시키기 위한 외교적 조치도 철저히 시행했다. 이스라엘 정부는 대기권, 우주권, 수중에서의 핵실험을 금지하는 부분적핵실험금지조약(PTBT: Partial Test Ban Treaty)의 가맹국이며, NPT 체제 밖에서 핵무장에 성공한 사실상의 핵보유국들 중에서는 유일하게 1996년 포괄적핵실험금지조약(CTBT: Comprehensive Nuclear Test Ban Treaty)에 서명했다.[90]

그러나 동시에 이스라엘은 핵문제에 대한 양면성도 드러냈다. 이스라엘 정부는 핵무기 자체를 금지 및 최종 폐기하자는 취지의 핵무기

금지조약(TPNW: Treaty on the Prohibition of Nuclear Weapons)에는 적극적 반대 입장을 유지하고 있다. 더불어 다른 핵보유국들과 연대를 통해 TPNW에 대한 유엔 총회(UN General Assembly)의 협의 진행을 전략적으로 거부(boycott)한다. 즉, 이스라엘은 핵무기에 대한 도의적 책무를 빌미로 NCND와 충돌하지 않는 CTBT에는 전략적으로 참여 중이나, 핵무기를 전면 금지하는 조약에 대해서는 소극적 태도로 일관하며 이에 반대하는 핵보유국들과 협력하고 있다.

만약 한국이 핵무장 이후 NCND로 나아가고자 할 경우, 국제정치적 반발을 최소화하기 위해 일부 핵 관련 조약에 대해서는 서명국으로 참가할 필요가 있을 것이다. 다만 해당 조약들에 대한 국회 비준은 거치지 않는 전략적 움직임을 고려해야 한다. 이를 통해 법적 구속을 피하고 정치외교적 부담을 최소화할 수 있다. 또한 한국은 주변국의 핵위협에 대한 자위권 차원에서 핵무기를 보유할 가능성이 높으므로, 핵무기의 안보적 효율성을 담보하기 위해 가급적 TPNW와 같이 핵무기를 전면 금지하는 조약은 거부해야 할 것이다. 이를 위해 기존 핵보유국들과의 전략적 협력이 필수적이다. 이러한 후속 행동을 통해 한국은 핵 기득권을 해치지 않는 신규 핵보유국이 될 수 있다.

2) 미국의 전략적 묵인

NCND를 유지함에 있어 미국의 묵인은 필수적 요소라 할 수 있다. 그런데 한국의 핵개발을 강압으로 무마시킨 사례와 마찬가지로, 미국은 1960년 말에 이스라엘의 핵개발 정황을 파악하고 디모나 핵시설에 대한 사찰과 비핵화 압박을 가하려 했다.[91] 결과적으로 이러한 이스라엘에 대한 비핵화 노력은 실패하였다. 기밀 해제된 문서에 따르면, 미국의 묵인은 처음부터 의도된 것이 아니라 이스라엘의 핵개발을 몇 년 일찍 포착하지 못한 정보 실패(intelligence failure)에서 비롯되었다.[92] 또한 벤구리온 총리의 한 측근은 개인적으로 캐나다 대사에게 디모나 핵시설 비밀 유지를 "이스라엘의 어리석은 실수(a stupid mistake on the part of Israel)"라고 고백했다.[93] 즉, 널리 알려진 바와 달리 미국의 묵인과 이스라엘의 NCND는 양국이 처음부터 의도한 정책은 아니었던 것이다.

처음으로 이스라엘의 핵개발을 뒤늦게 알아챈 드와이트 아이젠하워(Dwight Eisenhower) 대통령은 임기 종료를 앞두고 있었다. 따라서 이스라엘에 대한 비핵화 추진 동력을 상실한 미국은 벤구리온 총리의 핵무기 보유 시도를 억제하는 데에 미온적이었고, 디모나 핵시설의 존재를 외교적 갈등으로 비화시킬 의지도 부족했다. 그리고 당시 미국은 소련과의 냉전 초기에 돌입함에 따라 이미 베를린 위기와 같은 다른 지역 안보 문제에 몰두하고 있었다. 미국과 이스라엘의 관계는 비교적 원만했고, 미국 내 유대인 사회의 이스라엘 지지세도 탄탄하였다. 무엇보다도 전술한 바와 같이 임기 말이었던 아이젠하워는 핵문제를 국무부에서 전담하도록 했는데,[94] 이는 케네디 행정부가 출범하기 전까지 이스라엘의 핵개발을 외교적 통제 하에 두게 만들었다.

1960년 12월 19일 아이젠하워 행정부 회의에서는 성명을 통해 미국이 디모나 핵시설에 연루되었다는 의심을 떨쳐내야 한다고 결론지었다. 따라서 그날 미국은 공식 성명을 통해 "핵무기 생산 의도가 없다(no intention of producing nuclear weapons)"라는 이스라엘 정부의 입장을 환영했다. 또한 이스라엘을 돕는 것이 자국의 비확산 정책과 원자력법을 위반할 소지가 있다고 판단한 미국은 그 어떠한 지원도 이스라엘에 하지 않았음을 명확히 밝혔다.[95]

반면 한 달 후 집권한 케네디는 이스라엘의 핵무기에 대해 강경한 입장을 보이며 이를 저지하기 위해 대립과 갈등의 길을 선택했다. 그는 당시 이스라엘 핵무기 개발 프로젝트의 총책임자였던 국방부의 실무자 시몬 페레스(Shimon Peres)[96]에게 핵무장 의도를 추궁했다. 그러나 페레스는 중동에서 핵무기를 처음으로 꺼내 드는 국가는 절대로 이스라엘이 되지 않을 것임을 명확히 밝혔고, 이에 케네디는 핵문제를 더 거론하지 않고 면담을 끝냈다.[97] 그러나 집권 2년 후인 1963년에 케네디가 피살되면서 이스라엘의 비핵화를 이끌어내려던 미국의 노력은 다시 한번 동력을 상실했다. 새로 취임한 린든 존슨(Lyndon Johnson) 대통령은 케네디와 달리 타협을 선택했고, 이어진 닉슨 행정부는 본격적으로 이스라엘의 핵보유국 지위를 수용했다.

1969년 집권한 리처드 닉슨(Richard Nixon) 대통령은 골다 메이어(Golda Meir) 이스라엘 총리와 정상회담을 했다. 양국 회담에서 미국은 처음으로 이스라엘의 '사실상의 핵보유국(de facto nuclear-armed state)' 지위를 수용하기로 합의했다.[98] 닉슨-메이어 비밀 합의의 내용은 현재까지도 구체적으로 알려져 있지 않다. 그러나 닉슨의 국가안보보좌관 헨리 키신저(Henry Kissinger)가 쓴 메모에 따르면, 미국은 "이스라엘이 공개적 선언이나 핵실험을 통해 핵무기의 보유 사실을 시인하지 않는 한 미국은 이를 묵인할 것"임을 암시했다.[99] 해당 비밀 메모에서 키신저는 우방국이 은밀히 갖춘 핵무기가 위험하고 미국의 국익에 도움이 되지 않는 것은 사실이지만, 이것이 공식적으로 알려져 소련의 대(對)중동 핵억제 공약으로 이어지는 것도 위험하다고 보았다.[100]

결국 메이어-닉슨 비밀 합의에 따라, 이스라엘은 핵무기 보유 여부에 대해 NCND로 일관하며 핵실험을 하지 않는 정책을 유지하고, 미국은 이를 문제 삼지 않는 방향으로 흘러갔다. 즉, 미국 내 정치 상황의 전개가 전반적으로 이스라엘에 우호적인 상황을 조성하였다. 초기 압박 의도와 달리 미국이 자연스럽게 이스라엘 핵무기를 묵인하는 행태로 진화한 것이다.

이러한 NCND가 가능했던 배경에는 이스라엘이 이미 프랑스를 통해 핵무기의 성능을 간접적으로 실험하였기에 추가 핵실험이 필요하지 않았다는 점이 있다. 이스라엘이 핵실험 없이도 자국 핵무기의 성능과 신뢰성을 이미 충분히 인지하고 있었기에, 미국과의 밀실 논의를 통해 합의 기반 묵인에 다다를 수 있었던 것으로 볼 수 있다. 이는 핵무장 이후 한국의 NCND 정책에도 시사하는 바가 적지 않다.

이스라엘의 사례는 한국이 핵무장 후 NCND 정책을 채택하기 위해서는 미국의 묵인이 전제되어야 한다는 점을 암시한다. 그리고 1970년대 한국이 처음으로 핵개발을 시도했을 때와 달리, 그 어떠한 종류의 국내외 압박이나 환경 변화에 굴하지 않고 지도부와 정책 실무자들이 의연하게 핵무장을 지속할 강단과 추진력이 반드시 필요하다는 점을 보여준다. 무엇보다도 핵개발 과정의 초반 및 중반에 보안을 잘 유지하여야 완성도 높은 NCND를 유지할 수 있다는 사실이 중요하다. 다만 핵무장을 영구적으로 국제사회에 비밀로 감추는 것은 감시 기술이 발달한 현대에서 사실상 불가능하다. 그러므로 원치 않는 상황에서 갑자기 핵무장 사실이 외부에 알려졌을 때 적극적으로 대응할 수 있는 정부의 방첩(counterintelligence) 역량과 공세적 비공식 대응 의지가 뒷받침되어야 한다.

3) 정보력 기반 공세적인 비공식 대응 의지

이스라엘은 암살, 보복 등의 비공식 작전 경험이 풍부한 민주국가이다. 그러나 이스라엘은 자국의 핵무기 보유 사실이 타의로 공개적으로로 밝혀지는 것을 예방하기 위해 수단과 방법을 가리지 않는다. 이스라엘식 NCND를 지속시키는 원천은 정치인들의 신중한 외교적 수사와 더불어 정보기관의 뛰어난 정보력 및 방첩 역량이다. 즉, NCND를 채택한 핵보유국은 자국의 핵 정보를 보호하려는 강한 의지가 있어야 하며, 민감한 정보 보호를 위해 어떠한 수단과 방법도 가리지 않을 의지와 능력이 필수적이라는 의미이다.

이스라엘은 핵무기 보유 여부에 대한 모호성을 핵전략의 핵심으로 삼았다. 이를 통해 전략적 유연성을 도모하려 하였다. 따라서 핵무기 보유 사실에 대한 비밀 유지를 철저히 하고자 하였으며, 모호성이 손상될 것을 우려하였다. 그러나 핵시설에서 근무하던 이스라엘 과학자 모르데하이 바누누(Mordechai Vanunu)가 1986년 영국 언론에 이스라엘이 핵무기를 가졌다고 폭로했다. 그의 폭로를 통해 이스라엘이 약 150개의 핵폭탄을 생산할 역량을 갖추었음이 드러났다.[101] 이스라엘은 핵무기 보유 사실에 대한 비밀 유지가 어려워지자 그간 누려온 모호성이 손상된 점을 우려하게 되었다.

이에 이스라엘 정보기관 모사드(Mossad)는 해당 언론이 그를 보호하기 위해 섭외한 은신처를 파악했고, 현지 조력자까지 동원하여 바누누 체포에 수단과 방법을 가리지 않았다. 결국 그는 모사드 요원들에 의해 납치되어 이스라엘로 이송된 후 국가안보 저해, 간첩 및 반역 혐의로 18년형을 선고받았으며, 그의 항소는 모두 기각되었다. 그 후에도 이스라엘은 바누누를 철저히 감시하면서 외국인 접촉 금지, 출국 금지, 통신 내역 감시, 거주이전 및 표현의 자유 제한 조치 등을 취했다.[102] 또한 그는 석방 이후에도 외국인들을 접촉할 때마다 체포 및 투옥되었다. 바누누를 석방하라는 국제사회의 인도주의적 요구 또한 정부에 의해 거절 또는 묵살되었다. 2024년 7월 7일 바누누의 마지막 기록에 따

르면, 이스라엘 당국은 바누누를 대상으로 한 모든 행동 제한 조치를 연장했다.[103]

또한 이스라엘은 적성국에 대한 예방 타격을 하지 않으면 안보 위협이 커진다고 판단한다. 그래서 시리아, 이라크 등의 핵시설을 과감히 타격한 바 있다. 일반적으로 미국의 상당한 지원을 받는 국가가 미국 의중에 반하는 행동을 감행하기란 어렵다. 그러나 이스라엘은 안보상의 이유로 대응이 필요하다고 판단될 경우, 그것이 설령 미국의 입장을 일부 거스르더라도 자국 안보를 위해 움직인다. 이렇듯 이스라엘은 인권 및 윤리적 문제에 대한 국제적 비판과 논란이 쇄도할 것이 자명한데도 불구하고, 국익을 해치는 사건과 인물을 철저하게 행정적, 사법적, 군사적으로 응징 또는 저지하려는 필사적인 의지를 보인다. 또한 이를 집행하기 위한 비공식 대응도 불사하고 있다.

그래서 일견 이스라엘은 비판의 소지가 다분한 국가로 보일 수 있다. 뚜렷한 실체가 없는 장기적 안보 위협에 대한 공세적인 비공식 행동과 주변국 영토에 대한 예방 타격은 여전히 논란의 대상이기 때문이다. 이러한 예방적 선제 대응은 피해국가의 보복을 초래하여 지역 긴장도가 높아질 수 있고, 최악의 경우 국지전 또는 전면전으로 확대될 위험이 존재한다. 그럼에도 불구하고 이스라엘은 어떠한 도덕적 관념보다도 자국의 생존과 국익이 우선이라는 입장을 행동으로 관철시키고 있다. 한국 또한 주변 적성 핵보유국과의 균형 수립 및 국가 생존이라는 실존적인 문제를 안고 있으므로, 핵무장 이후의 한국형 NCND 정책을 고민하는 데에 있어 이스라엘 사례는 매우 유의미하다.

5. 결론

본 장에서는 한국이 정치외교적, 경제적 비용을 최소화하면서도 정당방위 차원의 자체 핵무장을 할 수 있는 방법에 대해 고민하였다. 이를 위해 먼저 현재 국제 안보 정세와 한국 안보정책의 문제를 비판적 시각으로 진단하고, 미래에 한국이 불가피하게 핵무장을 결심할 때 고려할 수 있는 3단계 추진 전략을 제안하였다. 이어서 핵무기 보유 사실에 대해 정부가 취할 수 있는 두 가지 입장으로서 1) 시인을 위한 서울 선언, 2) 거부를 위한 NCND를 검토하였다.

핵무장 추진 전략을 3단계로 구분한 데에는 여러 이유가 존재한다. 우선 한국 정부의 외교안보 정책이 상당히 경로의존적(path-dependent)이고 조심스럽기 때문이다. 한국이 핵무장으로 나아가게 될 경우, 그동안 보여온 고도의 정책적 신중함과 한미동맹에 대한 습관적 편승(bandwagoning) 경향이 일부 수정되는 것은 불가피하다. 이는 자체 핵무기 기반 외교안보 정책으로 급선회할 경우 따를 유무형의 국내, 국제정치적 비용이 한국 정부에 부담으로 작용할 수 있음을 의미한다. 따라서 안보적 이유로 핵무장이 필요하다면 이를 점진적으로 진행하며 주변 적성국 반응에 유연하게 대응할 수 있어야 한다.

또한 급부상한 자체 핵무장 담론의 상당한 파급력이 국내외에서 관찰되고 있다. 핵무장론이 역내 안보 상황 악화에 따라 과거에 비해 상당한 설득력을 가지게 되면서, 비교적 최근 들어 현실주의적 대응책으로서 주목받고 있다. 그러나 자체 핵무장을 국가 정책으로서 고려하는 것에 대해서는 아직 한국 정책결정자들이 거부(veto) 정서를 가지고 있거나 시기상조(時機尙早)라고 판단하는 경향이 있다. 따라서 관료 사회 내에 팽배한 이러한 인식을 전환하기 위해 점진적 긴장 고조 방식을 활용한 단계별 핵무장 추진 전략이 제시될 필요가 있다고 보았다.

그리고 현재 한국은 최단기간 내에 핵무장을 할 수 있는 설비, 소재, 핵 교리 등이 마련되지 않아 일각에서 주장하는 6개월 또는 1년 내 핵무장은 현실적으로 많은 제약이 존재한다.[104] 한미 원자력협정이 가하는 제약으로 인해 사용후핵연료 재처리 및 우라늄 농축 등이 국내에서 제한되기 때문이다.[105] 따라서 최종적으로 핵무장 상태를 달성하기 위해서는 단계적 추진 전략을 통해 필요한 시설을 갖추는 핵잠재력(nuclear latency) 확보가 선행되어야 한다. 이러한 측면을 고려하였을 때, 핵무장 시 드는 비용과 시간을 최소화하기 위해 3단계 접근법을 채택하는 것이 한국에 바람직하다고 할 수 있다.

따라서 한국 정부는 핵무장을 위한 3단계 전략의 핵심 요소로서 1) 한미 원자력협정 개정 및 핵잠재력 확보, 2) 한반도 비핵화 공동선언 이행정지, 3) NPT 이행정지 또는 탈퇴 압박, 4) 핵무기 개발 및 핵정책 서울 선언 선포, 5) 한미 양국 핵무기 기반의 쌍무적 안보 분담을 추진해야 한다. 다시 말해, 주변국의 핵위협 증가에 따른 자위권 차원의 핵무기 보유를 정당화하면서, 핵무장 이후 한미동맹 발전 및 기여 방안을 능동적으로 미국에 제안하는 것이 중요하다.

본 장의 내용을 한국이 실행에 옮기기 위해서는 세 가지가 반드시 전제되어야 한다. 첫째, 중국과 북한의 공세적 핵무기 증강이 고착화되고, 둘째, 정부가 자체 핵무장의 필요성을 체감하여 이를 적극적으로 추진할 강한 의지가 있으며, 셋째, 핵무장에 대한 정치권의 초당적 지지 및 범국민적 공감대가 형성되어야 한다. 무엇보다도 자체 핵무장의 관건은 적극적 대미 외교와 새로운 미래 핵전략에 대한 한미 양국의 긴밀한 협의이다.

경제력과 군사력을 고루 갖춘 선진국인 한국에게 미국이 더 큰 안보적 역할을 요구하는 움직임이 점점 거세질 것으로 보인다. 따라서 한국은 한미관계와 동맹의 성격을 고려하여 한국의 적절한 안보 분담 수준을 정하고, 미국과 적극적으로 협의할 필요가 있다. 이 과정에서 미국이 원하는 한국의 국제적 역할 수행과 인도-태평양 전략 지원에 있어 자체 핵무기가 유의미한 도움이 될 것이다.

또한 주한미군의 역할을 조정하여 유사시 지역 문제에 동원될 수 있어야 한다는 목소리가 미국에서 지속적으로 관찰되고 있다.[106] 따라서 자체 핵무장이 주한미군의 부담을 덜어줄 수 있다는 설득 작업과 더불어, 유사시 주한미군 역할 범위에 대한 양국의 논의가 이루어져야 한다. 특히 양국이 동의한 대북 억제 목표가 흔들린다면 권위주의 진영의 오판을 자극할 수 있음을 워싱턴에 강조해야 한다.

북핵 문제가 시작된 지 30년이 넘은 지금까지도 한국은 자체 핵무장 대신 가능한 모든 재래식 수단을 확보하려 해왔다. 한국이 고위력 탄도미사일, 중대형 잠수함, 전투기와 같은 비싼 재래식 무기 개발에 관심을 갖는 이유가 여기에 있다. 그러나 핵무장 이후 한국과 주변국의 관계 재정립이 두렵다고 하더라도, 인구절벽과 핵위협을 동시에 마주한 위기 속에서 재래식 전력 맹신의 한계는 명백하다. 그리고 적으로부터 공격받거나 그 직전이 되어서야 초강대국 동맹의 대리 핵 보복에 의지하겠다는 '소 잃고 외양간 고치기' 정책은 3개의 적성 핵보유국을 근거리에 둔 한국에게 적합하지 않다.

1970년대처럼 단순히 한미 관계를 관리하는 것이 외교안보 정책의 핵심이었다면 한국의 핵무장은 불가능할 수도 있을 것이다. 그러나 이제 중국이 서방 국제질서 및 패권의 도전자로 인식되기 시작했고, 미국은 이를 견제하기 위해 핵심 선진 동맹국들의 지원이 절실하다. 세력 우위와 패권에 기반한 아시아 전략을 지탱하기 위해서는 워싱턴이 핵심 선진 동맹국들의 핵무장을 전략적으로 검토할 수밖에 없는 상황으로 흘러가고 있다.

카터 행정부의 국가안보보좌관을 지냈던 즈비그뉴 브레진스키(Zbigniew Brzezinski)는 중국, 러시아, 이란이 합세한 거대한 동맹이 형성되는 것이 잠재적으로 가장 위험한 시나리오이며, 중국이 이러한 반패권 동맹을 주도할 가능성이 높다고 일찍이 전망했다.[107] 고질적인 북핵 문제에 이어 러시아의 동유럽 위협, 중국의 공세적 부상, 유엔 상임이사국 간 입장 대립, 중국과 러시아의 안보리 거부권 남발, 비확산 체제에 대한 회의론까지 여러 문제를 동시에 마주한 민주 동맹국들은 변화한 현실을 직시해야 한다. 설령 주요 동맹국의 핵무장이 권위주의 진영의 당연한 반대로 이어지더라도 국가 생존보다 중요한 이익은 없다는 사실을 인식하는 것이 중요하다.[108] 핵무장의 비용을 과장하고, 핵보유국의 이중성과 비핵국가의 취약성에는 침묵하면서 동맹국의 자체 핵무장을 무조건 반대하는 비확산 논리는 사실상 한국의 현실에 더 이상 유효하지 않다.

주

1. U.S. Department of Defense, "Defense Vision of the U.S.-ROK Alliance" (2023), at https://www.defense.gov/News/Releases/Release/Article/3586528/defense-vision-of-the-us-rok-alliance/ (검색일: 2024. 7. 24.).

2. ROK Ministry of National Defense, "ROK-US alliance grows to a powerful and exemplary alliance" (2020), at https://www.korea.net/Government/Briefing-Room/Press-Releases/view?articleId=5055&type=O (검색일: 2024. 7. 24.).

3. 변해정, "조태열 "대통령실이 경제안보 통합전략 큰 그림 그려야"," 《뉴시스》, 2024년 5월 20일; 백학순, "걷잡을 수 없는 국제정세, 한국에 '대전략'이 필요하다," 《프레시안》, 2022년 3월 21일.

4. Robert Muggah and Ian Goldin, "How to survive and thrive in our age of uncertainty," *World Economic Forum* (January 7, 2019)

5. 이해준·김하나, "한미핵협의그룹 첫 회의…김태효 "핵무장 필요없을 정도 확장억제"," 《중앙일보》, 2023년 7월 18일; 김미나, "대통령실 "핵공유 용어 집착 필요 없다, 나토보다 더 실효적"," 《한겨레》, 2023년 4월 29일.

6. 정경영, "북핵 도전과 한국의 응전전략," 『군사논단』 제112호 (2022); 정성장, 『우리는 왜 핵보유국이 되어야 하는가?』 (서울: 메디치미디어, 2023); 하대성, "북한 핵무장에 대비한 대한민국 핵억제전략 연구-핵보유 국가들의 핵무장사례를 중심으로 -," 『대한정치학회보』 제24권 3호 (2016); 이정, "한미동맹과 한국의 핵무장에 관한 연구," 고려대학교 석사학위논문 (2012).

7. 정성장, 『日韓同時核武裝の衝擊(일한 동시 핵무장의 충격)』 (도쿄: ビジネス社, 2024a).

8. 정성장, 『우리가 모르는 김정은: 그의 정치와 전략』 (서울: 한울, 2024b).

9. 정성장 (2023).

10. 차태서, 『30년의 위기-탈단극 시대 미국과 세계 질서』 (서울: 지의화랑, 2024). pp. 364-366.

11. U.S. Department of Defense, "MILITARY AND SECURITY DEVELOPMENTS INVOLVING THE PEOPLE'S REPUBLIC OF CHINA" (2023) at https://www.defense.gov/News/Releases/Release/Article/3561549/dod-releases-2023-report-on-military-and-security-developments-involving-the-pe/ (검색일: 2024. 7. 24.).

12. 구경우, "[단독]대통령실, 자체 핵무장 "모든 가능성 열어두겠다"," 《서울경제》, 2023년 1월 12일; 유혜림·김윤호, "[단독] 윤석열 대통령 '핵무장' 결심 굳히나…' 독자 핵' 주장 핵자강전략포럼 의견 청취," 《이투데이》, 2022년 10월 12일.

13 U.S. Department of Defense, "2022 Nuclear Posture Review," U.S. (2022).

14 Megan Munoz, "Diplomatic duplicity: China and nuclear non-proliferation," *Foreign Policy News* (October 27, 2015); Robert Dodge, "Nuclear weapon states like US must end the hypocrisy," *The Hill* (January 8, 2022).

15 Marvin Miller·Lawrence Scheinman, "Israel, India, and Pakistan: Engaging the Non-NPT States in the Nonproliferation Regime," *Arms Control Association* (2023).

16 Daniel Schoolenberg, "Biden struggling on nuclear arms control," *Responsible Statecraft* (January 29, 2024); John Xie, "China Rejects US Nuclear Talks Invitation as Beijing Adds to Its Arsenal," *Voice of America* (July 13, 2023).

17 Edith M. Lederer, "US and allies clash with China and Russia over North Korea's launches and threats to use nukes," *AP News* (June 1, 2024).

18 수직적 핵확산은 기존 핵보유국이 자국의 핵무기를 양적, 질적으로 고도화하는 현상이다. 반면 수평적 핵확산은 핵무기를 보유하지 않았던 비핵국가들이 핵무장에 나서는 현상이다.

19 William Gallo, "South Korean Conservatives Lament 'Nuclear Shackles' Following Yoon-Biden Summit," *Voice of America* (April 27, 2023).

20 스티븐 M. 월트 저, 김성훈 역, 『미국 길들이기』 (서울: 한울, 2007), pp. 130-132.

21 스티븐 M. 월트 (2007), pp. 130-132.

22 Council on Foreign Relations (CFR), "The Future of Nuclear Nonproliferation and Disarmament Is in Danger" (2022), at https://www.cfr.org/councilofcouncils/global-memos/future-nuclear-nonproliferation-and-disarmament-danger (검색일: 2024. 7. 24.).

23 신민정, "6·25 전쟁 74주년에 나경원·오세훈 "핵무장 해야"," 《한겨레》, 2024년 6월 25일; 김충열, "[한국 핵무장 담론]북한 핵 위협, 한국의 핵무장은 필요하고 가능한가?," 《브레이크뉴스》, 2024년 6월 17일; 정성장 (2023).

24 The White House, "Washington Declaration" (2023) at https://www.whitehouse.gov/briefing-room/statements-releases/2023/04/26/washington-declaration-2/ (검색일: 2024. 7. 24.).

25 신호경, "한은 "수도권 인구 비중 OECD 1위…저출산 문제의 원인"(종합)," 《연합뉴스》, 2023년 11월 2일.

26 김명일, "尹 "마음먹으면 핵개발… 지금은 NPT 지키는 게 국익"," 《조선일보》, 2024년 2월 7일; 신수아, "대통령실, 윤 대통령 '자체 핵무장' 발언 파장에 선긋기 "NPT 체제 준수"," 《MBC 뉴스》, 2023년 1월 12일.

27 Karoun Demirjian, "Opposition to Ukraine Aid Becomes a Litmus Test for the Right," *The New York Times* (October 5, 2023).

28 Elaine Kamarck·Jordan Muchnick, "One year into the Ukraine war - What does the public think about American involvement in the world?," *Brookings Institute* (February 23, 2023).

29 Barry Posen, *Restraint*, (Ithaca: Cornell University Press, 2015).

30 조지현, "北미사일 공격시… "최대 서울까지 6분, 도쿄 11분, 워싱턴 39분"," 《KBS 뉴스》, 2017년 5월 17일.

31 David Brunnstrom, "Explainer: South Korea's nuclear dilemma: Would U.S. trade Seattle for Seoul?," *Reuters* (April 26, 2023).

32 Hans M. Kristensen·Matt Korda·Eliana Johns·Mackenzie Knight, "Chinese Nuclear Forces, 2024: A "Significant Expansion"," *Federation of American Scientists(FAS)* (January 16, 2024).

33 Pierre De Dreuzy·Andrea Gilli, "Russia's nuclear coercion in Ukraine," *NATO Review* (November 29, 2022).

34 Craig Hooper, "Russia Rattles Nukes As French President Mulls Sending Troops To Kyiv," *Forbes*, (May 6, 2024); Clea Caulcutt, "Macron under fire for saying France wouldn't respond in kind if Russia launched nuclear attack on Ukraine," *Politico* (October 13, 2022).

35 Mark Fitzpatrick, "North Korea: Obama's Prime Nonproliferation Failure," *Arms Control Association*, (December, 2016).

36 이수형, "전술핵 재배치 찬성논리의 문제점 분석과 정책 제언," 『국가안보전략연구원 이슈브리핑』 제17권 17호 (2017).

37 William Gallo, "US Rules Out Redeploying Tactical Nukes to South Korea," *Voice of America* (September 24, 2021).

38 Lidell Hart, *The Decisive War of History* (London: G. Bell & Sons Limited, 1929).

39 Avery Goldstein, *Rising to Challenge: China's Grand Strategy and International Security* (California: Stanford University Press, 2005).

40 Kuyoun Chung, "South Korea's Quest to Become a Global Pivotal State," *The Diplomat*, (November 4, 2023); Center for Strategic & International Studies (CSIS), "South Korea as a Global Power" (2014) at https://www.csis.org/programs/korea-chair/projects/korea-chair-project-archive/south-korea-global-power (검색일: 2024. 7. 24.).

41 메리암-웹스터 사전에서는 '국가 이성(raison d'état)'을 "국익이 우선이라는 근거에 기반한 한 국가의 외교 정책에 대한 정당화(justification for a nation's foreign policy on the basis that the nation's own interests are primary)"로 정의한다.

42 1953년 한국과 미국이 한미상호방위조약을 체결하면서 한미동맹이 제도화되었다. 이에 근거하여 해리 해리스(Harry Harris) 주한미국대사는 한국의 '미중 양

자택일론'을 부정한 바 있다. (원문: I'm often asked about whether the U.S. is asking the ROK to make a choice between us and the PRC. I tell them, the U.S. made our choice in 1950, so did the PRC. The young ROK made its choice in 1953. So did the DPRK, in 1961.) 자세한 내용은 U.S. Naval Institute, "An Interview with the U.S. Ambassador to the Republic of Korea," Vol. 146/11/1,413, (November, 2020) 참고.

43 '안보는 미국, 경제는 중국'이라는 의미로, 역대 한국 정부가 공통적으로 지향했던 실용주의 노선이다. 한중 무역규모가 커지고 중국이 G2 국가로 떠오르면서 본격화되었다. 그러나 2023년 기준 한국의 대미 무역수지는 최대 흑자를, 대중 무역수지는 최대 적자를 기록하고 있다.

44 오수진·김지연, "'수명 5년' 대북정책 연속성 확보 어떻게…전 외교장관들의 조언,"《연합뉴스》, 2024년 5월 30일.

45 정성장, "한국의 자체 핵 보유 추진을 위한 대내적 조건과 핵잠재력 확보 과제," 『세종정책브리프』, 2023-11, (2023).

46 문정인, "[문정인 칼럼] 무엇을, 누구를 위한 '독자 핵무장론'인가,"《한겨레》, 2023년 2월 26일.

47 정성장, "한국의 핵잠재력-핵잠수함 확보 필요성과 한·미·일 협력방안," 국회 대한민국 핵잠재력 확보전략 정책토론회 발표 자료 (2024. 7. 9.).

48 전진호, "'핵잠재력' 확보와 韓美 원자력협정 개정[동아시론/전진호],"《동아일보》, 2023년 10월 17일; 전진호, "한미 (신)원자력협정의 비판적 재검토: 구 한미 원자력협정 및 미일 원자력협정과의 비교를 중심으로," 『한일군사문화연구』 제35권 (2022).

49 노현석·차두현·홍상화, "한미 미사일지침 개정과 한국의 국방력 발전 방향," 아산정책연구원, 2023년 10월 17일.

50 조성진, "미일 안보동맹 수준 격상, '중국 억제'가 핵심…한국 참여 불가피," Voice of America, 2024년 4월 13일.

51 김원철, "'한국 자체 핵무장론' 엘브리지 콜비, 미 국방차관 지명,"《한겨레》, 2024년 12월 23일; 김나영, "[ALC] 폼페이오 "한국 핵무장, 미국이 반대할 이유 없다","《조선일보》, 2024년 5월 22일; 송진원, "빅터차 "트럼프, 韓 핵무장 신경안쓸 것…주한미군 철수 가능성","《연합뉴스》, 2024년 3월 19일; 함지하, "[워싱턴 톡] 한국 위해 미 도시 희생 어려워 vs 미국 공약 의심 말아야," Voice of America, 2024년 3월 4일; David E. Sanger·Maggie Haberman, "In Donal Trump's Worldview, America Comes First, and Everybody Else Pays," The New York Times (March 26, 2016).

52 이창위, 『북핵 앞에 선 우리의 선택: 핵확산의 60년 역사와 실천적 해법』 (서울: 궁리, 2019); Oliver J. Lissitzyn, "STABILITY AND CHANGE: UNILATERAL DENUNCIATION OR SUSPENSION OF TREATIES BY REASON OF CHANGED CIRCUMSTANCES," Proceedings of the American Society of International Law

at Its Annual Meeting (1921-1969), 61 (1967), pp. 186-193.

53 권민철, "尹핵무장 발언 미국 반응…"박정희 이후 처음"," 《노컷뉴스》, 2023년 1월 13일.

54 J. W. Garner, "The Doctrine of Rebus Sic Stantibus and the Termination of Treaties," *The American Journal of International Law* Vol. 21, No. 3 (July, 1927), pp. 509-516.

55 Jean Du Preez·William Potter, "North Korea's Withdrawal From the NPT: A Reality Check," *James Martin Center for Nonproliferation* (April 8, 2003).

56 United Nations Office for Disarmament Affairs, "Treaty on the Non-Proliferation of Nuclear Weapons" (1970), at https://treaties.unoda.org/t/npt (검색일: 2024. 7. 25.).

57 Emmanuelle Maitre, "Withdrawing from the NPT - legal and strategic considerations," *Fondation pour la Recherche Stratégique* (March 21, 2023); Christopher Evans, "Going, Going, Gone? Assessing Iran's Possible Grounds for Withdrawal from the Treaty on the Non-Proliferation of Nuclear Weapons," *Journal of Conflict and Security Law* 26-2 (2021).

58 George Bunn·Roland Timerbaev, "The right to withdraw from the nuclear nonproliferation treaty (NPT): the views of two negotiators," *Yaderny Kontrol*, 10-1-2 (2005).

59 최강, "[기고] 한반도 비핵화 공동선언 폐기, 북핵 대응의 시작이다," 《조선일보》, 2023년 5월 22일.

60 Arms Control Association, "Chronology of U.S.-North Korean Nuclear and Missile Diplomacy, 1985-2022," (July 25, 2024) at https://www.armscontrol.org/factsheets/dprkchron (검색일: 2024. 7. 25.).

61 김지헌, "북, '南겨냥' 초대형방사포로 핵반격훈련…"전술핵 운용 확장"(종합)," 《연합뉴스》, 2024년 4월 23일.

62 법제처 국가법령정보센터, "남북관계 발전에 관한 법률 시행령 (2024년 7월 10일)," https://www.law.go.kr/lsInfoP.do?lsId=010236&ancYnChk=0#0000 (검색일: 2024. 7. 25.).

63 United Nations, "United Nations Charter, Chapter VII: Action with Respect to Threats to the Peace, Breaches of the Peace, and Acts of Aggression (Articles 39-51)," at https://www.un.org/en/about-us/un-charter/chapter-7 (검색일: 2024. 7. 25.).

64 Tong Zhao·Jungmin Kang, "China's Role in Shaping South Korea's Nuclear Choice," *Global Asia* 18-1 (2023), pp. 34-39.

65 엘브리지 콜비 저, 오준혁 역, 『거부전략: 강대국 분쟁시대 미국의 국방』 (서울: 박영사, 2023), p. 286.

66 엘브리지 콜비 (2023), p. 286.

67 즈비그뉴 브레진스키 저, 김명섭 역, 『거대한 체스판 - 21세기 미국의 전략과 유라시아』(서울: 삼인, 2000), p. 72.

68 스콧 스나이더 저, 권영근·권율 역, 『기로에 선 대한민국』(서울: 연경문화사, 2018), p. 289.

69 김승영, "[특집 | 위기의 한반도] 미국 내에서 나오는 '韓日 우호적 핵무장 허용론'," 《월간조선》, 2024년 2월.

70 정성장 (2024a).

71 Da-gyum Ji, "Japan will pay for failing to honor promises, minister says," Korea Herald (November 28, 2024); 정희완, "여야 "우리가 채운 반컵, 일본이 홀랑 마셔버렸다" 사도광산 추도식 질타," 《경향신문》, 2024년 11월 28일; 성호철, "日 사도광산 추도식… 강제 동원 언급도, 사과도 없었다," 《조선일보》, 2024년 11월 24일; 노민호·정윤영, " '사도광산 합의'는 뒷전… '세계유산 자축'에 바빠 한일관계 망친 日," 《뉴스1》, 2024년 11월 24일.

72 Christopher Preble·Zack Cooper·Melanie Marlowe, "Better Burden Sharing with Allies," War On The Rocks (March 30, 2023).

73 본 장에서는 이를 긍정도 부정도 하지 않는 NCND(Neither Confirm Nor Deny)로 정의 및 분류한다.

74 Eric Gartzke·Jon R. Lindsay, Cross-Domain Deterrence: Strategy in an Era of Complexity, (Oxford: Oxford University Press, 2019); Patrick M. Morgan, Deterrence: A Conceptual Analysis, (SAGE Publications, 1977), pp. 26-30.

75 Geoffrey Chapman, "Britain's Deterrent and the 'Moscow Criterion'," Royal United Service Institute (August 1, 2018).

76 UK Ministry of Defence, "The UK's nuclear deterrent: what you need to know," at https://www.gov.uk/government/publications/uk-nuclear-deterrence-factsheet/uk-nuclear-deterrence-what-you-need-to-know (검색일: 2024. 7. 25.).

77 Pierre-Marie Gallois, Stratégie de L'âge Nucléaire (Paris: Calmann-Lévy, 1960), pp. 3-4; 오경환, "약자에서 강자에게로(du faible au fort): 냉전시기 프랑스의 핵개발과 핵전략, 1945-1968," 『사총』 제90권 (2017).

78 Hans M. Kristensen·Matt Korda·Eliana Johns, "Nuclear Notebook: French nuclear weapons, 2023," Bulletin of the Atomic Scientists, (July 17, 2023).

79 Vipin Narang, Nuclear Strategy in the Modern Era: Regional Powers and International Conflict (New Jersey: Princeton University Press, 2014).

80 케네스 왈츠·스콧 세이건 저, 임상순 역, 『핵 무기 전파, 그 끝없는 논쟁』(서울: 박영사, 2022), p. 95.

81 정성장, "김정은의 유사시 남한 '평정' 준비 지시와 남북관계 단절 노선 평가," 『세종정책브리프』(2024년 2월).

82 김인엽, "'러 의존도 낮추자'…美·유럽 '우라늄 독립'," 《한국경제》, 2024년 3월 25일.

83 박인국, "[글로벌포커스] 한미동맹을 첨단과학기술 동맹으로," 《매일경제》, 2024년 1월 30일.

84 박종수, "[심층 리포트] 러시아가 보는 북한의 핵·미사일 능력," 『월간중앙』, 2017년 5월 10일.

85 유세진, "러 핵연구소에 北 기술자에 핵 기술 전수…안보리 결의 무력화 우려," 《뉴시스》, 2014년 11월 30일.

86 메리암-웹스터 사전에서는 '체리 피킹'(cherry picking)을 "최선 또는 가장 바람직한 것을 고르는 행위"(to select the best or the most desirable)로 정의한다.

87 William Burr·Avner Cohen, "The US Discovery of Israel's Secret Nuclear Project," Wilson Center; 노석조, "이스라엘, 섬유공장 지하서 몰래 핵개발… CIA도 속았다," 《조선일보》, 2024년 10월 27일.

88 U.S. Operations Mission to Israel, "US Embassy Israel Telegram 577 to State Department" (December 24, 1960).

89 William Burr·Avner Cohen.

90 Nuclear Threat Initiative (NTI), "Nuclear Disarmament Israel," (September 10, 2024), at https://www.nti.org/analysis/articles/israel-nuclear-disarmament/#:~:text=Party%20to%20PTBT%20%28bans%20testing%20in%20the%20atmosphere%2C,non-NPT%20nuclear%20possessing%20state%20to%20sign%20the%20CTBT (검색일: 2024. 10. 28.).

91 William Burr·Avner Cohen.

92 U.S. Joint Atomic Energy Intelligence Committee, "Post-Mortem on SNIE 100-8-60: Implications of the Acquisition by Israel of a Nuclear Weapons Capability" (January 31, 1961).

93 U.S. Operations Mission to Israel, "US Embassy Tel Aviv telegram 574 to State Department" (December 23, 1960).

94 White House Office of the Staff Secretary, "Memorandum of Conference with the President" (January 12, 1961).

95 U.S. Department of State, " 'US Notes Reports of Israel's Atomic Energy Activities" (December 19, 1961).

96 시몬 페레스는 이후 국방장관을 거쳐 1984년, 1995년, 2007년에 이스라엘 총리와 대통령을 지냈다.

97 Shimon Peres, No Room for Small Dreams (Boston: Mariner Books, 2017).

98 William Burr·Avner Cohen.

99 The White House, "Israeli Nuclear Program: Memo to President Nixon from Henry Kissinger" (July 19, 1969).

100 The White House (1969).

101 Frank Barnaby, "Expert opinion of Frank Charles Barnaby in the matter of Mordechai Vanunu" (June 14, 2004).

102 Revital Hovel, "Israel: Nuclear Whistle-blower Vanunu Can't Address British Parliament," *Haaretz*, (June 1, 2014); BBC, "Israel extends Vanunu travel ban" (April 19, 2005).

103 2024년 7월 바누누는 X(전 트위터)를 통해 이스라엘 당국이 모든 제한 조치를 1년 더 연장하였음을 알렸다. 이스라엘로부터 자유의 몸이 될 때까지 추가적인 글을 올리지 않겠다고 선언한 것이 그의 마지막 기록이다. https://x.com/vanunumordechai/status/1809604846607097924 (검색일: 2024. 11. 12.). 바누누는 출소 이후 이스라엘 국적을 포기하고 출국하겠다는 의사를 거듭 밝혔으며 제3국 망명을 신청하였으나, 이스라엘 정부에 의해 모두 거절되었다.

104 임철균, "1년 내 핵무장 가능?… 지금은 대국민 사기 [무기로 읽는 세상]," 《한국일보》, 2025년 3월 19일.

105 전진호, "한미 (신)원자력협정의 비판적 재검토: 구 한미 원자력협정 및 미일 원자력협정과의 비교를 중심으로," 『한일군사문화연구』 제35권 (2022).

106 Center for Strategic and International Studies, "Shared Threats: Indo-Pacific Alliances and Burden Sharing in Today's Geopolitical Environment" (March 26, 2025); 이동인, "빅터 차, "주한미군 대만 비상 상황시 투입 가능해야…韓, 동의 필요"," 《매일경제》, 2025년 3월 27일.

107 즈비그뉴 브레진스키 저, 김명섭 역, 『거대한 체스판 - 21세기 미국의 전략과 유라시아』 (서울: 삼인, 2000), pp. 80-81.

108 김석준, "한국의 핵 정책에 대한 이론적 고찰 및 함의: 방어적 현실주의 (Defensive realism) 중심으로," 『대한정치학회보』 제31권 4호 (2023), p. 289.

부록 Ⅰ

한국핵안보전략포럼 정관

2022. 10. 29. 채택
2022. 11. 26. 개정
2023. 05. 19. 개정
2023. 06. 21. 개정
2023. 08. 28. 개정
2024. 07. 01. 개정

제1장 총칙

제1조 (명칭) 본 포럼은 '한국핵안보전략포럼(약칭: 핵안보포럼, 영문: ROK Forum for Nuclear Strategy)'이라 칭한다.

제2조 (목적) 본 포럼은 다음과 같은 목적을 추구한다.
① 북한의 핵과 미사일 능력의 급속한 고도화로 인해 한국 국민의 안보 불안감이 갈수록 커지고 있는 상황에서 한국의 독자적 핵무장과 남북 핵균형을 통해 한반도 정세를 안정시키고 동북아 및 세계평화에 기여함을 목적으로 한다.
② 핵자강(독자적 핵무장)을 통해 외교와 안보 분야에서 한국의 자율성을 더욱 확대하고, 한미동맹을 한미가 책임을 균형 있게 분담하는 보다 건강한 동맹으로 발전시키는데 기여한다.

제3조 (사업) 본 포럼은 전항의 목적을 달성하기 위하여 다음의 사업을 진행한다.

① 한국의 독자적 핵무장에 대해 국제사회가 수용할 수 있는 합리적이고 정교한 논리들을 개발하고, 핵무장 과정 및 이후 남북한 간의 핵 균형 및 핵 군축과 남북관계 발전으로 나아가기 위한 정책 방향들을 제시

② 한국의 핵자강에 대한 우려와 부정적인 논리들을 설득할 수 있는 체계적이고 정교한 논리 제시

③ 한국의 외교안보와 한미동맹을 격상시킬 핵자강 옵션에 대한 범국민적, 초당적, 국제적 합의를 이끌어내기 위해 외교안보통일 분야의 전문가, 핵공학자, 예비역 장성, 정치인, 문화예술인, 청년, 여성, 탈북민, 해외 전문가 및 동포 등이 광범위하게 참여하는 네트워크를 구축

④ 포럼은 핵자강전략에 대한 범국민적, 초당적, 국제적 지지를 끌어내기 위해 세미나와 강연, 지역 간담회 등을 수시로 조직

⑤ SNS 등을 통해 포럼의 목적에 부합하는 정보를 회원들과 수시로 공유

⑥ 포럼의 활동을 대외적으로 홍보하기 위해 페북 페이지(www.facebook.com/rokfns), LinkedIn 페이지(www.linkedin.com/company/rokfns/), 유튜브 채널 등을 운영

⑦ 기타 사업

제2장 회원

제4조 (회원의 구분) 본 포럼의 취지에 찬동하는 자를 회원으로 하고, 회원은 운영위원, 일반회원, 청년회원, 특별회원으로 구분한다.

제5조 (운영위원) 운영위원은 본 포럼과 관련된 중요한 정책결정에 직접 참여한다.

제6조 (일반회원과 청년회원) 일반회원은 본 포럼에 가입신청을 해 승인을 받은 자로서 포럼이 주관하는 세미나와 강연 등에 참여할 수 있다. 일반회원 중 20대와 30대의 연령으로 청년위원회에 참가해 활동을 원하는 자는 청년회원으로 가입할 수 있다.

제7조 (특별회원) 본 포럼의 운영에 재정적으로 큰 기여를 한 인사를 특별회원으로 대우한다,

제8조 (회원의 가입, 승인, 의무 및 자격 상실) 회원 가입, 승인, 제명 등의 절차에 대해서는 운영위원회에서 결정한다.
  ① 회원은 소정의 회비를 납부해야 하며, 1년 이상 연회비를 납부하지 않을 경우 회원자격이 자동 상실된다. 연회비 미납으로 회원자격을 상실한 회원이 미납 연회비를 납부할 경우 회원자격이 회복된다.
  ② 회원이 요청하고 운영위원회에서 필요하다고 판단할 경우 해당 회원의 이름은 대외적으로 공개하지 않을 수 있다.
  ③ 회원이 본 포럼에서 비공개하기로 결정한 사항을 대외적으로 누설하거나 포럼의 명예를 훼손할 경우 운영위원회의 결정으로 제명할 수 있다.

제3장 기구 및 임원

제9조 (기구 및 임원의 구분) 본 회는 다음의 임원을 둔다.

① 대표 1명

② 명예고문 약간명

③ 전략고문 10명 이내

④ 분과위원회 위원장 약간명 (분과위원회로 학술분과, 안보분과, 청년분과, 국제협력분과, 국민소통분과, 문화예술분과 등을 설치할 수 있다. 그리고 분과의 구성원이 20명을 넘을 경우 1분과, 2분과 등으로 나눌 수 있다.)

⑤ (국내 및 해외 지역) 지부장 약간명 (포럼은 핵자강 전략에 대한 범국민적, 국제적 지지를 끌어내기 위해 국내 지역 지부뿐만 아니라 주요 국가에 해외 지부를 둘 수 있다.)

⑥ 운영위원 100명 이내

⑦ 운영위원회 간사 겸 사무총장 1명 (사무총장 밑에 직능별로 팀장들을 둘 수 있다)

⑧ 감사 1명

제10조 (임원의 자격, 선출방법, 임기)

① 모든 임원은 운영회원 중에서 선임한다.

② 대표는 운영위원회에서 선출하며 연임할 수 있다.

③ 모든 임원의 임기는 임원을 지명한 대표의 임기와 함께 종료된다.

④ 전략고문, 분과위원장, 지부장, 간사는 대표가 지명한다.

⑤ 감사는 운영위원회에서 선출한다.

제11조 (임원의 직무)

① 대표는 본 포럼을 대표하고 회무를 총괄한다. 대표는 수시로 상무위원회와 운영위원회를 개최해, 포럼의 활동 내용을 보고하고, 포럼의 운영 관련 중요한 정책을 결정한다.

② 전략고문과 분과위원장은 대표를 보좌하고, 대표 유고시에는 운영위원회가 선임하는 전략고문 중 한 사람이 그 직무를 대행하도록 한다.

③ 운영위원회 간사 겸 사무총장은 대표를 보좌하여 본 포럼의 사무를 처리한다.

④ 감사는 대표 및 운영위원회의 사업에 관한 사무 및 회계감사를 실시하고, 운영위원회에 그 결과를 보고한다.

⑤ 지부장은 지부를 대표하고 지부의 사무를 총괄한다.

제4장 차기 대표 선거

제12조 본 포럼은 현 대표의 임기 약 1개월 전에 차기 대표를 선출한다.

제13조 차기 대표에 입후보한 자가 복수일 경우 운영위원회에서 투표로 결정한다.

제5장 회의

제14조 (각종 회의)

① 운영위원회는 대표, 전략고문, 분과위원장, 간사 등 대표가 지명하는 100명 이내의 운영위원으로 구성한다.

② 운영위원회는 정관의 개정을 비롯해 포럼의 운영과 관련한 중요한 결정을 내린다.

③ 상무위원회는 대표, 전략고문 및 사무총장으로 구성된다.

④ 상무위원회는 운영위원의 신규 영입과 신속한 결정을 요하는

사안에 대해 결정을 내리고 그 같은 내용을 운영위원회에 보고한다.

⑤ 포럼은 수시로 운영위원, 일반회원, 특별회원 등이 참여하는 세미나를 개최한다.

제15조 (운영위원회와 상무위원회의 권한)

① 운영위원회는 사업보고 및 결산에 대한 승인권을 가지며, 중대 사항에 대하여 의결권을 가진다.

② 운영위원회는 출석 운영위원 과반수의 찬성으로 의결한다.

③ 포럼은 중요한 시기에 포럼 전체 명의 또는 포럼의 분과위원회 명의로 성명을 발표할 수 있다. 이 경우 포럼 전체 명의의 성명은 운영위원회의 검토를 거친 후, 포럼 분과위원회의 성명은 상무위원회의 검토를 거친 후 발표한다.

제6장 자산 및 회계

제16조 본 포럼의 자산은 다음과 같다.

① 연회비(임원은 10만 원 이상, 일반회원은 10만 원, 청년회원은 5만 원(지역 및 해외 청년회원의 회비는 별도로 책정), 특별회원은 100만 원 이상)

② 기타 수입

제17조 본 포럼의 경비는 회비 수입 등에서 지출한다.

제18조 (결산 보고) 본 포럼의 세입세출 결산을 위해 간사는 회계 연도 종료 후 15일 안에 연말 현재의 결산 보고서를 작성하여 감사에게

제출하고, 감사의 검토를 거친 후 운영위원회의 승인을 받아야 한다.

제19조 본 회의 회계연도는 매년 1월부터 12월까지로 한다.

제7장 정관의 개정

제20조 이 정관은 운영위원회에서 개정할 수 있다.

부칙

제1조 초대 대표의 임기는 2022.10.29~2024.12.31.까지로 한다.

제2조 본 포럼이 2022년 10월 말에 창립된 만큼 2022년과 2023년에는 연회비를 한 차례만 납부하는 것으로 한다.

제3조 이 정관의 시행에 필요한 사항은 운영위원회의 결의로 규정한다.

제4조 운영위원회 소집이 불가능하거나 불필요한 경우 SNS로 의결할 수 있다.

제5조 본 정관은 운영위원회에서 통과된 즉시 발효된다.

부록 Ⅱ

한국핵안보전략포럼 2기
공개 임원진 명단

[2025.06]

· 대표

　정성장　세종연구소 부소장 직무대행, 파리-낭테르대학교 정치학 박사, 전 국가안보실·통일부·국방부 정책자문위원

· 전략고문

　장인순　전 한국원자력연구소장, 캐나다 웨스턴온타리오 대학교 이학박사
　이병령　전 원자력안전위원회 위원, 원자핵공학 박사
　이창위　서울시립대학교 법학전문대학원 명예교수, 게이오대학 국제법 박사
　정경영　한양대학교 국제대학원 겸임교수 겸 AKU교수협회 학술연구원 원장, 미 메릴랜드대학교 국제정치학 박사
　안총기　KIM & CHANG 고문, 전 외교부 차관
　이백순　법무법인 율촌 고문, 전 주호주 대사
　김근태　대한민국수호예비역장성단 상임대표, 예비역 육군대장
　문근식　한양대학교 특임교수, 전 경기대학교 정치전문대학원 교수, 예비역 해군 대령

· 사무총장: 김율곡

· 편집기획위원회

　위원장: **김지용**_해군사관학교 국제관계학과 교수
　부위원장: **정한용**_대전대학교 군사학과 대우교수, 충남대학교 군사학 박사, 예비역 육군대령(육사49기)
　위원: **김율곡**_한국핵안보전략포럼 사무총장
　　　　심규상_텍사스A&M 부시스쿨 DC캠퍼스 교수(2025.8~)
　　　　정성장_한국핵안보전략포럼 대표

· 학술분과위원장: (비공개)

· 안보분과위원장: (비공개)

· 국제협력분과위원장 겸 감사
　최경희　SAND연구소장, 동경대학교 정치학 박사

· 청년위원장
　신나리　북한대학원대학교 석사과정

· 기타 운영위원(일부 국내외 교수, 예비역 장성 등은 비공개).
　강영지　일본 동아시아총합연구소 이사장
　강우철　통일안보전략연구소장
　공평원　한성대학교 행정대학원 특임교수, 웨스트버지니아대학교 국제정치학 박사, 전 합참 전략기획차장
　권용수　국방대학교 명예교수
　권세은　경희대학교 러시아어과 교수, 모스크바국립대학교 정치학 박사
　권태오　VanFleet재단 한국대표, 전 수도군단장, 예비역 육군중장, 유엔사

	군정위 수석대표, 연합사 작전처장, 국방대학교 군사학 박사
김열수	한국군사문제연구원 안보전략연구실장
김유석	전쟁기념관 학예관, 한성대 국방과학대학원 겸임교수
김정기	연성대학교 군사학과 학과장, 경남대학교 정치학 박사
딜런 모틴(Dylan Motin)	Pacific Forum의 Non-resident Kelly Fellow, 강원대학교 정치외교학과 박사
류동관	선문대학교 교수, 전 화생방사령관
리소데츠(이상철)	일본 류코쿠대학교 교수
박동순	한성대학교 국방과학대학원 안보정책학과장, 전 합참 전쟁수행모의본부(JWSC) 책임연구원
박범진	경희대학교 경영대학원 겸임교수, 예비역 해군 대령
서문성	금강대학교 국제통상학과 교수, 전 부총장 겸 총장 대행, 전 항만경제학회장
송승종	대전대학교 군사학과 특임교수
신 율	명지대학교 정치외교학과 교수
신인균	자주국방네트워크 대표
안대경	동국대학교 북한학과 박사과정 수료
안영준	한국영상미디어 대표, 유튜브의 '국방인사이드' 진행
이병철	아주대학교 미중정책연구소 연구원, 전 삼성전자 부사장, 아주대학교 정치학 박사
이정규	전 주스웨덴 대사, 외교부 차관보, 국가안보실 정책조정비서관, 북한대학원대학교 박사
이정후	금융감독원 디지털혁신국 디지털혁신총괄팀 조사역, 변호사
장광일	전 국방부 정책실장, 동양대학교 국방기술대학 학장
장영주	한국산업기술진흥협회(KOITA) 미래성장전략본부 부장, 동국대학교 북한학 박사
장준근	대전대학교 군사경찰학부장 겸 군사학과장, 전 육군종합군수학교 정책군수학처장, 서울벤처정보대학원 경영학 박사

전성하　부산시 투자유치협력관, 맨체스터대학교 뇌과학 박사
정태준　한국핵안보전략포럼 연구위원, 동국대학교 북한학과 박사과정, 前 대한성공회 신부
정찬권　국가안보재난연구원 원장, 前 국가위기관리학회장, 국가안보실 자문위원, 숭실대학교 초빙교수
조성국　건국대학교 박사
주은식　한국전략문제연구소장, 준장, 국민대학교 정치대학원 겸임
주재우　경희대학교 외국어대학 중국어학과 교수, 북경대학교 박사(중국 대외관계)
최승우　서울안보포럼 북핵대응정책센터장, 아주대학교 공학(NCW, 정책) 박사
최승환　미국 시카고 일리노이주립대학교 교수
허만섭　강릉원주대학교 교수

저자소개

이성춘
동국대학교 북한학과 북한학 박사
현) 동국대학교 북한학과 대우교수, 고려대학교 민족문화연구원 북한아카이브센터 수석연구원, 통일부 자문위원, 한국정치학회 이사, 대한민국재향군인회 자문위원
전) 국방부 군사편찬연구소장, 송원대학교 교수, 원광대학교 연구교수
주요 저서: 『김정은 시대 북한의 대남 군사협상 전략』(선인, 2018)
주요 논문: "조선인민군 군사칭호에 관한 연구"(2024), "한국전쟁 기록물의 세계기록유산 등재 신청에 관한 연구"(2024), "북한의 보훈정책 고찰과 통일대비 한국 보훈정책 발전 방안" 등 다수
연구 분야: 북한 군사, 북중관계, 한국전쟁사, 남북관계 등

권용수
영국 맨체스터대학교 전기공학 박사
현) 국방대학교 명예교수, 한국군사문제연구원 객원연구위원
전) 국방대학교 무기체계전공 교수, 해군사관학교 교수, 남호주대학교 객원교수, 국방대 안보연 군사과학연구센터장, 국방과학연구소 연구개발 자문위원, 국방부 창조국방 자문위원, 국방개혁자문위원회 연구위원, 한국시스템엔지니어링협회 회장
주요 저서: 『시스템엔지니어링 원리와 실제』(2018), 『신 시스템엔지니어링 입문』(2007), 『전자전 시스템』(2009), 『탄도미사일과 방어체계』(2003), 『유도무기체계』(2000)
주요 논문: "QFD를 활용한 AI 기반 해안감시시스템 개발모델에 대한 개념적 연구"(2023), "탄도미사일 비행궤적 예측 방법 연구"(2020), "탄도미사일의 위협 특성에 따른 탄도미사일 방어체계 구축에 대한 고려사항 분석"(2016), "An Assessment of North Korea's Nuclear and Long Range Missile Capabilities"(2014)

박범진
국민대학교 정치학 박사(안보전략 전공), 한남대학교 정치학사 및 경남대학교 행정학 석사
현) 경희대학교 경영대학원 안보전략 겸임교수, 예비역 해군대령(OCS 86기), 한국핵안보

전략포럼 운영위원, 통일부 통일교육위원, 대한민국재향군인회 안보교수, 산업통상자원부 전략물자기술자문위원, (사)플라자프로젝트 운영위원, (사)21세기안보전략연구원 정책위원, 한국해양전략연구소 객원연구위원, (사)이어도연구회 연구위원, 한국군사문제연구원 군사연구위원, (사)독도사랑운동본부 자문위원, 한국군사학회·한국국가정보학회·한국동북아학회 이사

전) 정보사·777사 지휘관 및 합참·해군본부·국방정보본부·해군항공사·해군해양정보단 참모장교, 구축함(DDH)/초계함(PCC)/기뢰부설함(LSML) 분대장, 고속정 정장(참수리-293호정) 근무

주요 저서: 『바다 저자와의 대화 Ⅳ』(공저, 2025), 『한국형 솔라리움 프로젝트 2024: 격변! 대한민국 생존의 열쇠 국가전략 대전환의 길』(공저, 2025), 『해군일화 제11집』(공저, 2023) 등

신문·방송활동: 〈쿠키뉴스〉, 〈코나스넷〉, 「월간군사저널」 등 각 매체 안보·국방분야 고정 칼럼 기고 중, 〈KBS 1TV NEWS 남북의 창〉 북한 해군 전문가로 출연

연구 분야: 북한 군사, 해양안보, 국방정보, 군사전략 등

송승종

미국 미주리주립대학교(University of Missouri-Columbia) 국제정치학 박사

현) 대전대학교 군사학과 특임교수, 연세대학교 국제대학원 객원교수, 경희대학교 평화복지대학원 초빙교수, 「한국국방외교저널(KDDJ)」 대표이사, 「주간조선」 객원 칼럼니스트(국제분쟁), 한국군사학회 부회장, 미래군사학회 부회장, 한국군사문제연구원 객원연구위원, 한국국가전략문제연구원(KRINS) 외교안보센터장

전) 충남대학교 초빙교수, 국방대학교 대우교수, 국방부 자문위원, 방위사업청 자문위원, 국가보훈처 자문위원, 제2작전사령부 자문위원, 주유엔대표부 참사관(PKO 담당), 주제네바대표부 군축담당관, 주이라크다국적군사령부(MNF-I) 한국군 협조단장, 국방부 정책실 미국정책과장, 2017/2018/2019년도, 외교관후보자 및 5급 행정직 2차 필기시험 출제/채점위원(국제정치학), 국가직 7급 공채 필기시험 출제위원(국제정치학)

주요 저서: 『컨플릭트(Conflict)』(공역, 2024), 『전쟁과 평화(Peace and Conflict Studies)』(2018), 『장진호 전투와 흥남철수 작전』(번역서, 2015), 『박정희 대통령: 미국 비밀해제자료 중심으로』(2015), 『유엔 평화유지활동의 이해』(2006), 『북한의 협상전략』(번역서, 1999)

주요 논문: "핵군비경쟁 시대의 개막과 핵 3극 체제의 위험성"(2024), "독자적인 한국형 핵옵션의 모색"(2023), "유엔사령부의 국제법적 위상에 관한 재조명"(2020), "트럼프 행정부의 북한 비핵화 정책 평가"(2018), "북핵위기의 본질과 확장억제

전략의 문제점"(2017), "American Exceptionalism at a Crossroads"(2015), "The Shale Revolution, Its Geopolitical Implications, and a Window of Opportunity for Northeast Asia"(2015) 등
연구 분야: 북핵, 한·미·일 협력, 미·중 전략경쟁, 우크라이나 전쟁, AI 등

최승환

미국 미주리주립대학교 (University of Missouri, Columbia) 정치학박사
현) 미국 일리노이주립대학교 (University of Illinois at Chicago) 정치학과 종신교수
전) 캐나다 칼라튼대학교 (Carleton University) 노먼 패턴슨 국제관계대학원 박사후 과정
4권의 저서 및 62편의 논문 출간. 핵무장 관련 연구는 국가이익(National Interest), 힐(Hill), 최보식의 언론 등에 기고.

김지용

뉴욕주립대학교 정치학 박사
현) 해군사관학교 국제관계학과 교수, 한국핵안보전략포럼 편집기획위원장, 한국정치학회 연구이사, 사단법인 이어도연구회 연구위원, 방위사업청 자문위원
전) 유엔 ICBL 아시아태평양 coordinator, 국방부 군사명저 간행위원, 한국정치학회 국제정치연구분과 간사
2014년부터 2027년까지 14년간 한국연구 재단의 지원을 받아 군사위협의 신뢰성에 관한 청중비용 연구를 수행 중이며 관련 논문 30여 편과 공저서/공역서 6권 출간. 연구 분야는 국제정치이론, 미중관계, 해양안보, 핵안보, 확장억제, 자율무기 등 임.

이대한

현) 한국핵안보전략포럼 연구원
주요 논문 및 기고문: "인구절벽 문제와 한국의 자체 핵무장 옵션"(2025), "동맹 내 핵확산에 대한 미국의 설득과 강압 및 수용: 핵무장 예방을 위한 미국의 대(對)한국 강압 가능성 검토"(공저, 2024), "Is South Korean Nuclear Proliferation Inevitable?"(2022), "The Case for A South Korean Nuclear Bomb"(2022), "The KSLV-II Nuri Rocket – A Gateway to ICBM Capabilities?"(2022), "The World of Nuclear Proliferation and Non-proliferation Treaty Regime"(2021)

전진호

일본 도쿄대학교 정치학박사(국제관계론 전공), 서울대학교 정치학/석사
현) 광운대학교 국제학부 교수, 한국국제정치학회 이사
전) 현대일본학회장, 도쿄대학교 종합문화연구과/일본 방위성 방위연구소 객원연구원, 일한 신시대 공동연구 프로젝트 한국측 위원, 국방부(합참) 정책자문위원, 광운대학교 정책법학대학장/입학처장
주요 저서: 『동아시아의 협력과 갈등, 그리고 북핵위기』(2025), 『1970년대 한미 원자력협정』(2023), 『재일 디아스포라와 글로컬리즘』(2023), 『일본의 대미 원자력외교』(2019) 등
주요 논문: "한국과 일본의 원자력정책과 여론"(2024), "한미 (신)원자력협정의 비판적 재검토"(2022), "북한의 비핵화를 위한 일본의 대응전략 분석"(2020), "북일 국교정상화 교섭과 북한의 체제전환"(2018) 등

문근식

경기대학교 정치전문대학원 정치학 박사(예비역해군대령, 해군사관학교 35기 졸업)
현) 한양대학교 공공정책대학원 특임교수, 한국군사문제연구원 객원연구원, 한국국방안보포럼 대외협력국장
전) 한남대학교 국방전략대학원 객원교수, 경기대학교 정치전문대학원 외래교수, 해군본부 핵추진 잠수함 사업단장, 해군 93잠수함 전대장, 방사청 잠수함 사업팀장
주요 저서: 『U-보트 비밀일기』(번역서, 2003.2), 『문 근식의 잠수함세계』(저서, 2013.10), 『왜 핵 추진 잠수함인가?』(저서, 2016.9),
주요 논문: "잠수함의 전략적 유용성과 북한 위협대응방안"(2019년 박사학위논문)
신문방송활동: ① 2024.1.~현재: 인천일보,안보·국방분야 칼럼니스트(월1회기고),
② 2024.8.13.~ 현재: YTN2 유튜브채널 <문근식의 태스크포스> 진행

정경영

미 University of Maryland 국제정치학 박사, 육군사관학교·University of Southern California 체계경영대학원·U.S. Army Command & General Staff College 졸업
현) 한양대 국제대학원 겸임교수
전) 전방 지휘관 및 합참·육본·연합사 근무, 국방대·가톨릭대 초빙교수, 국가안보실 정책자문위원, 사)동북아공동체연구재단 부설 국제전략연구소 소장, 국방전문가포럼 회장
주요 저서: 『전작권 전환과 국가안보』(2022), 『피스 크리에이션: 한미동맹과 평화창출』

(2020), 『통일한국을 향한 안보의 도전과 결기』(2017), 『한국의 구심력 외교안보정책』(2014), 『동북아 재편과 한국의 출구전략』(2009), 『변화시대의 한국군』(2000), 『민족분단의 현장에 서서』(1990), *South Korea: The Korean War, Armistice Structure. and a Peace Regime*(2020), 『남북통합 추진전략』(편저, 2024).

주요 논문: "한미 전시작전통제권 전환: 결기와 추진전략"(2025), "Building a Peace Regime on the Korean Peninsula and the Future of UNC"(2019), "Realities and Strategies in Managing North Korea's Nuclear Challenge"(2016)

왜 우리는 핵보유국이 되어야 하는가

정성장 지음 | 300쪽 | 20,000원

한반도 안보전략 대전환의 시기, 중도적·초당적 핵자강론을 제안한다

우리는 오랫동안 '비핵·평화' 정책을 추구하며 북한을 압박해 왔지만 끝내 북한의 핵과 미사일 능력의 고도화를 막지 못했다. 북한은 사실상 세계 아홉 번째 핵보유국이고, 핵탄두와 미사일의 숫자는 해마다 늘어나고 있다. 한반도 안보 환경의 달라진 모습이다. 이 책의 저자 정성장 박사는 세계 10위권의 산업화된 민주국가가 북핵의 위협에 고스란히 노출돼 있는 현실을 극복하기 위해 정부와 정치권의 숙고와 큰 결단, 학계와 산업계의 새로운 길 모색을 제안한다.

늦은 대응은 대가가 비싸다. 일본이 핵무장을 결정할 때 동북아에서 한국만 비핵 국가로 남는 최악의 시나리오를 피하려면, 한국 정부가 지금부터 적극적인 대미 설득을 통해 반드시 조기에 일본과 같은 수준의 핵잠재력을 확보해야 한다. 무엇보다 정파와 진영을 뛰어넘는 대결단과 대연합이 필요하다. 정권이 교체될 때마다 외교·안보·대북 정책이 180도 바뀐다면 우리는 적에게도 우방에게도 신뢰받기 어려울 것이다. 따라서 여야가 국내 정치에 대해서는 치열하게 논쟁하더라도 외교·안보·대북 정책에 대해서만은 긴밀하게 협의하는 전통을 반드시 수립해야 한다.

언제까지 핵을 머리에 이고 북한의 핵 위협하에서 살 것인가. 지금이 바로 외교·안보·대북 정책의 대전환과 정치의 대변혁을 추구해야 할 시점이다.